Heibonsha Library

［30周年版］ジェンダーと歴史学

Gender and the Politics of History

平凡社ライブラリー

GENDER AND THE POLITICS OF HISTORY
(30th anniversary edition)
by Joan Wallach Scott

Japanese translation published by arrangement with Columbia University Press
through The English Agency (Japan) Ltd.

Heibonsha Library

[30周年版] ジェンダーと歴史学

Gender and the Politics of History

ジョーン・W.スコット著
荻野美穂訳

平凡社

本著作は一九九二年五月、平凡社より刊行されたものを
原書二〇一八年改訂版に基づき増補改訂したものです。

FOR ELIZABETH

目次

凡例

一、本書は Joan Wallach Scott, *Gender and the Politics of History: 30th Anniversary Edition*（Columbia University Press, 2018）の全訳である。

一、原著の引用符は「 」で示した。

一、原著のイタリックは傍点あるいは「 」で示した。

一、原著の大文字で始まる用語は、適宜〈 〉で示した。

一、原著の（ ）および［ ］はそのまま訳書に使用した。

一、〔 〕内は訳者による補足・補注である。

三〇周年版への序文

本書が最初に出版されてから三〇年となる。本書がその間もちこたえてきたのは、私たちの政治的、文化的語彙においてジェンダーが引き続き重要であり続けていることの証である。ではジェンダーの意味が決着を見たかというと、それどころではない。「ジェンダー」という語には、どんな辞書でも一つの項目にはあげきれないほどの意味が含まれている。この語については、フェミニストたちがロバート・ストラーのセックスとジェンダー、生物学と文化という区別を借用するようになった最初の時点(一九七〇年代)からすでに論争があったが、その後の年月を通じてより目立つ語になるとともに、さらに多くの熱心な擁護者と批判者とを獲得していった。左派ではジュディス・バトラーが私たちに、長年ジェンダーの基礎となってきた男/女の二元論を「無効」にするよう助言した。右派の側ではフェミニズムや同性婚に反対する人々が、「ジェンダー理論」を社会や国家の自然な秩序をひっくり返そうとする共産主義者の陰謀になぞらえてきた。[*1] 翻訳の問題もまた、重大である。「ジェンダー」という語を持たない言語にそれを輸入することは、英米圏のポストモダン哲学への屈服を意味するのか、それとも性的秩序を構成する規範的カテゴリーの、根底的な不安定化なのか。この問いにたいしては、どちらの側についてもなるほどと思わせる回答がある。[*2]

論争が続いていることは、ジェンダーそれ自体の性格のとらえどころのなさを表すものである。身体的な差異と、それと社会的ふるまいやエロティックな欲望との関係には、貼りつけることのできる固定的な意味などない。歴史的記録はジェンダー・カテゴリーが可変的で多様であることを実証しているし、人類学者たちはジェンダーが文化によっていかに多彩かを認めており、クィア研究者たちは、たとえ性別の境界線が強固に監視されている社会や文化にあっても、そうした支配が貫徹してはいないという証拠を提示している。この問題にきっぱりと片をつけようとするあらゆる努力にもかかわらず、私たちの精神は規律に従うことを拒否する。ドニーズ・ライリーが気づかせてくれるように、「それが私の名前?」というのは、女、あるいは男と名指しされることに当惑する（おそらくは広く見られる）反応なのである。[*3] バトラーは、子供がジェンダーについて質問されたときの混乱について述べつつ、「その問いとは「自分のジェンダーは何だろう?」ではなく、むしろ「ジェンダーが自分に望んでいるのは何だろう?」か、あるいは「自分に割り当てられたジェンダーを通して伝えられているのは誰の欲望で、どうすれば自分はそれに応えられるだろう?」なのではないか」と示唆している。[*4] こうした視点から見ればジェンダーとは、セックスにたいして理解可能性の格子を取りつけようとする歴史的、文化的に多様に変化しうる試みなのであり、そうである以上、これが確定的な定義だと決めつけることなどけっしてできない。そしてジェンダーが歴史分析の有用なカテゴリーであり続けているのも、まさにこの不確定性のゆえなのである。

ジェンダーの不確定性——セックスの差異が持つ意味を最終的に決定することの不可能性——についての私の思考は、最初はミシェル・フーコーの仕事に影響を受けていた。近代における権力の分散、それまで「権力」の実例だと考えられたこともなかった通常の関係にもそれが存在するという彼の主張は、社会史に、さらには文化史にたいして決定的なインパクトを与えた。フーコーは権力を客体として、すなわち支配や法、富、暴力の占有とのみ関連した移譲可能な所有物として定義することを拒否した。代わりに彼は、権力とは関係のなかで生成されるもの——それが及ぼす効果によって理解されるものと考えた。それは抑圧するのではなく生み出すのであり、主体を構成し、「言説とともに流れ出て、人々の間をめぐっていく」[*5]。問うべきは誰が権力を握っていたかではなく、それがどのような形をとり、いかなる作用を及ぼしたかなのである。

フーコーによって、権力研究の対象はもはや制度や国家の代表者に限られなくなり、科学や芸術、文学、性や性的欲望まで含めた、従来は政治的なものの領域外にあると考えられていたことがらを含む、幅広い人間活動へと広がっていった。これらは活動と権力という別個の領域なのではなく、互いに互いを構成しあってきた。たとえば、科学的研究は経済政策に正当性を付与し、芸術と文学は規範的理想像を「常識」のように感じさせる（そしてときにはそれらに挑戦させる）手助けをしてきたし、分野ごとの団体は専門的技能のヒエラルヒーと知の産出規準を確立させてきた。知の産出にはそれ自体の内部政治から来る対立があると同時に、もはや、より一般的な権力の力学という概念と切り離して考えることはできなかったのである。[*6]

私たちのうち、女性とセクシャリティの歴史を研究している者にとって、フーコーの図式は何を問うべきかの境界をテーマの枠を超えて広げてくれ、ジェンダーについて考えるには、たんに女と男の不平等な関係や越境するセクシャリティにかんする問いばかりでなく、セックスとは何ら関係が無いような——表面的には——制度の構築において、性的差異が字義どおりにとか比喩的にとかではなく、どのように構造的に重要だったのかという一連の問いを立てる道を開いてくれた。私にとってはそれは、女性とジェンダーについての研究が歴史の個別下部領域として囲い込まれるのではなく、ジェンダーに注意を向けることで差異や権力、政治といった古くからの問いに新しい洞察をもたらすことができると主張していく道を意味していた。この観点からすれば、ジェンダーとはたんにそこに女がいるかいないかの問題ではなく、ありとあらゆる他の差異の様式（人種、宗教、帝国、および文明の差異を含む）を表現し、それらの内部やそれらのあいだでのヒエラルヒーを確立するのに、性的差異がどのように利用されたかということなのである。[*7]

ジェンダーの不確定性についての私の思考は、本書執筆後の年月のあいだに精神分析理論と関わったことでより研ぎ澄まされた。一九八〇年代の私には、精神分析は非歴史的に見えて懐疑的だった。しかしその後、アダム・フィリップスが「ポスト・フロイト的」と呼ぶものを知るに及んで考えを改めた。それはフロイトを、ポスト構造主義、ポスト・コロニアリズム、および人種と人種差別の理論をとおして、言語やそれが呼び起こす多くの連想に注意を払いながら読むのである。[*8]ジーン・ラプランシュは、「解剖学的性差とは文脈依存的、知覚的、幻想的な性格のものであって」、それに先行するジェンダー割り当ての基盤とはなりえないと述べている。[*9]アレンカ・ズパンチッチは、「フロイトの発見の中心点とは、まさに人間のセクシャリティには「自然な」場所も、あらかじめ確立された場所もないということだった。……性的なものとは正確に描写したり境界を画定したりできるような実体ではなく、それ自体の境界画定や正確な記述が不可能であることそのものなのである。……性的なものとは人間活動の別個の領域なのではなく、それゆえにこそそれは人間生活のあらゆる領域に棲み着くことができるのである」。[*10]これが意味しているのは、セックスと性的差異はたんに人間活動の他の領野にとっての隠喩なのではなく、そうした他の領野の概念のなかに、つねにすでに組み込まれているということである。

　性的差異を永続的な謎とするポスト・フロイト的なフロイトの理論化は、私にとってジェンダーを歴史化するためのカギである。男と女というカテゴリーそのものが異なる政治的瞬間ごとに違った形をとるのであり、それらの形がそうした瞬間を理解するための方法をも与えてくれる。もしもジェンダーが指し示しているセックスの違いが究極的には説明できないものだとすれば、まさにその理由でジェンダー・カテゴリーも可塑的なものとなる。それを他の制度に貼りつけることはそれらの制度の意味を明確にするための方法だが、同時にそれらの制度——家族や人種、国家、国民などを含む——を説明し、制度内部のヒエラルヒー的区分を正当化することにも使える。これらの意味は文字によって合理的な方法で表現される場合もあるが、エロティックなファンタジーや去勢への恐怖を動員するなど、無意識に訴えることで伝えられる場合もある。こうした方法でジェンダーはそれらの制度に意味を付与し、同時にそれらから意味を与えられるのである。あるいは私が一九八六年に述べたように、「歴史家が、ジェンダー概念がどのように社会関係を正当化し、構築しているかを探索するとき、ジェンダーと社会の相互的な性格と、政治がジェンダーを構築し、ジェンダーが政治を構築する際の独特で文脈に固有なやり方にたいする洞察が深められる」。私たちがこの複雑な構築物を読み解いていくための方法の一つが、精神分析理論の助けを借りることなのである。*11

私たちのいる現在と同様、過去の世紀についてもジェンダーと政治の相互構築を精神分析的に読むことにより、新たな政治の歴史が開かれる。過去についての一例が、フェミニスト歴史家のエリアヌ・ヴィエノーの研究に見るアンシャン・レジーム期のフランスで、彼女はルネサンスからフランス革命の後までの女性と政治権力について何冊も素晴らしい本を著している。ヴィエノーは、一五、一六、一七世紀の女王や摂政、母親、愛人たちの驚くべき政治的役割について実証をおこなった。彼女によれば、ヴァロワ朝の王たちは明らかな形で高貴な女性たちに依存しており、彼女たちは宮廷内で自由に動き回り、はっきりとわかる公的な役割を果たしていた。有名な「女の問題（querelle des femmes）」〔一六〜一七世紀に展開された男女の優劣や女性の地位をめぐる知識人たちによる論争〕や、不満を抱くブルジョワや地方の雄弁家や外国人によって書かれた、何世紀にもわたる女嫌いの著作が示すように、彼女たちの参加はすべての人に受け入れられていたわけではない。だが、その批判は私たちが「純粋な」女嫌いと呼ぶようなものではなく、一種の社会的抗議であって、その動機は、非難されている女たちの行動をはるかに超えたところにあった。それでも、ブルボン王朝の君主たちが登場するまでは、高貴な女性たちが決定的に政治から締め出されることはなかった。君主の権力を強固なものにしようとして王の手先たちは、高貴な女性たちを移り気で気まぐれで、贅沢と快楽への欲望のみによって動かされていると述べたてた。それゆえに、真面目な政治的討論の場には彼女たちの居場所はないというのである。興味深いことに、こうした性格描写は高貴な男性たちにまで拡大され、彼らは絶対主義の設計者たちによって、宮廷生活の軽薄な取り巻きで、「危険な関係」――彼らの政治的不能性のしるしである性的密通――によって影響力をふるうにすぎないと貶められた。かつては彼らの存在そのものを規定していた特権を失うことで、宮廷の貴族たちは女性的なものとして表象された――すなわち、去勢されたのである。貴族階級の性格を女性的とすることは、一八世紀の革命家たちの発明ではなく――かつては私もそう考えていたのだが――その起源は絶対王政の始まりまで遡る。絶対王政においては権威は王ただ一人のものであり、他の者はすべて、彼の主権を確認するために存在する。誰が支配者か、誰がファルス――権力の表徴――の所有者かにかんして、混乱があってはならなかったのである。[*12]

ファルスの所有にかんする混乱は、一八世紀の民主革命とともに生じた。王はもはや政治権力の体現者ではなく、誰か単一の人物がその地位を得たのでもなかった。フロイトの『トーテムとタブー』は、このことを正確にとらえている。原初の父を倒した後、父殺したちは兄弟となり、彼らのうちの誰であっても父の地位に取って代わることを禁止する規則を作り出した(父権政治に代わる兄弟政治)。この規則では、王の身体に代わって非身体化された抽象物――国家、国民、市民、代表、個人――が置かれた。クロード・ルフォーはそれを次のように述べている。「権力の中心はからっぽの場所となる……いかなる個人も集団も、それと一体になることはできないし、それを代表することもできない」。[*13] それでも兄弟間の競争は続く。フロイトが書いているように、「彼らはそれぞれ、父がそうであったように、すべての女を独り占めしたいと願ったであろう」。[*14] ラカンが「ファルスの例外」と呼ぶこのファンタジーは、原初の父との一体化（ペニスの共有へと還元された）によって、兄弟たちのうちの一人が父の役割を果たす資格を得るという考え方である。[*15]

現代における政治的競争からも、ファルスの例外というファンタジーの多くの例を引き出すことができる。そのうちもっともドラマティックなのはシルヴィオ・ベルルスコーニとドナルド・トランプ（あのゴージャスな女性たちに取り囲まれた）だが、フランス大統領エマニュエル・マクロンのヴェルサイユ宮殿と王朝趣味（マクロンが就任早々、会議や外国首脳との会談にヴェルサイユを使ったことを指す）もまた、思い浮かぶ。

二〇一六年の選挙の後、ジャーナリストのアダム・シャッツは、ドナルド・トランプの「動物的魅力」、回復された「男らしさ」の夢、そして彼の支持者たちが法と秩序の神聖さを熱望していることについて書いた。彼によれば、トランプは絶対的権力というファンタジーの体現者として登場したのである。[*16] そしてこのファンタジーによって彼の成功を説明できると、私は考える。トランプの過剰さ（彼の娘も含めた、あのすべての女たち、すべての金ぴか、移民や黒人、ラテン系にたいする侮辱のくり返し、あのエゴのすべて）が、彼の男性的能力（彼のファルスの力）の証明だった——彼は原初の父だったのだ。彼の特大サイズの男性性のパフォーマンス（彼の手は小さかったが）は多くの人にとって、彼なら失われた、あるいは脅かされている秩序を回復できるように見えた。彼の犯した規則違反（破産、脱税、不貞、不当利益行為）そのものが、皮肉なことに、彼には法を押しつけたり強行したりする力があると思わせた。彼は、フロイトが理論化した全能の父——法を作るが、それに従う必要のない者——だった。トランプが男性にも女性にも魅力を感じさせたのは、失われた、あるいは脅かされている人種やジェンダーのヒエラルヒーを回復すると約束したからだった。このアピールは理性的に、あるいは綱領を示す形で発揮されたのではなく、リビドー的にだった——エロティックな呼びかけと応答とが勝利したのだ。トランプは、もし私たちが彼に従うなら、私たちが必要とするすべての安全を与えようと約束した。彼の桁外れの男性性は、経済不況、社会の分断、そしてテロの脅威にたいする救済策だった。選挙以来、回復された原初の父というファンタジーが、あれほど多くのアメリカ白人が失いつつある、あるいは失ってしまったと感じていた特権の回復と関連していることが、いっそう明らかになりつつある。

それとは対照的なのが、論理と理性によってトランプに対抗しようとしたヒラリー・クリントンだった。彼女が代表していたもの（ウォール街との関係の深さや、ある種のエリート主義的コスモポリタニズム）や、経済や人種的正義の問題についての突然の変節ばかりでなく、彼女のアピールの性格そのものが敗北につながった。彼女はトランプの嘘にたいしては事実による修正を、具体的問題に取り組むためには実際的な政策を提示した――だが、彼女の言葉や態度のなかには、彼がやったようにリビドー的エネルギーを呼び覚ますものが何もなかった。確かに何百万人もの人が彼女に投票したが――事実、一般投票では彼女が勝っていた――彼女の言葉や態度は、都市にも地方にもいる怒れる白人労働者中産階級の男女にたいしては、ほとんど慰めをもたらさなかったのであり、彼らはトランプの方を選んだ。そしてもちろん、彼女が女性だという事実も、クリントンにできるアピールの幅を狭めた。たとえ彼女があのように危なっかしい人格の持ち主でなかったとしても、「動物的磁力」を持つ女性候補者が絶対的権力の化身と見なされることはけっしてなかっただろう。トランプの過剰さは彼の男性的能力（ファルスの力）の証明であったのにたいし、女性の側にそのような過剰さがあれば、それは彼女が公的職務には不適切であることとの証拠とされただろう。実際、その種の過剰さを欠いていてさえ、クリントンの立候補は激しい女嫌いの反応を呼び起こしたのである。[*17]

トランプ現象は、歴史家にとっても現代政治にとっても重要な問いを提起する。それらはジェンダーについての私たちの探究が立ち向かうべき問いである。ファルスの力が動員されるのを目の前にして、どのような種類の政治的反応が可能なのだろうか。民主主義――歴史的に絶対主義に代わるもの——には、同じくらいに強力だが、違ったリビドー的魅力があるのだろうか。その魅力の性質はいかなるものなのか。それはどんな無意識のプロセスを呼び覚ますのか。

もしもジェンダーの意味が不確定で、しばしば変化するのなら、もしもそれらが政治的統制や抵抗の可変的な道具なのだとしたら、私たちにできるのはジェンダー研究に問いを持ち込むことだけである。性的差異の意味がどのようなものになるか、あるいはそれらがどんな表現で擁護されたり、挑戦されたり、違反されたりするのか、私たちは前もっては知らない。私たちが問うのは、ジェンダーがど
のように定義されているかである。それがどんな働きをし、それは誰のためなのか。カテゴリーの不確実性と不確定性が保証しているのは、答えは歴史的、政治的、文化的、時間的な文脈に応じてさまざまに変化するだろうことである。このようにして精神分析理論は、ジェンダー・カテゴリーを歴史の産物として考え、それが取るさまざまに異なる表現について研究することを可能にしてくれる。

これをおこなうためには、いくつかの一般的な問いを頭に置いておかねばならない。それらの扱う対象ははじめは異なる（第一の場合にはジェンダー、第二は政治システム）が、それらの対象は必然的に相互に関連しあうようになる。政治がジェンダーを構築し、ジェンダーが政治を構築するのである。

一　もしジェンダーにかんして大騒ぎが演じられているならば、性の違いという恒久的「真理」による正当化を求めているのは、どんな政治的理念や組織なのか。警告がすさまじいものであるほど、そこにトラブルの兆候があることが確かとなる。その例は、フェミニズムやクィアの理論への反対者たちの、世も末だという苦悩に満ちた予言のなかに見出せる。彼らは女と男についての確立された規範を歴史化することは、文明生活の基盤そのものにたいする攻撃だと主張するのである。二つだけ、例をあげよう。一九九九年の国際刑事裁判所の創設に至る議論のなかである論者は、もしも「ジェンダー」という語が生物学的定義による男と女を超えた何かを指すことが認められれば、裁判所は「世界中で社会を根本から作り直す」立場に立つことになるだろうと述べた。これと同じ、性的差異についての確立した意味に挑戦するジェンダーの過激な可能性への懸念は、二〇一一年にジェンダー平等を目指したフランスのカリキュラムや、二〇一三年の同性婚を認めたフランス法にたいする反対者によっても表明された。彼らは、「ジェンダーの理論は性的差異を否定することで、われわれの社会の組織をひっくり返し、その基盤そのものを疑問視しようとする［だろう］」と主張した。[*18] ジェンダー規範にたいする挑戦が、確立した政治システムをどのように脅かすのか。それはどのシステムか。そこで使われる言語は、それを唱える者たちが精神的に傾倒しているものをどのように明らかにしているのか。

二　もし政治的システムが危機に瀕しているのならば、その危機をさらに推し進めたり解決したりするのに、ジェンダーはどのように関わっているのか。この種の結びつきについては、歴史家のメアリ・ルイーズ・ロバーツが第一次世界大戦の後について次のように述べている。「「男性」と「女性」の境界がぼやけてしまったこと――性別のない文明――が、文明そのものの破壊を示す主要な指標となった」[*19]。規範的なジェンダー・カテゴリーは、どのように確立したヒエラルヒー的構造を擁護する武器となってきたのか。また、それらの構造を支えようとする試みは、どのように規範的ジェンダー・カテゴリーという「真理」を守ってきたのか。ジェンダーへの訴えは、戦争がどのように正当化されたかや、政治的指導者たちの動機や野望について、何を私たちに教えてくれるのか。選挙キャンペーンに隠されたエロティックなメッセージとは何なのか。どちらが成功し、どちらが失敗するのか。成功や失敗の条件とは何か。

問われるべき問いはもっと多くあるが、一つ確かなのは、ジェンダーと政治が互いに構築しあっていると理解することで、歴史研究は測り知れないほど豊かになるということである。私たちは、深いところまで探りを入れ、以前には考慮に入れていなかったような表現や考え――深いところで感じられた無意識の傾倒を示す表現や考え――に注意しながら読まねばならないだろうが、そうすることで得られる洞察は確かにある。そうした洞察によって私たちが不可避的に行き着く先は、解決不可能な矛盾や曖昧さ、政治とジェンダーのいずれのカテゴリーにも内在する心理的不安定さと不安――その不安定さはたえず解決を要求しはするが――解決は究極的に不可能であるので――だが、それらはまた、可能性と変化に向けての入口をも示しているのである。

ジョーン・ウォラク・スコット
メイン州ディアアイルにて
二〇一七年九月

謝辞

ここにおさめた論文を書くうえでもっともお世話になったのは、ブラウン大学の「女性の教育と研究のためのペンブローク・センター」である。ブラウン大学、フォード財団、および人文科学研究国家基金からの財政的支援が、この熱気と刺激に満ちた知的環境を支えていた。だが、バーバラ・アントンとエリザベス・バルボーザの手腕と忍耐、そして熱意がなければ、このセンターはうまく機能しなかっただろう——いやそれどころか、まったく機能していなかったかもしれない。私はこの二人から、協同で仕事をするということの真の意味と、女たちが互いに与えあうことのできる支援について、多くのことを学んだ。私はまた、同僚であり、師であり、友人であるエリザベス・ウィードから、何よりも多くのことを学んだ。彼女は私に理論やジェンダーについてどう考えるかを教え、ここにおさめた論文の一本一本に一度ならず目を通してくれた。そして私は、つねに成功したわけではないけれども、彼女があくまでも要求する厳しい規準になんとか合格しようとして努力した。本書が彼女から受けた影響ははかり知れないほどであり、それゆえ本書は彼女に捧げられているのである。

友人たち、同僚たちも惜しみなく時間を提供し、助言や批評を与えてくれた。とくに感謝したいのはドニーズ・ライリーで、私の仕事は彼女の仕事から大きな影響を受けている。また、原稿全体に細かく、注意深く目を通してくれたエリザベッタ・ガレオッティとリン・ハントにも感謝したい。

セアラ・ジョンズは原稿のタイプ清書や再清書をやってくれただけでなく、私の職業生活をありとあらゆる面で並外れて効率のよいものに組織化してくれた。本書は彼女の持つエネルギーと温かさ、寛大さ、そして知性に多くのものを負っている。また、私の現在の「ホーム」であるプリンストン高等研究所も研究活動にたいする援助を惜しまず、多くのものを与えてくれた。

ドナルド・スコットにたいしては、感謝などという表現ではまだ物足りない。彼はここにおさめた論文を何度も読んでは批判してくれた。まとめて単行本として出版するだけの価値があると最初に指摘してくれたのは彼であり、その計画をあくまで実現させるよう主張し、励ましてくれた。知的な面でも感情面でも私のパートナーとして、彼は人生のあらゆる面において私に力を与えるとともに、男であってもフェミニスト的な計画にともに関われること、平等はたんに望ましいだけでなく、努力して達成するだけの価値があることを証明してくれたのである。

序論

本書におさめられた論文を、私はペンブローク・センター論文というふうに考えている。なぜならこれらはすべて、私がブラウン大学の「女性の教育と研究のためのペンブローク・センター」で所長をつとめていた数年間におこなわれた議論によって触発されたものだからである。そこには、ものの考え方を一変させ、研究や執筆のための新しい方向を打ち出すような、大胆で意欲的な思想活動にたずさわっている素晴らしい学者の一団がいた。ペンブローク・センターのセミナーにおいて、私はポスト構造主義の理論と真剣に取り組まざるを得なくなり、それが社会史研究者にとってどんな意味を持つのかを理解しようとして悪戦苦闘した。この過程は困難ではあったが、得るところも多かった。そのなかで私は、女性史を書こうとしている一人のフェミニストとして直面していた多くの差し迫った哲学的問題に取り組んだが、それと同時に、予期していた以上に自分の専門分野における前提にたいして根本的な批判を抱くようにもなった。また私は、主に文学畑の学者たちからポスト構造主義について学んだために、新しい分野に迷いこんだ者にはつきものの問題にもぶつかった。それは言語と翻訳の問題であり、ある分野において支配的なパラダイムが他の分野にも応用可能かどうかの問題であり、また、歴史学と文学の方法論や課題のあいだに存在すると考えられている対立がはたして重要な意味をもつのかどうかという問題であった。私はこれらの問題を、たんに抽象的なことがらとして経験したのではなく、専門的および政治的アイデンティティへの痛烈な問いかけとして経験したのである。

ここにおさめた論文はこうした問題を追究していくための手段として使われたものであるため、偏っていたり、まとまっていなかったり、あるいは互いに異質な印象を与えるかもしれない。たしかにそこで扱われている主題や実証に用いた材料はさまざまであるが、にもかかわらずこれらの論文は、ジェンダーと歴史学という二つのテーマ、およびこの二つの語のあいだにはどのような性質の関係が存在するかを明らかにしたいという努力によって、結びつけられている。さらに全体として見ればこれらの論文は、しだいに議論を積み重ねていくように構成されてもいる。それゆえ、個々ばらばらの論考として好きなところから始めるという読み方ではなく、一冊の本の章として順番に読んでいってほしい。これらの章の多くはもともとは独立した論考として発表されたが、その大半について、ジェンダーと歴史学という共通テーマを発展させるために大幅な書き換えをおこなった。

これらの論文におけるジェンダーとは、性差にかんする知を意味している。私は知という言葉を、ミシェル・フーコーにならって、さまざまな文化や社会が人間と人間の関係について——この場合には男と女の関係について——生み出す理解という意味で用いている。[*1] こうした知は絶対的でも真実でもなく、つねに相対的なものである。こうした知は、それ自体が（少なくともある意味で）自律的な歴史を持つ大きな認識の枠組みのなかで、複雑な方法によって生み出される。その用法や意味するところは政治的抗争の対象となり、権力関係——支配と従属——を構築するための手段ともなる。知は、たんに観念ばかりでなく制度や構造とも関わっており、特殊化された儀礼であると同時に日常の慣習でもあり、それらすべてが社会的関係を作りあげている。知とは世界を秩序立てる方法であり、それゆえ知は社会の組織化に先行するのではなく、社会の組織化と不可分なものである。

したがってジェンダーとは、性差の社会的組織化ということになる。だがこのことは、ジェンダーが女と男のあいだにある固定的で自然な肉体的差異を反映しているとか、それを実行に移しているといった意味ではない。そうではなくてジェンダーとは、肉体的差異に意味を付与する知なのである。これらの意味は、文化や社会集団や時代によってさまざまに異なっている。それは、女の生殖器官をも含めて肉体にまつわるいかなるものも、社会的分業をどのように形づくるかについて唯一絶対の決定を下したりはしていないからである。私たちは性差を、肉体についいて私たちがもっている知との相関においてしか見ることができないが、その知とは「純粋」なものではなく、幅広い言説の文脈のなかでそれが持っている含意から切り離すことはできない。したがって性差とは、そこから第一義的に社会的組織化を導き出すことのできる始源的根拠などではない。むしろそれは、それ自体が説明を必要とする一つの可変的な社会的組織なのである。

このようなアプローチをとるならば、歴史学は両性の社会的組織化における変化の記録というばかりでなく、性差についての知の産出に参与するものとしてもきわめて重要な存在となってくる。私は、歴史学がどのように過去を表現するかが現在のジェンダーを作りあげる手助けをしていると考えている。どのようにしてそれが起きるかを分析するためには、この分野における前提や慣行やレトリック、すなわち、あまりにも自明のこととされていたり、あまりに通例の慣行の外にあるために、通常歴史家の関心の対象となりにくいことがらに関心を向ける必要がある。歴史学は生きられた現実を忠実に実証してみせることができるとか、文書の保管所は事実の宝庫であるとか、あるいは男と女のようなカテゴリーは無色透明なものであるといった考え方もそこに含まれる。それらはさらに、歴史家が習慣的に用いているレトリックや、歴史的テクストの構築、および歴史学という学問分野によって構成される政治――すなわち権力関係――の吟味へと広がっていく。本書におさめた論文においては、歴史学は分析の方法であると同時に、分析的関心の対象ともなっている。この両面からとらえられることによって歴史学は、ジェンダーの知が生み出されてくる過程を理解する手段となると同時に、それを助長する手段ともなるのである。

ジェンダーと歴史学というテーマがこの本を一つに結びあわせているとすれば、理論へのこだわりについてもまた同様のことが言える。歴史家は（少なくともアメリカ合州国においては）自分たちの理論にかんして深く考えたり、厳密であろうとする訓練を受けていないが、私は、フェミニズム的な歴史学をやるためにはどうしても理論的な問題を追究していくことが必要だと考えるようになった。それは私が、女性史が歴史研究一般にたいして相対的に限られたインパクトしか与えていないことに欲求不満を感じ、そこから、なぜそうなるのかを理解したいと考えたことの結果であると思う。私の動機は、当時もいまも他のフェミニストたちと共通した、自他ともに認める政治的なものである。すなわち、女と男のあいだに存在する不平等を指摘し、変革すること。この動機はまた、ジェンダーと同じように人種や民族、階級のゆえに歴史から置き去りにされてきた他の集団についての表現方法の変革に関心を持つ人々と、フェミニストとが共有しているものでもある。だがこうした作業は言うのはたやすいが、実行に移すのは難しい。ジェンダーのヒエラルヒーがどのようにして構築され、正当化され、挑戦を受け、かつ維持されているかについての分析を欠いていれば、なおさらである。

こうした困難は、歴史学という分野の既存のパラメーターのなかで研究をおこなおうとして女性史が遭遇したある種のディレンマに、はっきりと現れている。女性史の研究者たちは、女についての新しい情報を発掘することによって、長年にわたる無視にたいするバランスを回復できると考えていた。だが、ほとんど素朴実証主義ともいうべき域に達していた実証への信頼は、まもなくその批判へとつながった。新しい事実は過去における女たちの存在を実証するかもしれないが、それは必ずしも女たちの活動にたいして与えられる重要度（もしくはその欠如）を変えることにはならなかったのである。事実、女を別個に取り扱うことは、すでに普遍的で権威ある主題として確立している（男性的な）主題にたいして、女たちが周縁的で特殊な関係にあることを確認するのに役立つ可能性さえあった。

初期における歴史実証主義の受容と結びついていたのが、多元主義、すなわち既存のカテゴリーやテーマを拡大してそのなかに女を含めていくことの可能性にたいする暗黙の信頼であった。しかし、たとえば労働者や労働者階級の一員としての女について書いたとしても、すでに確立されたこれらのカテゴリーの定義を変えるのに役立つわけではなかったし、なぜ労働史を書いた人々はかくも長いあいだ女にかんする証拠を無視してきたのか、その謎が解けるわけでもなかった。男の偏見のせいだと言外にほのめかす以外には、過去において女への関心が欠如していたことにたいする説明は何一つなかった。それにもしも男の偏見が原因だとしたら、多元主義が約束する平等への道に相変わらずそれが立ちふさがらないという保証は（民主主義の進歩にたいする確信を除けば）どこにもない。必要なのは、カテゴリーそれ自体、階級や労働者、市民――さらには男と女というカテゴリーそのものにまで及んでいる差別を分析することであると思われた。

これらのカテゴリーを新しいやり方で検討していくことは、社会史の枠組みのなかでジェンダー間の不平等を分析することとの困難さから見ても必要であった。ここでは、はっきりと理論化されている場合にせよ（マルクス主義や行動主義、もしくは近代化論のように）、あるいはたんにどのようにものごとが生じたかについての正確な叙述と受け取られている場合にせよ、アイデンティティのカテゴリーは客観的体験を反映しているという考え方から導き出される説明が、女についての通説に挑戦するよりも、それを確認するのに役立ってしまっていることが多かった。女に固有の特性と客観的アイデンティティはつねに一貫して、また将来にわたっても男とは異なっており、そこから明らかに女性特有と定義しうる必要や利害が生み出されると仮定することによって、歴史家たちは、性差は社会的というよりは自然的な現象であると暗に示唆しているのである。差別の分析を求める作業は、「体験」が性差を説明し、性差が男と女の「体験」の非対称性を説明するという堂々めぐりのロジックにからめとられてしまう。何が男と女の体験を形成しているかを見るときに、既存の規範的な定義に頼ったり、それを組み入れたりしてしまうのがその典型例である。こうした立場で書かれた女性史や、そこから出てくる政治学は、差別を正当化するのに利用されている変更不可能な性差という考え方を、さらに裏書きすることになるのがおちである。

よりラディカルなフェミニズムの政治学（およびよりラディカルなフェミニズム的歴史学）のためには、よりラディカルな認識論が必要であると私は思う。ポスト構造主義（あるいは少なくとも、一般にミシェル・フーコーやジャック・デリダと結びつけられているある種のアプローチ）は、まさに認識論の問題に取り組み、あらゆる知の地位を相対化し、知と権力とを結びつけ、これらを差異の働きという観点から理論化しているがゆえに、フェミニズムにたいして強力な分析のためのパースペクティヴを提供することができる。私は、誰か特定の哲学者の教えを教条主義的に適用すべきだと言いたいのではないし、フェミニストのあいだでそうした教えにたいする批判があるのも知っている。だがやはり私は、彼らによって開かれた新しい知への方向が、たんに有望というばかりでなく、少なくとも私にとってどこでどのように成果をあげたかを述べてみたいと思う。

私自身の考え方のなかでおそらくもっとも劇的な転換が起きたのは、ジェンダーのようなヒエラルヒーがどのようにして構築され、あるいは正当化されるのかと問いかけることをとおしてであった。「どのようにして」を強調することは、起源ではなく過程について、単一ではなく多数の原因について、イデオロギーや意識ではなくレトリックや言説について研究することを意味している。こうした研究は構造や制度への着目を放棄するわけではないが、これらの組織がどのように作動するかを理解するためには、それらが何を意味しているのかを理解する必要があると主張するのである。

もちろん意味にたいする関心はポスト構造主義によって始まったものではないが、ポスト構造主義は意味の多様性や可変性、意味の構築が持つ政治的性質を強調することで、意味の研究の一つの明確な方向を示している。概念の意味するものが不安定で、異論や再定義の対象になりやすいとするならば、いずれかの定義を支持する人々によって、それらの意味はたえず用心深くくり返され、何度も主張され、実行に移される必要がある。ポスト構造主義者たちは文化的概念には無色透明で共有された意味があると考えるのではなく、意味とはある文化の語彙のなかに固定されてはおらず、むしろ動的で、つねに潜在的に流動状態にあると主張するのである。[*2] したがって彼らの研究は、意味を確定するための対立の過程や、ジェンダーのような概念が見せかけの不変性を獲得するやり方、社会における規範的定義にたいして提起される挑戦、そしてこうした挑戦はどのように対処されるか——言い換えれば、いかなる社会においても意味の構築と実行につきものの力比べ、すなわち政治に注意を向けるよう呼びかける。

政治について述べると、必ずや因果関係についての問いが発せられる。意味を支配したり、それに異議を唱えたりすることで利益を得るのは誰なのか。その利益はどんな性質のもので、その起源は何か。こうした問いに答えるには二つのやり方がある。一つは、客観的に判定しうる、絶対的で普遍的な利益（たとえば経済や性支配など）があるという観点から答えるやり方、もう一つは、利益という概念は言説によって生み出され、相対的で文脈のなかにのみ存在すると考えるやり方。第二のものは第一の裏返しではなく、むしろ客観的に測定されるものとその主観的な効果とのあいだに対立関係を認めることを拒否しているのである。いずれの場合にも私たちは、「利益」が社会集団（たとえば階級とかジェンダー）を創り出すうえで効果があるということは認めている。だが第一の場合には、物質的な条件とそこから生じるといわれる人間の思想や行動のあいだには、分離があると想定されている。第二の場合には、「利益」は行為者や彼らの構造上の位置に固有のものではなく、言説によって生み出されるものであるから、そうした分離はありえないことになる。したがって研究の目標となるのは認識論的現象であり、そのなかには個人の解釈上のカテゴリーばかりでなく、経済や工業化、生産関係、工場、家族、階級、ジェンダー、集団行動、および政治的思想なども含まれる。

この第二のアプローチは、第一のアプローチに付随している経験やアイデンティティ、政治についての単線的な見方をより複雑なものに変える。経験は、アイデンティティの条件となる客観的状況とは見なされない。アイデンティティは、必要と利害によって規定され、客観的に判定される自己についての観念ではない。そして政治とは、同じような境遇に置かれた個々の主体が集団としての意識に目覚めることではない。むしろ政治とは、権力と知の働きがアイデンティティと経験とを構築していく過程なのである。この見方によればアイデンティティと経験とは、特定の文脈または位置関係のなかで言説によって組織される可変的な現象である。したがって(映画理論家のテレサ・デ・ラウレティスが述べているように)「意識とはけっして固定したものではなく、一度獲得されればそれっきりというものでもない。なぜなら言説の境界は歴史的状況とともに変化するからである」[*3]。したがってまた、女たちのあいだにある政治的差異を虚偽意識として説明することもできない。こうした視座はフェミニズムの政治学をより自意識的で自己批判的なものにし、さらにそれを性差についての知の産物であるジェンダーの分析と分かちがたく結びつける。なぜなら政治的アイデンティティもまた、社会的制度や文化的シンボルと同様、知の生産の一形態だからである。フェミニズムの政治学とジェンダーについてのアカデミックな研究のあいだには分離が存在するのではなく、両者は同じ政治的プロジェクト、すなわち現存する権力分布に対抗し、変革しようとする集団的試みの一部なのである。

フェミニストの歴史家にとって、これはとりわけ魅力的な理論的パースペクティヴである。それは過去を批判的に分析すると同時に、作業の継続を提示する。歴史家は世界を解釈しながら、それを変えていこうと努力することができるのである。このパースペクティヴはまた、ジェンダーを具体例や文脈をとおして検討し、それをさまざまな状況や時代に応じて生み出され、再生され、変形させられる歴史的な現象と考えることが必要だと主張する。これは歴史家にとっておなじみの姿勢であると同時に、歴史学についての考え方としてはまったく新しいものである。なぜならそこでは自明のものとされてきた用語の信頼性が、それらを歴史的産物と見ることによって疑問視されているからだ。もはや話は女たちや男たちに何が起こり、彼らがそれにどのように反応したかということではなく、アイデンティティのカテゴリーとしての女や男についての主観的および集団的意味がどのように構築されてきたかという話なのである。もしもアイデンティティが時代とともに変化し、状況に応じて変わる相対的なものだとすれば、ジェンダーを多かれ少なかれ家庭や学校での幼年期教育の安定した産物と見なす単純な社会化モデルは、もはや使えないことになる。私たちはまた、社会史の多くに見られる、性とジェンダーを家族という制度のなかに追いやり、階級を職場や共同体と関連づけ、戦争や憲法上の問題を政府や国家といった「ハイ・ポリティクス」の領域へと囲い込もうとする、分断的な傾向をも回避しなければならない。あらゆる制度は何らかの労働の分担を採用しており、多くの制度の構造は性による労働の分担を前提として成立しており（たとえそうした分担によってどちらかの性が排除されているとしても）、制度がとっている形態はしばしば身体への言及によって正当化されているのであるから、じつのところジェンダーとは社会組織全体の一つの局面なのである。多くの場所にジェンダーを認めることができるのは、さまざまな種類の権力闘争の一部として性差の意味するところが持ち出され、争われているからである。したがって性差についての社会的および文化的知は、歴史として研究される大半の事件や過程をつうじて生み出されていることになる。

しかしながら歴史のなかにジェンダーを発見するためには、歴史学の分野に典型的な、書かれていることをテーマに即して読んでいくというやり方だけでは十分ではない。違った種類の解釈が要求されるのである。このときに、ポスト構造主義とつながりを持つ文学批評家の仕事は私にとって非常に役に立った。彼らは文字のうえで何が書かれているかだけでなく、テクストのあり方の重要性、議論が形づくられ提示されるやり方に注目するように教えている。彼らはまた、バーバラ・ジョンソンが「テクストそれ自体の内部で戦っている意味の力」[*4]と名づけたものを注意深く析出することの必要性にも注意をうながしている。こうしたアプローチは、意味とは暗黙の、あるいは明示的な対照をとおして、内的な差異化をとおして伝達されるものであるという仮定のうえに成り立っている。

この見方によれば、肯定的な定義とはつねに、その対立物とされるものの否定もしくは抑圧のうえに成立する。そしてカテゴリー間の対立は、いずれのカテゴリーの内部に存在する曖昧さをも抑圧する。いかなる統一された概念も、抑圧もしくは否定された要素を含むか、あるいはそのうえに成り立っており、それゆえに不安定であり、一つにまとまってはいない。ジョンソンの表現を借りれば、「差異はアイデンティティとアイデンティティのあいだの空間に生じるのではない。それは、ある自己のアイデンティティ、もしくはあるテクストの意味についてのあらゆる完全化を不可能にしているものなのである」[*5]。固定化された対立は、どちらのカテゴリーについてもその異種混淆性を、対立するものとして提示されている用語がどれほど相互に依存しあっているかを——すなわち、それらが何らかの固有の、もしくは純粋な対立からではなく、内部的に設定された対照から意味を引き出していることを、覆い隠してしまう。そのうえ、この相互依存性は通常ヒエラルヒーをなしており、一方の用語が優勢で主要で可視的であるのにたいし、もう一方は従属的で二次的であり、しばしば存在しないか不可視である。にもかかわらずまさにこの取り決めをとおして第二の用語は存在しているのであり、第一の用語の定義にとって必要であるという意味で中心的なのである。ある種の文化においては一対の対立物がくり返し登場してくるのが予測できるように見えるが、それが具体的に意味するところは新たな対照や対立の組みあわせをとおして伝達される。意味をめぐる抗争は、新しい対立の導入やヒエラルヒーの逆転、抑圧された用語を明るみに出し、二分された対のように見えているものの地位の自然さに挑戦し、それらの相互依存性とそれぞれの内部の不安定性を明らかにしようとする試みをともなう。ジャック・デリダによって「脱構築」として理論化されたこの種の分析は、意味が生み出されてくる闘争の過程を体系的に（決定的に、または完全にということはありえないにしても）研究することを可能にしてくれる。歴史家にとっては、これによって解釈の企てに新たに重要な次元が加わることになる。[*6]

この種の分析はまた、歴史家が中立的な専門技能を持つと主張したり、あるいはある特定の物語をあたかもそれが完全で普遍的で客観的に確定されたものであるかのように提示することをやりにくくさせる。それに代わって、もしも意味が排除をとおして構築されると認めるならば、人は自分の企てに含まれている排除を認め、それにたいして責任を負わなければならなくなる。そのような再帰的で自己批判的なアプローチは、歴史学におけるいかなる知も排他的な位置を占めていること、および歴史家は知の生産者として積極的な役割をはたしていることを明らかにする。それによって、全体論的な説明や本質にもとづく分析のカテゴリー（人間性であれ、人種や階級、性、あるいは「被抑圧者」といったものであれ）、あるいは過去の固有の統一性を前提にした総合的叙述などを根拠にして権威を主張することが、しだいに危ういものになっていく。

もともとテクスト（したがって文学）に関連した方法を歴史の研究に用いることの問題性については すでに多くのことが書かれているが、私はこの議論の多くは的を射ていないと考える。テクストとコンテクスト、フィクションと真実、芸術と人生という対立が、文学と歴史学という二つの分野の自己表現を形づくっている。どちらの分野もまた、互いを引き立て役として利用することによって、自己の企てが持つ曖昧性を解消させている。その過程でどちらも自分を別個の知の分野として確定するための規則や申しあわせを明確にし、必然的にある種の方法や素材を強調する。一部の文学者にとっては、近年は個々のテクスト、読むことの問題、書くという行為、および作家のアイデンティティがあまりにも中心的になりすぎて、それ以外の社会的、あるいは政治的問いは締め出されてしまった。一方、多くの社会史家にとっては、古文書館とは記録のなかから過去の「事実」を拾い集めることのできる神聖な場所である。フィクションの作品が歴史家の領域に入ってくるときは、調査のもともとの焦点である社会的な過程や政治的事件をさらに裏づけるような、それぞれのテーマにふさわしい材料がないかどうか、細かく調べられるのがふつうである。[*7]

このような差異は、完全に各専門分野のパラメーターのなかで自己定義をしている人々にとっては学際的な仕事にたいする障害になりうるだろうが、私が論じてきたような理論的パースペクティヴにとってはそれほど厄介なものではない。そのようなパースペクティヴは文化的知の産出を対象としており、どのようにしてさまざまな形の知が生み出されるかを分析することに関心を持っている。歴史学も文学も、私たちがそれを専門分野と見るにしろ、あるいは文化的情報の集合体と見るにしろ、そうした知の形である。そのようなものである以上、どちらも同じ種類の分析、すなわち概念や意味、言語コード、および表現の構成に向けられた分析の対象となりうる。この分析的アプローチは分野間の境界線やそれが表しているジャンルの相違をないがしろにするわけではないが、それらを学問研究上の決められた先行条件とするのではなく、むしろそれら自体を研究すべき問題とするのである。このようなアプローチは、他分野からの借用にたいするある種の過度の熱狂を和らげてくれる。そのような傾向の一例として、文学批評家に影響された一部の歴史家に見られる、書かれたテクストそのものを歴史における唯一の生きた研究対象としようとする傾向があげられる。いま一つの例は、一部の文学者に見られる、テクストのなかで起きていることを説明する外的な情報源としての歴史にたいする熱中ぶりである。そうではなく、こうした分野を文化的知の分析者および生産者としてとらえるならば、問われているのはたんに読むための文学的テクニックなどではなく、意味が作られ、私たちが意味を作っていく過程を分析するための方法を提供する認識論上の理論であることがわかる。

さらにこの理論は、その含意という点できわめて政治的なものである。なぜならそこでは闘争が分析の中心に置かれ、分析の対象となっている言語的過程にはヒエラルヒーと権力が内在すると仮定されているからである。脱構築にはそれを批判する人々によって「ニヒリスティック」とか「破壊的」といったラベルが貼られてきたが、私にはこうした形容辞は、それが持っている可能性を真剣に評価しようとする代わりに貼りつけられたもののように見える。脱構築にたいする批判者のなかには、はてしのない矛盾の暴露を追いかけていくうちに、彼ら自身の政治綱領を支持したり、安んじてそれを主張することができなくなってしまった人がいるのだろう。だが、このアプローチによってどんな政治学が可能となったかがはっきりわかる例も存在する。その政治学とは、たんに既存の社会的ヒエラルヒーにたいして批判的であるばかりでなく、それらの働きの前提となっているものを指摘することができる政治学であり、自分自身がおこなう正当化や排除にたいしても自ら意識して批判的であり、したがって絶対主義的な、あるいは全体化を目指す立場を否定するものである。たとえば、複雑さや矛盾の存在を認めつつも倫理的な立場に立って意見を表明し、行動している法理論家やフェミニズムの理論家がいる。[*8] 彼らの利点は、制度的な問題にも知的な問題にも同じやり方で取り組み、すべてにたいして知と権力の産出の諸局面——統一された一つの過程ではなく、多数の相争う過程と考えられる——としてアプローチすることによって、唯物論と観念論や、研究対象とそれについての専門的研究のあいだに見られるような対立を拒否する能力を持っていることである。

この認識論的パースペクティヴによってもたらされるような自らの専門分野にたいする批判的な評価方法は、女を歴史学の主体にするという目標を追求していこうとするフェミニズムの立場に立つ歴史家が必要としているものである。なぜなら歴史学もまた、差異化をつうじて意味を創り出しており、それによって世界についての知を組織化しているからである。知がこれまでとってきた形態――「文明の興隆」を叙述するにあたっての驚くべき女の不在もしくは従属、「普遍的人間／男」にたいする女の関係の特異性、家庭的、私的なものの研究への女の封じ込め――は、優先順位を定めてそれを強制し、他の主題の方がより重要だという名目のもとにある主題を抑圧し、ある種のカテゴリーは自然なものと見なす一方で別なカテゴリーにたいしては不適格と宣言する、そうした政治学の存在を示している。それは共謀のうえでおこなわれている政治ではないし、自己の狭い利益だけに関心を持っているのでもなく、確立された団体の伝統を守っているのである。にもかかわらず専門分野としての歴史学は、その実践をとおして、過去一般についての知と同時に、不可避的に性差についての知をも生み出している（収集、または反映しているというのではなく）。そのようなやり方をとおして歴史学は、ジェンダーの構築を裏づけ、宣言する特殊な文化的制度として作動しているのである。

ジェンダーを性差についての歴史的に特殊な知と見る相対的な概念によって、フェミニストには両刃の分析用の武器が与えられる。それは女と性についての新しい知をもたらすと同時に、歴史学の――その点で言えば他のどの分野も同じだが――政治性にたいして批判的に挑戦する勇気を与えてくれるのである。ここにおいてフェミニズム的歴史学は、もはやたんに過去の不完全な記録を修正したり補完しようとする試みにとどまらず、歴史学がジェンダーについての知を生み出す場としてどのように作動しているかを批判的に理解するための方法となるのである。

本書におさめられた論文は、私がこれまで述べてきたような種類の分析を実行に移し、ジェンダー、政治、および歴史学にたいするフェミニズム的アプローチを例証しようとする試みであり、未完の努力の産物である。私は、専門分野、書かれたテクスト、および過去の出来事の記録としての歴史学に批判的に対処し、知がこれまでも、いまも生み出されつづけている過程について批判的に考察することをとおして、どのように新しい知を生み出すことができるかを示唆しようと努めた。一人のフェミニストとして私がとりわけ関心を持っているのは、性差についての知、ジェンダーにたいしてである。歴史家としての私は、性差にたいして付与される意味が可変的で矛盾していること、これらの意味が作りあげられたり異議申し立てがおこなわれたりする政治的過程、「女」と「男」というカテゴリーの持つ不安定性と融通性、およびこれらのカテゴリーが、つねに首尾一貫していたり、いつも同じやり方によってではないが、互いにどのように相手の存在をとおして明確化されるかを指摘することによって、ジェンダーを歴史化することにとくに関心を持っている。

私は、ジェンダーにかんする問題は両性関係の歴史ばかりでなく、具体的な話題は何であれ、すべての、もしくはたいていの歴史にたいして光を投げかけると主張したいと思うが、そのようなアプローチから生じる結果が必然的に偏ったものになるだろうことも認識している。私は全体を見通すことができるとか、あらゆる不平等、あらゆる抑圧、あらゆる歴史を説明することのできる決定的カテゴリーをついに発見したなどと主張するつもりはない。私の主張はもっとつつましく、ジェンダーは歴史学について、どのようなやり方で差異のヒエラルヒー――包含と排除――が構築されてきたかについて考えるための良い方法であり、同時に（フェミニズム的な）政治学を理論化するにも良い方法となると言っているにすぎない。このように偏りを自認することは、普遍的な説明の追求において敗北したと認めることではないと、私は考えている。むしろそれは、普遍的な説明はこれまでも可能ではなかったし、いまも可能ではないと示唆しているのである。実際、このような偏りの自認は、（単一の）因果関係による分析として提出されようが名人芸的な叙述であろうが、あるいは歴史家によって行使されようが政治活動家によってであろうが、「全体性」を前提とする政治学（すなわち権力のダイナミックス）にたいして批判的な注意を向けさせようとするものである。

　歴史学界や政治学界のなかには、この種の批判的な立場をとると、私たちが現在知っているような形の歴史学も政治学も不可能になると心配する声が聞かれる。それはそのとおりだろうが、このような声は既存の営みについて、これまで一度もそうではなかったにもかかわらず、それらが永久的な存在であるかのように見なしている。性差をめぐるいかなる知についても、まさにこうした永久性や不朽の真理という幻想をはぎとることによって、フェミニズムは必然的に歴史学と政治学を歴史化し、変革への道を開くのである。もしもジェンダーを再考すべきであるとすれば、もしも性差についての新しい知を生み出さねばならないとすれば（男／女という対立関係の首位性さえ疑ってかかるような知）、私たちは政治学の歴史と歴史学の政治についても再考することをためらってはならない。本書はそのような再考をおこなうための、不可避的に党派的な一つの試みなのである。

第I部　フェミニズム歴史学に向けて

第1章　女性史について

欲しいのはたくさんの情報だ——とわたしは思いました。ニューナムかガートンの聡明な学生さんに、集めていただけないでしょうか？　彼女は何歳で結婚したのか？　平均何人くらいの子を産んだのか？　どんな家に住んでいたのか？　自分ひとりの部屋はあったのか？　食事は自分で作ったのか、使用人がいる場合のほうが多かったのか？　こういう事実はみんなどこか、たぶん教区簿冊などの帳簿の中に眠っています。エリザベス朝の平均的女性がどう生きていたのか、証拠はあちこちに散らばっているはずなので、集約して一冊の本にまとめることはできそうです。

本棚には存在しない本を探しながら、わたしは思いました。ニューナムやガートンのような有名なカレッジの学生さんたちに、歴史を書き直してくださいとお願いするのはあまりに大胆でしょうか？　歴史はいまのままでは少し奇妙で、現実に即していない、バランスが悪い、とたしかに感じられます。歴史に補遺をつけて、女性たちがもちろん出しゃばって見えないように、その補遺を何かさりげない名前で呼んでみてはいかがでしょうか？

（ヴァージニア・ウルフ『自分ひとりの部屋』）

過去一〇年のあいだに、五〇年以上も前にヴァージニア・ウルフによって書かれた、女たちの歴史をという呼びかけにたいする答えが聞かれるようになった。[*1] 女性運動の政治的議題から直接間接に刺激を受けて、歴史家たちは歴史のなかのさまざまな時代におけるふつうの女たちの生活を記録するようになったばかりでなく、都市や田舎、そして国民国家のさまざまな階級の女たちについて、その経済、教育、政治上の地位の変化をも跡づけるようになった。書棚は、忘れられていた女たちの伝記やフェミニズム運動の年代記、女性作家の書簡集などで埋まるようになり、それらの書名を見ると女性参政権から産児制限まで、とりどりの主題が扱われている。女性学だけを対象にした雑誌や、さらに専門分化して女性史だけを扱う雑誌が登場した。[*2] そして少なくともアメリカ合州国では、もっぱら女性史の学術論文を発表するための大きな学会がいくつも開催されている。[*3] これらすべてが集まって、「女についての新しい知」と呼ぶにふさわしいものを作りあげているのである。

この知の生産を特徴づけているのは、テーマや方法、解釈における驚くべき多様性であり、そのためこの分野を単一の解釈上、または理論上のスタンスに還元することなどとてもできそうにない。たんに非常に多くのテーマが研究されているというだけでなく、それに加えて一方には多数の事例研究があり、他方ではもっと大きな概観にもとづく解釈がおこなわれているが、それらは互いに対話もなく、同じような問題群に取り組んでいるわけでもないという状況がある。そのうえ女性史には、その内部で解釈をめぐって議論を戦わせたり修正したりできるような、長い歴史を持つ明確な歴史学方法論の伝統もない。そうする代わりに女についての主題は、他の伝統に接ぎ木されるか、あるいはそうした伝統からは孤立したところで研究されてきた。たとえば女性労働史の一部では、賃労働と女の地位との関係について現代のフェミニズムの立場から見た問題に取り組んでいるのにたいし、他の研究者は、産業資本制の影響にかんするマルクス主義者の内部での、あるいはマルクス主義者と近代化論者とのあいだの論争という文脈のなかで、自分たちの研究を組み立てている。[*4] 生殖もまた広大な領域をなしており、そのなかで多産と避妊についてのさまざまな研究がおこなわれている。それはあるときは歴史人口学の範囲内で「人口動態上の転換」の諸局面として取り扱われる。さもなければ、マルサス主義政治経済学者と社会主義労働運動の指導者との相反する政治分析についての議論を背景にしたり、あるいは一九世紀の「家庭性イデオロギー」が家族内での女の権力におよぼした影響を評価するという、非常に異なった枠組みのなかで検討されたりしている。さらに別なアプローチにおいては、セクシャリティと、女がこれまでどのように自分自身のからだをコントロールする権利を求めてきたかをめぐるフェミニスト的議論に力点が置かれている。そのうえ一部のマルクス主義フェミニストは、マルクス主義理論の集大成のなかに女を組み入れようとして、生殖／再生産は生産と機能的に等価であるという新しい定義をおこなっている。*5 政治の分野では、ともかくも「公の場」に女もいたはずだと証明するために研究がなされているかと思えば、フェミニストたちの主張と組織化された労働組合や政党の構造やイデオロギーは歴史的に両立し難いことを例証するために（たとえば社会主義がフェミニズムとの和解に「失敗」したように）、研究がおこなわれてもいる。政治にたいするいま一つの非常に異なったアプローチでは、女特有の文化の存在を資料的に裏づけるための一つの方法として、女たちの政治運動における内部組織の検討がおこなわれている。*6

女性史は歴史研究の他の多くの分野に比べて、とくに極度の緊張関係を特徴としている。その緊張関係は、実際的な政治性とアカデミックな学問性、権威あるものとして認められている専門分野内の規準と学際的な影響、歴史学のとっている非理論的なスタンスとフェミニズムにとっての理論の必要性とのあいだに見られるものである。フェミニストの歴史家はいろいろな場合にこうした緊張関係を感じるが、おそらくもっとも痛感するのは、自分の仕事の読者としてどのような人々が想定されるかを見極めようとするときだろう。この読者の性質が非常にまちまちであるために、個々の本や論文における議論はむらのある混乱したものとなっており、この分野の現状について、よくあるような総合的な論文を書くことは不可能である。[*7]

その代わりこの膨大な著作の山のなかから、歴史家たちが女についての新しい知を生み出そうとするときに直面する問題にかんして、何らかの洞察を引き出そうとする試みならば可能である。なぜならテーマがどれほど幅広く多様であろうと、さまざまな学派に属するこれらの研究者たちの企てには、ある共通の次元が存在するからである。それは女を、研究の焦点、物語の主題、話の語り手とすることであり、叙述されるのが政治的事件(フランス革命、スウィング暴動、第一次世界大戦や第二次世界大戦)や政治運動(チャーティズム、ユートピア社会主義、フェミニズム、女性参政権)の年代記であろうと、大規模な社会変化の過程(工業化、資本制、近代化、都市化、国民国家の建設)がどのように作用したか、あるいは展開したかについての、より分析的な形をとった説明であろうと同じことである。一九七〇年代前半に女性史運動の始まりを告げた何冊かの本のタイトルが、その著者たちの意図したところを明瞭に伝えている――「歴史から隠されていた」者たちが「姿を現しつつある」というのである。[*8] 最近の本のタイトルには多くの新しいテーマが登場してはいるが、著者たちの使命はいまもなお、歴史の主体としての女を構築することである。こうした努力は、現代の女性運動の英雄的先駆者を探し求めるという素朴な段階をはるかに超えて、歴史学におけるこれまでの重要性の規準を問い直すところまで来ている。それはついに、ウルフによってあのように力強く投げかけられた一連の問いへと到達したのである――女たちに焦点を当てることは、「歴史に補充する」ことだけではなく「歴史を書き直す」ことでもあるべきではないか、さらにその先、フェミニズムの立場で歴史を書き直した結果、何が生じてくるのだろうか、と。

こうした問いが過去一五年のあいだ、女性史研究者のなかでの議論と論争の枠組みを作りあげてきた。たしかに明らかな方針の違いは認められるが、それらは根本的な分裂というよりは戦略の問題と理解した方が良いだろう。そのいずれにも固有の強みと限界とがあり、それぞれが女を歴史のなかに書き加えていくことの困難さに少しずつ違ったやり方で取り組んでいる。これらの戦略が積み重ねられてきた結果、たんに緊張と矛盾だけを特徴とするのではなく、「歴史の書き直し」という企ての結果何が起きるかについてのより複雑な理解を特徴とする、新しい知の分野が生まれてきたのである。

こうした理解は、女性史の分野での内部的な論争からのみ出現したものではなく、歴史学という学問分野自体との関係においても形づくられてきた。フェミニストたちが過去における女たちの生活を資料によって跡づけ、特定の時期または出来事についてのこれまで受容されてきた解釈に挑戦するような情報を提供し、女の従属の具体的状況を分析するにしたがって、彼女たちは歴史学からの――学問的知の集団として、また専門的制度としての――強力な抵抗に遭遇した。こうした抵抗に出会ったことは、怒りや退却につながった場合もあるが、新しい戦略を考え出す機会ともなった。それはまた、歴史学そのものが持つ深くジェンダーに根ざした性質の分析へと向かう刺激ともなった。この過程全体から、フェミニズムの立場で歴史を書き直すための前提条件である批判のための用語や、概念の新たな方向づけ、および理論の探究が生じてきたのである。

この探究の多くは、主体としての女、すなわち歴史における積極的行為主体としての女という問題をめぐって展開されてきた。女は、女たちを包摂してしまうか無視してきた分野のなかで、どうやって主体としての地位を獲得することができるだろうか。女を可視的なものにするだけで、過去における軽視を改めさせるのに十分なのだろうか。男たちの生活を例としてあげながら普遍的な人間の物語として提示されてきた歴史のなかに、どのようにして女を書き加えていくことができるのだろうか。女はその固有性や特殊性のゆえにすでに人類の代表としては不適格だということにされているのに、どうすれば女に注意を向けさせることでこうした考え方をいっそう強化するのではなく、切り崩すことが可能になるのだろうか。過去二〇年足らずの期間における女性史の歩みは、こうした問いに簡単に答えを出すことの難しさを実証している。

本章で私は、女についての新しい知の生産者たちが直面した哲学的、政治的諸問題を検討するための一つの方法として、その女性史の歩みそのものを俎上にのせてみたい。その際、中心的な言及対象となるのは一九、二〇世紀に焦点を合わせた北アメリカでの研究である。なぜならそれは私自身がもっともよく知っている領域だからであり、また、女性史の理論をめぐる論争がもっとも緻密な展開を見せたのもアメリカ合州国においてだからである。[*9]

女を歴史の主体として作りあげるという問題への一つのアプローチ——時間的にもっとも早い時期に登場したもの——は、女たちについての情報を集め、（一部のフェミニストたちの造語によれば）"her-story"〔英語で歴史を意味する history は his-story、すなわち男の歴史であるとして、これに対抗して女の歴史を表すために新しく考え出されたことば。以下では便宜上「女の歴史学」と訳すことにする〕を書くことであった。歴史を意味する "history" という語にたいすることば遊びが暗に示しているように、主眼はこれまで無視され（したがって価値を貶められ）てきた経験に価値を与え、女も歴史を作るうえで行為主体であったと主張することにあった。男は関係者のうちの一方の集団にすぎない。女と男の経験が同じであろうと異なっていようと、女も歴史家によってきちんと考慮の対象にされるべきだというのが、その主張であった。

「女の歴史学」はこれまでさまざまに異なるやり方で活用されてきている。ある歴史家たちは、女についての史料を集め、歴史の主体として女は本質的に男と変わらないことを実証しようとした。大きな政治的事件への女の参加を明らかにする場合でも、女たち自身の手による政治的行動について書く場合でも、これらの歴史家たちは、これまで認められてきた歴史学のカテゴリーのなかへ新しい主題、すなわち女をはめ込もうと努め、女たちの行動を政治史や社会史の研究者にも理解できる用語を用いて解釈しようとしている。このアプローチの一つの例では、女たちの政治運動をその指導者たちの視点からではなく、その他大勢組の視点から眺めている。労働の社会史の最良の伝統（それはE・P・トムスンの仕事から刺激を受けて始まった）のなかにあって、ジル・リディントンとジル・ノリスは、イギリスの参政権運動への労働者階級の女たちの参加について、いきいきと啓示に富んだ記述をおこなっている。彼女たちの題材は、主としてマンチェスターにおける記録と自分たちで集めた聞き書きからとられており、選挙権を獲得するための闘いに労働者階級の女性が関わっていたことを実証し（これまでの歴史ではこれはほとんど完全に中産階級の運動として描かれてきた）、これらの女たちによる参政権の要求を、彼女たちの仕事や家庭生活、および労働組合や労働党オルガナイザーの活動と結びつけている。この運動におけるパンカースト派の卓越と英知にたいしては、そのエリート主義と女だけの分離主義（参政権運動家の大半はこの立場を拒否した）のゆえに疑問が投げかけられている。[*10] また、スティーヴン・ハウスによって書かれたフランスの女性参政権運動の歴史からは、これとは別な啓示が得られる。この本で著者は、（イギリスやアメリカでの運動と比較して）運動が弱く小規模であったことを、フランスのカトリックのイデオロギーや制度、ローマ法の遺産、フランス社会の保守性、およびフランスの共和政治、とりわけ第三共和政時代の急進党の特殊な政治史の産物と解釈している。*11

「女の歴史学」と関連したいま一つの戦略は、女についての証拠をあげて、それを進歩や後退についてこれまで認められてきた解釈に挑戦するために用いることである。この点にかんしては、膨大な量の史料をもとに、ルネサンスは女たちにとってはルネサンスなどではなかったこと、*12 テクノロジーは職場でも家庭でも女の解放にはつながらなかったこと、*13「民主主義革命の時代」は女を政治への参加から締め出したこと、*14「愛情に満ちた核家族」は女たちの情緒面や人格面での発達を抑圧したこと、*15 および医学の興隆は女から自律性と女同士の共同体という感覚を奪いとったことが明らかにされてきた。*16

やはり「女の歴史学」の立場に立っているがこれとは異なる種類の研究では、既存の歴史学の枠組みから離れて、新しい物語、これまでとは異なる時期区分や因果論が提示されている。こうした研究は、有名女性だけでなくふつうの女たちの生活構造に光を当て、彼女たちの行動の動機となったフェミニスト的な、あるいは女としての意識がどのような性質のものであったかを発見しようとする。通常、一九世紀と二〇世紀の女たちの経験の背景には家父長制と階級があったと考えられ、そのなかでときとして女の抑圧に直接取り組んだ、階級を超えた女たちの連帯が強調される。このアプローチの中心的性格は、女たちの働き、女が演じている自分たちの歴史を作る要因としての役割、そして男たちの経験とは明確に異なる女たちの経験の質に、もっぱら焦点を当てていることである。史料を構成しているのも、女たちの表現であり、考えであり、行動である。説明や解釈は、女の領域という条件のなかで形づくられており、個人的な体験、家族や家庭の構造、女の役割についての社会的定義の集団的な（女による）解釈のやり直し、および肉体的生命の維持だけでなく精神的な支えをも提供していた女同士の友情のネットワークなどが検討される。

女たちの文化の探究からは、キャロル・スミス＝ローゼンバーグが一九世紀アメリカの「女たちの愛と儀礼の世界」について示したみごとな洞察や、[*17] 同時期の家庭性イデオロギーにはプラスの面もあったという主張、[*18] 中産階級の女たちの政治活動と彼女たちを家庭という領域に閉じ込めた女についての概念との関係を弁証法的に読みとろうとする試み、[*19] および一九世紀半ばのフランス北部のブルジョワ世界を作りあげていた「生殖イデオロギー」の分析[*20]などが生まれている。そこからはまた、カール・デグラーによる、アメリカの女たちは、自律性と地位の向上のために自分たち自身で男女の性別領域というイデオロギーを作り出したのだとの主張も生まれている。彼の解釈によれば、女たちは他者が押しつけてくる抑圧的な構造や概念のなかで、あるいはそれに反対する形で一つの世界を創造したのではなく、女の集団自体の内部において定義され、明瞭に主張されるようになった一連の集団的利益をさらに増進するために、こうした世界を創造したというのである。[*21]

こうした「女の歴史学」のアプローチは、歴史学という学問にたいして重要な影響をおよぼした。過去の女たちについての証拠を積みあげることで、女には歴史などなかった、女は過去の物語のなかで重要な場所を占めていなかったと言い張る人々の主張は論駁された。このアプローチはさらに進んで、歴史学における重要性の規準を一部変更させ、「私的で主観的な経験」は「公的で政治的な活動」と同じぐらいに重要であり、事実、前者は後者に影響をおよぼすと主張している。[*22] そして、少なくとも女たちの行動の動機をいくらかでも理解しようとするならば、性とジェンダーを歴史のなかで概念化する必要があることを証明してもいる。これによって、たんに女について叙述をおこなうことが正当であるばかりでなく、社会生活の概念化と組織化においてジェンダーの相違が一般に重要性を持っていたことが立証されたのである。だがそれと同時に、このアプローチにはいくつかの危険もともなっている。第一に、このアプローチでは時として二つの別々な動きが一つにごっちゃにされている。すなわち、女たちの経験の評価（それが研究に値すると考えること）と、女が言ったりおこなったりしたことなら何もかも肯定的に評価することである。[*23] 第二に、このアプローチは、これまでと異なった問いを発する場合にせよ、異なった分析カテゴリーを提示したり、あるいはたんに異なった文書を検討する場合にせよ、女を歴史学における特殊で別個の話題として隔離してしまう傾向がある。いまや、従来の歴史の足りないところを補い、それを豊かなものにする女性史という重要な歴史が成長しつつあると考える人は多い。だがこの歴史は、長いあいだもっぱら女という性と結びつけられてきた「性別領域」へと、あまりにもやすやすと封じ込められてしまいかねないのである。

「女の歴史学」は社会史と手を携えて発展してきた。実際、女性史が、社会史の研究者によって開発された方法や概念を手本としたこともしばしばである。社会史はいくつかのやり方で、女性史に重要な支援を与えた。第一に社会史は、数量化、日常生活の細部の利用の仕方、および社会学や人口学、民族学からの学際的借用についての方法論を提供した。第二に社会史は、家族関係や出生率、セクシャリティなどを歴史的現象として概念化した。第三に社会史は、政治史の叙述方針（「白人が歴史を作る」）にたいして、いろいろな次元での人間の体験となって現れる大規模な社会的変化の過程を主題とすることによって挑戦した。このことは第四の影響、すなわち、これまでつねに政治史から排除されてきた集団に焦点を当てることの正当化につながった。社会史が語るのは、究極的にはさまざまな過程や制度（その歴史家の理論的立場に応じて、たとえば資本制や近代化など）についての物語であるが、その物語は、必ずしもつねにその叙述の実際の主体ではないにせよ、一見したところ主体のように見える特定の集団の人々の生活をとおして語られる。社会はありとあらゆる種類の人間関係によって作りあげられているわけだから、変化の過程が与えたインパクトを判定するにはさまざまな集団やテーマを研究することが可能であり、労働者や農民、奴隷、エリート等々、多様な職業もしくは社会集団からなるリストをさらに延長して、そこに女を加えることは比較的簡単である。このようにして、たとえば労働者についての研究がそうであったように、女性労働についての研究も、資本制のインパクトを判定したり、それがいかに作用したかを理解することを目的に始められたのである。

こうした研究の結果、ヴァージニア・ウルフが求めたあの「たくさんの情報」がつぎつぎと生み出されることとなった。女たちは、きわめて幅広い職種についていたことが例証され、年齢、既婚か未婚か、および世帯収入に応じた女性の労働力への参入パターンが描き出されて、女と労働については一つのカテゴリーとして一般化できるだろうという考え方が誤りであることが判明した。これらの研究は、比率の点では男たちとは異なっていたが、女たちも労働組合を結成してストライキをやってのけたことを明らかにした。また、賃金表を調べ、雇用機会の変化を図示することで、女の職業の市場構成には、供給よりも需要が大きな重要性を持っていたことが示唆された。*24

さらに、解釈をめぐってもさかんに論争がおこなわれている。ある歴史家は賃金を稼げるようになったことで女の地位は向上したと主張し、別の歴史家は女は安価な労働力の供給源として搾取され、その結果、男たちは女を自分たちの労働の価値にたいする脅威と受けとめるようになったと主張する。家族内での労働の分担が妻の家庭内役割にたいして経済的価値を付与したと指摘する歴史家がいるかと思えば、家族内での争いはもっぱら賃金の管理をめぐって起きたと説く人々もいる。性による分離は女が自分で職業を管理する力を弱め、したがって組織を作ったりストライキをする能力も弱められたと主張する人々は、女たちに十分そうした手段が備わっている場合にも、女は男と同一の集団行動に参加するという意見の人々によって挑戦を受けている。これらが示しているのは、たんに女に目を向けるだけでは十分でなく、女が男にたいしてどんな位置関係にあるかを分析し、労働史の一般的研究にも家族組織や性によって分離された労働市場についての問いを導入していくことが必要だということである。[*25]

社会史は、女性労働の歴史のようなテーマを史料に用いて実証することを可能にしてくれたが、同時にフェミニストの歴史家にとって問題ももたらした。一方では、社会史は歴史叙述における主体を個別化し、多数化することによって——いかなる単一の普遍的人間も、多種多様な人類の代表となることができるはずはない——、女についての研究の余地を作った。だがその一方で、社会史は人間の働きを経済的な力の一つの要素へと還元し、ジェンダーをもその多くの副産物の一つにしてしまった。女はさまざまな集団の一つとして、知恵を働かせたり、近代化されたり搾取されたり、権力を求めて争ったり、あるいは政治から締め出されたりしているにすぎないのである。女の独自性について、および両性間の社会関係が中心的位置を占めることについてのフェミニストの問いは、経済学的、行動学的なモデルによって置き換えられるか、そのなかに呑み込まれてしまいがちである。

「女の歴史学」と社会史はいずれも、女を歴史の主体として打ち立てた。事実、女性史の研究者の仕事のなかではこの二つのアプローチがしばしば重なりあい、交錯しあっている。しかし両者は、その究極に意味するところでは異なっている。それぞれがいささか異なった分析のパースペクティヴと結びついているからである。社会史は、ジェンダーの相違は社会史の既存の（経済的な）説明の枠組みのなかで説明しうると想定している。ジェンダーはそれ自体での研究を必要とする問題ではないというわけである。その結果、社会史による女の取り扱いはあまりに調和的になりすぎる傾向がある。これとは対照的に「女の歴史学」の方は、ジェンダー概念によって女と男では歴史が異なることを説明しうると想定しているが、ジェンダーがどのように歴史的に作用するのか、理論化はしていない。そのため「女の歴史学」はもっぱら女だけに特有の物語であるかのように見えてしまい、あまりにも分離主義的なやり方で読まれてしまうことになるのである。

ジェンダーを概念化しようとする試みももちろん女性史の歩みの一部であり、そもそもの始めからさまざまな議論や論争を経てきている。いまは亡きジョーン・ケリーは、女性史の目標として、性を「階級や人種のような他の分類と同じように、われわれが社会秩序を分析する際の基本」とすることを目指していた。[*26] ナタリー・ゼーモン・デーヴィスにとっては、「歴史的過去における両性の、すなわちジェンダー・グループの持つ意味を理解すること」が目的であった。[*27] これを成し遂げるためには、ジェンダーの社会的定義がどのように男性と女性によって表現され、経済的および政治的制度のなかに組み込まれ、かつそれによって影響を受けて、たんに性ばかりでなく階級や権力をも含む幅広い関係を表しているかを検討しなければならない。その結果、たんに女たちの経験ばかりでなく、社会的、政治的な営みにたいしても新しい光が投げかけられるはずだと、論じられてきた。

歴史家にとってジェンダーを研究することとは、これまでのところ、主として方法論の問題であった。法律や規範的な文献、図像表現、政治への参加などに焦点を当て、そこに暗黙のうちに、あるいは明示的に示された女の状況を男のそれと比較するというのが、その内容である。たとえば、テマ・キャプランの『アンダルシアのアナキスト』は、アナキズムという政治運動が男と女には違った受けとめられ方をしたこと、だが農民や労働者の男と女は、異なってはいるが相補的なやり方で革命闘争へと組織されたことを研究している。彼女がアナキズムの内部における男と女をパラレルに扱ったことで、この特定の政治運動が資本制や国家にたいする攻撃を表現するうえで、アンダルシア社会におけるジェンダー関係の諸側面がどのように利用されたかが明らかになった。[*28] ティム・メイスンは、ナチ・ドイツにおける女性の地位と女性政策について探究した結果、「家族の融和的な機能」について重要な洞察を獲得するに至った。彼の言によれば、この時期の政治において女は「非行為者」であったが、彼が集めた女についての事実からなる資料は「きわめて有益な新しい視座を提供してくれたので、そこから行為者たちの行動を解釈し直すことが可能になった――いや、むしろそうせざるを得なくなったのである」。[*29] ジュディス・ワーコウィッツは、近代の言説においてセクシャリティは抑圧されたのではなく、むしろその中心に存在していたというフーコーの（『性の歴史』のなかの）示唆を受けて、ヴィクトリア朝後期のイギリスにおけるジョゼフィン・バトラーの伝染病法反対運動について詳しい研究をおこなった。彼女は、性道徳のダブル・スタンダードに戦いを挑むことを目指して成功をおさめたこの女性運動について、イギリス社会の経済的、社会的、宗教的、および政治的分裂という文脈のなかで叙述をおこなっている。[*30] 彼女の研究は、性的な品行についての論争が、男女を問わず指導的な専門家ばかりでなく議会の議員たちにとっても中心的な位置を占めていたことを立証している。これらの論争は「公の場で」戦わされ、その結果、制度的および法的な変革がもたらされた。したがって性的な品行は、少なくとも数十年間にわたって、明白な政治問題だったのである。また性差の意味するところを明確にすることは、フランス革命のなかでも、市民としての権利と政治参加についての定義がおこなわれた瞬間において、決定的な重要性を持っていた。ダーレン・レヴィとハリエット・アップルホワイトは、女性性と家庭性を保護するという名目のもとに女たちのクラブを違法とした一七九三年の布告について研究をおこなった。さらにリン・ハントは、ジャコバン派が主権者としての人民を表すのにどのように男性性を利用したかについて、注意をうながしている。[*31]

これらの研究に共通して見られるのは、政治と、より具体的には政府が、そこにおいて権力関係をめぐる正式な交渉がおこなわれる世界であるという前提である。その意味でこれらの研究は、ジェンダーの研究と政治の研究とを結びつけることの重要性を示している。政治の構造と政治の理念は、公的な言説と生活のあらゆる局面を形づくり、その境界を定めているわけであるから、政治への参加から排除されている者たちでさえ、それによって規定されていることになる。メイスンの表現を借りれば、「非行為者」も政治世界において確立された決まりにしたがって行為しているのであり、私的な領域とは公的に創り出されたものである。公式記録に登場しない者たちは、それにもかかわらず歴史を作ることに参画している。もの言わぬ人々は、権力の意味するものと政治的権威の用いられ方について、雄弁に物語っているのである。

このように強調することで女性史は、男性主体を中心に据えた叙述をおこなうことにもっとも熱心な政治史の研究者に、立ち向かうことになる。このようなアプローチはまた、法律や政策、象徴的表現にどのようにして変化が起きるかに注意を引きつけることによって、ジェンダーについて歴史的に考察するための道を切り拓く。さらには女と男の異なる行動や非対等な状況にたいして、生物学的な説明や性格を根拠にした説明ではなく、社会的な説明が可能であることをも暗示している。しかしそれと同時に、こうしたアプローチは女による働きかけを無視し、女たちがはっきり目に見える参加者であったまさにその領域である私的および社会的な生活――家族やセクシャリティ、社会的結合関係――の持つ歴史的重要性を暗黙のうちに縮小してしまうことによって、フェミニストの企てを足下から切り崩しているようにも見える。

こうしたさまざまな女性史へのアプローチが矛盾に遭遇したことは、新しい知が生み出される妨げにはならなかった。そのことは、女性史のポストや講座が数を増し、雑誌や、出版社の売れ筋として女性史関係の本の市場が繁盛していることからも明らかである。同時にこうした矛盾は、それ以外の点でも生産的であった。解決を求めての模索や理論を編み出そうとする努力がそこから生まれ、歴史を書く過程自体にたいする省察の引き金となったのである。これらの異なるアプローチが互いに対話を交わすようになれば、それによって議論全体の前進が望めるであろう。しかしそのためには、分析のカギとなる用語の検討と再定義がなされる必要があると、私には思われる。これらの用語は三つある。すなわち主体としての女、ジェンダー、および政治である。

「主体」の問題にかんしては、歴史のなかの女性を論じる場合につねに関係して来ざるを得ない文献(とくに精神分析学からの影響を受けた)が多くなりつつあるが、ここでは小さな点を一つだけ取り上げることにしたい。それは——「女の歴史学」の経験が非常にはっきりと教えてくれた——男の普遍性にたいする女の特殊性という問題に関わる。一七、一八世紀の自由主義的な政治論争の焦点として登場した、諸権利を持つ抽象的な個人は、どういうわけか男の姿かたちをとるようになり、歴史家たちがこれまで語ってきたのも、主として男の物語としての歴史であった。フェミニストの研究はこれまで何度も、この普遍的代表性のなかに女を含めることの難しさに突き当たってきた。そうした研究が示しているように、男によって人間を代表させることとの普遍性を保証しているのは女の特殊性との対比だからである。

女を地位において男と対等な歴史の行為者としてとらえるためには、あらゆる人間主体の特殊性と固有性という考え方が必要となるのは明らかであろう。いかなる社会もしくは文化をとっても、歴史家は、一つの集団にたいして他の集団よりも大きな重要性を与えて差をつけることなしには、そのなかの多種さまざまな人々を単一の普遍的存在を用いて代表させることはできない。[*32] だが特殊性という問題は、集団的なアイデンティティにたいして、はたしてすべての集団が同じ経験を共有することがありうるのかについて、問いを投げかける。個人はどのようにして社会集団の一員となるのか。集団としてのアイデンティティはどのようにして定義され、形づくられるのか。どのような影響のもとに、人々は集団の一員として行動するのか。集団への同一化の過程はつねに共通なのか、それとも多様なのか。多数の差異によってしるしづけられている人々（黒人の女、女性労働者、中産階級のレズビアン、あるいは黒人でレズビアンの労働者）は、どのようにしてこれらのアイデンティティのなかのどれかが他に優越すると決めるのだろうか。全体が一つになって個人や集団のアイデンティティの意味を構成しているこれらの差異を、歴史的にとらえることが可能だろうか。テレサ・デ・ラウレティスは、女たちのあいだに見られる差異は「女たちの内部の差異」と考えた方がよく理解できると示唆しているが、歴史を書く際にそれをどのようにして実行に移すことができるだろうか。[*33]

もしも「女」という集団もしくはカテゴリーを研究していくとすれば、ジェンダー——性差に与えられた多数の相矛盾する意味づけ——が分析のための道具として重要となる。[*34]「ジェンダー」という語が示唆しているのは、両性間の関係が社会組織の基本的な一局面であること（たとえば経済的もしくは人口動態的な圧力の副産物などではなく）、男と女のアイデンティティのあり方は大部分が文化的に決定されたものであること（個人または集団によってまったく独自に生み出されるのではなく)、および両性間の差異は階層的な社会構造を作りあげると同時に、それによって作られてもいるということである。

ジェンダーについて書くことに関心を持っている人々が政治史に目を向けたことによって、性差の条件が文化的に決定される過程にたいし、闘いや対立、権力といった考え方が導入された。しかし、権力を公的な政府当局によって行使されるものとして、また、それとの関係において研究しようとすることで、歴史家たちはさまざまな経験の領域全体を不必要にも排除してしまっている。もしも「政治」についてもっと広い考え方、すなわち、ありとあらゆる不平等な関係は、権力の不平等な分配を含んでいるから何らかの意味で「政治的」であるととらえ、それがどのようにして確立されたり、拒否されたり、維持されたりするかと問うような考え方をとっていたなら、こうしたことは起きなかったに違いない。この点にかんして、多少長くなるが、フーコーが『性の歴史』第一巻において権力関係について論じていることは引用に値するだろう。

解決すべき問いは、従って、かくかくの国家的構造である以上、いかにして、また何故、〔国家〕権力が性についての知を制度として作り出さねばならないのか、という問いではない。それはまた、一八世紀以来、性についての言説を産出するために払われた努力が、いかなる総体的支配に奉仕してきたか、という問いでもない。更にまた、いかなる法が、性的行動の適法性とそれについて人々が語ることとの妥当性とを、同時に取りしきっていたのか、でもない。そうではなくて、その問いは次のようなものだ。すなわち、性に関するかくかくの型の言説において、歴史的に、しかも特定の場所に現われる真理の強奪のかくかくの形において（少年の身体のまわりに、女の性に関して、産児制限の実行について等々）、そこで作動する、最も直接的で最も局地的な権力の関係とはいかなるものか。どのようにしてこれらの権力の関係が、この種の言説を可能にし、また反対に、どのようにしてこれらの言説が、それら権力の関係に対して支えとなるのか。……大雑把に言えばこうである。すなわち、巨大な《権力》という唯一の形態へと、性に対して働くすべての極小的暴力を、性に対して人が抱くすべての乱れた目差しを、性についての可能な認識を抹殺するすべてのマスクを結びつけるというよりは、性についての言説の夥しい産出を、多様かつ流動的な権力関係の場に沈めてみることだ。[*35]

このようなアプローチをとることによって、国家と家族、公と私、労働とセクシャリティといった見せかけの二項対立に終止符を打つことができるだろう。さらに、現在は互いにまったく別々に取り扱われている生活や社会組織のさまざまな領域のあいだに、どのような相互の結びつきがあるかについても問いを投げかけることができるだろう。政治をこのようなものとして考えることによって、たんに過去の記録として不完全であるばかりでなく、女の排除や従属を正当化するような知の産出に手を貸してきたことをもその特徴とするような歴史学にたいし、批判をおこなうことが可能となる。

このようにジェンダーと「政治」は互いにたいしても、女という主体の回復にたいしても対立するものではない。これらを広く定義することによって、公と私のあいだの区別は溶解し、女の性格や経験の持つ個別的で独特の性質をめぐって議論する必要もなくなる。これらは、過去および現在における男と女のあいだの固定された二項的な区別がはたして正確かどうかに疑問を投げかけ、こうした観点から書かれた歴史学の持つきわめて政治的な性質を暴露する。だが、たんにジェンダーが政治的な問題であると主張するだけでは十分ではない。女性史の持つラディカルな潜在的可能性が実現されるためには、女たちの経験に焦点を当てた歴史を書くと同時に、いかにして政治がジェンダーを形づくり、ジェンダーが政治を形づくるかを分析しなければならない。それによってフェミニスト的な歴史学は、女たちによってなされた偉大な行為をただ列挙するのではなく、しばしば沈黙し隠されてはいるが、にもかかわらず存在し、多くの社会の組織化における規定的な力となっているジェンダーの働きを白日のもとにさらすことになる。こうしたアプローチをとることによって女性史は既存の歴史学の政治性にたいして批判的に対峙し、不可避的に歴史の書き直しに着手することになるのである。

※　本論文は最初、"Women in History: The Modern Period" という題で、*Past and Present: A Journal of Historical Studies*（1983）101: 141-57 に掲載された。国際版権の所有者は次のとおりである。The Past and Present Society, 175 Banbury Rd., Oxford, England. 最初の原稿にたいして種々の提言をしてくれたエレン・ファーロウとシェリ・ブローダーに感謝したい。今回、オリジナル原稿にたいして大幅な修正を加えたが、注にあげた文献については完全に最新のものに改めることはできなかった。

第2章　ジェンダー——歴史分析の有効なカテゴリーとして

ジェンダー。名詞。文法上の性別を表す場合にのみ使用。人あるいは生き物について生物学上の男もしくは女という性別を表す意味でジェンダーという語を用いるのは、ふざけた表現の場合か（文脈によって許されることも許されないこともある）、さもなければ重大な誤りである。

（ファウラー『現代英語用法辞典』）

ことばの意味を法典のように定めようとしたところで、無駄な骨折りというものである。なぜならことばにも、それが表すとされている概念やものと同様に歴史があるのだから。オクスフォード大学の教官であろうとアカデミー・フランセーズであろうと、人間の思いつきや想像力のたわむれにまったく邪魔されずに流れをせきとめたり、意味をとらえて固定したりすることができたためしはない。メアリ・ウォトレイ・モンタギュは、わざと文法上の意味から外れた用法によって（「私が女というジェンダーに属していることの唯一の慰めは、彼女たちのなかの誰かと結婚する羽目にだけはけっしてならないということである」）、彼女の書いた「女性」にたいする機知に富んだ弾劾文をいっそう辛辣なものにしてみせた。[*1] 長いあいだ人々は、文法用語を用いた隠喩的表現によって、そこはかとない性質や性的特質を伝えるということをやってきた。たとえば一八七六年版の『フランス語辞典』があげている用法としては、「非常に内気で感情を外に表さない男について、男性か女性か、どっちのジェンダーだかわからないと言う」との例がある。[*2] またグラッドストーンも一八七八年に、次のような性とジェンダーを区別した使い方をしている。「アテーネーには、「ジェンダー」のほかに性的なもの（sex）はなにもない、形は女性だが、それ以外に女性らしいところはなにもない」。[*3] ごく最近では――あまり最近のことすぎて、まだ辞書にも『社会科学百科事典』にも取り上げられるようになってはいないが――フェミニストたちが、もっと字義どおりのまじめなやり方で、両性関係の社会的構造を表現するための一つの方法として「ジェンダー」という語を使用しはじめている。この場合文法との関係は、明瞭であると同時にまだ検討されていない可能性に満ちてもいる。明瞭だというのは、文法上の用法においては、何かを男性または女性と指定することによって必ず形式上の規則がそれにともなってくるからである。検討されていない可能性に満ちているというのは、多くのインド＝ヨーロッパ系言語には、無性もしくは中性の第三のカテゴリーが存在するからである。文法においてはジェンダーとは、固有の性質を客観的に述べたものというよりは、諸現象を分類する一つの方法、社会的に合意された識別のシステムというふうに理解されている。さらにまた分類ということは、識別や個別のグループ分けを可能にしているカテゴリー同士の関係ということも示唆している。

このもっとも新しい「ジェンダー」の用法であるが、それが最初に出てきたのは、性にもとづく区別は基本的に社会的な性質のものだと主張しようとしたアメリカのフェミニストのなかからのようだ。このことばには、「性別」とか「性差」といった語が使用されるときに暗黙のうちに含まれている生物学的決定論を拒否しようとする意味あいが込められていた。「ジェンダー」はまた、女らしさについての規範的な定義に含まれる関係性という局面を強調しようとするものでもあった。女性学の研究があまりにも狭く、他とは切り離して女だけに焦点を当てていることを憂慮した人々が、「ジェンダー」という語を用いることで私たちの分析用語彙のなかに関係性という考え方を導入しようとしたのである。この見方に立てば、女や男は互いの存在によって定義されるのであり、それぞれをまったく切り離した研究によってはどちらをも完全に理解することはできないことになる。こうした立場からナタリー・デーヴィスは、一九七五年に次のような示唆をおこなっている。「私たちは女と男の両方の歴史に関心を持たなければならない、階級について研究する歴史家が農民だけに焦点を当てればいいわけではないのと同様に、対象とする性についての研究のみに没頭すべきではないと、私は思っている。私たちの目標は、歴史的な過去において両性に付与されていた意味、ジェンダー・グループの持っていた意味について理解することである。私たちの目標は、さまざまな社会や時期において性別役割や性的な象徴にどのような幅があったかを発見し、社会秩序を維持したりその変化を促進したりするうえで、これらがどのような意味を持ち、どのように機能していたかを探り出すことなのである」[*4]。

さらにまた、おそらくこれがもっとも重要であろうが、女たちの学問への参加によって学問分野のパラダイムは根本的に変容することになるだろうと主張する人々も、「ジェンダー」という語の使用を提案した。フェミニストの研究者たちはすでに早くから、女についての研究はたんに新しい研究主題を追加するというにとどまらず、既存の学問研究が持つ前提や規準の批判的再検討を余儀なくさせることになるだろうと指摘していた。三人のフェミニスト史家が書いているように、「歴史のなかに女を書き入れていこうとすれば必然的に、歴史学的重要性についての伝統的な考え方を定義し直して幅を広げ、公的、政治的活動ばかりでなく個人的、主観的経験をも含み込むようにしていかねばならないことに、私たちは気づきつつある。たとえ始まりのところではどれほどためらいがちにであろうと、こうした方法論が暗に指し示していのような新しい歴史学なのである」[*5]。この新しい歴史学がどのように女たちの経験を含み込み、それを説明していくかは、ジェンダーを分析のためのカテゴリーとしてどこまで発展させられるかにかかっていた。この点で階級や人種と共通性があることは明らかであった。事実、女性学研究者のなかでもっとも政治的に包括的な立場に立つ人々は、新しい歴史を書くためにはこの三つのカテゴリーのどれもが不可欠であると決まって訴えてきた[*6]。階級、人種、そしてジェンダーへの関心は、まず第一にその研究者が、抑圧された人々の物語とこうした抑圧の意味や性質についての分析を含んだ歴史学を目指していること、第二に研究上の立場として、不平等な力関係は少なくともこの三つの軸に沿って形成されると理解していることを示している。

階級、人種、ジェンダーと続けると、あたかもそれぞれの語は同等な関係にあるかのようだが、実際にはまったくそうではない。「階級」はふつう、マルクスによって練りあげられた（さらにそれ以後も練られ続けた）経済決定論と歴史的変化にかんする理論に立脚しているのにたいし、「人種」や「ジェンダー」にはそのようなつながりはない。階級概念を用いる人々のあいだでも完全に意見が一致しているわけではなく、ウェーバー的な考え方をとる学者もいれば、研究を前進させるための手段として一時的に階級概念を利用する人々もいる。それでも私たちが階級という語を持ち出すときには、マルクス主義であれば、経済的因果関係という概念や歴史が動いていく弁証法的道筋についてのヴィジョンをともなった決まった定義があって、それを用いたり、それに反対したりしながら研究を進めていくのである。人種の場合にもジェンダーの場合にも、そのような明瞭さや一貫性は存在しない。ジェンダーの場合、その用法には、両性間の関係をたんに事実に即して記述したものから、もっと幅広い理論上の立場までが含まれている。

フェミニストの歴史家もたいていの歴史家と同様、理論よりも叙述が得手となるような訓練を受けてきたが、にもかかわらず、しだいに使いやすい理論上の図式が求められるようになってきた。そうなったのには、少なくとも二つの理由がある。第一に、女性史において事例研究が多数生み出された結果、連続性や非連続性を説明し、根本的に異なった社会体験や、いまなお続く不平等が存在するのはなぜか、その原因を明らかにするために、全体を統合するような何らかのパースペクティヴが必要であると思われるからである。第二に、最近の女性史研究の質の高さと、にもかかわらず歴史学の分野全体のなかでは依然として周縁的な位置にとどまっていること（教科書、講義細目、論文研究の数から判定して）とのあいだに見られる矛盾が、学問分野における支配的な概念に取り組まない、あるいは少なくともこれらの概念の持つ力を揺るがし、おそらくは概念自体を変容させるような形では取り組んでいかない叙述的なアプローチのもつ限界を、はっきり示しているからである。女性史の研究者にとって、女にも歴史があったとか、西洋文明における重要な政治的変革に女も参加していたと証明するだけでは十分ではなかったのである。女の歴史と言った場合、たいていのフェミニストではない歴史家の反応は、いちおう承認し、そのうえで隔離するか、あるいはきれいさっぱり忘れてしまうというものであった（「女には男とは別な歴史があったそうだから、フェミニストたちには女性史をやっていてもらおう。われわれには関係なさそうだ」、あるいは「女性史というのは性だの家族だのについての研究だから、政治史や経済史とは別なところでやってもらわなくては」）。女の参加にかんしては、反応があったとしても、せいぜいちらっと関心が示される程度であった（「女もフランス革命に参加していたことを知ったところで、この革命についての私の理解が変わるわけではない」）。こうした反応によってもたらされた挑戦とは、せんじつめれば理論にかんする挑戦である。たんに過去における男と女の経験のあいだにどんな関係があったかを分析するだけでなく、過去の歴史と現在の歴史学の営為とのあいだにどのようなつながりがあるのかについても、分析が必要なのである。ジェンダーは、人間の社会関係においてどのような働きをするのか。ジェンダーは、歴史的知識の構成や認知にどのような意味を与えているのか。これらにたいする答えは、分析カテゴリーとしてのジェンダーをどのようにとらえるかにかかっている。

I

たいていの場合、ジェンダーについて理論化しようとする歴史家の試みは、伝統的な社会科学の枠内にとどまったまま、これまでも長く使われてきた因果関係について普遍的な説明をおこなおうとする公式を使用してきた。これらの理論には、いくらひいきめに見ても限界がある。そこにともすれば含まれている還元主義的な、あるいはあまりにも単純な一般化は、歴史学という分野に必要な、社会的な因果関係の複雑さにたいする感覚を損なうばかりでなく、変革につながりうる分析を求めてこうした理論に関わったフェミニストにとってもマイナスとなる。これらの理論を振り返ってみれば、その限界が明らかになるとともに、それに代わるアプローチを提示することも可能となるであろう。

たいていの歴史家が用いているアプローチは、二つのはっきり異なるカテゴリーに分かれる。第一は本質的に叙述的なアプローチである。すなわち、解釈したり、説明したり、因果関係を求めようとせずに、いろいろな現象や現実の存在に注意を向けさせようとするものである。第二の用法は因果的なもので、現象や現実の性質について理論を立て、これらがなぜ、どのようにしてそのような形をとるのかを理解しようとする。

最近のもっとも単純な用法では、「ジェンダー」は「女」の同義語として用いられている。ここ二、三年、女性史を主題とするかなり多くの本や論文が、題名のなかで「女」の代わりに「ジェンダー」を使用するようになった。こうした使い方は、漠然とある種の分析概念を指し示してはいるにしても、実際にはこの分野での政治的受容に配慮しているにすぎない場合がある。そのような例では「ジェンダー」を用いることによって、その研究が学問的に真摯なものであると示そうとしている。なぜなら「ジェンダー」には「女」よりも、もっと中立的で客観的な響きがあるからである。「ジェンダー」なら社会科学の科学的専門用語のなかにもおさまりやすそうに見え、それによって（ギャアギャア耳ざわりだと思われている）フェミニズムの政治性とは縁が切れるというわけだ。このように用いられた「ジェンダー」は、本来必要なはずの不平等や権力についての言説もともなっていないし、虐げられた（そしてこれまで目に見えないままであった）人々の群れを名指すこともしていない。「女性史」という語は、（慣例に反して）女はれっきとした歴史学の主題であると主張することによってその政治性を公然と宣言しているのにたいし、「ジェンダー」はそのなかに女を含みはするがそれと名指してはおらず、そのために口やかましい脅威にはならないように見える。このような「ジェンダー」の使われ方は、一九八〇年代にフェミニストの研究者が、言うなればアカデミズムにおける市民権を必死に獲得しようとしたことの一面だったのである。

だが、それはあくまでも一面にすぎない。「女」の代わりに「ジェンダー」を使うことには、女についての情報は必然的に男についての情報でもある、一方のなかには当然他方の研究も含まれる、という意味あいもある。このような用法は、女の世界は男の世界の一部であり、男の世界のなかに、男の世界によって創り出されたと主張しているのである。このような用法は、性によって異なる領域という考え方が解釈に役立つことを否定し、女だけを別個に研究することは、一方の領域、一方の性の経験は他方の領域や経験とほとんど、あるいはまったく関係がないというフィクションを生き長らえさせることになると主張する。さらにまた「ジェンダー」は、両性間の社会的関係を示すのにも使用されている。この用法は、女には出産能力があり、男は筋力において勝るといった事実のなかに女の従属のさまざまな形態の共通分母を見つけ出そうとするような、生物学的説明をきっぱりと拒否するものである。それに代わって「ジェンダー」が、「文化的構築物」――完全な社会的産物としての、女にふさわしい役割、男にふさわしい役割という観念――を表す手段となる。これは男や女の主観的アイデンティティは、もっぱら社会によって生み出されたものだということを示す一つのやり方なのである。この定義に従えばジェンダーとは、生物学的な性を持った身体のうえに押しつけられた社会的カテゴリーということになる。[*7] 性やセクシャリティについての研究がさかんになるにつれ、ジェンダーはとくに便利な語となってきた。この語によって、性的な活動と男女に割り当てられた社会的役割とを区別する道が開けたからである。研究者たちは、生物学的性と（家族社会学者が呼ぶところの）「性役割」とのあいだに関係があることは認めているが、だからといって単純な、あるいは直接的なつながりを想定しているわけではない。ジェンダーのこの用法は、関係性のシステム全体はそのなかに生物学的性を含んでいるかもしれないが、直接に性によって決定されるのでもなければ、それが直接セクシャリティを決定するわけでもないという点を強調するのである。

こうしたジェンダーの叙述的な用法は、歴史家たちによって、新しい地形図を描き出すために用いられることが多かった。社会史家たちが新しい研究対象に向かったように、ジェンダーも女、子供、家族、ジェンダー・イデオロギーといったテーマと関係づけられた。言い換えればジェンダーのこの用法は――構造的にもイデオロギー的にも――両性間の関係と関わりのある領域だけを指し示しているのである。表面的に見たところ、戦争や外交、ハイ・ポリティクスはこうした両性関係と目に見える形での関係はないために、ジェンダーはこれらには当てはまらないように見え、それゆえ、政治や権力の問題に関心のある歴史家の考え方とは没交渉のままである。その結果、究極的には生物学に根ざしたある種の機能主義的見方を是認することになり、歴史叙述における性別領域の観念（性か政治か、家族か国家か、女か男か）をそのまま温存することにもなっている。ジェンダーのこの種の用法は、両性関係は社会的なものだと主張しているにもかかわらず、なぜそうした社会関係がいまあるような形で構築されたのか、どのようにそれが機能しているのか、あるいはどうやって変化していくのかについては、なにも言ってはいない。したがって叙述的に用いた場合のジェンダーとは、女に関係のあることがらの研究と結びついた概念となる。ジェンダーは新しいテーマであり、歴史研究の新しい部門ではあるが、既存の歴史学のパラダイムに立ち向かう（そしてそれを変える）だけの分析的な力を持たない。

もちろん、歴史家のなかにはこの問題に気づいた人もおり、そこから理論を用いてジェンダー概念を説明し、歴史的変化の理由を明らかにしようとする努力が生まれた。だがじつのところここでなされた挑戦とは、個々の状況における個別性と基本的な変化を研究するはずの歴史学に、一般論的または普遍論的に形づくられた理論をなんとか調和させようとすることであった。その結果はきわめて折衷的なものになった。一部分だけを借りてくることによって、ある理論の持つ分析力を損なってしまったり、もっとひどい場合にはその理論の教えを、それがどんな意味あいを含んでいるかに気づかずに用いてしまう、普遍的理論を取り込んだおかげで、変化の説明のはずが、ただ不変のテーマを例示するだけに終わっている、あるいは非常に想像力に富んだ研究ではあるが、にもかかわらず理論がかげに隠れすぎていて、他の研究のモデルとしては役に立たない、といった調子である。歴史家たちが依拠した理論にどんな意味が含まれているか、ふつうはそのすべてがはっきり見分けられているわけではないから、少しそれをやってみるのも時間の無駄ではあるまい。そのような訓練をとおして初めて、これらの理論がどの程度役に立つのかを評価することや、より強力な理論的アプローチを明確にしていくことが可能となるのである。

フェミニストの歴史家はさまざまなアプローチを用いてジェンダーの分析をおこなってきたが、これらのアプローチはせんじつめれば三つの理論的立場のうち、どれを選ぶかという問題になる。[*8] 第一は完全にフェミニスト的な試みで、家父長制の起源を説明しようと努めることである。第二のアプローチはマルクス主義の伝統のなかに身を置き、そこでフェミニスト批評との調和を見出そうとする。第三の立場はフランスのポスト構造主義と英米系の対象関係論派とのはざまで基本的に引き裂かれながら、これらの異なった精神分析学派に依拠して主体のジェンダー・アイデンティティの生成と再生産を説明しようとする。

家父長制理論に立つ人々はもっぱら女の従属に関心を集中し、男性にとっての女性支配の「必要性」によってそれを説明しようとしてきた。メアリ・オブライエンはヘーゲルを独創的に翻案した著作のなかで、男性による支配を、男が種の再生産の手段から疎外されていることを超越したいという彼らの欲求の結果と定義している。世代間の連続性という原理が父性の優越を回復し、子産みにおける女の実際の苦しみと女性労働の社会的現実とを覆い隠してしまう。女の解放の源は、「生殖の過程を正しく理解する」こと、女の生殖労働の性質と（男による）そのイデオロギー的神秘化とのあいだの矛盾をきちんと見極めることにある。[*9] シュラミス・ファイアストーンの場合も、生殖は女にとっての「苦い罠」であった。しかし彼女のより唯物論的分析では、生殖テクノロジーの変革とともに解放がもたらされるはずであり、それによって遠からず種の再生産機関としての女の身体にたいする必要性はなくなるはずであった。[*10]

生殖が家父長制を解くカギだと考える人々がいた一方で、セクシャリティそのものが答えだと考えた人たちもいる。次のようなキャサリン・マッキノンの大胆な図式は、彼女に独自であると同時に、この種のアプローチに特徴的なものでもある。「フェミニズムにとってセクシャリティは、マルクス主義にとっての労働のようなものである。すなわちもっとも自分個人のものでありながら、もっとも奪い取られるものでもある」。「性的な客体化こそ女の従属の第一過程である。それは行動とことば、構造と表現、知覚と強制、神話と現実とを結びつける。男が、女を、やる。主語、目的語、動詞」。[*11] さらにマルクスからの類推を続けてマッキノンは、弁証法的唯物論の代わりに意識変革をフェミニズムの分析法として提唱する。客体化という共有された体験を表現しあうことによって、女は自分たちの共通のアイデンティティを理解するようになり、そこから政治行動へと導かれていくと彼女は主張するのである。マッキノンの分析では性的関係は社会的なものと定義されているが、なぜ権力のシステムがいまあるような形で作動するのかについては、性的関係そのものに固有の不平等という以外、何一つ説明されてはいない。男女間の不平等な関係の原因は、結局のところ男女間の不平等な関係にある、というわけだ。セクシャリティが原因で生じる不平等は「社会関係のシステム全体」に形となって現れているというのだが、このシステムがどのように働くかについての説明はないのである。[*12]

家父長制理論派が男と女の不平等に取り組んだやり方は重要だが、歴史家から見ればこの派の理論には問題もある。第一に、彼女たちはジェンダー・システム自体の内的な分析を提示したが、同時に、ありとあらゆる社会組織においてそのシステムこそ最優位に立つと主張する。だが家父長制理論は、ジェンダーの不平等が他の不平等とどんな関係があるのかを明らかにしてはいない。第二に、支配が男による女の生殖労働の私有という形で生じるにせよ、あるいは男による女の性的客体化であるにせよ、分析の基本となっているのは肉体的差異である。たとえ家父長制理論派がジェンダーの不平等の形態やシステムには変化がありうることを考慮しているとしても、肉体的差異はどのようなものでも普遍的で不変の様相を帯びている。[*13] 肉体的差異という単一の変数に依拠する理論は、歴史家にとっては問題である。こうした理論は人間の身体には——社会的また文化的構築の外部に——つねに変わらない、あるいは固有の意味があるということ、すなわちジェンダーそのものの非歴史性を前提としているのである。そこでは歴史はいうならば付帯現象となり、固定されたジェンダーの不平等という不変のテーマのヴァリエーションをはてしなく提供し続けることになる。

マルクス主義フェミニストの方は、さすがに歴史理論を導き手としているだけあって、もっと歴史的なアプローチをとっている。だがどのように変化をつけたり改作しようとも、ジェンダーについて「唯物論的」な説明がなければならないという自ら課した要件のために、新しい分析方向の発展が制限されるか、少なくともスローダウンしてしまった。いわゆる二重システムによる解決（資本制と家父長制という別個の、だが相互に作用しあう領域があると仮定する立場）をとるにせよ、あるいはより強固に正統派マルクス主義の生産様式論にもとづいた分析を展開するにせよ、ジェンダー・システム発生の原因とその変化の説明は労働の性別分業以外のところに求められている。家族や世帯、セクシャリティはすべて、最終的には変化する生産様式の産物ということになる。エンゲルスが『家族〔・私有財産・国家〕の起源』をめぐる探究の結論としたのもそれであったし[14]、経済学者ハイジ・ハートマンの分析が究極のところで依拠しているのもそこである。ハートマンは、家父長制と資本制を別個の、だが相互に作用しあうシステムとして考慮することの重要性を強調する。けれども彼女の議論の展開を見ていると、経済的因果論が優位に立ち、家父長制はいつも生産関係の関数として発達したり変化したりしているのである[15]。

マルクス主義フェミニストのあいだでの初期の議論は、同じ一組の問題のまわりで堂々めぐりをしていた。すなわち、「生物学的再生産の要求」が資本制下での労働の性別分業を決定すると主張する人々の持つ本質論にたいする拒否、生産様式についての議論のなかに「再生産様式」を挿入しようとすることの不毛性（いまだにそれは対立するカテゴリーにとどまっており、生産様式と対等な地位を得てはいない）、経済システムが直接ジェンダーの関係を決定するわけではなく、じつのところ女の従属は資本制以前から存在しており、社会主義のもとでも持続しているという認識、そして、にもかかわらず自然な肉体的差異を排除した唯物論的な説明を求めようとする努力である。[*16] この堂々めぐりから脱却しようとする試みとして重要だったのがジョーン・ケリーの論文「フェミニズム理論の二重の視覚」であり、彼女はそのなかで、経済システムとジェンダー・システムの相互作用をつうじて社会的、歴史的体験が生み出されること、どちらのシステムも偶発的なものではなく、両方が「同時に働いてある特定の社会秩序の社会経済的、男性支配的構造を再生産する」ことを主張している。ジェンダー・システムが独立した存在であるというケリーの示唆は、概念上の突破口としてきわめて重要なものであったが、彼女はあくまでもマルクス主義の枠内にとどまろうとした結果、ジェンダー・システムの決定においてさえも因果関係のなかで経済的要因がはたす役割を強調することとなった。「両性の関係は、セックスとジェンダーの構造だけでなく、社会経済的構造に応じて、それをとおして作動する」。[*17] ケリーは「性に基盤を置く社会的現実」という考え方を導入したが、そうした現実の性的な性質よりも社会的な性質の方を強調する傾向があり、彼女の言う「社会的」とは多くの場合、経済的生産関係として思い描かれているのであった。

アメリカのマルクス主義フェミニストによるセクシャリティの探究としてもっとも意欲的なものは、一九八三年に出版された論文集『欲望の権力』である。[*18] 政治活動家や学者のあいだでのセクシャリティにたいする関心の高まり、フランスの哲学者ミシェル・フーコーのセクシャリティは歴史的文脈の産物であるという主張、そして現在進行中の「性革命」についての真面目な分析が必要だという確信などから影響を受けたこの本の執筆者たちは、「性の政治学」を探究の焦点に据える。そうするなかで因果関係という問題が持ち出され、それにたいしてさまざまな解決策が提示されている。じつのところこの本の本当の面白さは、分析が執筆者ひとりひとりで違っていること、分析をめぐる緊張関係を感じさせるところにある。彼女たちはそれぞれに社会的（多くの場合「経済的」という意味で使われている）状況の因果性を重視する傾向があるのだが、にもかかわらず、「ジェンダー・アイデンティティの精神構造」を研究することが大切だという示唆もおこなわれる。「ジェンダー・イデオロギー」はときには経済的、社会的構造の「反映」であるという言い方もされるが、「社会と持続的な精神構造とをつなぐ」複雑な「輪」を理解する必要があるという非常に重要な点も認識されている。[*19] 一方、この本の編集にあたった三人は、政治には「人間の生活のエロティックで空想的な部分」にたいする関心が含まれていなければならないというジェシカ・ベンジャミンの指摘を支持しているのだが、他方では、ベンジャミン自身の論文を除いては、他のどの論文も彼女が提起した理論上の問題に正面から、真剣に取り組んではいない。[*20] それに代わってこの本全体を貫いているのは、マルクス主義をもっと拡大させればイデオロギーや文化、心理学などの議論もそのなかでできるようになる、そしてこの拡大は、大半の論文中でおこなわれているような類いの史料の具体的な検討をとおして実現するだろうという暗黙の前提なのである。このようなアプローチの良い点は、立場の鋭い食い違いを避けられることにあり、悪い点は、すでに十分確立された理論をそのまま残すことで両性関係から生産関係へと逆戻りしてしまうことである。

アメリカのマルクス主義フェミニストたちの探究心旺盛で比較的幅の広い試みを、マルクス主義の伝統が強く生きつづけており、その政治学との結びつきがより緊密なイギリスのマルクス主義フェミニストの場合と比較してみると、イギリスの方が厳格な決定論的説明の拘束に挑戦するのがより困難であることが明らかになる。この困難さがもっとも劇的な形で見られたのが『ニュー・レフト・レヴュー』誌上でのミシェル・バレットと彼女の批判者との論争で、批判者たちは、彼女は資本制下の性別分業の唯物論的分析をなおざりにしているとして攻撃したのである。[*21] また、はじめは精神分析とマルクス主義を何らかの形で融合することが可能だと主張していた学者たちが、両者を調和させようというフェミニスト的試みの代わりに、これらの理論的立場のうちどちらか一方を選ぶようになったことにも、この困難さを見ることができる。[*22] マルクス主義の枠内で仕事をしている英米両国のフェミニストがかかえる困難は、私がここにあげた作品を見れば明らかである。彼女たちが直面している問題は、家父長制理論によって提起される問題のちょうど正反対である。なぜならマルクス主義のなかでは、ジェンダーという概念は長いあいだ経済構造の変化の副産物として扱われてきており、分析においてジェンダーが独自の地位を持ってはいないからである。

精神分析理論について見ようとするときには、どの学派を問題にするのか特定しておく必要がある。なぜならさまざまなアプローチがあって、それらは創始者や専門家の大半がどこの国の出身であるかによって分類される傾向があるからである。まず対象関係論にのっとって仕事をしているアングロ・アメリカ学派がある。アメリカでこのアプローチといえば、まず浮かんでくるのはナンシー・チョドロウの名前である。さらにキャロル・ギリガンの仕事も、歴史学も含めてアメリカの学界に広い範囲でインパクトを与えている。ギリガンの仕事はチョドロウを下敷きにしているが、主体の構築よりも行動の道徳的発達の方により関心が注がれている。アングロ・アメリカ学派とは対照的にフランス学派の基盤となっているのは、言語理論をとおしてフロイトを構造主義やポスト構造主義的に読むことである（フェミニストにとっての重要人物はジャック・ラカン）。

どちらの学派も主体のアイデンティティが創造されていくプロセスに関心を持っており、どちらもジェンダー・アイデンティティ形成の手掛かりを求めて子供の発達段階の初期に焦点をあわせている。対象関係論派が実際の体験（子供が見る、聞く、自分の世話をしてくれる人々、当然ながらとりわけ両親になつく）の影響を強調するのにたいし、ポスト構造主義派はジェンダーの伝達、解釈、表現における言語の中心性に力点を置く（ポスト構造主義者の言う「言語」とはことばを意味しているのではなく、実際に話したり、読んだり、書いたりすることを身につけていく以前に存在する意味の体系――象徴秩序――を指している)。この二つの思想学派のあいだのいま一つの相違は無意識をめぐるもので、チョドロウにとって無意識とは究極的に意識的理解に従属するものであるのにたいし、ラカンにとってはそうではない。ラカン派にとって無意識とは主体の構築における重要なファクターであり、まさにそこに性の区別が位置しているのである。それゆえにそれはジェンダー化された主体にとってたえざる不安定性の位置するところでもある。

近年フェミニストの歴史家たちはこうした理論に魅きつけられている。それは、これらの理論が個別具体的な発見に一般的観察による裏づけを与えてくれたり、あるいはジェンダーについて重要な理論的図式を提供してくれそうに見えるためである。「女の文化」という概念を使って仕事をしている歴史家が、自分たちの解釈を証明するのにも説明するのにもチョドロウかギリガンの仕事を引用する例が多くなってきている一方で、フェミニズム理論と格闘している歴史家たちはラカンに目を向ける。だが私には、結局のところ、これらの理論はいずれも歴史家にとって完璧に有用な理論ではないように思われる。それぞれについてもう少し詳しく見てみれば、それがなぜか説明がつくだろう。

私が対象関係論に全面的に賛成しかねるのは、その直解主義にかんして、すなわちこの理論が、ジェンダー・アイデンティティを形成し、変化を生み出すものとして比較的小規模な相互作用の構造に頼っているためである。チョドロウの理論では、家族内での労働の分担とそれぞれの親にたいする仕事の割り当てとが決定的に重要な役割を担っている。一般的な西洋型システムの結果として、男性と女性のあいだにははっきりとした分担があり、「女性の基本的な自己感覚は世界とつながっているのにたいし、男性の基本的な自己感覚は分離している」[*23]。チョドロウにしたがえば、父親たちがもっと親業に関わり、家庭的な状況のなかにもっと頻繁に姿を見せれば、このエディプス・コンプレックスのドラマの結末も変わってくる可能性があることになる[*24]。

この解釈ではジェンダーの概念は家族と家庭内の体験だけに限定されており、歴史家にとっては、この概念（もしくは個人）を経済や政治、権力などの他の社会システムと結びつける道がまったく与えられていない。もちろん、父親には働くこと、母親には育児にまつわる仕事の大半を遂行することを要求する社会的な取り決めが家族という組織を作りあげていることは、暗黙の前提とされている。だがそうした取り決めがどこから来るのか、なぜそれが性別分業の形で明確化するのかは明らかではない。また、非対称の問題にたいして不平等の問題も取りあげられてはいない。この理論のなかだけでは、男性性がつねに権力と結びつけられること、男であることには女であることよりも高い価値が与えられること、核家族以外のところで育ったり、夫と妻が親業を平等に分担している家庭内で育ったりした場合でも、子供たちがこうした結びつきや評価を身につけるように思われることを、どうやって説明できるだろうか。意味を表すシステム、すなわち社会がジェンダーを表象するやり方に注意を払わずに、社会関係の規則を明確化するためにジェンダーを用いたり、体験の意味を構築したりできようとは私には考えられない。意味がなければ体験もなく、意味表現の過程がなければ意味も存在しない。

ラカン理論の中心は言語であり、それが子供を象徴秩序へと誘導するためのカギとなる。言語をとおしてジェンダーによるアイデンティティが構築されるのである。ラカンによれば性差の記号表現の中心にあるのはファルスである。ただしファルスの意味は形而上学的に読まれなければならない。子供にとってはエディプス期のドラマが文化的相互作用の条件を定める。去勢の脅威のなかに権力、(父の)法の規則が体現されているからである。子供と法との関係は性差によって、子供が男性性または女性性のどちらと想像(あるいはファンタジー)のなかで同一化するかによって異なってくる。言い換えれば、社会的相互作用の規則が課されるやり方は内在的に固有のジェンダーを含んでいる。女性はファルスにたいして必然的に男性とは違った関係にあるからである。だがジェンダーへの同一化は、つねに首尾一貫して固定的であるように見えるが、実際はきわめて不安定なものである。意味のシステムと同様、主体のアイデンティティも差異化と区別との過程であり、首尾一貫性と共通理解を確保する(そうした幻想を創り出す）ためには曖昧さや対立要素を抑え込む必要がある。男性性の原理は必然的に女性的局面——主体の持つ両性性への潜在的可能性——の抑圧のうえに成り立っており、男性性と女性性という対立関係のなかに葛藤を持ち込む。抑圧された欲求は無意識のなかに存在しており、ジェンダーの単一性を否定し、安定への欲求を覆すことでジェンダーへの同一化にたいするたえざる脅威となる。それに加えて、男性性や女性性についての意識的な観念も文脈のなかでの使われ方によって変化するため、けっして固定的ではない。したがって、主体の側の見かけの統一性にたいする欲求と、術語の側の不正確さ、意味の相対性、抑圧への依存のあいだには、つねに葛藤が存在している。[*25] この種の解釈は、男性性、女性性とは固有の特性ではなく主観的な（または架空の）構築物であると示唆することで、「男」と「女」というカテゴリーに疑問を投げかける。この解釈はまた、主体はたえまなく構築される過程にあると暗示し、言語こそ分析のための正しい場であると指摘することで、意識的、無意識的欲求を解釈する体系的な方法を提供する。その限りにおいて、私はこの解釈は有益であると思う。

けれども、もっぱら個人の主体の問題のみに限定されていること、および主体のレヴェルで発生する男性と女性のあいだの対立関係をジェンダーの中心的事実として具体化しようとする傾向にかんしては、私は問題が多いと考える。そのうえ、「主体」の構築という概念にかんしてはオープンなところがあるものの、この理論には男性と女性のカテゴリーや関係を普遍化しようとする傾向がある。その結果歴史家は、過去の史料を還元的に読むことになる。この理論は去勢を禁止と法に結びつけることで社会関係を考慮に入れてはいるが、歴史的個別性や可変性という考え方の入り込む余地はない。ファルスのみが唯一の記号表現であり、ジェンダーにもとづく主体の構築過程はつねに同じであるため、究極的にははじめから予測可能である。映画理論家のテレサ・デ・ラウレティスが示唆しているように、主体性の構築を社会的、歴史的文脈のなかで考える必要があるとするならば、ラカンの提示する条件のなかにはそうした文脈を具体的に見ていく道はない。事実、デ・ラウレティスの試みにおいても社会的現実（すなわち「実際には社会的で、そして広く見れば歴史的でもある物質的、経済的な、人と人との［関係］」）は、主体とは別に外部に存在しているように見える。[*26] ジェンダーという観点から「社会的現実」を概念化していく道がそこにはないのである。

この理論における両性の対立関係の問題には二つの局面が存在する。第一に、サリー・アレグザンダーがおこなったようにこの理論が巧みに歴史化される場合でさえ、ある種の時間を超越した性質がそこに投影される。アレグザンダーはラカンを読んだ結果、「両性間の対立関係は性的アイデンティティ獲得の不可避の一面である……もしも対立関係がつねに潜在しているとすれば、歴史は最終的解決を提供することなどありえず、ただ差異のシンボル化や性別分業のたえまない再形成、再組織化を提示するだけということになる」[*27] との結論に達している。この図式を前にして私が躊躇するのはどうしようもないユートピア主義のせいかもしれないし、フーコーが「古典時代」と呼んだものの認識論をいまだに捨て去っていないためかもしれない。説明はどうあれ、アレグザンダーの図式は男性と女性の二項対立を唯一可能な関係として、また人間の状況の一つの永久的局面として固定化することに力を貸している。それは、ドニーズ・ライリーが「性の両極性の不変性という恐ろしい雰囲気」と呼んでいるものを、問題にするのではなくむしろ永続化させてしまうのである。ライリーによれば、「[男性と女性のあいだの]対立が歴史的に構築されてきたという性質は、その一つの作用として、男対女の不変で単調な対立という、まさにあの雰囲気を生み出す[28]」。

（アングロ・アメリカ学派に戻って）キャロル・ギリガンの研究が助長しているのは、その退屈さや単調さもろとも、まさしくそうした対立なのである。ギリガンは、男の子と女の子がそれぞれ違った道徳的発達の道をたどることを、「体験」（生きられた現実）の相違によって説明しようとする。女性史の研究者たちが彼女の考えを採用し、自分たちの研究をとおして聞こえてきた「異なる声」の説明にそれを使おうとしたのは、驚くべきことではない。だがこうした借用には多種多様な問題があり、それらは論理的に互いに関係がある[29]。まず、因果関係を求めるときに起こりやすい横すべりの問題がある。「女たちはその体験の結果、状況や関係性に応じた道徳的選択をおこなう」といった記述から、「女は女だからこのように考え、選択する」という方向に議論が移ってしまうのである。このような論証の仕方が暗に示しているのは、女にたいする本質論的と言わないまでも、非歴史的な見方である。ギリガンやその他の人々は、二〇世紀後半のアメリカの学童から得た少数のサンプルにもとづく推論によって、全女性について語ろうとしたのである。このような推論がとくに顕著に現れた例は――ただしそれが唯一というわけではない――、一部の「女の文化」を研究している歴史家による、古い時代の聖人から近代の戦闘的な労働運動家までの史料を集め、それを女性は普遍的に関係性を好むというギリガンの仮説の証明へと還元した議論に見ることができる。[*30] このようなギリガンの観念の用法は、『フェミニスト・スタディーズ』誌の一九八〇年のシンポジウムではっきりと見られた「女の文化」についてのもっと複雑で歴史化された概念と比べると、きわめて対照的である。[*31] 実際、同誌の論文とギリガンの図式とを比較してみると、女と男をつねに同じやり方で固定された、普遍的で自己再生産しつづける二項対立と定義する彼女の考え方が、どれほど非歴史的であるかがよくわかる。固定的な差異を強調することによって（ギリガンの場合には性差をきわだたせるために、性や道徳的推論についてもっといろいろな結果が出せるデータを単純化することによって）、フェミニストは自分たちが反対したいと思っている類いの考え方にかえって貢献している。彼女たちは「女性」というカテゴリーの再評価を主張するが（ギリガンは女の道徳的選択は男の場合よりもっと思いやりに満ちているのではないかと示唆している）、二項対立そのものは検討しようとしないのである。

私たちは、二項対立の持つ固定的で永続的な性格を拒否し、性差の条件を真に歴史化し脱構築する必要がある。私たちは、自分たちの分析用の語彙と自分たちが分析しようとする材料との識別に、もっと自覚的であらねばならない。たえず自分たちのカテゴリーを批判の対象とし、自分たちの分析を自己批判し続ける道を（たとえどれほど不完全であっても）見つけ出さなければならない。脱構築についてのジャック・デリダの定義を用いるとすれば、こうした批判とは、どのような二項対立であれ文脈に即してそれがどう作動するのかを分析すること、それを現実だとか、自明だとか、あるいはものごとの自然であると受け入れるのではなく、そのヒエラルヒーをなす構築を逆転させ、ずらしてみることを意味している。[*32] もちろんある意味では、フェミニストたちは何年ものあいだそれをやってきた。フェミニズム思想の歴史は、特定の文脈において男性と女性のあいだにヒエラルヒー的関係が構築されることを拒否し、その作動を逆転させたりずらしてみようとする試みの歴史である。フェミニストの歴史家はいまこそ、自分たちのやっていることを理論化し、ジェンダーを分析カテゴリーとして展開させるべき立場にいるのである。

Ⅱ

分析カテゴリーとしてのジェンダーにたいする関心が見られるようになったのは、二〇世紀後半になってからにすぎない。一八世紀から二〇世紀前半までに発表された主要な社会理論群のなかにはそれは存在していなかった。たしかに、これらの理論のあるものは男性と女性の対立関係のアナロジーのうえに論理を組み立て、あるものは「女性問題」の存在を認め、またあるものは主体の性アイデンティティの形成という問題に取り組んできたが、社会的または性的関係のシステムについて語る方法としてのジェンダーは登場していなかった。現代のフェミニストたちが、何とか既存の理論群のなかに「ジェンダー」を組み入れ、あれやこれやの理論学派の信奉者たちにたいしてジェンダーも彼らの語彙の一部であると説得しようと苦労してきたのは、一部にはこうしたこれまでの無関心が原因だったのかもしれない。「ジェンダー」という語は、現代のフェミニストたちが定義という世界において一定の陣地を確保し、女と男のあいだの根強い不平等を説明するのに既存の理論群では不適当であると主張しようとする試みの一環なのである。私にはジェンダーという語の使用が、ある場合には社会科学者のあいだでの科学的パラダイムから文学的パラダイムへの（人類学者クリフォード・ギアーツの表現を借りれば、研究ジャンルを曖昧にしてしまった、原因の重視から意味の重視への）移行という形[*33]、またある場合には、事実の明白性を主張する人々とあらゆる現実は解釈されたり構築されたものだとする人々とのあいだや、「人間」は自分自身の運命の理性的主人であるという考え方を擁護する人々と疑問視する人々とのあいだの論争という形をとって、大きな認識論上の混乱が起きている瞬間に登場したということは、重要な意味を持っているように思われる。こうした論争によって開かれた空間のなかに、また、人文科学による科学の批判やポスト構造主義者による経験主義や人文主義の批判の側に、フェミニストたちはたんに自分たちの理論的代弁者ばかりでなく、研究上、政治上の同盟者をも見出すようになった。私たちが分析カテゴリーとしてのジェンダーを明確化しなければならないのは、この空間のなかにおいてなのである。

ところで、最近の一部の理論家によってあの分野は人文主義思想の廃墟にすぎないと片づけられてしまった歴史学の研究者としては、結局のところ何をなすべきなのだろうか。私たちが古文書館を見捨てたり、過去についての研究をやめてしまったりすべきだとは私は思わないが、これまでの仕事のやり方の一部や、これまでの問いの一部を変えていかねばならないことは確かである。私たちは、自分たちの分析方法を厳しく吟味し、作業仮説を明確にし、変化はどのようにして起きると考えているかを説明する必要がある。単一の起源を求める代わりに、解きほぐすことができないほど互いに絡みあったさまざまな過程を考えなければならない。もちろん、どんな問題を研究するのかははっきりさせなければならないし、それが出発点、もしくは複雑に入り組んだ過程への入口となる。だが私たちがたえず頭に置いておかねばならないのは、過程の方なのである。ものごとがなぜ起きたかを見つけ出すためには、もっと頻繁にどのように起きたかを問わなければならない。人類学者ミシェル・ロザルドの表現を借りれば、私たちが追い求めねばならないのは普遍的で一般的な因果関係ではなく、意味のある説明であり、「人間の社会生活における女の位置は、いかなる直接的な意味でも彼女がしていることがらの産物ではなく、具体的な社会的相互作用をとおして彼女の活動が獲得する意味の産物であると、いまの私には思われる」[*34]。意味を追求するためには、社会組織だけでなく個々の主体を取り上げ、その相互関係の性質を明確にする必要がある。そのどちらも、ジェンダーがどのように作用し、どのように変化が起きるかを理解するためには不可欠だからである。最後に、社会的権力とは統一されて首尾一貫しており、集権化されているという考え方をやめ、ミシェル・フーコーの権力概念のような、非対等な関係が星座のようにばらまかれたもの、社会的な「力の場」のなかであちらこちらに生じるものという考え方に改める必要がある[*35]。このような過程や構造のなかにおいても、人間の行為という概念が存在する余地はある。一定の限界のなかで言語——境界を定めると同時に否定や反抗、再解釈、隠喩による創造や想像の遊びの可能性をも含んでいる概念的言語——を用いて、アイデンティティを、人生を、一連の関係を、社会を築いていこうとする（少なくとも一部は理性的な）試みがそれなのである。

私のジェンダーの定義は二つの部分とさらにその下のいくつかの部分に分かれる。それらは相互に関係があるが、分析にあたっては明瞭に区別されなければならない。この定義の核をなしているのは、二つの命題のあいだの相互に不可欠な関係である。すなわち、第一にジェンダーとは両性間に認知された差異にもとづく社会関係の構成要素であり、第二にジェンダーとは権力の関係を表す第一義的な方法であるという、二つの命題である。社会関係の組織のされ方における変化はつねに権力の表現における変化と対応しているが、変化の方向は必ずしも一方的とは限らない。両性間の認知された差異にもとづく社会関係の構成要素としてのジェンダーには、四つの相互に関係した要素が含まれる。第一は、多数の（しばしば相矛盾する）表象を誘い出す、文化によって用意されたシンボルである。たとえばイヴとマリアは西洋のキリスト教的伝統における女のシンボルであるが、光と闇の神話、浄化と汚濁、無垢と堕落のシンボルでもある。歴史家にとって興味ある問いは、どのシンボル表象が持ち出されるのか、それはどのようにして、いかなる文脈においてであるかを問うことである。第二の要素とは、シンボルの意味をどう解釈すべきかを述べ、それらのシンボルが持つ隠喩的可能性を制限し閉じ込めようとする規範的概念である。これらの概念は宗教的、教育的、科学的、法的、および政治的教義として表現され、典型的には固定された二項対立の形をとって、男性と女性、男性性と女性性の意味をカテゴリーとして明確に主張する。実際にはこうした規範的言説はそれ以外の可能性の拒否や抑圧のうえに成り立っており、ときにはそれらにたいする公然たる戦いが起きることもある（どのような瞬間に、どのような状況のもとでというのが、当然歴史家の関心事となる）。しかしながら最優勢となった立場は、それだけが唯一可能な立場として語られる。それ以後の歴史は、あたかもこれらの規範的立場が闘争ではなく社会的合意の産物であったかのように書かれることになる。ヴィクトリア朝の家庭性イデオロギーは、じつはそれにたいしてつねに非常に意見が分かれる主題であったにもかかわらず、まるで完璧にできあがった後で、ようやくそれにたいする反応が起きたかのように扱われているのは、この種の歴史の一例である。もう一種類の例は、現代の原理主義的な宗教グループに見られるもので、彼らは自分たちの活動をより真正で「伝統的な」女の役割といわれるものの復興と無理やり結びつけようとしているが、実際は歴史的に見てそうした役割が疑問の余地なく遂行されていたという先例はほとんど見当たらないのである。新しい歴史研究の主眼は固定性という考え方を断つこと、どのような論争または抑圧が二項対立的なジェンダー表現に時間を超えた永遠性を与えることになるのかを発見することである。この種の分析には政治という考え方と社会的な制度や組織への留意が含まれていなければならないが、それがジェンダー関係の第三の局面である。

一部の学者、とりわけ人類学者はジェンダーの適用を（社会組織の基盤としての世帯や家族に焦点をあわせることで）親族関係のシステムだけに限定してきた。私たちには、親族だけでなく

（とくに複雑な近代社会については）労働市場（性によって分離された労働市場はジェンダー構築過程の一部である）、教育（男ばかり、どちらかの性のみ、あるいは共学といった制度も同じ過程の一部である）、政治形態（男子普通選挙もジェンダー構築過程の一部である）などを含んだより広い視野が必要である。これらの制度を無理やり親族システム内での機能的有用性に当てはめたり、現代の男女の関係は女の交換のうえに成り立っていた古い時代の親族システムを人為的に再現したものだと論じることは、ほとんど意味をなさない。[*36] ジェンダーは親族関係をとおしても構築されるが、それだけではない。経済や政治形態をとおしても構築されるのであり、少なくとも私たちの社会では、それらは現在ではほとんどが親族関係とは無関係に作動しているのである。

ジェンダーの第四の局面とは主観的アイデンティティである。私は人類学者ゲイル・ルービンが、ジェンダーの再生産にかんする一つの重要な理論、すなわち「個人の生物学的セクシャリティが文化化されるときの変容」についての説明は精神分析によって提示されると述べているのに同意する。[*37] だが、精神分析がありとあらゆることがらにかんして有効だと言うことには躊躇を感じる。ラカン派の理論がジェンダー別アイデンティティの構築について考えるのに役立つとしても、歴史家の仕事はもっと歴史的である必要がある。もしもジェンダー・アイデンティティが唯一普遍的に去勢の恐怖だけにもとづいているならば、歴史的研究の目的が否定されてしまう。そればかりでなく、現実の男や女は、彼らの属する社会の規定や私たちの分析カテゴリーにつねに、あるいは文字どおりに合致しているわけではない。歴史家にはむしろ、ジェンダー別アイデンティティがどのようにして現実のものとして構築されていくかを調べ、そこで発見したものを広範囲の活動や社会組織、歴史的に固有の文化表現と関連づけていくことが必要とされている。これまでのところ、この分野での最良の成果が伝記であるのは驚くにあたらない。ビディ・マーティンによるルウ・アンドレアス＝サロメの解釈、キャスリン・スクラーによるキャサリン・ビーチャーの描写、ジャクリン・ホールの描いたジェシー・ダニエル・エイムズの生涯、そしてメアリ・ヒルのシャーロット・パーキンス・ギルマン論などがそれである。[*38] だが集合的な取り扱いも可能である。たとえばムリナリニ・シンハとルウ・ラッテはそれぞれの研究のなかで、インドにおける英植民地統治者と、イギリスで教育を受け、反帝国主義ナショナリズムのリーダーとなったインド人の場合について、ジェンダー・アイデンティティの構築の条件を明らかにしている。[*39]

したがって私のジェンダーの定義の最初の部分は、これら四つの要素のすべてから成り立っており、そのどれも他の要素なしには作動しない。だがこれらは一つの要素が単純に他の要素を反映するといったふうに、同時に作動するわけではない。じつのところ、四つの局面のあいだにはどんな関係があるのかということこそ、歴史研究が問わねばならないことである。私がジェンダー関係の構築過程について提示したスケッチは、階級や人種、民族、あるいはいうなればどのような社会的過程を論じる際にも利用できるだろう。ここでの私の目的は、社会的および制度的関係におけるジェンダーの作用についてどのように考える必要があるかを明らかに、また具体的に示すことであった。なぜならこうした考える作業は、厳密に、あるいは系統立っておこなわれていないことが多いからである。しかしながら私の第二の命題、すなわちジェンダーは権力関係を表す第一義的方法であるという部分では、ジェンダーの理論化が展開される。あるいは、ジェンダーとはそのなかで、またはそれを手段として権力が明確化される第一義的な場であると言った方が良いかもしれない。ジェンダーはたんに場であるばかりでなく、西洋でも、ユダヤ＝キリスト教およびイスラム教の伝統のなかでも、たえまなく、またくり返して、権力の表示を可能にする方法でありつづけてきた。そのように見ると、定義のこの部分は立論のなかの規範についての項に属するように見えるかもしれないが、そうではない。なぜなら権力の概念はたとえジェンダーに依拠しているとしても、つねに文字どおりジェンダーそのものについてであるとは限らないからである。フランスの社会学者ピエール・ブルデューは、「生物学的差異、とりわけ出産と再生産の分業に関係する差異」を根拠にした「世界の二分割」が、「集団幻想のなかでももっとも堅固な基礎を持つもの」としてどのように作動しているかについて書いている。一組の客観的な典拠として確立されたジェンダー概念が、知覚と、あらゆる社会生活の具体的で象徴的な組織を構造化するのである。[*40] これらの典拠が権力の配分（物質的および象徴的資源にたいする支配または接近度の差）を確立した程度に応じて、ジェンダーは権力それ自体の概念と構築のなかに包含されるようになる。それをフランスの人類学者モーリス・ゴドリエは次のように表現している。「セクシャリティが社会につきまとっているのではなく、社会が身体のセクシャリティにつきまとっているのだ。身体のあいだの性に関連した差異は、たえずセクシャリティとはなんの関係もない社会関係や現象についての証拠として引きあいに出される。たんにそれについての証拠というだけでなく、それに有利な証拠として——別な言葉で言えば、正当化のために」。[*41]

ジェンダーの正当化機能はいろいろな方法で作動する。たとえばブルデューは、ある文化のなかでは農業における搾取が、男性と女性の対立についての固有の定義にもとづく時間と季節の概念にしたがって、どのように組織されていたかを明らかにしている。ガヤトリ・スピヴァクは、イギリスとアメリカの女性作家のある種のテクストにおけるジェンダーと植民地主義の用いられ方について、鋭い分析をおこなった。[*42] ナタリー・デーヴィスは近代初期のフランスにおいて、社会秩序の規則についての理解や批判がどのように男性、女性の概念と関係していたかを明らかにした。[*43] 歴史家のキャロリン・バイナムは、男性、女性概念と宗教行動との関係に注意を向けることによって、中世の霊性にたいして新しい光を投げかけた。彼女の研究は、こうした概念が個々の信者だけでなく修道院制度の政治をもどのように特徴づけていたかについて、重要な洞察を与えてくれる。[*44] 美術史の研究者たちは、女や男の表面的な描かれ方のなかから社会的な含意を読みとることによって、新しい領域を切り拓いた。[*45] これらの解釈は、概念的言語は意味を確立するために差異化を用いる、そして性差は差異化を表す第一義的な方法であるという考えに立っている。[*46] すなわちジェンダーは、意味を解読し、さまざまな形の人間の相互関係の複雑なつながりを理解する手立てとなっているのである。ジェンダー概念がどのように社会関係を正当化し構築するかを探究するとき、歴史家は、ジェンダーと社会の相互的な性格や、政治がジェンダーを構築しジェンダーが政治を構築するときの独特の、それぞれの文脈に固有の方法について洞察を深めることになる。

政治は、ジェンダーを歴史分析に利用できる分野のうちの一つにすぎない。私が次に、もっとも伝統的に解釈した意味での政治と権力、すなわち政府と国民国家に付随した政治と権力にかんする例を選んだのには、二つの理由がある。第一に、ジェンダーはこれまで政治の実務とは対照的なものと見られてきたために、この領域は文字どおり未踏の分野だからである。第二に、政治史——依然として歴史研究の主流である——は、研究のなかに女やジェンダーにまつわる題材はおろか問いさえも取り入れることにたいする抵抗の拠点となってきたからである。

ジェンダーは政治理論のなかで、君主の統治を正当化したり批判するために、そして支配者と支配される者との関係を表現するために、文字どおりに、あるいはアナロジーとして利用されてきた。イギリスのエリザベス一世やフランスのカトリーヌ・ド・メディシスの統治をめぐる同時代人の論争が女が政治支配に向いているかどうかという問題にこだわったのは、予想外のことではないかもしれないが、親族関係と王位とが不可分の関係にあった時代においては、男性の王についての議論も同じように男性性と女性性をさかんに問題にしていたのである。[*47] ジャン・ボダン、ロバート・フィルマー、ジョン・ロックらの議論を構成しているのは、婚姻関係とのアナロジーである。フランス革命にたいするエドモンド・バークの攻撃は、醜く残忍なサンキュロットの魔女たち（「女のなかでももっとも下品なものの形を借りた地獄の鬼女ども」）と、群衆の手を逃れて「王である夫の膝元に保護を求めた」、その美しさがかつては国家の誇りをかきたてたこともあるマリー・アントワネットの弱々しい女らしさとの対照をめぐって構築されている（バークが「われわれに国を愛させようと思ったなら、国は愛すべきものでなければならない」と書いているのは、政治秩序のなかでの女性性のあるべき役割を指し示しているのである）。[*48] だがアナロジーは、つねに結婚や、あるいは異性愛についてとは限らない。中世イスラムの政治理論では、政治権力の象徴としてもっとも頻繁にほのめかされているのは男と少年とのあいだの性関係であり、フーコーが最後の著作で古典時代のギリシャについて述べたものとよく似たセクシャリティの形態が容認されていたことだけでなく、政治や公的生活についてのどのような考えも女とは無縁であったことを示唆している。[*49]

この最後のコメントが政治理論はたんなる社会組織の反映であると受け取られないように、国家にとっての必要性という見地からジェンダー関係の変化が引き起こされる場合もありうることに注意しておくのが大切だろう。その一つの顕著な例が、一八一六年にルイ・ド・ボナルドがおこなった、なぜフランス革命時の離婚法が破棄されねばならないかについての議論である。

政治的民主主義が「政治社会の弱い側である人民に既成権力に反対して蜂起することを許すように」、「真正の家庭内民主主義」である離婚も妻、すなわち「弱い側に婚姻の権威にたいして蜂起する」のを許すことになる……「国家を人民の手から護るためには、家族を妻や子供の手から護ることが必要である[*50]」。

ボナルドはアナロジーから始めて、次には離婚と民主主義とのあいだに直接的対応関係を設定する。秩序正しい国家の基礎としての秩序正しい家族についてのはるか以前の議論に立ち戻ることによって、この見解を実施に移した立法は婚姻関係の限界を定義し直したのである。同様にこの現代でも保守政治のイデオローグたちは、現在の慣習を変えるような家族の組織や行動についての一連の法律を通したいと願っている。独裁政体と女にたいする支配のあいだに関連があることは、気づかれてはいるが十分に研究されているわけではない。フランス革命におけるジャコバン派の覇権掌握の決定的瞬間にも、スターリンが支配権力を掌中におさめた時点でも、ドイツにおけるナチ政策の実施やイランでのアヤトラ・ホメイニの勝利においても、新しく登場した支配者たちは支配、力、中央権力、および統治力を男性的なものとして正当化し(敵や外部にいる者、破壊活動分子、弱さは女性的)、その規準を文字どおり法律化して(女の政治参加の禁止、中絶の非合法化、母親による賃労働の禁止、女の衣装にたいする掟の押しつけ)、女たちの分を守らせようとした。[*51] これらの行動やそのタイミングはそれだけを見ているとほとんど意味をなさない。たいていの場合、女を支配することによって国家はなんら直接的、または物質的な利益を得ていないからである。これらの行動は、権力の構築と強化についての分析の一部として見ることではじめて意味をなしてくる。支配や力の主張が、女をめぐる政策として形を与えられている。これらの例では性差が、女にたいする優越や支配という形で概念化されたのである。これらの例は、近代史においてどのような種類の権力関係が構築されてきたかについてある程度の洞察を与えてくれるが、この特定のタイプの関係だけが普遍的な政治の主題というわけではない。たとえば二〇世紀の民主主義政体もまた、これとは違うやり方でジェンダーについての概念を持つ政治イデオロギーを構築し、それを政策に移し換えてきた。たとえば福祉国家は、女や子供に向けた法律のなかにその保護者的パターナリズムをはっきりと示している。[*52]

歴史的に見ると、一部の社会主義やアナキズムの運動は支配の隠喩をいっさい拒否して、想像力たくましく、特定の政体や社会組織にたいする自分たちの批判をジェンダー・アイデンティティの変容という形で提示してみせた。一八三〇、四〇年代のイギリスやフランスのユートピア社会主義者たちは、調和のとれた未来という彼らの夢を、男と女の結合体である「社会的個人」に例示されるような個々人の相補的性格という形で概念化していた。[*53] ヨーロッパのアナキストたちは、ブルジョワ的結婚のしきたりを拒否したばかりでなく、性差がヒエラルヒーを意味しないような世界を思い描いていたことでも長いあいだ有名だった。

これらはジェンダーと権力のつながりを明白に示した例であるが、私がジェンダーとは権力関係を表す第一義的方法であると定義したことのほんの一部にすぎない。ジェンダーにたいする関心は多くの場合はっきりとは目立たないが、にもかかわらず平等や不平等の組織化においてきわめて重要な部分をなしている。ヒエラルヒー的構造は、いわゆる男女間の自然な関係についての一般化された理解をよりどころとする。一九世紀の階級概念は、自己を明確化するのにジェンダーをよりどころとした。たとえばフランスの中産階級の改革者たちは、労働者を描写するのに女性的と記号化された用語を用いたが（従属的、弱者、娼婦のように性的に搾取されている）、労働運動や社会主義のリーダーたちは、労働者階級の男性的立場を強調することでこれに対抗した（生産者、強者、女子供の保護者）。この言説のなかの用語は明白にジェンダーについて語っていたわけではないが、それを引きあいに出すことによって強められた。ある種の用語がジェンダーによって「記号化」されることで、これらの用語の意味は確定され、「自然なもの」となった。その過程で、歴史的に見て特殊で規範的なジェンダーの定義が(所与のものと受けとめられて)再生産され、フランスの労働者階級の文化のなかに植えつけられたのである。[*54]

伝統的な政治史の研究者が彼らの仕事にとってのジェンダーの有用性に疑問を投げかけるときにしばしば登場するのが、戦争や外交、ハイ・ポリティクスといった主題である。だがここでもまた、私たちは登場人物や彼らのことばの表面上の意味の向こうに目をやる必要がある。国家間の力関係や植民地の被統治者の地位は、男性と女性の関係になぞらえることでわかりやすく(したがって正当化)されてきた。戦争――国家を護るために若い生命を費消すること――の正当化は、男らしさへのはっきりとした訴えかけ(防衛が必要なのは、そうしなければ女子供が攻撃にさらされてしまうからだ)、リーダーや(父なる)王に仕えるのが息子としての義務であるという信念への暗黙の依存、男性性と国力との結びつきなど、さまざまな形をとっておこなわれてきた。[*55] またハイ・ポリティクスとは、それ自体がジェンダーにもとづく概念である。なぜならそれが持つ非常な重要性と公的な権力、それが最高の権威を得ている理由と事実は、その研究のなかに女が含まれていないというまさにそのことのうえに成り立っているからである。ジェンダーは、政治権力が概念化され、正当化され、批判されるときにくり返し論拠とされてきたものの一つである。それはジェンダーを論拠とするが、同時に男性対女性の対立の意味を確定しもする。政治権力を擁護するためには論拠は確実で固定されており、人間が作ったものではなく、自然あるいは神の秩序の一部であるように見えなければならない。そのようにして、ジェンダー関係の二項対立と社会的過程はどちらも権力の意味そのものの一部となる。どの局面であろうと疑問を投げかけたり変更を加えることは、システム全体を脅かすことになる。

もしもジェンダーと権力が互いに意味を構築しあっているとしたら、ものごとはどのようにして変化するのだろうか。その答えは、一般的意味では、変化の引き金になる場所はいろいろあるというものである。旧秩序を混沌におとしいれ新しい秩序を打ち立てる大規模な政治的変動は、新しい形の合法性を求める過程でジェンダーの条件を（したがってその組織も）改変するかもしれない。だが、古いジェンダー観が新しい政体を正当化するのにもそのまま用いられて、改変は起こらないかもしれない。[*56] 食料不足や疫病、戦争などによって引き起こされた人口動態上の危機が、異性間の結婚を規範とする見方に疑問を投げかけたこともあったろうが（一九二〇年代に一部の社会、一部の国々で起きたように）、それから母性としての女の生殖機能に排他的な重要性を主張しようとする出産奨励政策が生まれたこともあった。[*57] 雇用パターンの変化は、結婚戦略の変化とこれまでとは異なる主体性の構築の可能性につながることもあるが、忠実な娘や妻たちにとっての新しい活動領域という形で経験されることもありうる。[*58] 新しい種類の文化的シンボルの出現は、エディプス期の物語の解釈をやり直したり、書き直すことさえ可能にするかもしれないが、あの恐るべきドラマをさらにいっそう効果的なことばで刻みつけ直すのに役立つ可能性もある。どちらの結果が優勢になるかは政治の過程によって決まってくる――ここで政治というのは、異なる登場人物や異なる意味が支配権をめぐって互いに争いあうという意味である。その過程や、登場人物とその行動の性格は、時と場所という背景のなかで個別的に決定されるしかない。私たちは、「男」や「女」というのがなかに何も入っていないと同時にいろいろな意味がはみ出しているカテゴリーであると認識することによってはじめてその過程についての歴史を書くことができる。何も入っていないというのは、それらには究極的で超越的な意味など何もないからである。はみ出しているというのは、それらがたとえ固定されているように見えるときでも、そのなかにはそれ以外の、否定されたり抑圧されたりした定義が依然として含まれているからである。

政治史は、ある意味ではジェンダーという場を舞台としてきた。この場は固定されているように見えるが、その意味をめぐっては争いがあり、流動的である。もしも私たちが男性対女性の対立を既知というよりは不確実なものとして、文脈に応じて定義され、くり返し構築されるものとして扱うのであれば、自分たちの立場を説明したり正当化するためにジェンダーを引きあいに出してくる宣言や論争において何が争点になっているかだけでなく、ジェンダーについての暗黙の理解がどのように引きあいに出され、改めて刻みつけられるのかをも、たえず問いかけていかなければならない。女をめぐる法律と国家権力のあいだにはどのような関係があるのか。女は人間の歴史の大小さまざまな出来事に参加してきたことを私たちは知っているのに、なぜ（そしていつから）女は歴史の主体としては見えない存在になってしまったのか。専門職の出現にあたってジェンダーはそれを正当化したのか。*59（フランスのフェミニスト、リュス・イリガライの最近の論文のタイトルを借用すれば）科学のテーマには性別があるのか。*60国家政治と同性愛という犯罪の発見とのあいだにはどんな関係があるのか。*61社会制度はどのようにしてジェンダーをその前提や組織のなかに組み入れてきたのか。はたしてこれまでに真に平等なジェンダーの概念が存在し、それにもとづく政治システムが実際に打ち立てられないまでも、企図されたことがあったのか。

こうした問題の探究から生まれてくる歴史は、古くからある問い（たとえば、どのように政治支配が課せられるか、あるいは社会にたいする戦争の影響はどのようなものか）にたいする新しい視角をもたらし、古い問いを新しいやり方で定義し直し（たとえば経済や戦争の研究においても、家族やセクシャリティの問題を考慮していく）、女を能動的参加者として可視的な存在にし、過去の一見固定した言語と見えるものと私たち自身の用語とのあいだに分析による距離を創り出す。さらにこの新しい歴史は、現在のフェミニズムの政治戦略と（ユートピア的）未来について考えるうえでも、開かれた可能性を残してくれるだろう。なぜならそれは、ジェンダーは性だけではなく階級や人種をも含んだ政治的、社会的平等というヴィジョンとの結合のなかで再定義され、再構築されねばならないことを示唆しているからである。

※　この論文は最初、一九八五年一二月開催のアメリカ歴史学協会の集まりで発表するために準備し、その後、現在のような形で *American Historical Review*, Vol. 91, No. 5 (December 1986) に掲載された。このなかで取りあげた種々のテーマについて私自身の考えを作りあげるうえで、ドニーズ・ライリー、ジャニス・ドーン、ヤスミン・エルガス、アン・ノートン、そしてハリエット・ホワイトヘッドとの議論が役に立った。最終原稿にたいしてはアイラ・カッツネルソン、チャールズ・ティリー、ルイーズ・ティリー、エリザベッタ・ガレオッティ、レイナ・ラップ、クリスティン・スタンセル、およびジョーン・ヴィンセントから有益なコメントを受けた。また、*AHR* 誌のアリン・ロバーツとデヴィッド・ランセルには、非常に神経の行き届いた編集作業にたいして感謝したい。

第Ⅱ部　ジェンダーと階級

第3章　言語・ジェンダー・労働者階級の歴史

本章では、その存在がますます明らかになりつつあるが、簡単な解決法はどうやらなかなか見つかりそうにないある問題に取り組んでみたい。それは、実際の労働史のなかに主体としての女と分析カテゴリーとしてのジェンダーを持ち込もうと試みる際に、フェミニストの歴史家たちが直面している問題のことである。主体としての女はしだいに目に見える存在になりつつあるとしても、女性史が提起した問いはこの分野の中心的関心事とはうまく結びつかないままにとどまっている。そしてジェンダーはと言えば、労働史の概念を大きく変えるためにそれが何を提供できるか、真剣に検討されてきてはいない。そんななかで（私も含めて）一部のフェミニストの歴史家は、同僚の研究者たちがしだいに言語理論に関心を寄せつつあるのを、用心しながらも期待を持って眺めてきた。そうした理論（ポスト構造主義者や文化人類学者の著作におさめられている）は認識論と呼んだ方がふさわしいが、人々がどのようにして意味を構築するか、差異（したがって性差も）が意味の構築においてどのような働きをするか、そして文脈のなかでの用法が示す複合性からどのようにして意味の変化への道が開けるかについて、一つの考え方を提示している。

こうした理論には、ジェンダーを概念化し歴史学の営為にかんする概念を変えるうえで非常に大きな潜在的利用価値がある。けれども大方のところ、これらの理論はそうした方向に向けて利用されてきてはいない。むしろ表面的にのみ応用され、そのためフェミニストの歴史家が労働史からどんな種類の変化を期待できそうかと考えた場合に、ペシミズムと言わないまでも欲求不満を感じる一因となっている。最近、労働史家によって大量に書かれている「言語」についての論文は、この私の指摘を裏づけるものである。なぜなら彼らはこの重要な概念を「ことば」の研究に還元してしまっているからである。[*1] ことばは字義どおりに話されたものとして額面どおりの価値で受けとめられ、たんに収集すべきいま一つのデータとなっており、どのようにして意味が構築されるか――世界を解釈し理解する複合的な方法として――という考えは失われてしまった。意味の理解ということが忘れられるとともに、ジェンダーをとおして労働史について考えることとの重要性と有用性もまた、消え失せてしまう。私たちに残されたのは女とことばについての別々の研究だけで、それらは新しい材料をつけ加えることはあっても、それだけでは自分たちの書く歴史についての私たちの考え方を変えることはけっしてないだろう。

労働史家のあいだでは現在、「言語」への関心が当然のこととなっている。雑誌や書物のなかで「言説」や「レトリック」といったことばがますます頻繁に登場するようになり、イデオロギー分析があらためて注目を集めている。歴史家たちは、ポスト構造主義の著述家たちがおこなった彼らの仕事ぶりにたいする厳しい批判には反発しているものの（そしておそらくはそうした反発の一部として）、自分たちの批判者が用いた専門用語の方はおおいに尊重している。そこでいまでは「言語」、「言説」、「象徴」、「脱構築」などが歴史についての通常の会話でも飛び出すのだが、ソシュールやフーコー、ラカン、アルチュセール、バルト、デリダなどの著作中でそれらが持っている恐るべき相対主義という意義は剝ぎとられている。ことばを異なった言説の場に置いただけでこのように簡単に意味の変容が生じてしまうこと自体、明瞭で固定的な定義を確立したり、ひいては言語システムの働きを分析することの困難さについての教訓となってしかるべきなのだが、実際にはそうはなっていない。それどころか、「言語」は詳細に吟味すべきもう一つの項目、ことばは収集すべき一種のデータとなってしまった。「言語」を研究することによって、すでになじみのある問いに広がりが出ることはあるだろう。一部の歴史家はそこから、階級カテゴリーや経験を自明で現実的で、どんな仲介も必要としない現象と見る位置づけにたいして疑問を呈するようになった。だが彼らの用法においては意味の働きは驚くほど問題にされないままであり、その結果、「言語」はその理論的な面白さも分析上の力も失ってしまうのである。

労働史家のあいだでは「ジェンダー」もある程度の正当性を認められているが、「言語」がもっているようなファッショナブルな地位からはほど遠い。一部の労働史家は一種の人民戦線的メンタリティに動かされて、いまではジェンダーを（人種とともに）自分たちが重要と認める変数のリストにのせているが、それを研究するだけの時間的余裕はないらしい。結局のところ、やはり階級こそがほんとうに重要な問題だ、というわけである。また他の人々は、ジェンダーが有用なカテゴリーであるとは認めていないくせに、同情や連帯を示すジェスチャーとして女に言及する（あるいは女の不在や排除されていたことを認める）のだが、ほとんど興味も関心ももってはいない。しかし大半の人はジェンダーを完全に無視しており、自分たちの使う史料には見当たらないとか、あるいは取りあげる価値のある労働者階級の政治のなかでは（残念ながら）女はごく小さな役割しか演じていないと主張するのである。女や子供は労働者階級の家庭生活を論じるときには出てくるかもしれない、なぜならそこでは彼女らは目に見える登場人物であり、誰にもはっきり違うことがわかる社会的役割をはたしているのだから。このようにしてジェンダーは、一組の自明な社会的カテゴリー（女または男が演じる役割）と同一視され、それに還元されてしまって、労働史をどう概念化するかにたいしては何ら決定的な影響をおよぼさないことになる。そのため、たとえば「言語」という観念は歴史家が重要な認識論上の転換を求めるきっかけとなったのに、「ジェンダー」は彼らの政治や階級についての概念にたいして、まったくそのような効果をあげていないのである。

たいていの場合、労働史家は女が女性史を書くことについてはきわめて好意的で、女の学生や同僚にたいして支援してくれるのがふつうであり、激励してくれることさえある。歴史学という専門分野の一部の領域に見られる非常に強いフェミニズムへの反発（そこではフェミニストの歴史家は「狂信者」や「イデオローグ」、時間を超越した規準や不動の真理と思われているものの転覆をもくろむ者として、猛烈に、かつ感情的に非難されている）は、労働史家のあいだではそれほど目立たない。[*2] それでもなお、ジェンダーにたいしては上の空の関心しかなく、幻滅させられる。なぜならこの潜在的にラディカルな概念をたんなる一組の即物的な社会的役割へと封じ込めてしまうならば、フェミニズム歴史学が持っていたはずの理論的な面白さと分析上の力を損なってしまうからである。

本章での私の目的は、次のように主張することである。第一に、「言語」の研究とジェンダーの研究のあいだには、両者を注意深く定義するならばつながりがある。さらにある種の認識理論は、社会的、政治的意味の構築においてジェンダーがどのように現れるかを分析する方法を歴史家に提供することによって、歴史におけるジェンダーの位置や労働者階級の「形成」における性差の働きについての私たちの理解を改める道を示してくれる。この「言語」ということばで私が意味しているのは、字義どおりに使用されるたんなることばではなく、差異化をつうじての意味の創造である。またジェンダーが意味しているのは、女と男のたんなる社会的役割ではなく、性差についての社会的理解が特定の文脈のなかで明確化されることである。意味が差異（あるものとそうでないものとを明確に、もしくは暗黙のうちに区別すること）をとおして構築されるとするならば、性差（文化によっても、歴史によっても変化しうるにもかかわらず、もって生まれた肉体をよりどころとしているために、つねに固定的で議論の余地のないものに見える）は意味を具体化したり確立するための一つの重要な方法である。したがって、「言語」が意味を構築するやり方に注意してみれば、ジェンダーをも同時に発見することになるだろうというのが、私の主張である。とりわけ一九、二〇世紀の西ヨーロッパや北アメリカ――私がもっともよく知っている場所と時代であり、労働史家の大半がここを研究の対象としている――では、このつながりは不可避である。また、ジェンダーが難しい問題であることがはっきりしてきたのがまさにこの時代であったという意味でも、このつながりは不可避となる。

それでは歴史家たちはどのようにして、こんなにも長いあいだ、このつながりを避けて通ることができていたのだろうか。ギャレス・ステドマン・ジョーンズの著作『階級という言語』、とくにその「序論」と「チャーティズム再考」と題された長い論文とを見てみれば、何か答えが見つかるかもしれない。[*3] 私がステドマン・ジョーンズを選ぶのは、彼の仕事が良くないからではなく、非常に素晴らしいからである。私の見たところ、彼がおこなった労働史家にとっての「言語」の効用にかんする議論は、これまででもっとも明晰で最良の議論の一つであり、それがきっかけとなってこの分野ではあらためて活発な思想活動がおこなわれるようになった。にもかかわらず、自分が依拠した理論を不完全にしか理解していないことが、彼の仕事を方法論的にも概念的にも限界のあるものにしている。もしもこれが労働史への「新しい」アプローチになるとすれば残念なことである。なぜならそれは、ポスト構造主義理論が私たちに約束してくれたラディカルな可能性にははるかに及ばないものであり、労働史の分野におけるフェミニスト的探究を依然として周縁的地位にとめおこうとするものだからである。

I

「チャーティズム再考」の理論的主張（私もそれに同意する）は、運動の参加者の背景や利害、構造内での地位によっては、この運動の発生や衰退を説明することはできないというものである。社会的因果関係を前提とした探究の線をたどっていってもどこにも行きつけない、なぜなら社会的現実は言語の外側や言語に先立っては存在しないのだからと、ステドマン・ジョーンズは私たちに告げる。したがって階級とは、あらかじめそれが存在していることによって階級意識が決定されたり、階級意識のなかに反映されたりするものではない。階級とはむしろ「隠喩的な連関や因果関係についての推論、想像力による構築などの複雑なレトリックのなかで、構築され、刻み込まれる」ものである（一〇二頁〔以下、引用はすべて原著『階級という言語』の頁を示す〕）。階級と階級意識とは同じもの、すなわち日常生活の出来事や活動について分析し、これらにたいしてある整合的なパターンを押しつけようとする政治的な表現なのである。階級のレトリックは労働者の客観的な「経験」に訴えかけるが、じつはそのような経験はそれが概念として組織化されることをとおしてはじめて存在する。何が経験に含まれるかは経験的なデータを集めることでは確定しえず、（国家や雇用者、個別の政治運動、その他によって）政治的言説のなかで提示されている定義のされ方を分析することが必要である。経験的データがそのなかにおさめられるカテゴリーとは、結局のところ客観的な実在物ではなく、現象や出来事を感知したり理解したり、あるいは重要性や意味を割り当てるやり方なのである。したがって階級の起源は客観的な物質的条件のなかでも、またそうした条件の反映であるといわれる意識のなかでもなく、政治闘争の言語のなかに求められねばならないことになる。「意識（あるいはイデオロギー）が政治を生み出したのではなく、政治が意識を生み出したのである」（一九頁）。

この哲学的前提からステドマン・ジョーンズは、チャーティズムそのものの再定義――それは何よりも政治運動であった――と、それを研究する新しい方法の提案――経験にたいして解釈による定義を与え、その枠のなかで行動が組織されるような一つの「言語」として――へと至る。実際的に言うと、これが意味しているのは、人々が書いたり言ったりしたことに目を向けるが、外在的な階級の現実によって彼らのことばを説明できるとは仮定しないことであった。ステドマン・ジョーンズの論文は、彼のこの方法を例証しようとする試みである。「用語や提案」(二二頁)を注意深く読んでいくことでチャーティストの思想の系譜(急進主義のなかでの)が見えるようになり、運動における協力と対立のあり方を確定するための現実の闘争が明らかになっていく。それによって「政治が本来の重要性を取り戻す」(二二頁)ことは確かだが、ただしきわめて表面的な意味においてのみである。

ステドマン・ジョーンズの論文では、政治についての二つの異なる定義が一緒に用いられている。一つは、そのなかから階級といったアイデンティティが生まれてくる権力闘争には、すべて政治というラベルが貼られる。もう一つは、政府または国家への正式な参加を目指した集団的運動の目標が政治(もしくは政治的)と見なされている。第一の定義の方が、ステドマン・ジョーンズが序論で支持している非特定的な概念を含んでおり、はるかにラディカルである。そこには、言説の働きのなかにはつねに政治が――権力関係という意味で――存在するということが示唆されている。第二の定義は本質的に叙述的で、これまでどおりの思想史のアプローチ――思想の連続性を確認し、その底に存在する前提を指摘し、さまざまな主唱者の多岐にわたる考えを首尾一貫した外観のもとに組織する――をとっている。ステドマン・ジョーンズは第一の定義を用いようと意図しているのだが、チャーティズムについての論文で用いているのは第二の定義である。彼は自分が序論で採用した理論を実行に移すことができていないわけだが、その理由は彼が歴史の分析に用いた方法にある。第一に、彼は「言語」を字義どおりにしか読んでおらず、テクストがどのように構築されるかがわかっていない。第二に、彼は「言語」が現実を構成するのではなく、「言語」はその外側にある「現実」を反映しているという考え方に、ともすれば逆戻りしてしまっている。

意味を「言語」として扱い、字義どおりにしか読まないことによってステドマン・ジョーンズは、社会問題の解決策として政治への正式な代表派遣に関心を持っていたからチャーティズムは政治運動であったと位置づけている。彼によればチャーティズムを解くカギは、それが急進的な「語彙」を使用し、より古い時代のことばや観念を一九世紀前半の文脈のなかに移し換えたことにあった。彼は論文の多くを費やして、チャーティズムのメッセージはオーウェン主義や労働組合運動、および当時の「リカード派社会主義」のメッセージと同じであった——そのどれもが国家を究極の抑圧源として理解していたと、証明しようとしている。チャーティズムは、その階級についての考え方のなかに選挙権を獲得していない者をすべて含み込んだ、混成的な運動であった。言い換えれば、そのメッセージの内容は公式的で字義どおりの意味において政治的だったというのである。このやり方が示しているのは、階級が政治的概念であるのは、それが特定の種類の（言説の）争いのなかで明確化されていったからではなく、そこに政治的な思想（イギリス急進主義のなごり）が含まれていたり、それに言及していたからなのだということである。そのうえこうした思想は、「ホイッグ政府のとった立法手段」の「結果」、もしくはそれへの「反応」であったとされる（一七五頁）。したがって政治思想は、実際の政治やそれを支持する人々の立場の変化を反映していたわけである。ステドマン・ジョーンズは、チャーティズムの勃興と衰退は「経済における動きや運動内部の分裂、あるいは階級意識の未成熟と関係づける」ことはできず、むしろ「その行動しだいで急進派にたいする信頼度が左右されることになる主要な敵、すなわち国家の性格や政策の変化」と関係があると結論づけている（一七八頁）。

ここでの「関係づける」ということばは確かに曖昧だが、結論の方はそれほど曖昧ではない。ステドマン・ジョーンズは、チャーティズムを扱った歴史家は間違ったところに因果関係を求めてきた、運動の構成や目標を決定していたのは生産関係ではなく国家の政策だったのだからと、暗示しているのである。還元主義的な経済決定論にたいする修正としてはこれは重要な貢献であるが、私たちが歴史をどう考えるかという点では、大きな変容であるとは言えない。ステドマン・ジョーンズは、はるかにラディカルな潜在的可能性を持つ言語理論を本質的に保守的なやり方で用いていて、歴史家たちのこれまでの結論を修正してみせたが、私たちに問題全体の再考を迫ることはしていない。彼の分析には、人々が使用したことば（ことばがどのように意味を獲得し、構築するかではなく）に注目することによって、特定の歴史的文脈のなかでどの現実がもっとも重要だったのかを決定する道が開けるという考えはあっても、「言語そのものの実在性」（二〇頁）という観念はあまり見られない。チャーティズムについての彼の新しい解釈は、運動の「語彙」とそれについての記述とをよりぴったり適合させようとするもので、因果関係についての私たちの思考を逆転させるのではなく、たんに因果関係を経済的領域から政治的領域へ移しただけなのである。ステドマン・ジョーンズは、経済的な不満が権力や政治についての不満でもあるとか、チャーティストは政治的手段によって経済的な変化を求めたのかもしれないとか、さらに権力についての彼らのヴィジョンには経済と政治とが絡まりあっていたという可能性を考慮に入れていない。彼は、チャーティストの政治は生産関係に内在的ではなく、チャーティズムには国民のなかの多くの異なった社会経済集団が流れ込んでいたと主張しようとしている。言い換えれば、その政治的なアピールが運動のなかでの個人のアイデンティティを創り出したのである。しかしステドマン・ジョーンズの字面主義は、「階級」もこうして創り出された政治的アイデンティティの一部であったという可能性を否定する結果を招いている。じつのところ、彼の議論にとっては「階級」を認めたうえで、その起源を政治的レトリックのなかに求める方がずっと有効であったはずなのに、彼は経済的因果関係も階級も拒否するのである。ステドマン・ジョーンズは、「言語」を意味のシステムもしくは意味表現の過程としてではなく、たんなる観念伝達手段として扱ったために、チャーティズムの歴史の新しい概念を開示するところまで行くことができなかった。

ステドマン・ジョーンズが自分の支持した理論のラディカルな可能性を実現するためには、彼が無視しているいくつかの局面に注意を向けるべきであろう。その最初は、「言語」が明らかにしているのは意味、または知識のシステム全体――たんに人々が特定の問題にかんして持っている考えだけでなく、彼らが人生と世界をどのように表現し、組み立てているかなのだという考え方である。ステドマン・ジョーンズがやったように、チャーティズムは政府への参加を求めたから階級運動ではなかったと言ってしまうと、より大きな政治が作用しているのを見る機会、すなわち、どのように階級アイデンティティが社会的実践を構築し（それを含み）、それをとおして人々がどのように他にたいする自分たちの位置を確定し、理解し、それにもとづいて行動したかを見るという機会を、逃してしまうことになる。こうした他者との関係――従属や支配、平等や序列――が社会組織を構成していたのである。問題の一部は、「言語」ということばを使うこと自体から生じている。それによってどうやら意味の観念が手段としての発話――人々が互いに言いあうことば――に格下げされてしまい、意味とは理解や「文化システム」を構成するパターンや関係であるという観念が伝わらなくなるからである。ステドマン・ジョーンズの混乱は、彼が「階級」を歴史的にそれぞれの文脈のなかで創り出されるアイデンティティではなく、客観的な社会分析のカテゴリーとして使用しているところからも発している。

この理論に関連した第二の局面でステドマン・ジョーンズが見落としているのは、意味がどのように差異をつうじて構築されていくかである。彼は「言語」は一種の一次元的な性質をもっていると仮定している――ことばは、ありとあらゆる文脈のなかで共通の安定した定義をもち（「語彙」）、それをとおしてコミュニケーションが生じるというのである。しかし彼のインスピレーションの源となった理論家たち（彼はソシュールを引用している）は、ことばは特定の文脈（または言説）のなかで設定された暗黙の、もしくは明白な対照によって意味を獲得すると主張した。フーコー（はっきり名指されてはいないが、これまたステドマン・ジョーンズの仕事のなかに存在している）を読んだ人なら、意味とは多次元的で、関係のなかで設定され、一人ではなく複数の聞き手に向けられており、既存の（言説の）場のなかで形づくられながら同時に新しい場を打ち立てていくものであることを理解しているはずである。肯定的な定義は否定されるものに依存しており、事実、その存在を当然のものとして前提しているからこそ、それらを排除できるのである。この種の相互依存には、いかなる特定の用法においてもそれ以外の概念、それ以外の関係がかかわってくるために、字義どおりの定義をはるかに超えた分岐が生じる（たとえば一七世紀の政治理論家は結婚契約と社会契約とのアナロジーをおこない、それは人々が両者をどう理解するかに影響をおよぼした。また一九世紀の社会主義者は資本家による労働者の搾取を買売春として描くことによって、経済と性の領域を絡みあわせた)。意味は関係をとおして、また差異をとおして展開され、それによって関係を構築していく。したがってこれをステドマン・ジョーンズのテーマに当てはめてみるならば、労働者階級というカテゴリーは、対立するもの(資本家、貴族)だけでなく包含されるもの(賃金労働者、参政権を認められていない者)と排除されるもの(労働において何一つ所有していない者、女と子供)によって成り立っていたことが当然予想される。階級という普遍的カテゴリーは、労働者という普遍的カテゴリーと同様に、一連の対立をとおしてその普遍性を確保していたのである。このような視点からチャーティズムを読み解くことの目標は、それを型どおりの政治闘争や組織集団が提示した特定の戦略にすっきりと還元してしまうことではなく、どのような過程をつうじてチャーティズムの政治が階級アイデンティティを構築していったかを点検することであると、私には思われる。

ジェンダーが重要になるのは、この意味が作られる過程の分析においてである。階級のような概念は差異化をとおして創り出される。歴史的に見てジェンダーは、差異を明確化し自然化する一つの方法を提供してきた。私たちが一九世紀の「階級という言語」をよく見てみれば、それらが性差を用いて、性差に言及することによって築かれているのがわかる。そうした言及のなかでは性差は「自然な」現象として引きあいに出されており、それによって、一見疑問や批判の余地のなさそうな特権的な地位を享受している。あえてそれを批判しようとする者は（現にそうした人々もいた）、社会的な構築物ではなく自然にたいして異議を唱えているように見えるために、性差の持つ権威に挑戦するのが難しい。ジェンダーは階級概念とあまりにも密接に絡まりあってくるため、どちらか一方だけを分析する方法などは存在しない。ジェンダーやセクシャリティ、家族と切り離して政治を分析することはできないのである。これらは生活のなかの別々に仕切られた区画なのではなく、言説によって関係づけられたシステムであり、「言語」がその相互関係の研究を可能にしてくれる。チャーティストは彼らの綱領を発表したとき、政治的、集団的アイデンティティの条件を提示した。そのアイデンティティは一組の差異化——包含と排除、比較と対照——のうえに成り立っており、それは性差に頼って意味を獲得していた。ステドマン・ジョーンズが意味が構築されるやり方に注意していたならば、この集団によって展開された特定の階級カテゴリーがどのよう に ジェンダーに依存していたかがわかったことだろう。意味がどのように差異化によって成り立つかに注意を怠ったことによって、彼はチャーティズムのなかに固有の現れ方をした階級とジェンダーの両方を見失ってしまったのである。

Ⅱ

ステドマン・ジョーンズはどのようにチャーティズムを「読んだ」ならば、労働者階級が概念化されてくる過程をよりよくとらえることができたのだろうか。私は彼が引用している文書の原文全部を持ってはいないし、（チャーティズムについて研究しているわけではないので）この分野について詳しい知識があるとも言えないため、私の答えは部分的なものにならざるを得ない。それでも、彼が提供している材料を使って「階級という言語」にたいしてどのような少し違った概念的アプローチが提示できるかやってみるのは、時間の無駄ではあるまい。

第一に、概念としての階級がチャーティズムの言説のなかに登場しているかどうか、問うてみる必要がある。ステドマン・ジョーンズはこの運動の勃興と衰退を強調したことによって、彼が使いたいと思っているものよりもずっと陳腐な説明の枠内にとどまってしまい、どのように階級の意味が表現されるかを理解するうえで彼の洞察が持っていた意義を弱めてしまった。そのうえ、民衆運動の政治攻勢ばかりを強調することにより（ある箇所では、それは一八三〇年代後半になっても「もっと階級を意識した思考様式」によって取って代わられなかったと述べている［一五三頁］）ステドマン・ジョーンズは、チャーティストが作りあげた階級の定義の重要性と複雑さを過小評価してしまっている。なぜなら彼らが「階級」という観念を展開していたのは確かなのだから。彼が引用している史料のなかには、親方や中産階級、商店主、あるいは貴族にたいして敵対的であれ協調的であれ、「働く人間（男）」としての特定の立場、すなわちアイデンティティの概念がはっきりと現れている。印象的なのは、そこで弁じ立てている人々が、いかに生産者とのらくら者、骨折って働く者と暴利をむさぼる者、労働者／中産階級／貴族、賃金奴隷と暴君、正直な民主主義者と高利で金を貸す独占資本家との対照をきわだたせる方向で問題に取り組んでいたかということである。不平等と不正にたいする非難はたいていの場合行政システムに向けられていたが、そこに「階級」が表現されつつあること——共通の経済的、政治的、社会的「経験」に訴えることをとおして集団的アイデンティティを組織するための方法として展開されていたことは、疑問の余地がない。こうした対照のすべてがどのようにして社会的、政治的言説のなかに労働者階級のアイデンティティのために場所を創り出したのか、そしてそのヴィジョンは何だったのかと問うてみるのは、興味深いことだと私は思う。

ここで言説の場という問題が分析に入ってこなければならない。たんに急進主義との単線的連続性があると論じるだけでなく、チャーティズムを多次元的な場に置いてみる方がより有効ではあるまいか。なぜなら政治的運動とは、その場に応じて即席にアピールしたり、自分たちの特定の大義のためにさまざまな考えを組み込んだり応用したりして、論理的にではなく戦術的に発展していくものだからである。私たちは、そのような運動を解釈や計画の寄せ集め（思想が首尾一貫して統一されたシステムではなく）と考えることによって、どのように運動が作動したかだけでなく、そのなかで運動が展開された関係の網の目にもっと接近できるようになる。チャーティズムは、一八三二年の選挙法改正案につながる論争のなかで明確化した政治的権利や代表制をめぐる問題について論じた。また、ラッダイト運動やオーウェン主義、協同組合や一九世紀初頭のさまざまな組合運動（E・P・トムスンが『イングランド労働者階級の形成』で取りあげている運動）と関連した、工業化をめぐっての多くの、ときには相反する議論でも自分の立場を主張した。そのそれぞれの場において、政治経済学と社会改革についての教示や批判がおこなわれた。チャーティズムは、選挙権を奪われ、それ以外には資産を持たない労働者のために労働における所有という考え方を発展させていくことによって、これらの領域全体にわたって発言したのである。

チャーティストは、自然権についての言説のなかにまともに身を置いていた（ステドマン・ジョーンズが、選挙法改正案と運動の起こったタイミングとはおおいに関係があると言っているのは確かに正しい）。彼らは、自分たちの運動の成員と——資産を持つ市民として——すでに選挙権を持っている人々との相似性を指摘することによって、それをおこなった。ステドマン・ジョーンズは、チャーティストが十分な「階級意識」を持っていなかったことの例証として、将来の民主的世界を依然として雇用者と被雇用者から成り立つものとして描き出したレトリックを引用している。この種の論証は、意味が構築されるやり方ではなくことばの字面どおりの内容だけにこだわっているために、的外れなものになっている。ステドマン・ジョーンズは、チャーティストが「階級意識」を持っていなかったと示すことによってチャーティズムは現実の経済状況を反映していなかったと立証しようとし、そのため階級が実際にどのように理解されていたかを見ようとしていない。ステドマン・ジョーンズがチャーティストは現代の社会主義者の先駆けではなかったと証明しようとするこの時点で、彼がイギリスのマルクス主義者とおこなった論争のあり方が彼の理論的前提に入り込んでくる。だがそこで彼は、自分の論敵に譲歩しすぎて彼らの階級観念を唯一のありうべき観念として受け入れ、チャーティズムの言う「階級」は後の社会主義者が「階級」とラベルを貼ったものとは根本的に異なっていたと主張する代わりに、チャーティズムは全然階級とは関係がなかったと論じるのである。もしもあらゆるアイデンティティのカテゴリーは政治的に構築されると主張したいのであれば、カテゴリーを相対化し歴史化するのが道理であろう。階級というカテゴリーを具体的なものと見なし、あたかもそれだけが可能な定義であるかのように、その凍りついた定義を使用することからは、理論上の進歩は望めない。

チャーティズムの言語は政治的提携の条件を述べているだけでなく、異なる社会集団の類似性や比較可能性を確立しようとも努めていた。肝心なのは、ある種の差異はあっても共通項があると主張することによって、労働者を組織し、政治領域への参入を要求していくことであった。その共通項とは、さまざまにタイプは異なっていたが所有であった。チャーティストは、所有を個人の労働もしくは労働力の成果はそれ自体が所有であると主張することによって、所有を個人の政治的権利の享受と結びつけたロックの理論の一つの局面を発展させたのである。[*4]その際に彼らは、すでに参政権を持つ人々とのもう一つの類似性をも認めた──全員が男であるという事実がそれである。男にはすべて普通選挙権をというチャーティストの要求は(すでに市民権の要求のなかに事実上見られたことだが)、男だけが社会契約を結び、それに参加できることを認めていた。実際、チャーティストが主張したすでに参政権を持つ人々との同一性とは、全員が男の資産所有者であるということだったのである。[*5]

同時にチャーティズムは、民衆運動の議論のなかで自らの位置を明らかにするうえでもジェンダーをよりどころとして利用し、そのうちのある種の論調、とりわけ感情的、協同組合的、宗教的なものと自分たちとを区別しようとした。例のユートピア主義の運動を「女性的」、自分たちを「男性的」と振り分けることによって、それをおこなったのである(ユートピア主義者がジェンダーにたいしてまったく異なる態度をとったことは、この争いにおいて確かに重要な意味を持っている。彼らは、女性原理、男性原理のどちらもプラスに評価して、両性の相補性もしくは両性具有性という形で未来の調和ある世界を描き出したのである)。[*6]このジェンダーによる差異化はチャーティズムの目標を明らかにすることだけでなく、労働者に投票の資格があるかどうかをめぐる議論での彼らの立場を強めるのにも役立った。

労働者階級（およびこの手のレトリックではときには「人民」）が男性形で表現されていたという考え方に異論を唱える人々は、女たちもこの運動に参加し、支持していたという事実を指摘する。それは疑問の余地のない真実だが、それによってこの主張に反駁できるわけではない。むしろそこには、男性的／女性的と男／女の混同がある。前者は一組の象徴的な表示物、後者は肉体を持った人間であり、両者のあいだには関係はあるが、同じものではない。男性的／女性的は、自然と受けとられている対立をとおして抽象的な性質や特徴を定義するのに役立つ。強い／弱い、公的／私的、理性的／感情的、物質的／霊的などは、啓蒙期以後の西洋文化におけるジェンダーによる記号化の例である。そのような用法には、どちらかの性に属する個人がこれらの定義を受け入れたり、あるいは自分たちの状況を説明するのにそれらを解釈し直したりするのを妨げるものは何もない。女たちが「男性的」な運動を支持したというのは矛盾なのではなく、むしろチャーティズムの特定の解釈を肯定したということなのである。[*7]

しかしながらチャーティズムが示したジェンダーにもとづく階級の表象が、女たちのその運動への参加の仕方、および一般綱領や政策の女への呼びかけ方を規定した一つの要因だったことは確かである。また長い目で見れば、チャーティズムが衰退してからも長く生きつづけることなる階級概念を固定化するのにも、おそらく役立ったであろう。一例をあげれば、それ以後の闘争がどれほど経済の再編成と富の再分配を力説したにせよ、普遍的人権への言及は、財産と合理主義的政治という男性的構図の枠内で続けられた。その一つの結果は、ユートピア社会主義者が提示したようなそれ以外の階級概念が周縁へ押しやられてしまったことである。もう一つの効果としては、性差そのものが見えなくされてしまった。要するに階級は、男性的な構図に依存していたにもかかわらず、普遍的なカテゴリーとして提示された。その結果、男が労働者階級を代表するようになるのはほとんど避けられないことであった。そこでは女の表象には二つの道が考えられた。まず、階級全体の経験のなかの特殊例とすることで、その場合には女だけを単独で取り出して別な扱いをする必要はなくなる。なぜなら労働者階級を全体として論じるときには女も当然そこに含まれているはずだからである。あるいは、面倒ばかり起こす例外として、階級政治にとっては不利に働く特殊なニーズや利害を申し立て、夫が組合費を払うのに家計の金を使うことに反対し、ストライキでは違った種類の戦術を要求し、現世主義的な社会主義の時代に宗教と提携し続けることを主張する道である。労働運動の歴史のなかやその歴史について書かれたもののなかにはどちらの表象も見ることができ、私たちが労働者階級の形成にあたって女の姿が見えない理由をつきとめるのを助けてくれる。

階級が男性として表象されたことは、労働運動による労働者問題についての定義にも影響を与えた。女は労働にたいする所有権を持つとは考えられていなかったため、非常な低賃金で女を雇用することによってある種の男の職種に競争による危機が生じたとき、労働力から女を排除する以外の解決を見つけ出すことは困難であった。女性労働者の地位を真剣に防衛することを妨げたのは想像力の不足や男権主義ではなく、生産性と男性性とを等置するような階級の構築だったのである。組合加入の努力を女まで拡大しようという試みがおこなわれたときでさえ、女は階級を代表して政治行動をするのに適任とは見られていなかったため、そのような試みはぎごちなく、困難であった。代わって、女たちはそれぞれ身内の男たちによって代表されていると考えられた。サリー・アレグザンダーは一八三〇年代の男性労働者と女性労働者のあいだに見られた緊張関係や怒りの原因を、普遍的で持続的な性的敵意に求めているが、こうした階級の成り立ち方そのものをめぐる論争と理解した方が良いのではないだろうか。[*8] 労働者階級がジェンダーにもとづいて構築されたことを理解するとき、私たちは古い問題にたいする新しい視角を獲得する。女との競合や、性によって区別された賃金表、そして女性労働者の組織化の問題——これらは、たんに女だけでなく労働者階級の運動全体にとっても中心的な問題だったのである。

チャーティストが語った階級という「言語」は、女(および子供)を副次的で依存的な地位に置いた。女たちが演壇にのぼり、消費者ボイコット運動を組織し、自分たち自身の特別な団体を設立したとしても、それはチャーティストの後援のもとに男性選挙権を要求するために、そして夫や父親の労働をとおして自分たちに与えられる所有権を主張するためにそうしたのであった。アイリーン・ヨウは次のようにチャーティストの女たちの立場を描写している。

チャーティストの女性たちが人前で発言するときには、たいていさまざまな面を持つ家族役割によって自己紹介をした——家族を世話する第一責任者として、家族賃金への貢献者として、そして家族を全体として助けるために一族内の男に選挙権を与えるよう要求する補助者として。[*9]

ここには、女の福利は男のそれに含まれていること、消費活動や子産みが女の主要な仕事であること、こうした活動がどれほど公的で政治的であっても、それらは男の賃金労働とは地位が異なることが暗黙のうちに示されている。男性的な階級の構築は（ジェンダーにもとづく）家族内の分業を前提としていた。それが一部の人々によって自然な取り決めと考えられていたものの再生産であったということは、何らそのことの重要性を損なうものではない。

もちろん、性による分業は自然でもなければ固定的でもなく、男だけを家族のなかで所有権を持つ唯一のメンバーと見なすような分業が、この時代のすべての集団によって是認されていたわけでもなかった。たとえば一部の社会主義者や宗教的ユートピア主義者の著作のなかでは、まったく異なった取り決めが提案されている。一八三〇年代は流動性と実験の時代だった。社会的結合関係のラインが引き直されつつあり――もっと奔放なユートピア主義者の計画が示唆しているように――想像上の可能性としては何一つ排除されてはいなかった。しかしチャーティストの選んだラインは自分たちの運動のために自由に可能性を探ることを制限し、チャーティストによる動員規模が大きかっただけに、おそらくは他のもっと急進的な階級概念がもっていた魅力を覆い隠してしまったのである。チャーティストが擁護したような階級のあり方は、労働者階級の家族構造が中産階級の理想像を模倣し、中産階級からの圧力に影響されやすくなることを容認するものであった。そしてこのような家族の構造を、その後のどの急進的経済理論も完全に無効にすることはできなかった。こうした視点から見れば、労働者階級の家族とは労働者階級の政治的言説のなかで、チャーティズムの綱領に明白に表されている（そこで発明されたわけではないが）特定のジェンダーにもとづく階級概念をとおして創造されたものであった。したがってこれらの家族における女たちの経験は、まったく別の問題としてではなく、こうしたジェンダーと階級とを相互に結びつけるような概念によって分析されねばならないのである。

Ⅲ

もちろん、チャーティズムが一九世紀前半のイギリスにおいて労働者階級を「形成」したわけではない。しかしそこでの言説を詳しく研究することによって、この運動の特定の政治活動ばかりでなく、社会関係が表現され、構築されていく過程についても洞察を得ることができる。ステドマン・ジョーンズは社会関係についての見方を、労働者と雇用主、あるいは選挙権を持たない者と国家といった、疑いをはさまれたり問題視されることのないカテゴリー間の争いという一つの次元だけに限定すべきだと主張しているように見える。一方、一部のフェミニストの歴史家は、「本当の」物語とは女と男のあいだの闘争にかんするものであると主張している。だが、どちらの主張も私たちの視野をあまりに狭く区切ってしまうことになり、人間の相互作用の持つ流動性と複雑性とが見えなくなってしまう。表示されるものの多様性、字義どおりに話されたものを超える響き、さまざまな話題や領域と交差する働きといったことを前提とする意味の理論は、つながりや相互作用がどのようにして作動するのかを把握することを可能にしてくれる。そのような理論があらゆる定義には多数の互いに競いあう局面があると仮定するとき、それは意味とは自由に再解釈や言い直し、否定ができるものだと言っているわけだから、そこには変革の理論も含まれていることになる。もちろん問題は、どのように、誰によって、いかなる文脈のなかでこうした意味の変更がおこなわれるのかということである。さらにまた、対照や対立がどのようにして意味を確固たるものにしていくかを理解するとき、私たちは労働者階級の構築に性差が利用されたさまざまなやり方を見分けることができるようになる。

一九世紀の「階級という言語」は複雑で、さまざまな異質な部分を含み、変化に富んでいた。にもかかわらず、それは議論の余地なくジェンダーにもとづいており、あからさまに自然に訴えたり、暗黙のうちに（わざと意図したわけではなく）性差を引きあいに出したりすることのうえに成り立っていた。私たちはジェンダーの概念を検討することなしには、階級の概念がどのように正当性を獲得し、政治運動を確立していったのかを理解することはできない。階級の概念を問いただすことをせずに、労働者階級の性別分業を理解することはできない。階級とジェンダーのどちらに焦点を当てるかという選択はありえない。どちらも他方がなければ必然的に不完全となるからである。私たちが女の歴史は階級の歴史にとって無関係だと認めたいと願っているのでないかぎり、ジェンダーの分析か女についての分析かという選択も存在しない。ジェンダーと階級とのつながりは概念的なものである。だがそれは、生産力と生産関係とのつながりのように、あらゆる点から見て物質的でもある。その歴史を研究するためには「言語」にたいする注目と、労働者階級という概念そのものを進んで歴史的精査の対象とする意志が要求される。

「言語」に注目する場合には、意味のシステムを分析する際に生じるこの語の限界をも見極めておかねばならない。「言語」という語は、たとえ慎重に定義された場合でも、つねに「ことば」や「語彙」、および字義どおりの用法などと一緒にされやすいようである。ステドマン・ジョーンズが困難におちいった原因は、認識論の研究をことばの研究に還元してしまったことのなかにあると、私には思われる。おそらくはフーコーの定義にしたがって言説と言う方が、私が提案したような種類の分析の対象を言い表すのには良いだろう。

もっと洗練された言説についての理論が、同時に現代の労働史家に必要とされている政治についての再検討の道をも開いてくれるだろうと希望するのは、夢想なのかもしれない。これらの歴史家の多くは、過去の労働運動の民主主義的、社会主義的目標を支持する立場で執筆しており、男性的な階級の概念を無批判に受け入れて、女やジェンダーに注意を払うようにというフェミニストの要求を、大義から気をそらさせようとするブルジョワ的邪魔ものが多すぎると言って排除している。この点で彼らは無意識のうちに古い時代の政治を続けているのであり、もちろん、自分たちの使っている史料の犠牲になっているとも言える。なぜならこれらの史料は、光を当て、分析することが必要だと私が論じてきたようなある種のジェンダーにもとづく考え方に立脚しているからである。さらにまた、こうした分析は彼らにとって脅威ともなれば困難でもある。脅威となるのは、自分が擁護したいと思っている運動にたいしてだけでなく、世界に変革をもたらす「兄弟」集団の一員であるという自分の自己概念にたいしても、しばしば批判的な姿勢をとることが要求されるからである。こうした分析はまた、困難でもある。哲学的に入り組んでいて難解であることの多い理論を自分のものにし、歴史についての考え方を変えていく気構えが要求されるからである。だがこうした困難にもかかわらず進んでこれらの問題を取りあげようとする労働史家には、豊かで意欲をそそる経験が待ち受けていると私は考えている。いずれにせよ、実際にこれ以外の道はないのである。ジェンダーを真剣に取りあげるのを拒否することで労働史家は、自分たちが原理的には終息させたいと願っているはずの不平等を再生産しているにすぎない。いつかは不平等を終わらせる道が見つかるだろうと希望するのは夢にすぎないかもしれない。だが私は、問題のありかを指摘し解決策を示唆することによって、私たちの目標に近づけるのではないかと考える程度には、ユートピア主義者であると同時に、合理主義者でもある。

※　本章は、最初 *International Labor and Working Class History* (1987) 31:1-13 に発表した論文をもとに、同じ号に掲載されたブライアン・パーマー、アンソン・ラビンバック、およびクリスティン・スタンセルからの批判に応えて加筆修正したものである。また、同

じ雑誌の (1987) 32: 39-45 に掲載された、これらの批判にたいする私の回答の一部もおさめてある。本書への転載にあたっては、版権を有するイリノイ大学出版局の許可を得た。最初の論文のいろいろな問題点について指摘してくれたパーマー、ラビンバック、スタンセルに感謝したい。そのすべてについて、彼らを満足させられるだけの修正はまだおこなえていないだろうが。また、いろいろな示唆を与えて議論をより豊かなものにしてくれたドニーズ・ライリーとエリオット・ショアにもお礼を言いたい。

第４章　『イングランド労働者階級の形成』のなかの女たち

『イングランド労働者階級の形成』〔以下、『形成』と略記〕は出版されてから二〇年以上経った現在でもなお、労働史家にとっての古典的テクストとしての位置を占めている。この本はマルクス主義的な社会史とは何かを規定すると同時にその具体例ともなっており、そこでは階級は（構造やカテゴリーではなく）関係として、階級意識は経済の産物であるだけでなく文化の産物として、人間の行動は歴史を作る重要な要素として、そして政治はそうした歴史において中心的な意味を持つものとしてとらえられている。E・P・トムスンによって組み立てられた叙述は、本の頁のなかを動きまわる何十人ものヒーローたちへの賞賛の念をかきたてる（そして「後世におちいった途方もなく低い地位」[*1]から彼らを救い出す）だけでなく、フレドリック・ジェイムスンが「単一の偉大な集団の物語が持つ一体性……〈必然性〉の領域から〈自由〉の領域をなんとか奪取しようとする集団的闘争」[*2]と呼んだもののなかに読者を投げ込む。児童労働の非道さについてのトムスンのコメントによって心を動かされた読者は、ロンドン通信協会の職人たちや、中部内陸地帯や北部工業地帯におけるラッダイト運動の「世直し軍」の政治活動を支持する彼の見解をも共有することになるはずである。これらの職人たちは、イングランドの労働者階級の伝統、すなわち基本的に一般民衆に根ざした伝統のなかにある真にヒューマニズム的な政治の可能性を例証しているのである。[*3]

トムスンが自分は客観的だと折にふれて主張しているにもかかわらず（彼は、「歴史をイデオロギーと」混同しているハモンド夫妻や「歴史を弁明と」混同している「一部の経済史家」よりも、自分は客観的だと言っている）、この本はお世辞にも中立的であるとは言えない。事実、この本の面白さの多くは、そのまごうかたなき政治的目的にこそ存在するのである。[*4] 一九六三年にこの本は、私のような歴史研究者たちに、社会問題に関係のある歴史を書くためのモデルを与えてくれた。私たちにとって『形成』は、ニュー・レフトの目的にかなった学問研究のあり方を体現したものであった。そこでは資本制下の政治経済の動きが暴露され、（トムスンが他のところで述べているように）「目的意識を持った歴史への参加」の正しさと「政治活動を通じての人間救済」の可能性が例証されていた。[*5] この本の出されたタイミングとそこで明確に打ち出された社会主義ヒューマニズムの立場とは、マルクス主義の枠内で、スターリン主義的歴史学の固く凍りついたカテゴリーに代わる知的選択肢を提供することとなった。トムスンが階級形成におけるダイナミックな過程と文化的、歴史的に固有な体験とを強調したことにより、過去の労働者たちの集団行動をより文脈に即して読むこと、およびより柔軟で想像力に富んだ現代政治学への道が開かれたのである。彼が一般大衆の働きを重視したことは、草の根の組織化を唱道する人々にインスピレーションと確信を与えた。アメリカでは、「下からの歴史学」は学生民主社会同盟（SDS）の直接民主主義に学問の世界で呼応したものとなった。大学と地域社会という二つの世界の橋渡しをした活動家たちは、いろいろな講座や勉強グループでトムスンの本を必読文献にした。このようにして『形成』は「新しい労働史」のモデルとしても表現としても、出版と同時に一種の正統としての地位を獲得したのである。

だがトムスンの本は歴史を書くためのモデルを提供したとしても、教条主義的なテクストとなることが意図されていたわけではなかった。実際、トムスンが自分は（マルクスと同じように）マルクス主義者ではない——一連のつねに不変の定義用カテゴリーに固執し、それをいついかなるときにも同じやり方で歴史上の出来事に適用すべきだと言ったりしない——と主張しつづけた結果、彼の批判者のなかでもとくに文字どおりにしかものごとを見ようとしない人々は、彼をマルクスの忠実な信奉者の仲間に加えることを拒否するようになった。けれどもこの本の理論的前提は、きわめて正統的なマルクス主義の伝統のなかにぴったりとおさまっている。

……階級が生じるのは、ある者たちが（前の世代から受け継いだり、ともに味わったりした）

共通の経験の結果として、自分たちのあいだで、またその利害が自分たちのものとは異なる（そして通常対立する）者たちにたいして、自分たちの利害の同一性を感じそれをはっきりと口にするときである。この階級的経験は、主として人の生まれつきの――あるいは自分の意思でなく入ることになった生産関係によって決定される。[*6]

階級を構成する利害の共有は何らかの意味で生産関係に内在しているが、その経験をどのように表現するかは文化や時代、場所によってさまざまに異なってくるというのである。[*7] トムスンの理論的図式が正統的立場に立っていたことはいまでは明らかかと思われるのだが、この本は書かれた当時、一九五〇年代後半から六〇年代前半にかけておこなわれたマルクス主義者内の論争に、重要な歴史性という視点を持ち込んだ。この本の関心やそこで強調されたことは、論争のなかで階級や階級意識、階級政治の定義をめぐって問題となっていたことにたいする彼からの発言であった。『形成』は「経済学者流のマルクス主義の表記法」に反対し、工場労働者は不可避的に転向してプロレタリア階級としてのアイデンティティを抱くようになる、そしてその条件は政治的な正しさにかんしてあらかじめ存在する何らかの規準によってはかることができるといった、階級意識の発達についての考え方とは違う考え方を提示するために書かれた。トムスンにとって、人間主体は歴史の変革における能動的行為者であった。彼は自分の目的を次のように説明している。

わたしが明らかにしたのは、［産業革命］以前から一定の平民意識があって、これが新しい社会的経験によって屈折し、意識の変革をもたらすこと、この新しい経験は逆に民衆文化の作用をうける、ということでした。こうした意味で、問題提起とこれを解決するための理論装置は、はっきりしたイデオロギー的契機から生じています。[*8]

それに加えてこの本は、社会主義ヒューマニズムの歴史的伝統を創出し、左翼政治の記憶のなかに真正で土着的な一九世紀労働者急進主義とのつながりを吹き込むことをねらっていた。

それまで私は長年、成人教育の講師をしていました。労働者、組合活動家、ホワイトカラー、教師、等々の夜間教室をやってたんです。こうした聞き手がすでにいて、また左翼の、つまり労働運動、ニュー・レフトの聞き手がいました。だから、この本を書いたときにはこうした聞き手・読者のことを考えていました。[*9]

トムスンがこうした聞き手に訴えかけたのは、レーニン的な前衛主義に反対し、また「もしも知識人が特権にあずからない人々の間に適応不全の種子をまかなかったら」、いかなる民衆蜂起もありえなかっただろうという考え方に反対するためであった。[*10] それに代えて彼は、労働者には革命的な思想を系統的に述べたり、それにもとづいて行動する力があったこと、過去の歴史のなかには、直接民主主義の政治を信じるに足るだけの根拠が存在していたことを証明しようとしたのである。

トムスンと彼の同時代人との論争は、起源の問題と関係していた。階級という観念はどこから来たのか。階級意識はどのようにして形をなすに至ったのか。だが、集団的アイデンティティと政治行動を表す概念用語としての階級そのものは、批判的検討の対象とはされなかった。なぜならトムスンは、歴史的状況下における言説の外側に立つ分析者として登場したのではなく、その内部から擁護者として発言していたからである。自らを歴史的記憶の伝え手として位置づけることで、トムスンは労働者階級の言説に固有の言いまわしをみごとにとらえてみせた。彼は一九世紀の運動によって編み出され、二〇世紀に用いられた階級概念を使用することで、それを成し遂げた。『形成』はある特定の階級概念を支持し、それを再生産したのである。したがってこの本は、二重の歴史的文書として読むことができる。そこには、過去において階級がどのように理解されるようになったかについての豊富な史料が集められていると同時に、それらの意味を組み込んで独自の労働者階級の歴史が構築されているのである。それゆえ『形成』の内容とテクスト戦略を分析することは、労働者階級についての特定の思想が歴史学のなかでどのように作動するかについての洞察を与えてくれる。

これと関連して、この本のなかには（そしてこの本が語りかけた聞き手の先入観のなかにも）、これ以後一部の労働史家にとって厄介な問題となったある問いかけがまったく存在していないことに注意してみると、何かが見えてくるだろう。それは、一九六〇年代後半から七〇年代前半にかけて（トムスンの本が出版されてからかなり後に）フェミニズム運動によって提示された、歴史における女の役割についての問いである。いま『形成』を読み直してみると、叙述のなかに女が登場しないことにではなく、そこでの女の描かれ方のいびつさに驚かされる。この本は、現代のフェミニスト社会主義者が、階級形成についての叙述のなかにも、その叙述に含まれる政治理論のなかにも、女のための場所が与えられるべきだと自分自身や同僚たちを説得しようとするときに、なぜ困難や欲求不満を経験するのか、その理由をいくらか明らかにしてくれる。であればこそトムスンのテクストは、フェミニスト政治学の新しい文脈のなかで書かれたものではないにもかかわらず、社会主義フェミニズム的言説のための先行条件として読まれなければならない。この本は、そのなかにフェミニスト社会主義者が置かれていた伝統、そして彼女たちが批判的視点を考え出し、独自の歴史を書く際に立ち向かわねばならなかった伝統の持つ前提を明確に示しているために、フェミニストの言説にとってはきわめて重要な要素を代表しているのである。

I

「階級は、人が自分たち自身の歴史を生きていくなかで定義される。そして結局はこれだけが唯一の定義である」[*11]。トムスンはこのように、歴史のなかで具体的に現れる観念を実体化しようとした社会学者や政治学者に反論している。この観念がどこから生じてくるかを説明するためのカギは、「人の生まれつきの——あるいは自分の意思でなく入ることになった生産関係」の分析にある。[*12]だが階級の意味は、「かなり長い歴史の期間にわたって」文化的、社会的な過程を研究することによってはじめて把握しうるだろう。[*13]そこからトムスンはライフ・ヒストリーという考え方（動かない「もの」がくり返し現れるのを検証するやり方とは対照的な）のヒントを得た。そのため彼は、自分の叙述は一種の「思春期から青年時代の始めまでのイングランド労働者階級の伝記」のようなものだと述べている。[*14]もっともこの本はおおかたの個人のライフ・ヒストリーのように首尾一貫しているとはとても言えないが、それでもこのたとえは何かを物語っている。すなわちトムスンは、ひとりひとりの主体について考えるときと同じように統一性として見る見方で集団運動をとらえていることがわかるのである。このような単一体として概念化してしまうと、そこに多様性や差異を組み入れていくことは難しい。そのため、たとえ

「人（man）」というのが中立的、もしくは普遍的な人間主体の意味だとしても、そこでは「女」の問題を明確に打ち出したり表現したりすることは困難である。女の持つ差異性は不調和を暗示しており、統一性にたいする異議申し立てとなるからである。

『形成』のなかで、一般概念が男性形で示されていることを文字どおりに体現しているのが政治活動家たちで、彼らは驚くほど詳しい（しかも視覚化しやすい）イメージで描き出されている。この本のなかには、男たちが忙しく働いたり、会合を持ったり、書いたり、話したり、行進したり、機械を打ち壊したり、投獄されたり、警官や判事や首相に勇敢に楯ついたりする場面がどっさり登場する。これは圧倒的に男たちの物語なのであり、階級も、たとえ登場人物全員が男ではない場合でも、その起源においても表現においても男性的アイデンティティとして構築されている。とはいっても、むろん『形成』には女も登場する。女たちはきちんとした名前をあげられ、ある種の働きを与えられているし、誰もかれもが同じタイプには描かれていない。実際、その範囲は、女の権利のために敢然と発言したメアリ・ウルストンクラフトやアナ・ウィーラーから、リチャード・カーライルの急進的な女性支持者たち、さらにジョアナ・サウスコットのような宗教的夢想家にまでおよんでいる。にもかかわらず物語の組み立て方や叙述を構成する主要コードは、階級の男性的表象に異議を唱えるのではなく、むしろそれを確認するようなジェンダー概念に立脚している。女が存在しているといっても、本のなかでは周縁的な存在である。女たちは、階級と男性労働者の政治との圧倒的な結びつきを強調し、きわだたせる役回りを演じているのである。トムスンの描いた女たちをもっと詳しく見てみれば、テクストのなかで階級の概念と政治的意味がどのように確立されているかが、もう少し見やすくなるだろう。

この本はまず、劇的なシナリオで始まる。一七九四年、急進派の靴職人トマス・ハーディの家が国王の役人によって家宅捜索を受けるのである。ハーディ家の人々は、自分たちの書類や衣類があたり一面にばらまかれるのを見守る。ハーディ夫人は「妊娠中で、ベッドに入ったままだった」。ついで役人たちは大逆罪でハーディ氏を逮捕し、最後はニューゲート監獄に送る。彼がそこに入っているあいだに「ハーディ夫人は、自分の家が「教会と国王」を叫ぶ暴徒に襲われたときに受けたショックがもとで、出産の際に亡くなった」[*15]。描写の直接性とそれが与えるいきいきしたインパクトは、これに続く頁で語られるはずの物語――自立した職人のまさに生命ともいうべき私的領域のなかに強大な力が侵入してくる――の全体を髣髴とさせる。職人ハーディは、自立した自由なイングランド人の権利の名のもとに抵抗する。彼の妻と生まれなかった子供は、国家による弾圧の罪もない犠牲者である。この後の頁では、資本制が同じような徹底的破壊をおこない、その非人間的な作用によって家族は壊滅し、慣習となっていた性別分業は崩壊することになる。男たちは歴史的伝統に根ざして自分たちの権利を擁護し、主張していくのにたいし、女の場合には伝統的な家庭内の体験の歪曲が資本制の残虐さを完膚なきまでに示す尺度となるのである。

こうした女と家庭性との結びつきは、主題が女性労働者である場合、すなわち主に生産関係との関わりで女の経験が語られている場合にさえ、ひょっこりと顔を出す。たとえば女性繊維労働者をトムスンがどのように扱っているかを見てみよう。彼女たちの状況は共感を込めて論じられており、新しい工業システムが生み出した存在として提示されている。「母親であると同時に賃金労働者でもあった女性は、自分が家庭と工業界という両方の世界の一番悪いところばかり受け持っていると感じることが多かった」[*16]。賃金労働者としての新しい地位は、女たちを政治的な行動へ――労働組合や女性改革協会へと動かしていく。だが(と、トムスンは言う)、彼女たちの組合は目先の不平不満にばかり取り組む傾向があり、そのために、道徳的、政治的システム全体に挑戦した職人たちの組織よりも政治性において劣っていた(このことは一八二〇年代から三〇年代の産業別組合のすべてに当てはまるように思われるのに、トムスンは女たちのグループにかんしてだけこの点を強調するのである)。さらにまた、女性改革協会は何ら独立した政治的立場を持っていなかったと彼は言う。「逆説的なことに」、これら女性賃金労働者たちの急進主義は工業化以前の家庭経済にたいするノスタルジアの表現だったと、トムスンは述べている。女たちは「家庭を中心とした生活のあり方」が持っていた「地位や個人の独立性の喪失」を嘆いていたのである。[*17] だがこれをまぎれもない政治的立場（もとの独立した地位に戻りたいという職人の熱い思いと呼応し、実際にはその一つの局面でもある立場）と認めるのではなく、トムスンはそれを「逆説的」と表現し、出現しつつある急進的運動のなかでの女たちの従属的地位と結びつける。「彼女らの役目は男たちに精神的援助を与えること、自由の旗や帽子を作り、改革を求めるデモの際に儀式とともにそれを贈ること、決議文や声明文をばらまくこと、そして集会の参加人数をふくれあがらせることに限られていた」[*18]。これらの女たちは、後の方で登場し、「信念からというよりも忠誠心から裁判や投獄をも辞さなかった」と述べられている「カーライル一派の女性たち」の先駆けである。[*19] 女の自立性は労働ではなくそれ以前からある家庭性によって形づくられているため、彼女たちの要求や政治活動は階級の「形成」にあたってそれほど重みを持たなかったというのだ。ここでは家庭領域は、ある意味で二重の邪魔物として作用している。まずそれは、生産関係が社会的に構築される仕事場に比べて、自然な性別分業と考えられているものが支配する場所である。と同時に、搾取体験はそのなかに利害をめぐる集団的アイデンティティ、すなわち階級意識が生じる可能性を内包しているが、家庭領域にはそうした体験がないため、そこからは政治が生まれようがない。家庭への愛着は、働いている女の場合でさえ、男には起きない（あるいは問題とは見なされない）ようなやり方で政治意識を弱体化させるもののようだ。女はその家庭と生殖にまつわる機能のゆえに、部分的、または不完全な政治活動家でしかありえないのである。

おそらくこのことが『形成』のなかでは直接取りあげられていない問題にたいする暗黙の説明となるだろう。すなわち実際に働いていた女たちにたいして産業資本制がおよぼした影響については、十分な、あるいはそれを独立させて論じるだけの関心が払われてはいないのである。繊維労働者を除いて、この本のなかで働く女たちにはごくわずかな関心しか払われていない。女は、畑や作業場、工場で男の代わりに使われた安い労働力として、何の論評もなしに言及されているだけである。ここでの焦点は男性労働者にたいする資本制の影響に据えられているのであって、女の地位や労働市場における価値が男よりも低いのはなぜかという点にはないのである。また女の職人たちも、男性同業者たちと同様に自立した経済活動の長い伝統を持ち、新しい資本制的慣行によってそれが破壊されたにもかかわらず、同じく無視されている。トムスンが用いているアイヴィ・ピンチベックの『女性労働者と産業革命』のような文献（および同じ一八世紀後半から一九世紀前半の史料にあたった最近の研究）には、重要な熟練労働力を構成していた婦人帽子職人、裁縫師、レース職人、紳士服仕立て職人などといった女性職人について述べられているのに、トムスンがしばしばあげている職人の職種リスト（靴職人、家具職人、紳士服仕立て職人、その他）には女は含まれていない。[*20]『形成』には女性共済組合に言及した箇所があり、一八〇五年にそのなかのある組合の組合員たちがおこなった行進の様子について、長い引用がなされている。トムスンはこうした組合は主として職人によって構成されていたと言うのだが、女たちがどのような職種に属していたのかについては一言も述べていない。じつのところ、彼はこうした組合が男性職人の政治的伝統の育成に与えた影響は強調するにもかかわらず、女にたいする影響については勘定に入れようとしないのである。「一八世紀の最後の数年間には女性共済組合と女性メソディストの分会が、経験と自信を与えたかもしれない……だが、女性の経済的地位の変化がもっとも早く働く女性にたいして政治的、社会的運動への広範な参加をうながしたのは、繊維工業地帯においてであった」[*21]。トムスンは抗議運動に女性職人の姿が見られなかったために、労働について論じるときに彼女たちを無視することになったのかもしれない。だがもしそうだとすれば、そのことは、生産関係において階級がどれほど差し迫った問題だったのかという深刻な問いを生じさせる。なぜなら政治行動のなかに女性職人たちの姿がないということは――もしも本当にないのであれば――この本を構成している理論的前提を混乱におとしいれるからである。少なくとも、なぜ一方の関係集団においては階級が差し迫った問題となり、もう一方ではそうでなかったのかを明らかにするために、男性職人と女性職人が経験した異なる生産関係の分析が必要であろう。そのような分析がおこなわれていないのは、女たちの結合は家庭的な性格を持っており、そのために階級意識という形で労働者の利害を明確に打ち出すことになった経済関係のなかに、彼女たちが完全に没入していなかったと考えれば説明はつく。

だがもちろん、女性職人の不可視性については別な説明もある。それは、女性職人たちは実際は政治行動に参加していたのだが、トムスンがその事実をわざわざ知らせる理由はないと感じたというものである。階級という概念は普遍的で包括的な観念であるという彼の仮説、および彼が主義として男女平等政策を標榜していたことからすれば、これはありうる説明である。一九六〇年、ニュー・レフト・ブックスのなかの『無関心からの脱出』に発表した論文、「鯨の外に」において、トムスンは一九五〇年代の静観主義や諦念をもたらした諸勢力にたいして厳しい非難を浴びせている。「慣習、法、王室、国教会、国家、家族——これらすべてが洪水のように押し戻してきた。すべては最高善——つまり安定の指標であった」[*22]。とくに重要だったのは人間の行動が機能や役割という点で固定されたこと、(自然であるがゆえに)不可避な性差が理由として持ち出されたことである。「社会学者、心理学者、そして夫たちは、女は男と「違うもの」であることを発見した。そして「差異の中の平等」について語るふりをしながら、男性との完全な人間的平等を求める婦人の要求を拒否したのである」[*23]。トムスンによる(そのかぎりでは妥当な)機能主義の拒否には、差異にいかなる重要な働きも認めないという否定がともなっていた。だが考えてみれば、カテゴリーは自然的なもので、それに割り当てられた意味も固定的で不可避であると信じなくとも、社会的な過程にともなってジェンダーにもとづいた主体が構築されたと認めることはできたはずである。しかしどうやら彼の立場は、ジェンダーだけを取り出すと自然な差異があると仮定することになり、それは差別であるというものだったようだ。彼にとっては、女性職人について男とは別に検討することは、彼女たちの政治行動には異なる（それゆえに不平等な）規準があったと示唆することであった。トムスンはイデオロギー的に平等を標榜していたために、議論の主題として性差に特別な注意を払うことを認めなかったのである。だがそれと同時に彼の平等主義は、性差の隠喩によりかかって意味を伝えようとするテクスト戦略によって、足下を切り崩されていた。

トムスンは『形成』のなかで女の政治行動のいくつかの種類をあげている。それらはジェンダーにもとづいた分類表、すなわち労働者階級の政治行動のプラスの極とマイナスの極を識別するのに男性的シンボルと女性的シンボルを用いた分類にしたがって系統化され、評価されている。実際、この本において女はかりそめの登場人物にすぎないが、女性的なるものの方は労働者階級の政治の表象において中心的存在をなしている。労働者階級の政治的選択についての叙述のなかで（普遍的な）階級概念が男性形で構築されていることが明らかになるにつれ、物語のなかの女の居場所をめぐってどんな混乱があるかがより明瞭になってくる。

階級意識の表現形態である政治は、トムスンによれば文化的、歴史的な産物であり、その政治が階級の意味をどのように静的に定義することも不可能にしている。客観的な生産関係とそのとき利用しうる政治表現の様式とが交差することで、階級意識の現れ方がそれぞれ特有のものとなるのである。「階級の意識は時代や場所が異なっても同じように生じてくるが、だからといってまったく同じということはありえない」*24。トムスンの説明によれば、一九世紀の労働者階級の政治の起源は一八世紀イングランドの合理主義と急進主義の運動までさかのぼることができる。この系譜関係は直接的であり、生まれながらに自由なイングランド人の諸権利が一九世紀の労働者の主張の特徴ともなっている。出現しつつある資本制的生産関係に巻き込まれた労働者の「利害」にとっては、なぜかこの世俗的伝統こそがもっとも「適切」なものとされているのである。トムスンは歴史を追求しているはずなのに、この説明では暗に内在性が示唆される。彼は合理主義的で世俗的な政治だけを唯一のありうべき階級意識の形態として描き出すことによって、それが闘争と議論の産物ではなく、自然に、あるいは不可避的に出現したかのように見せかける。彼はまた、たんに特定の運動を支持することによってばかりでなくマイナスの対照物を提示することによって、すなわち政治の対極に位置する労働者階級の言説中の狂信的な系譜として、宗教による性的イメージの利用を描いてみせることによっても、こうした効果をあげている。

この系譜における抑圧的な側面を代表するのは正統派メソディズムである。この派では罪とセクシャリティが結びつけられて「倒錯的エロティシズム」を構成しており、そのなかではサタンはファルスと、キリストは女性的な愛と同一視されていた。貧しい労働者の女性、ジョアナ・サウスコットによって率いられた非正統派の一派の方は、気違いじみてヒステリカルなものとして描かれている。メソディスト派とは違って、こちらはほとんど完全に「貧民の宗派」であった。預言者的熱情を特徴とするサウスコットの説教は強烈な性的イメージのほとばしりを呼び起こし、トムスンによれば、そのなかではときには「分別の最後の一片まで消え失せてしまった」[*25]。サウスコットにはその死後も長いあいだ信者がいたことは、議論の余地がない。事実、ロバート・オーウェンのユートピア的メシアニズムは、彼女の直接的模倣も同然のものであった。「博愛主義者オーウェン氏は、その肩にジョアナ・サウスコットのマントをまとった」のである[*26]。婚姻内の愛情、性的自由、経済的相互依存、そして対立する力のあいだのバランス――知的力と肉体的力、都市と田舎、農業と機械、男と女――が存在する社会を描き出したことが、オーウェンの千年王国のヴィジョンの特徴であった。トムスンは、このヴィジョンの非実際性（社会変革をもたらすための戦略として、改宗以外に何も示されていない）のゆえに、マルクスとエンゲルスを引用しながらその政治的有効性に疑問を投げかけている。

その一方でトムスンは、オーウェンのユートピア的主張と、協同組合や労働組合、労働取引所という形で現れた、オーウェンの信奉者である職人たちの政治的急進主義とを区別する。同様に、サウスコット派の宗教的内容と、ラッダイト運動のなかに影響の見られる宣誓の儀式も別のものとして区別されている。要するに労働者階級の政治へと伝えられたのは実践面——メソディスト教会の共同体的団結、独立宗派における平信徒による説教、オーウェン主義における協同組合——であって、宗教的教えの中身ではなかったのである。「サウスコット主義はほとんど革命的千年王国の形はなしていなかった。人々を効果的な社会的行動に駆り立てはしなかったのである」とトムスンは言う。むしろそれは、反革命の精神的帰結、「絶望の千年王国」であったのだ、と。[*27]

けれどもエリック・ホブズボウムはまったく逆に、終末論的運動は革命活動の高まりと軌を一にしており、実際に宗教運動と革命運動とはしばしば互いに啓発しあっていたと主張している。バーバラ・テイラーは最近、こうした幻視的宗派の性的な言語はきわめて急進的な批判を表現するのに用いることができ、その結果、男だけでなく女たちをも社会的行動に参加させることができたと、みごとに証明してみせた。サタンの男性的なイメージは、資本制(当時の中産階級のレトリックでは、攻撃的で精力的で男らしく描かれている)にたいする攻撃と読み換えることができるかもしれない。そしてこれに代わる女性的なあり方として、疎外のない、情愛深い、協同的な社会秩序が提案されたのである。また別な研究でデボラ・ヴァレンズは、「田舎家の宗教」(男性だけでなく女性の説教師によっても取りしきられており、説教にはどちらの場合も同じように女性的性質が肯定的に投影されている)の伝統を、新しい産業秩序にたいする家庭経済の抵抗と結びつけている。家庭と共同体における情緒的で精神的な関係を強調した性的なイメージは、新しい政治経済の物質主義と個人主義的な価値観や慣行にたいする正面からの挑戦であった。さらにテイラーは、女性的なものが肯定的に評価されたことが、オーウェン主義運動に女も参加する道を開いたと示唆している。女性的なものの理想化と女の権利の主張、および新しい社会主義秩序のためのプランとのあいだには、理論のうえでも実践面でも明らかに関連があったことが描き出されたのである。[*28]

政治的批判と宗教的批判との、あるいは政治の言語とセクシャリティの言語との系譜関係は、トムスンが考えたほど明白なものではなかったようである。彼はそうした系譜を描くことにこだわるあまり、一九世紀前半の政治のなかのある特定の要素だけを、労働者階級の政治の唯一の例として選び出した。それは、たんに彼が合理主義的な政治を好んだためばかりでなく、彼の理論では生産者と効果的な政治活動とのあいだに暗黙のつながりが作られているためでもある。すでに見たように、彼は生産者の全員が男だったわけではないことを認めていながら、実際の彼の図式のなかでは大多数が男となり、しかもより重要なことに、生産は男性的な（男だけの、とは言わないまでも）活動として表象されている。こうした関係のなかで、叙述に登場するある人物たちには一種のシンボリズムが結びつく。トム・ペインは政治的表現の化身であり、民主主義革命における市民の典型である。それにふさわしくペインは『人間の権利』によって、労働者階級の政治運動のための基本テクストを提供した。ジョアナ・サウスコットはこれとはまったく対照的な人物である。妄想にとりつかれ、しかもカリスマ的であった彼女は、その語りによってセクシャリティと宗教の魅惑を呼びさました。空想的予言が彼女の表現様式であり、そのヒステリー性の想像妊娠のなかに彼女の革命への訴えの不毛さを見ることができる。こんなふうに叙述されることによって、ペインとサウスコットは労働者階級の政治のプラスの可能性とマイナスの可能性をそれぞれ代表することになる。彼らがそれぞれ男であり女であることは、それぞれの訴えにおける男性性の強調と女性性の強調のコントラストをいっそう強力にするとともに、合理主義的政治にたいするトムスンの断固たる支持をきわだたせるのである。

むろん、『形成』に出てくるすべての女が狂信的な女予言者や家庭的な主婦として描かれているわけではない。メアリ・ウルストンクラフトのように、その著作が急進的個人主義の政治的伝統と結びつけられている女性もいれば、それほど有名ではないが、やはり彼女のように急進派の男たちにふさわしいパートナーだった女たちも登場する。ノッティンガムのレース繕い工、スザナ・ライトは、リチャード・カーライルのために奉仕した女たちの大半とは「非常に異なっていた」と述べられている。カーライルのある演説文を売ったかどで告発されたとき、彼女は法廷で自ら弁護をし、訴えを中断して赤ん坊に乳を飲ませ、それによって見物人たちのやんやの喝采を浴び、そしてその罪ゆえに監獄に入れられたときもこれに耐え抜いた。新聞が彼女を急進主義の恥知らずな粗暴さの象徴として攻撃したのにたいし、カーライルは彼女について、「非常に病弱で、全身これ霊であり、まったく肉的でない」女性であると書いた[29]（保守派の新聞によって政治的な脅威がどのように性的な脅威として表現されるか、そして急進派はこの点についてどのように自分たちの評判を守ることを余儀なくされるかという問題は、労働者階級の運動での女たちの描かれ方やこれらの運動におけるジェンダー関係について、重要な視角を与えてくれる可能性がある。トムスンは、何度か新聞の論評に注目していることからわかるように、明らかにこの問題が注目に値することに気づいているが、この方向での分析を推し進めていってはいない）[30]。

もう一人のヒロインは、ケイトー通りの不運な陰謀者、アーサー・シスルウッドの妻だったスーザン・シスルウッドである。トムスンによれば、彼女は「取るに足りない存在ではなく」、「彼女自身が意気さかんなジャコバン派であり、冷静で知的な態度と［夫を］守るためには積極的な役割を演じる覚悟の持ち主であった」[31]。スザナ・ライトについての描写と同じく、トムスンはスーザン・シスルウッドを他の多くの女たちとは区別する。彼女が「取るに足りない存在」でなかったということは、他の多くの女たちはそうだったということを暗に示している。他の女たちは取るに足りない存在だったと考えているのがトムスン自身であろうと、あるいは読者の方がその事実を信じていると彼が憶測しているのであろうと、これらの例は同じ目的に役立っている。これらの例は、例外的な女たちには、たいていは男によっておこなわれるタイプの政治的行動をおこなう力があるということを示しているのである。トムスンのヒロインたちは、女でも一八二〇年代、三〇年代のイングランド労働者階級の意識の表れである政治性を理解したり、それにもとづいて行動したりすることがありうるのだという事実を強調することによって、ペイン対サウスコットのコントラストをいっそう確かなものにするのに役立っている。女であっても感情表出を避けて理性的に行動するならば、そうしたふつうでない女たちには階級意識への到達が可能となるというのである。

II

トムスンは『形成』を、彼が書こうとしていた労働運動の歴史の文脈のなかに位置づけていた。この本で使われている言語やシンボル戦術によって構築される意味は、こうした運動の構成員たちにとってもなじみ深いもののはずだった。労働とは生産活動を意味し、それが階級意識を決定し、その政治は理性的であった。家庭性は生産の外部にあり、「感情表出的」な表現様式をとる(宗教)運動としばしば提携して、階級意識を弱めたり覆したりした。この対立関係は男性的と女性的という形で明瞭に記号化されていた。言い換えれば、階級とはジェンダーにもとづく構築物だったのである。

トムスンの政治的語彙のなかで、感情表出対理性のコントラストは何度も登場する。たとえば一九七六年のあるインタヴューで、彼は「第二期のニュー・レフト」の「表現活動」を初期の「もっと合理的でオープンな政治活動」と比較し、次のように言っている。

この第二期ニュー・レフトを構成するもののうちには、歴史家の眼からみれば一発で見透せるんですが、反抗するブルジョワジーが自己反逆しているにすぎないのがあります。表現をいじくって非合理的で誇大妄想的な文体に夢中になっているんですが、こういうのは本気で深く根をはった合理的革命運動とは無縁です。*32

ここでのコントラストは階級と政治についてであるが、にもかかわらず『形成』において確立されたジェンダーにもとづく意味と響きあうものがあり、同時に、労働者対ブルジョワという次元もつけ加わっている。一八九〇年代に、労働運動と社会主義運動の主だった声がフェミニズムをブルジョワ運動と呼んだことを思い出すと、このことの持つ重要性がいっそう増してくる。女たちの利害は、それだけを独立して取りあげるべき政治的、社会的議題だという主張は、しばしば個人主義だの、自己満足だの、中産階級的だのと言われ、労働者階級全体の平等主義と真のニーズとから目をそらさせるものだとして退けられたのである。また一九六〇年代に、「第二期ニュー・レフト」という背景のなかからフェミニズムが出現したことを考えると、それは究極的には（ただちにではないとしても）トムスンが自己同一化しているような（男らしい）政治的伝統にたいして対立するものであったと理解できよう。

もしもトムスンが単純な合理主義の立場をとっていたのなら、こうしたことすべてを論じるのにこんな回りくどいやり方をせずにすんだであろう。だが実際は、彼の多くの仕事は明らかに非合理的でロマンティックなテーマを大切に抱え込んでいる。とどのつまり、彼にとっての英雄とは、一人は彼が一九五五年に大部の伝記を著したロマン主義者で社会主義者ウィリアム・モリスであり、もう一人はウィリアム・ブレイクなのである。トムスンは自分がブレイクの「マグルトン主義」〔一七世紀に生まれた宗派で、開祖のL・マグルトンとJ・リーヴは自分たちを黙示録の「二人の証人」と主張した〕に共感すると宣言しており、『形成』のはじめと最後にはブレイクのことばを引用している。この本のなかでブレイクは、〔一七九〇年から一八三〇年にかけて〕団結して抵抗した「ロマン主義者および急進的職人たち」を、「権利取得を目指す人間の受胎告知」へとつなぐ重要な存在となっている。「ウィリアム・ブレイク以後、もはや両方の文化に精通した知性は存在せず、二つの伝統の橋渡しをつとめられる天才もいなかった」。*33

ブレイクは単一の運動のなかで、詩と政治、ロマンティックな憧れと理性的な抵抗の可能性を体現していた。同様にモリスも、（ロマンティックな）ユートピア思想の限界を探り、合理的な政治と共存できるユートピアとたんなる感情表出にすぎないユートピアとを区別する道を示した。トムスンによれば、何かにたいする深い道徳的な関わり方という点から見て現代の批判的評価に耐え、特定の種類の未来にたいする想像力に満ちた憧れを解き放つようなユートピアは、実際的な政治とも両立しうるし、むしろ必要でさえある。したがってトムスンがモリスにたいして最初に関心を持ったのも、モリスがこうしたことを明らかにする能力を持っていたからであり、トムスンはそれを一九五五年に「科学的ユートピア」と名づけた。こうしたユートピアには変化の原動力についての分析、「歴史的過程への精通、共産主義の経済的、社会的基盤についての理解」がともなっていた。[*34] トムスンが最初に感じたモリスの魅力とは、彼が「社会変革をもたらす主要な力として道徳意識」に訴えていることであった。[*35]

トムスンは一九七六年版のモリス伝のあとがきで、モリスを全面的に正統派マルクス主義の伝統のなかの人物として描こうとした自分の初期の企てに一部修正を加えた。だが、私たちがここで問題にしている前記の区別にかんしてはそのままである。初期の科学にたいする強調が弱まった代わりに、独創的な想像力に富んだプランの重要性に力点が置かれるようになったが、それでもトムスンは依然として最初のユートピアの規準にこだわりつづけている。「ユートピア主義を擁護するといっても……どのユートピア案をとっても同じように良いというわけではない……「夢見る」のにも規律あるやり方と規律を欠いたやり方とがある。ただし、この規律とは科学のではなく想像力の規律である」。重要なのは依然として、モリスが歴史的変化の方向を分析してみせたこと、その分析は道徳的確信に満ちみちていたこと、そしてそこへ到達するためにはどの道を選ぶのが最善かを指示したことであった。そのうえ彼の指示は、「確固として抑制のきいた歴史的、政治的議論のなかに位置していた」のであった。[*36]

ヘンリー・エイブラヴは、より開かれた民主的な社会主義を求めた一九五六年以降のスターリン主義批判の文脈のなかでトムスンを読むという、洞察力に富んだ道を提示している。彼の指摘によれば、トムスンが創造性と柔軟性を重視したのは英国共産党の硬直した「科学的」唯物論にたいする挑戦であった。初期の（英国）社会主義運動のなかにそうした想像力の働きを発見したことは、彼が現在においてそのような価値を支持することに歴史的裏づけを与えてくれた。詩とは深い霊感にもとづく行動なのであり、芸術だけがもっともよく表現しうるような感情に満ちている。詩人は、実際的な綱領とともに人を行動へと駆りたてる熱い思いに明確な表現を与えることができたから、革命の政治にとってなくてはならぬ存在であった。[*37] ここで重要な点として注意しておきたいのは、ここで創り出されているコントラストでは想像力と科学性、詩的なものとあまりにも断固たる実用性とが対立していることである。ここには詩は唯物論に対比して「霊的」であるという含みはない。むしろ詩は、政治と現実生活の一つの構成要素としてそこに含まれているのである。

それと同時にトムスンが民主集中体制を批判するためには、労働者たちには本来理性が備わっていると証明する必要があった。『形成』では、労働者を信頼してまかせておけば、彼らの利益を追求するのにふさわしい政治を発見するようになることが示されている。結局のところラッダイト運動の労働者たちにしても、彼らの攻撃目標としてふさわしい相手、個人主義と功利主義の担い手に慎重に狙いを定めたように、一種の毅然たる、創意に富んだ気質を失ってはいなかったのである。ラッダイト運動について書かれた章でのトムスンの非凡さは、同時代の役人たちが（誤って）無政府主義と言わないまでも野蛮な振る舞いとして描いたもののなかに、戦略的な思考や集団的で相互扶助的な動機づけ、リーダーシップの共有（直接民主主義）が存在していたことを確認した点にある。ここでは「感情表出」を排除することが、史料（その大半は法を施行する側のファイルに入っている）を修正する方法としても、世俗的で合理的な政治を上から押しつけるべきではなかったと主張するためにも大きな必要性を持っていた。押しつけるのではなく彼ら自身の発意にまかせておけば、労働者には非常な創造性を発揮する能力があった。トムスンの目には、「下から」生じてきた合理的政治運動のなかに存在する素晴らしい詩がはっきりと見えたのである。

トムスンによれば詩の役割とは、想像力によって政治を大きくふくらませていくことであり、野放図な霊性によって政治を弱体化させることではなかった。エイブラヴが指摘しているように、この慎重な定義にはトムスン自身の目的意識がかかっていた。トムスンは明らかに詩人になりたかったのである。『イングランド労働者階級の形成』というタイトルは、英語で詩人を指す古い用語、すなわち「形成する者（maker）」という語にひっかけてある。「形成には建築や達成以外に、詩作という意味がある」。エイブラヴのことばを借りれば、「『イングランド労働者階級の形成』という題名は、トムスン自身がやったこととイングランドの労働者たちが闘争のなかで自力で成し遂げたことの両方を指している」のである。[*38]

トムスンの仕事のなかでは、たえず詩人の政治的役割についての検討がおこなわれている。「鯨の外に」では彼はW・H・オーデンが政治闘争から離反したことを非難し、離反は誰にとっても必然的な道とは言えないが、芸術家の場合はとくにそうであると主張している。[*39] トムスンにとっては、エイブラヴが完全主義的幻想にたいする幻滅と呼ぶものと完全な棄教とのあいだに、そのどちらでもない中間地点があるはずなのであった。その地点とは、それでもなお憧れを持ち続けるという苦しいが創造的な立場であり、政治的／詩的表現にとってもっとも希望の持てる立場である。[*40] これ以外の選択肢は不毛である。詩を失った政治は機械的で生命も失う。政治ぬきでは詩人の憧れも死産に終わり、わがまま勝手な感情表出へと堕落してしまう。モリスを理解するカギは、結局のところ、彼のユートピア主義が「確固として抑制のきいた歴史的、政治的議論のなかに位置していた」ことにあった。言い換えれば、トムスンにとってのモリスの魅力は、社会主義的合理主義のなかにロマンティックなユートピア主義を取り込んだ点にあったのである。

トムスンがこの関係を表現するときには、創造的衝動は合理的目的に向けて規律と方向性を与えられた。感情表出のための感情表出は排除されたが、「欲望の語彙」、すなわち規制のもとでの社会主義的想像力の発露は合理的政治を和らげ、豊かにすることができるとされた。実際、この種の熱い憧れの感情ぬきでは、合理主義的政治は無味乾燥なものとなり、革命的社会変革に向けた人間行動を鼓舞することはできないであろう。ここでトムスンは一種の有機的相互補完性（政治は詩を必要とし、詩は政治を必要とする）を強調しているように見えるが、彼が思い描いているのは結婚なのではない。そうではなくて詩は政治のなかに組み込まれ、より完全な（男性的）活動性を生み出すのである。この吸収は、概念的には詩的政治を（女性的）感情表出が持つ破壊的可能性と対立するものとして定義することで成し遂げられている。このジェンダーにもとづくコントラストは、女性性を排除された否定的位置に置くことによって詩の男性性を確保する。トムスンがウィリアム・モリス、ウィリアム・ブレイク、そして彼自身の偉大な政治的功績として表現しているものは、このようなやり方による政治への詩の統合なのである。

トムスンの政治のヴィジョンは、彼がそれにたいして反論している「経済学者流の」概念よりもはるかに包括的である。そこでは想像力や芸術、道徳的情熱、知性が政治闘争の固有の一部であり、その安寧と成功のためには不可欠とされている。これらの要素の組み入れを実現するために、政治の定義のやり直し、もしくは拡大と、労働の概念を芸術的創造にまで広げることと（それによって知的生産は男らしい仕事となる）、およびジェンダーにもとづく政治と階級表現の洗練がおこなわれる。政治と階級が男性的であるという記号化はそのままである。事実、トムスンは芸術を男性的なもののなかに含めること、そして家庭的、霊的、感情表出的、宗教的、無規律、非合理的といった一連の許容しがたく排除された語句——それらはすべて女性的と記号化されている——と対立させることによって、芸術を許容されるものとしたのである。同じことを訴えるにしても、それ以外のやり方もあったであろう——たとえば、芸術の概念を女性的と記号化したままで、それが（男性的）政治と真に相補的関係をなすと主張する、といったふうに。だがトムスンの選択は、彼がそのために書いている伝統のなかですでに階級や政治に付与されてきた強力な意味を正当と認めたものであり、これらの意味そのものを問題にしてはいないのである。

ここでの私の意図は、何かもっと高級な女性的表現の名のもとにトムスンの政治についてのヴィジョンを咎めだてすることではなく、それが意味を伝達するためにジェンダーによる表象に依存しているのをはっきりさせることにある。なぜなら私たちが労働者階級の政治という概念のなかにジェンダーが微妙な、しかも中心的な位置を占めていることを発見するのは、こうした表象に注意を向けることをとおしてだからである。そのような分析をしたからといって私たちはトムスンを責める結果にはならないだろう。彼の政治の概念のなかには、いまもなお非常に重要で的を射た部分が多く存在するのだから。むしろ私たちは、私がここで試みたような種類の分析をつうじて、フェミニストの研究者が遭遇した問題がどれほど巨大なものだったか、いくらか理解できるようになる。トムスンの本のような権威あるテクストによって引かれた境界線のなかで仕事をしようと努めるなかで彼女たちは、普遍的とされてきた階級の定義を固守しようとする伝統に直面したが、じつはその定義の意味はジェンダーにもとづいて構築されていたのである。それは、字句のうえだけの平等主義を標榜し、性差の持つ根深い複雑さを少しでも認めることはすべて反動的だとして却下するような伝統、平等を約束はするが、自分自身が差異を利用していることは認めない伝統だったのである。

Ⅲ

この伝統は「労働者階級」の社会的「現実」と想定されたものにもとづいて力を得ていたため、それに挑戦することは困難であった。トムスンのような歴史家たちは自分たちの仕事を、こうした現実の構築を手助けしているのではなく、現実そのままを記録しているかのように見せてきた。そうすることによって彼らは、階級のような概念の創造における政治と書かれた歴史の役割についての疑問を、あらかじめ封じてきたのである。けれども社会主義フェミニストの努力はついに、私たちは封じられてきた疑問の声をあげなければならない、基本的カテゴリーの意味と歴史学自体の政治性の両方を問うていかねばならないということをはっきりと例証してみせた。そのような問いかけは、たえず続く階級闘争のなかで一方の側を支持することの必要性だけでなく、よりラディカルに、個人と集団のアイデンティティ——階級だけでなくジェンダーのアイデンティティを創出するうえで、書かれた歴史がはたした役割を理解する必要があることを認識しているのである。

トムスン的伝統のなかで仕事をしていた初期のフェミニストたちの努力は、歴史学自体の用語をラディカルに概念化し直すところまでいかなかった。その結果彼女たちは、イングランドの労働者階級形成史において女が周縁的位置に置かれていることについて説明したり、それを正したりできるだけの理論的研究を生み出すことができなかった。こうした試みのうちもっとも初期のものは、女が経済的、政治的活動に参加していた証拠を集めることで労働者階級の歴史に女も仲間入りさせようと努めた。これらの研究は、階級を何の問題もない社会学的カテゴリーとして受け入れ、それ以前の労働史家によって女は単純に無視されるか軽視されてきたと考えて、どのようにしてそのような軽視が生じたのかは問わなかったのである。[*41] 彼女たちはまた、既存の労働者階級の物語と同じように女について叙述されたものが、ただちにそのなかに組み入れられるだろう、子産みや家政の責任といった女に特有の問題についての議論を含んだ労働者階級物語のヴァリエーションさえ生まれるに違いないと考えていた。しかし事実はそんなふうにはなっていない。そうなる代わりに、女は相も変わらず労働者階級の歴史から排除されているか、一般的（男の）経験のなかの特殊例としてぎごちなく仲間入りするか、あるいは完全に別個のものとして扱われているのである。女は依然として特殊化された主題のままであり、女たちの歴史はトムスンの本のような権威ある地位を獲得してもいなければ、労働者階級全体の形成について新しい方法で説明することもしていない。そのような組み入れや修正は、女性史が提起した厄介な問いに真正面から立ち向かわないかぎり、実現しないであろう。すなわち、もし女が労働し、政治にたずさわってきたのが確かであれば、彼女たちの不可視性、階級形成についての理論や歴史的記録のなかに彼女たちにたいする関心が見られないことを、どうやって説明するのか。

その答え方の一部は、階級自体の意味がどのようにして構築されたかというところにある。さらにまた一部は、階級についての歴史がどのように書かれてきたかというところに存在する。トムスンは、労働者階級の形成の物語は一つであると考えている。彼が個人の伝記との共通性を言うのもそのためである。彼の記述においては、勝利を制した側の政治的ヴィジョンのみが階級意識のただ一つの必然的な表現、詳述するに足る表現となってしまう。この類いの歴史は、ある種の不可避性と、過去と現在のあいだに単一の連続的つながりを想定しているがゆえに、究極的には目的論的な歴史である。バーバラ・テイラーは、労働運動と社会主義運動の内部で競合していたさまざまな伝統についての議論を持ち込むことで、こうした労働者階級の政治についての単線的な見方に挑戦しようとしている。彼女の仕事が示唆しているのはもっと複雑な物語であり、新しい社会についての相反するヴィジョン間のヘゲモニー闘争である。テイラーは、フェミニズムはユートピア社会主義にとって、そのもっとも想像力に富み、急進的な計画の中核をなしていたと主張し、フェミニスト的な関心と女性の声が失われたことと、ユートピア主義が合理主義的な「科学的社会主義」に取って代わられたこととは関係があるとしている。テイラーが労働者階級の政治をもっと違ったものにしようとした過去の試みについて実証研究をおこなったのは、現代のフェミニストによる批判にはすでに歴史的先例があったと証明することで、そうした批判が正当なものであることを宣言しようとしたのである。

したがって社会主義フェミニストがオーウェン主義者を振り返るのは、はるか昔の過渡期にたいするノスタルジアからではなく、民主的共産主義的もくろみの始まりをたどる一つの道すじとしてである。私たち自身がいまなおそうしたもくろみを抱きつつ、近代マルクス主義運動の目的を定義し直そうとして闘っている。なぜなら結局のところ、何をもってユートピア的解答と見なすかは、誰がその問題を提起したかによって決まってくるからである。*42

このアプローチは、さらに広範囲にわたる批判への前兆であった。なぜなら、もしも政治綱領の意味にたいする評価が「誰がその問題を提起したか」によってさまざまに変化するのだとすれば、たんにトムスンの述べている物語だけでなく、彼の理論的前提も修正が必要となるからである。もしも階級意識がある種の生産関係に固有のものならば、それが根本的に異なるさまざまな表現を見出したことをどうやって説明できるのだろうか。トムスンが構築した単一化された叙述のなかに、どのようにして多様性と不一致を導入することができるのだろうか。

社会主義フェミニストのあいだでは、こうした問いにたいして何種類かの解答が提示されてきた。一つは精神分析理論にもとづくもの、一つはマルクス主義のヴァリエーション、そして第三の解答は言説をめぐるポスト構造主義の理論にもとづいたものである。このうち最初の二つは、労働者階級の歴史をたんに階級間の闘争史としてだけでなく、両性間の闘争史として書き直そうとする。これらの立場は階級を確立された事実として受けとめ、事態を複雑化するもう一つの要素——ジェンダー——を労働者階級形成の物語につけ加えようとするのである。第三の立場は、私にはこれらよりも実り多いように思われるのだが、階級というカテゴリーを精細な分析の対象とし、目的論の視点からではなく（フーコーがニーチェにならって名づけたところの）系譜学の視点から、その歴史の書き換えをはかるものである。[*43]

フェミニストの歴史家は精神分析理論を用いて、ジェンダーという点から労働者階級内部の多様性の問題に取り組み、生産関係や階級闘争が基礎的であるように、女と男のあいだの闘争をも人間の経験と近代社会組織の基礎的事実としてとらえようとする。それに加えて精神分析は、人間行動の要因としての無意識の重要性を強調することで、合理主義や自由主義的平等主義といった前提にたいする強力な批判となっている。たとえば歴史家サリー・アレグザンダーは、社会行動の分析のなかにラカン的な考え方を導入することで理論面で重要な突破口を開いた。[*44] けれども両性間の永続的対立という前提はあまりにしばしば字義どおりに受けとめられて、現実の女と男のあいだでも闘争は不可避であるかのように描かれている。ジェンダー・アイデンティティの構築過程と個人主体の両性性についてのフロイトとラカンの複雑な議論は、経験や関心、態度、行動、政治的選択をめぐる男女間の客観的差異についての社会学的論議へと縮小されてしまう。「男」と「女」は、それぞれ歴史的に変化する（けれども本来的に対立する）ニーズを持った、固定されたアイデンティティのカテゴリーだと仮定されているのである。だが実際は、トムスンやテイラーの本が明らかにしているように、つねに一貫して明瞭な差異があるわけではない。一九世紀初期には女たちが合理主義的政治に雄々しく身を挺する一方、男たちは激しく熱弁を振るうサウスコット夫人の幻想を熱心に共有していた。たとえ男性的なものと女性的なものとが永続的な文化的対立物であったとしても、男と女はつねに反対の側にいたわけではないのである。それでは、両性関係に異なる取り組み方をした綱領を持ち、階級の意味を表現するやり方も異なり、性差についての異なる表象をそれぞれの言語のなかに記号化した政治運動が出現したことを、どのように説明すればいいのだろうか。

こうした問いにたいする間接的な答えは、ジェンダーと階級の関係に「二重システム」分析の視点から取り組むことである。このアプローチでは家父長制は資本制と平行し、交差する一つの社会システムであるとされる。それぞれのシステムは各々の組織と関係性、独自の力学、歴史、および独特のイデオロギーを持っている。家父長制の「起源」は、家内生産と再生産の関係を含む家族と親族システムのなかに求められることがもっとも多い。資本制的関係は生産手段をめぐって発生し、(少なくとも理論上は)「性差を無視した」、あるいはジェンダーの影響を受けない経済行為をともなう。[*45] この分析によれば、資本制の到来にともなって家父長制的な「ジェンダー・イデオロギー」の経済行為への適用が起こり、いわば一つの領域(物質関係による説明が可能な)から他の領域への観念の輸入がおこなわれた。この二重システム分析では、精神分析の持つ明白な落とし穴のいくつかは回避される。女と男がときとして同じような行動をとることを、不可解な「ジェンダー・イデオロギー」の作用として説明できるからである。だが、なぜそのイデオロギーはそれほど強力に存続するのか、それは階級利害の明確化とどのように関係するのか、また、社会学的には同じような集団の内部でなぜ異なる政治戦略（ジェンダーと階級の関係をも含んだ）が出現するのかといった問いには、まったく答えは与えられない。これは唯物主義的分析のロジックの枠内で考案された一種の機械的解決法であり、そこでは「ジェンダー・イデオロギー」は資本制の分析に際して独立した変数として導入されると同時に、社会学的な命令――そのイデオロギーを究極的には社会的／物質的組織の直接の産物として説明することの必要性の方は、そのまま保持することが可能なのである。

二重システム論と精神分析理論は非常に異なっているにもかかわらず、フェミニストの労働史家によってどちらも同じように社会学的なやり方で用いられてきており、そのため、バーバラ・テイラーの研究が提起しているような政治についての問いには取り組んでいない。たとえば、労働者たちが表明したさまざまに異なる政治綱領の源は何だったのか。階級利害を表現したり定義する方法が異なることをどう説明するのか。同じようなタイプの労働者のあいだで異なった伝統や異なった「意識」が存在することをどのように説明するか。社会的存在と政治思想とのあいだの単純な社会学的相関によってではないし、意識は社会的経験に内在するという考えに固執することによってでもない。また階級とは、ただ一通りの解釈しかない共通利害に根ざした一体化された運動だと考えることによってでもない。言い換えれば、トムスン史学の分析枠組みのなかにとどまることによってではなく、トムスン史学が当然のものとして疑おうとしなかったすべてのつながりを問題化することによってなのである。では、どうすればそれが可能となるか。

少なくともその方向は、近年、フェミニスト史家が言説とイデオロギーについて論じたなかに示されている。たとえばジェーン・ルイスは、労働者の政策に「ジェンダー・イデオロギー」(その源が何であろうと)がおよぼした影響を注意深く跡づけ、フェミニスト史家たちに、「ジェンダーと階級が一緒に構築されていくやり方」に注意を払うように呼びかけて、二重システム・アプローチに挑戦するような、概念の相互依存性という考え方を暗に示唆している。[*46] アレグザンダーによるラカンの手際の良い要約では、子供が意識を持つようになる過程で言語がはたす決定的に重要な役割が指摘されている。事実この研究は、最近の労働史で使用されてきたような意識の考え方を再考する必要があることを示唆している。この再考では意識に代わって言説とレトリックの概念が用いられ、存在の客観的現実とそれについての主体の認知とのあいだに、表現の問題と意味の不確実さや可変性が挿入される。

イギリスのフェミニストのなかでこのアプローチをもっとも完全に歴史化しているのは、おそらくドニーズ・ライリーであろう。フェミニズムと「女」というカテゴリーについての著書のなかで彼女がおこなっている議論は、「労働者階級」の「女」の研究に適用しても、あるいはその伝で言えば自然や客観的社会関係に源を求めようとするあらゆるカテゴリーに適用しても、有効なのではないだろうか。

図式的に言うならば、「女」は歴史的、言説的に構築され、つねにそれ自体も変化する他のカテゴリーとの関係のなかにいる。「女」とはきわめてとらえどころのない集合体であり、そのなかで女性の人格はそれぞれ非常に異なった位置を占める可能性があるので、「女」という主体が一見連続性を持っているように見えても、それは信用できない。「女」は集合体として共時的にも通時的にも不安定であるが、個人にとっても「女であること」はやはり変わりやすく、存在論的基盤とはなりえないのである。[*47]

労働者や労働者階級の一員であることにかんしても同じことが言えるとすれば、問いは意識を離れて表象の組織化へ、ある特定の表象システムの文脈と政治性へと向かうことになる。アイデンティティは何らかの本質的現実の反映ではなくなり、政治的忠誠の問題になる。このような方向からアプローチしたフェミニスト的歴史学は、トムスンの物語を変化させる。トムスンの物語における目的論は拒否され、性差の表象をつうじた政治的アイデンティティ創造の物語として語り直される。この語りのなかで、階級とジェンダーは互いに分かちがたく結びあわされることになる——表象としても、アイデンティティとしても、社会的、政治的な行為としても。

Ⅳ

『形成』の序のなかでトムスンは、念入りに階級の単一の定義を作りあげた。階級とは歴史的な関係性であり、カテゴリーやものではない。その意味は、対立的関係と人々がそれらの関係に与える定義に固有のものである。トムスンにとって問題なのはタイミングと文脈――いつ、いかなる条件のもとで労働者階級の共通のアイデンティティが発見されたのか――であった。そのようなアイデンティティを生じさせた利害と共通の経験が、階級意識とは別に存在していたと彼は示唆する。それらは階級意識に先行し、人々の認知の性格を形作った。階級意識は人々の生産関係についての経験が文化的に表現されたものであり、場所ごとの違いはあったものの、同一のものとして扱うことができる現象であった。だがもしも私たちがこの説明のなかで、意識ではなく言説に注意を向けるならば、新しい解釈の可能性が開かれることになるだろう。まず第一に、言語的可能性の限界を構成していた相似点と同時に、さまざまに種類の異なる表現、異なる定義、定義をめぐる抗争――肯定、否定、そして抑圧――にも目を向けながら、特定の歴史的瞬間においてどのように階級の諸カテゴリーが表象をとおして定式化されていったのかを問うてみたい。私たちは、明確に述べられた政治的関係と暗黙のうちに構造化された政治的関係の両方に目を向けながら、一つの定義が支配的定義として出現してくる過程に注目したい。その結果出てくるのは、単一の階級概念や目的論の歴史ではなく、つねに多数の相争う意味を含んだ場としての階級概念である。第二に私たちは、この過程のなかで性差への訴えがどのように表されているかを問うてみよう。たとえば、女性的として構築されたものの排除や周縁化が、特定の階級観念を男性的として記号化することを容認させるのにどのように役立ったのか。ジェンダーはどのようにして階級の特定の意味を「自然なもの」にしたのか。また逆に、階級を経済的条件から自然に生じてくる一定の関係と見る見方が、どのようにジェンダーについてのある種の観念に居場所を与えたのか。第三に、どのようにして、どのようなやり方で階級概念が社会的経験（の認知）を組織化したのかを問うてみよう。物質的生活と政治思想、経験と意識はぴったりと一致すると想定するのではなく、このアプローチはその一致を断ち切り、両者の対置関係を拒否する。明確化、定義——意味の構築——は、それ自体が一連の出来事として分析されなければならないと主張するのである。トムスンはイングランド急進主義の伝統を指し示すことで、労働者階級の政治的表現におけるある種のテーマ上の影響や連続性の説明としたが、文化や主観、テクストにおいてそのようなテーマが意味を獲得していく過程には、目を向けていない。

トムスンは、階級の観念を表現するのに用いられた用語は時と場所に応じた相対的なものであったと主張したが、概念自体の意味がどのようにして構築されたかは問わなかった。労働者階級の歴史における女の不可視性、周縁性、あるいは従属性の謎を解こうとして一部のフェミニストが取り組んできたのは、そうした「脱構築」の作業であった。けれども、もし私たちが階級がどのように表象されているかの検討から始めるとすれば、私たちは、あまりにも伝統に根をおろし自然なものと思われているために、政治やイデオロギーの系統にかかわりなく自明視されている仮説を相対化することになる。その相対的な地点から見れば、規範的なテクストはとくに恰好の目標となる。それは、これらのテクストが持つ魅力の少なくとも一部は、ときには新しいやり方で、ときには心安まるなじみのやり方でこうした「自然な」仮説を具体化し、表現してみせる力に依存しているからである。こうしたテクストの分析をとおして私たちは、階級のような観念がどのように作動してそれ自身の概念的場を構築していくか、そしてトムスン史学のようなテクストがどのように作動して細部にわたる経験的（したがって議論の余地のないように見える）土壌のうえにその概念的場を確立していくかを、より良く理解できるようになる。新しい経験的証拠を用いて細部の批判をおこなうことも重要だが（たとえば女についての新しい情報の追加）、場それ自体を作りあげている概念もまた、問うていかねばならないのである。

こうした「伝統的」歴史学への問いかけに関心を持つことにたいしては、フェミニストの歴史家のあいだにも多くの批判がある。こうした問いかけは男の書いたものに照準を合わせることが多いため、女を歴史の主体として確立していくことの重要性をないがしろにしているように見えるためである。だが、私たちが階級について書くときに女に注目しなければならないという主張にはたしかに一理あるが、そうした注目が同時にあまりに多くのものを自明のこととし、必然的に不完全であるという指摘にも、また一理ある。階級概念の構築に女性的なるものがどのように利用されているかを検討することなく、労働者階級の女たちについて書くことが可能だろうか。いかなる女たちについても、彼女たちがどのように自己定義していたかと同時に、彼女たちの文化がどのように彼女たちを表象していたかを問うことなしに、これらの女について書くことが可能だろうか。文化的表象と自己定義のあいだに何のつながりもなかったと仮定できるだろうか。どうすればそのつながりを読み取ることができるだろうか。すべての女たちの側に、あるいは同じ階級のすべての女の側に、共通の自己理解があらかじめ存在していたと仮定することが可能だろうか。一九世紀のイングランドにおいて、客観的に記述しうるような労働者階級の女たちの「利害」が存在していたのだろうか。そうした利害を定義するうえで、政治や特定の政治運動の訴えはどのような役割を演じたのだろうか。

私たちは、階級の意味を、すなわちたんなる用語や政治綱領の中身だけでなく、その象徴的組織化や言語表象の歴史を問うことなしに、階級について書くことはできない。私の見るところ、それはつまり、フェミニストの労働史家が『形成』のような物語のなかに女を書き加えていくためには、こうした書かれ方をした本がどのように機能するのかをまず解明しなければならないということなのだ。そうした種類の分析的操作によって、これまでとは違った労働者階級の政治史、ジェンダーと階級についての私たちの知識を新しく作り直すような歴史を理論化することが可能となるのである。

※　本論文は、一九八三年一二月、アメリカ歴史学協会の集まりにおいて報告したものである。その後大幅な加筆修正を施して、一九八六年一二月、ウェズレイアン人文科学研究所におけるセミナーで発表した。助言や批判を寄せてこの最終稿を仕上げるのを助けてくれたヘンリー・エイブラヴ、クリスティナ・クロスビイ、マイケル・デニング、およびドニーズ・ライリーに感謝したい。

第Ⅲ部　歴史のなかのジェンダー

第5章　男にとっての労働、女にとっての労働
――一八四八年のパリ衣料産業における労働と家族をめぐる政治

一九世紀フランスにおける労働者階級の運動についての研究は、政治的な組織化を進め経済的変化への防御に努めるなかで、同職組合の伝統を守る熟練労働者たちがはたした中心的な役割を強調してきた。これらの労働者は、彼らにとっての産業資本制の特徴である情け無用の競争にたいする対案として、協同組織《アソシアシオン》、すなわち経済的な諸関係を管理する協同的な生産組織を提案した。「友愛《フラテルニテ》」が協同組織主義のスローガンであり、そこには一連の新たな生産関係の基礎となった職人の兄弟団的な関係が投影されていた。[*1]

職人たちの政治の経済的基盤に注目するにあたって、歴史家たちは彼らの言説の別の側面、すなわちジェンダーと家族にかんする部分を無視してきた。それは情報が不足していたり入手が困難だったためではない。それどころか一八三〇、四〇年代の抗議行動についての文献史料は、家族および男と女の役割や特徴への言及で満ちあふれている。賃上げ要求やブルジョワジーの強欲にたいする攻撃について読むにせよ、労働者の貧困の深刻さを描写したり、きたるべ

き新社会を祝して乾杯する声に耳をかたむけるにせよ、性差が語られていないことはない。当時のユートピア社会主義者たちの綱領においては、シャルル・フーリエやサン＝シモン派のように家族組織の変革という実験が含まれている場合も、またエティエンヌ・カベのように伝統的な夫婦と子供の幸福を質的に向上させるという約束が含まれている場合にも、家族が中心的なテーマとなっていた。労働の組織化と協同組織は、この時代の労働者階級の抗議行動が持っていたいくつもの主要テーマのなかの二つにすぎず、家族はこれらと同じように重要で互いに深い関係を持つ第三のテーマだったのである。

一八三〇、四〇年代の労働者たちが家族についておこなった表現は、何を意味していたのだろうか。これらの表現は、労働の公正な組織化を求める政治的な要求とどのような関係に立っていたのだろうか。男や女は自らの労働のアイデンティティをどのように言い表していたのだろうか。男性性と女性性、あるいは女と男にかんする隠喩は、資本制批判のなかにどのように織り込まれていたのだろうか。ジェンダーは一九世紀の労働者たちの政治にどのような特徴を与えたのだろうか。政治的な言説のなかに投影されているユートピア的な将来構想は、ジェンダーをどのように構築していたのだろうか。

これらの問いの前提となっているのは、通常ばらばらにおこなわれている分析の統合である。というのも、労働、女、そして家族の歴史は、少なくとも北アメリカの学者のなかではこれまではっきり別のものとして扱われてきたからである。[*2] また、おそらくこの点よりもさらに重要なのは、これらの問いが、労働史家によってしばしば用いられる因果関係についての還元論とは違った道を示唆していることである。言説に研究の目を向けることによって得られる人間の行動についての説明は、物質的な現実と解釈とを対置することに固執する説明よりも、より強力なものとなりうる。たとえば、経済関係は第一義的な因果関係で説明がつくという説は、労働者たちから見ても、また歴史家から見ても自明なことがらではない。そうした説は、社会組織を理解したり理論化したりする一つのやり方にすぎない。そうした理論化が成功しているか否かをはかる一つの目安は、それが抽象的な学術書や論争のためのパンフレットからは遠くへだたった諺ないし常識と言われるような知、つまり一般化された文化的理解のなかにまで取り入れられているかどうかという点にある。だが単一の因果関係による解釈が広く一般に信じられているからといって、それが党派的、あるいは選択的でなくなるわけではない。むしろそうした解釈は、主体を文化的に創出する仕掛けの一部として理解されねばならない。「経験」に訴えかけることもまた、もともと存在した何らかの土台もしくは出発点の想起としてではなく、この文化的創出の一つの局面としてとらえられなければならないのである。

一九世紀の労働者の抗議運動がおこなった社会組織の分析は、「経験」が人々の生活に与えた客観的インパクトを問題にしているように見える場合ですら、「経験」を彼らなりに解釈したものだった。その過程でこうした運動は個人にたいして、帰属化への共通条件にもとづいた形で社会意識を付与し、それによって集団行動を起こす手段を提供したのである。

非常に一般的かつ理論的なレヴェルで政治的言説について有効な分析をおこなうことも可能だが、私が関心を持っているのは、具体的で民衆的な視点から政治に切り込んでいくような、より文脈に即した解読作業である。政治ということばで私が思い浮かべるのは政府への形のうえでの参加についての抗争ではなく（もちろんこうした抗争も一八四八年に問題となったことの一部ではあったが）、投票、労働、家族、ジェンダーといった問題をさまざまに、そして多くは同時に取りあげた、権力と知をめぐる争いである。家族や性差についての表象が、経済や個々の業種における労働の組織化をめぐる議論のなかにどのように入り込んでいったのだろうか。これらの表象は投票権の要求とどんな関わりを持っていたのだろうか。特定の業種の改革のための戦略は、同時に労働の性別分業についていかに論じていたのだろうか。女と男では戦略に違いがあったのだろうか。これらの問いの前提にあるのは、職業上のアイデンティティは生産関係にもともと内在していたのではなく、たとえば熟練と言っても、それはある種の仕事についての絶対的というよりは相対的な説明にすぎなかったという考え方である。一九世紀の労働者たちの自己定義を額面どおりに受けとる代わりに、私はこうした定義がどのように、またどんな用語で表現されているかを問いたいと思う。紳士服仕立て工は客観的に見て、婦人服仕立て工よりも高度の熟練技術を持っていたのだろうか。技術的な能力の違いは、男向きの業種と女向きの業種の内部においても、両業種のあいだと同じように大きかったのだろうか。あるいはこれらの業種にかんする表現の仕方が異なることについて、それ以外の説明が成り立つのだろうか。

本章は、一八三〇、四〇年代のパリの衣料産業において、男や女に向けて、男や女によってなされたアピールについての事例研究である。私が衣料産業を選んだのは、必要とされる基本的な裁縫技術の多くは男でも女でも同じだったのに、男物スーツと他の衣服の仕立てのあいだには区別があったからである。衣料産業にはこの時期、パリでももっとも多くの労働者が雇用されていた（その数九万余。これにたいし、次に被雇用者――ほとんどが男――の多い建築業は一八四七年で四万一千人であった）。[*3] 衣料産業では、注文生産をしていた男物や女物の仕立て業が既製服産業の台頭からくる競争に直面し、転機を迎えていた。新しい販売と生産のやり方を非難することによって、衣料産業の労働者たちは労働者階級の抗議運動の最前線に立っていた。仕立て工たちは一八三〇、四〇年代にストライキを組織した。また多くがカベのイカリア運動〔新大陸に移住し、共産主義社会「イカリア」を建設しようとした〕に身を投じたり、生産者協同組織の先駆けとなり、さらには一八四八年革命では民衆の隊列に加わりこれを大きくふくれあがらせた。[*4] サン＝シモン派の教義に共鳴した人々のなかで婦人服仕立て工と縫い子は、この運動の労働者階級の信奉者としては数のうえで他の職種を凌駕しており、一八三二年から三四年にかけて完全にサン＝シモン派の女たちによって編集されていた『女性論壇《トリビュヌ・デ・ファム》』という新聞の重要な寄稿者でもあった。男の仕立て工と同様、政治活動に熱心な縫い子たちは女の「労働の権利」を要求し、生産者協同組合を組織して成功をおさめ、一八四八年には革命政府から契約をかちとった。[*5] 彼女たちのリーダーは、不公正な社会秩序にたいして協同組織的かつ社会主義的な対案を提唱するコーラスに加わったが、そこに独自のフェミニスト的な詩句をつけ加えたため、コーラスは複雑になり、ときにはメイン・テーマからは外れたものになることもあった。

衣料産業では、男性労働者と女性労働者にたいしてなされたアピールの種類、とりわけこれらのアピールにおいてジェンダーが構築されていくやり方を比較することが可能である。どちらのグループにとっても力点は経済問題に、つまり労働の細分化の進行と、家で低い出来高賃金で縫い仕事をする大量の不熟練労働者の雇用によって衣料産業がいかに変わりつつあるかという点に置かれていた。しかし、いかにして競争を規制し除去するかという論点から、女たちの負う賃労働や家族への責任、さらには性別分業のあるべき形や政治的諸権利をめぐる、より一般的な問題が生じてきた。衣料労働者の抱いていたアイデンティティは、経済的であると同時に性的、かつ政治的なものであった。もちろんこの点で衣料労働者だけが独特だったわけではない。自らの立場を定義し表現するにあたって仕立て工や縫い子たちは、他の人々——種々の産業の労働者や社会理論家、共和派の政治家、およびブルジョワ・モラリストたち——の思想に適応したり、それを取り入れたり、新たに何かをつけ加えたり、反発したりした。彼らはより大きな文化や、より一般的な政治運動にその一員として参加していたのである。とはいえ、彼ら独自の表現はやはり詳しく検討するに値する。それによって、同職組合独自のアイデンティティを明確化する際にジェンダーがどのように、どんな言い回しによって組み込まれていたかを、詳細に見ることができるからである。

I

一八四八年の最初の数か月、つまり革命の春の時期、労働者と雇用主はルイ・ブランの指導のもと、新たな労働の組織を作り出すべくリュクサンブール宮殿に集まった。仕立て業の委員会は始まるやいなや、労働の場所をめぐる問題での激しい意見の食い違いから、労働者と雇用主のあいだで分裂した。仕立て工がすべての労働は工房でなされるべきだと主張したのにたいし、雇用主は、家庭を基盤にある程度の生産をおこなうことはこの業種の繁栄にとって死活問題だと論じたのである。仕立て工によれば、工房こそが労働を「整然とした公正なやり方」で分割し、熟練工を養成することのできる唯一の場所であった。[*6] 雇用主はこれに反対し、家内労働者の家庭は「企業の第一段階」だと主張した。こうした労働者がいなくなれば徒弟の訓練がうまくおこなわれなくなるばかりでなく、道徳的にもゆゆしい結果を引き起こしかねないというのである。というのも家庭を基盤に働くのをやめることによって仕立て工は「家族の絆」を断ち切り、父親は妻や子供から引き離され、かくして「神聖なる人の道」に背くことになるだろうというのであった。[*7] 仕立て工は家内労働についてのこうした見方を受け入れることを拒否し、それはモラルを強化するどころかむしろ弱めるものだと反論した。「家族員が昼間はばらばらになって」、ひとりひとりのメンバーが「相も変わらず一労働者であるかのように」働きに出るとしても、誰にとってもその方がずっと望ましいと彼らは述べている。[*8]

リュクサンブール委員会は、仕立て工たちの論争が決着する以前に解散してしまった。それでもこの委員会のおかげで、労働過程の再編に異議を唱える際に労働者たちがとった方法の一端が明らかにされた。労働場所をめぐるこの論争は、熟練についての意見だけでなく、労働の組織化と家族との結びつきという点でも興味深い。ほかならぬこの論争において仕立て工たちは、工房で仕事をすることと雇用条件にたいする管理権の拡大、より高い賃金、そして何よりも長年の名誉ある職人の伝統とを同一視しようとしたのである。仕立て業の歴史は、一八世紀および一九世紀はじめの多くの業種と同様、単独作業者から大作業所に至るまでヴァラエティに富んだ構成を持っている点を特徴としていたが、一八三〇、四〇年代におこなわれた抗議はある一つの局面だけを強調したものであった。この業種における変化は、長い時間をかけて進行しつつあった過程のいっそうの強化とか修正としてではなく、首尾一貫した自己管理的な協同システムから無秩序で競争的なシステムへの劇的な転換として描き出されたのである。さらに工房での労働と家内労働の対比は、それまでに起きていたことにたいしてきわめて感情的な批判を加えることにより、変化の本質をはっきりさせた。その対比はまた、熟練を実際の能力ばかりでなく仕事のおこなわれる場所とも結びつけることで職業的アイデンティティの条件を確定し、ジェンダーや歴史に訴えることによってこうした定義を正当化したのである。

工房での労働と家内労働との対照は、名誉ある熟練職人と哀れな「下請け職人《アピエスール》」という二種類の労働者を対置することで表現された。前者は、一八世紀にはその地位についての規定で、「すべての労働は工房でおこなわれなければならず、何事もそれ以外の場所でなされてはならない。そうすれば、誰もが自らの熟練を発揮し、自分の労働によって生活することができる」と定められていた、パリの仕立て工組合の末裔であった。[*9] こうした工房は二人から二〇人の職人を雇っており、その所有者である親方は通常、自分自身も訓練を受けた手工業者であった。工房には独立した施設か、あるいは親方の家族の住まいに隣接するいくつかの部屋があてられていたと思われる。工房が親方の世帯に付属している場合には、親方の妻は仕事の忙しい時期に手を貸したり、あるいは年間をつうじてボタンつけや縁縫いをしていたものの、生産の基礎単位は賃金で生計を立てている男の職人の集団であった。[*10]

一八三〇、四〇年代の仕立て工たちは、この業種の過去を理想化したイメージのなかで、親方と職人のあいだの差異を見落としてしまった。一つには、職人は一八世紀には組合に加入しておらず、彼らの雇用は、組織のあり方を静的に描いたものから想像されるよりもはるかに不安定だった。[*11] しかし親方と職人が一つの工房で働いていたという事実は、一九世紀の仕立て工たちが親方の組合の歴史に自分たちの存在を書き加え、しだいに数を増しつつあった「下請け職人」の名で知られる衣料労働者と自分たちとを（熟練手工業者として）はっきり区別するのに十分な根拠となった。[*12]

「下請け職人」は家庭に基盤を持つ労働者であり、出来高払いを受け、女たちと同様に、注文生産をする仕立て屋や既製服製造工場に不定期に雇われていた。仕立ては春と秋に猛烈に忙しく、冬と夏の数か月は暇になる季節差の大きい業種だったため、親方たちは繁忙期には労働力を補充し、縫いあわせをさせたり衣料の仕上げをさせたりしていた。こうした仕事のために親方が頼りにしていたのが、家で一人で働く女たちや、「下請け職人」、すなわち声がかかれば店に働きにくることもあるし、ただ働きの家族構成員や金をもらって働く助手とともに家で仕事をする場合もある男たちであった。「下請け職人」という概念は、おそらく一八世紀の「もぐり親方《シャンブレラン》」から派生したものであろう。これは没落した親方や十分な技量を持たない職人、あるいは外国人たちで、彼らはギルドから締め出されていたため、家にあって屈辱的な価格で不法に営業することを強いられ、それによって仕立て業の労働力をある程度弾力性のあるものにしていたのである。[13]

「下請け職人」の数は一九世紀前半に増大したと思われるが、それは主として既製服産業の成長がもたらしたものだった。一八三〇年から四八年にかけてこの部門は着々と顧客を獲得し、市場に食い込んでいった。一八四七年には「既製服産業《コンフエクシオン》」は紳士服の総売り上げの三分の一以上を占めていた(一八六〇年には市場の半分を獲得するまでになる)。[14] 個々の客の需要に応える注文仕立てとは違って、既製服産業は標準化されたサイズの商品を大量生産した。裁断工が店で衣料の各部分を用意し、仕上げは外注に出された。完成された衣料は商人の手元に戻り、彼らはそれを大きな店舗で販売したり、商品を携えたセールスマンを市場や見本市に送り出した。最初の既製服の一部は労働者向けの衣料品だった。というのも製造業者たちは、この手の衣料品には高品質より低価格であることの方が重要だと考えたからである。

既製服の製造は注文仕立てと比べると大きな利点を持っていた。布を大量に買いつけることができ、無駄になる原料もはるかに少なかった。製造が個々の注文に依存していないため、年間をつうじて衣料品を生産することが可能だった。むろん既製服の製造業者が中産階級の市場にまで手をのばす場合には、次のシーズンにはどんなスタイルが出てくるかを見極めてから行動しなければならなかった。しかし不景気の際には、スタイルが年ごとに変化しない労働着のような実用品を生産することも可能だった。「既製服業者《コンフエクシオヌール》」は小さな注文仕立て業者に比べて、より信用度の高い資産とより多額の可処分資本を持ち、間接費用と労働コストはより少なくてすんだ。大量に存在する潜在的労働者を使うことが可能であり、しかもこれらの労働者の状況――経済的必要とか孤立といった――は、彼らが集団的ないし個人的に出来高賃金率の引き上げを要求するのを抑える働きをしていた。いずれにせよ、景気の悪い季節には出来高賃金率は低下する傾向にあった。それはふだんから「既製服業者」のもとで働いていた男や女に加え、工房を本拠としていた仕立て工も、工房での注文が再び多くなるまで出来高払いの仕事に手を出したからである。

「既製服業者」との競争は、注文仕立ての工房での労働配置に直接の影響を与えた。工房の雇用主のなかには破産した者もいた。高品質のゆえに評判をとり、工房を続けていくのに十分な客を持っていた雇用主は少数にすぎなかった。他のはやらない雇用主たちは、工房で働く労働者の数を減らし家内労働者に振り替えることによって、労働コストを切り詰めはじめた。親方のなかには下請け業者となり、仕事部屋を苦汗作業場に変えた者もあった。労働者は「下請け職人」の列に加わり、働けるところであれば注文仕立て業者からであろうと既製服の製造業者からであろうと仕事を得ようとした。*15

実際のところ、いろいろなカテゴリーの仕事のあいだに明確な線引きをすることは難しい。

家内労働の支持者と反対者のあいだの激しい議論のなかで次のような主張がなされたが、それは仕立て業におけるさまざまな仕事の相互連関を言い当てているという点で、ある程度の妥当性を持っていたと思われる。

既婚の「下請け職人」は大きな働きをしている。彼らはもっとも割りにあわない仕事をおこなう。徒弟はたいてい彼らによって訓練されている。忘れてならないのは、「下請け職人」の家庭は企業の第一段階だということである。[*16]

さらに自ら仕立て工（「仕立て労働者《ウーヴリエ・タユール》」）と名乗った者たちは、いろいろな名称の仕事のあいだを行ったり来たりしていたと思われる。こうした名称は統計調査表のうえでは依然として使い続けられたが、もはや個々人がやっていた仕事とつねに、あるいはきちんと対応しているわけではなかった。

仕立て工の活動家たちはその政治活動のなかで、注文仕事と既製品作りのあいだの区別がどんどん曖昧になっていくのを防ごうと努めた。彼らは実際の生活ではこの区別どおりに生きていたわけではないが、現状を批判し、別の選択肢を思い描くためにはそれが役立ったのである。この時期のストライキや抗議運動は、工房を基礎にした生産を志向していた。仕立て工のリーダーが強く要求したのは、雇用主が工房外の労働者を使わないこと、工房の作業場がすべての衣料品の生産場所であるべきこと、そして個々の仕立て工が「家での仕事」に頼らなくてもすむように賃金を維持ないし引き上げることであった。仕立て工たちはとくに、工房での賃金率を引き下げようとする親方たちの試みにたいして憤慨した。というのも、彼らはこれらの小企業家たちは自分たちと一体化すべきだと考え、また協同組合や協同組織のような価値観が、競争をよしとする支配的な風潮に取って代わるべきだと主張していたからである。その際、一八三三年一〇月のストライキのあいだに作られたような、従来のものとは違う作業場が協同組合の例として引きあいに出された。この作業場は失業したストライキ参加者に仕事を分け与え、雇用者と労働者の平等を実現しようとしたのである。そこで示唆されているように、この種の平等の基礎となっていたのは単一の場所で実践される熟練技術の共有とお互いにたいする敬意であり、仕立て工たちの主張によれば、かつて資本制に先立つ時代に職能別組合のなかに存在していたような種類の平等であった。[*17] 一八四八年革命のさなか、いくつかの仕立て工のグループは小親方と一緒になって、注文生産に仕事を奪い返し、「熟練」労働者に雇用を保証しようとした。「労働《トラヴァイユ》――仕立て工友愛・平等協同組織」は、国民軍の制服を生産する契約を政府からとりつけた。この作業場を運営していた人々は、作業場外で働く外部労働者も含めて、あらゆる地位に共通する標準賃金率を確立した。外部労働者を雇ってはいたものの、彼らはこうした外部労働者は重要ではなく、作業場が仕立て業再組織化の中心になると考えていた。[*18]『仕立て工新聞《ジュルナル・デ・タユール》』という、注文仕立て業の雇用者と労働者向けの新聞も労働者を賛美して、次のように書いている。

よく組織された「仕事場《アトリエ》」では、相互間の義務が良心的に守られている……「仕事場」は他にも、仕立て業の繁栄と労働者の福利にとって利点を持っている。すなわち、年間をつうじ需要と状況に対応して仕事を公正かつ公平に分配する力がそれであり、それに加えて「仕事場」は当然ながら競争心をかきたて、これが熟練を完璧なものにし、フランス産業界の絆であるすぐれたエレガンスを生み出すのである。[*19]

この種の表現では、熟練労働と工房は同義語になった。これにたいし、家で働く者は不熟練だと定義された。もちろん抗議運動を組織するという観点からすれば、「下請け職人」は手を結びにくい存在だった。というのも彼らは市内の至るところに分散しており、また彼らが仕事を得ることができるかどうかは、店の賃金率を下回る「既製服業者」の出来高賃金率を受け入れる気があるかどうかにかかっていたからである。「下請け職人」の立場は、彼らの技術的な力量のいかんを問わず集団的な規制とは相いれないものであったが、仕立て工たちは工房と集団的規制と熟練とを、家と無秩序な競争と熟練の欠如とに対置させて描き出したのである。この対立によって労働には二種類あること、そしてこの業種の「伝統的な」慣習が変容——悪化しつつあることが描き出された。家を基盤にする生産は、個々の労働者とその集団が経験した競争の原因であると同時に結果でもあり、仕立て工たちの政治的レトリックにおいては、「われわれのあるべき状態からわれわれを遠ざける競争」として敵意に満ちた描写がおこなわれたのである。*20

「下請け職人」や家を基盤にした労働を攻撃することは、必然的に女や家族に言及することになった。仕立て工の政治組織の目標は自分たちの仕事の自主管理であり、家庭は公式にも非公式にもこの目標のなかに入り込む余地はなかった。革命政府の法令は、一八四八年二月、女性および児童労働についての法案から家庭作業場を削除することによって、この点をはっきりとさせた。それは立法者たちが私的領域である家庭の査察に反対したためであった。そこで言われたのはプライヴァシー侵害の恐れということだけでなく、労働単位としての共通の利害から見て、たとえ世帯主であってもこの法律の施行責任を負わせることは不可能だということであった。政府が家庭作業場の規制を拒否したとなれば、この業界のメンバーが規制することもできるはずがなかった。*21

家内労働にともなう自己搾取はまた、家庭生活の秩序や情緒的つながりを破壊すると見なされた。一八六二年のロンドン万国博に派遣された仕立て工の代表団は、家庭を基盤にした労働が「労働者家族の家庭を愛する気風」を強めたという大織布工場主の主張に怒りを込めて反論し、こうした状況について次のように詳細を述べている。[*22] 彼らが言うには、このような主張は「まったく現実に反して」いたのである。

いや、労働者が家で働くという慣行が彼の運命をより良いものにしたなどということはない。子供たちは両親からより良い世話や監督を受けてなどいない。労働を分かちあったからといって気性が穏やかになったりなどしていない。反対に彼らはますますとげとげしくなっていく。……生きるために労働者は一六時間から一八時間も汗を流す。まったく休みなしに仕事がおこなわれている家庭さえある。……妻が休んでいるあいだ、夫は自分の分をこなし妻の仕事の準備をする。夫が仕事を終えるか、疲れきってそれ以上働けなくなると妻が起き出し、夫がそのあとにもぐり込む。……子供たちの眼前で、運命として強いられた苦役や強制労働が主な原因となって生じる父親と母親のあいだの不和、争いがくり広げられているというのに、女たちはどうやったらこうした嘆かわしい環境のなかで子供をきちんと教育し、育てあげたりできるだろうか。[*23]

仕立て工の妻たちには家事のための時間などなく、喜びのない生活をひたすら耐えていた。「報酬もなく」働く彼女たちは、「夫よりもいっそう惨めな」生活を送っていた。「相談を受けてみると、自らの運命を嘆かない仕立て工の妻に会うことはめったにない」[*24]。家に仕事を持ち込むことによって仕立て工は、昼と夜、労働と休息、親と子供、男と女という一連の「自然な」区分を破壊してしまった。夫と妻の家庭内での調和がもたらされるはずが、現在の関係ばかりか、子供たちによって見習われることにより将来のモラルまで脅かすような、不和と争いがそれに取って代わったのである。

仕立て工にとっての解決策とは、家と仕事とを明確に分離することだった。そしてこの分離には、他のさまざまな問題の明確化をともなっていた。工房でおこなわれる労働は熟練労働と定義され、家内労働者が女であるか男であるかを問わず、家でおこなわれる労働は不熟練労働とされた。経済状態の悪化や熟練技術の喪失は男の空間から女の空間への移動と同一視された。領域の取り違えは必然的に家と仕事双方の頽廃につながるのであり、家で働く男たちは暗黙のうちに女性的なものと結びつけられることによって地位が下落した。こうして「仕事場《アトリエ》」を擁護することは、熟練を男に帰属させると同時に、熟練男性労働者としての仕立て工の政治的アイデンティティを確かなものにしたのである。協同組合というユートピア的なヴィジョンは、工房の所有者兼労働者と彼らの雇い人とを結びつけ、彼らの労働生活を共同で管理するための基礎条件として、他の差異以上に熟練の共有という点を重視した。

しかし男の空間と女の空間の分離は、女たちを賃労働から締め出す形での夫と妻のあいだの役割分担をもたらしはしなかった。「主婦」という言い方は、印刷工のような他の職人の口にはのぼっていたが、仕立て工のレトリックのなかにはまだ出てきていなかった。[*25] たしかに妻は子供や家庭の世話をすることを求められていたが、彼女たちの活動は家庭の領域に限られていたわけではなかった。また、家でおこなわれる労働は女にとっては必ずしも悪いものではないと考えられていた。事実、先に引用した史料によれば、仕立て工の妻たちの惨めな状況は、彼女たちがその労働にたいする報酬を受けとっていないという事実から生じていたのである。慣習的な取り決めが無残にくつがえされ、夫は妻の搾取者となった。夫は妻の援助にたいして報いなかったばかりか、彼女が自分で家族賃金の一部を稼ぎ出すことも不可能にしてしまったというのである。家を基盤とする生産に反対して述べられた理由は、それが男と女の活動のタイプの違いを無視し、家族の構成員がそれぞれ独自に責任をはたす機会を奪ってしまうというものであった。経済的、社会的改革をめぐる議論のこの時点においては、仕立て工たちは女と男にそれぞれ独自の熟練、仕事、空間を割り当てたジェンダー概念にしたがって動いていたが、女をもっぱら家庭生活に、そして男を賃金労働に等置する社会規範を支持してはいなかったのである。

Ⅱ

仕立て工の代表が一八四八年に作業場を労働の場として擁護したのと同様に、縫い子のリーダーたちも共和政府にたいして彼女たち独自のプランの支持を請願した。このプランは形のうえでもイデオロギーのうえでも、職人たちのあいだに広まっていた協同組織と実質的な違いはなかった（もっとも縫い子たちのものは数の点ではずっと少なかったが）。両者はいずれも協同組合と自己管理を重視し、資本制的な競争によって引き起こされた秩序の混乱に終止符を打つことを願っていた。だが縫い子たちは作業場のために請願し、実際に独自の組合的な生産者協同組織をいくつか設立しもしたが、彼女たちの場合、労働の場所は仕立て工の場合のように中心的な論点とはならなかった。家での労働は、下請けの原因となったり標準的な賃金表以下のレートで支払われたりしないかぎり、別段問題ではなかったのである。それよりもずっと重要だったのは、縫い子が稼ぐ賃金だった。それこそが独身か既婚かを問わず縫い子の熟練度の指標であり、身持ち正しく自立した生き方をするためのカギだったからである。縫い子たちが集団的なアイデンティティのもととなる条件を明確にしようとしたとき、衣料産業の女たちへのアピールのなかでとくに強調されたのは、賃金を稼ぐことと家族への関わりとの両立であった。

仕立て工とは違って縫い子のリーダーたちはもっと幅を広げ、生活のために縫い仕事をするすべての女たちを運動の潜在的な構成員と見なしていた。そこには婦人服仕立て工《クーチュリエール》と縫い子《ランジエール》とが含まれていたが、これらはその職業上の肩書が示しているとおり、熟練度も専門も異なっていた（前者が女ものの衣料を作っていたのにたいし、後者はあらゆる種類の衣料ばかりか他の布製品も縫っていた）。リーダーたちは、熟練技術を持った女主人が見習いを訓練し、若い未婚の労働者たちを監督している小さな工房に目を向けた。また、自ら工房を開くか、家で近所の「仕事」をしている既婚で年齢の高い婦人服仕立て工からも支持を得ようとした。さらに彼女たちは、定期的であれ不定期であれ出来高払いの仕事をしている者たちも傘下に集めようとした。この最後のグループには、技術の未熟な者たちと長いあいだ訓練を受けた者、単一の工房ないし製造業者と固定的なつながりを持っている者と仕事さえあればどこででも働く者とが共存していた。

縫い子たちは熟練度の違いにはこだわらず、そのことよりも長い変容の過程と「既製服産業」の興隆によってどのような混乱が引き起こされたかを十分認識していた。*26 低賃金で酷使される作業場では、熟練技術を持った者も持たない者も一緒くたにされていた。既製服市場がそれほど懐の豊かでない客たちを急速に魅きつけてしまったため、彼らを当てにしてきた独立した縫い子や婦人服仕立て工は、出来高払いの仕事を引き受けることによってその穴埋めをしようとした。出来高賃金は低額であり、彼女たちはしばしば家族の者を仕事に引っ張り込むことになった。娘、姉妹、そして年とった祖父母が、母親の縫い仕事を手伝うのに駆り出されたと思われる。より熟練度の高い仕事につきたいという希望を持った娘たちは、母親の手伝いから始めて、やがてもっとましな状態に達する場合もあったが、ずっとそのままで終わる場合もあったであろう。

衣料品製造女工の団体の伝統のなかにも同職組合的な連帯の先例はたしかに存在していたが、一八四八年の縫い子のオルガナイザーたちはその歴史を引きあいに出したりはしなかった。それに代わって語られたのは公正、経済上の正義、そして働く女に特有のニーズと利害であった。彼女たちの分析によれば、縫い子たちにとっての問題の根源は資本制的な慣行（貪欲な雇用主、修道院や監獄での生産との不公平な競争、市場の変動）ばかりでなく、女と男の不平等な力関係もまたその一因であった。言い換えれば、彼女たちの社会主義にはある種のフェミニズムが混在していたのである。[*27]

縫い子のリーダーは自分たちの業種の危機について描写する際、「既製服製造業」が二つの帰結をもたらしたことを指摘している。仕立て業の場合と同様に小生産者は足場を掘り崩され駆逐されたが、この過程ではまた男が女に代わって仕事を所有し生産を管理するようになった。さらに家内労働の重荷はほとんどすべて女の家族構成員の肩にかかるようになったが、彼女たちはそれにもかかわらず、相変わらず夫や子供たちのために必要不可欠な家事もこなしているのであった。リーダーたちのレトリックにおいては、生活のために縫い仕事をする女たちに共通の窮状が、あらゆる種類の縫い子に集団としてのアイデンティティを持たせる基盤となっていたのである。[*28]

縫い子たちが改革案のなかでとくに強調したのは、労働の場のいかんを問わずきちんと賃金を得られるようにする必要があるということだった。そうすることによってのみ、女たちのさまざまな活動のあいだに存在する矛盾も解消されるはずであった。一八四八年における女性衣料労働者のアイデンティティの前提となっていたのは、女は自らの賃金と同時に家事にかんしても有能な管理者であるべきだということであった。事実、女たちの賃金労働者としての要求は、家庭における彼女たちの責任に言及することによってその正当性が保証されていたのである。賃金が低すぎ、その結果として労働が過重になるといった状況を、ある活動家は次のように訴えている。「スープを作る者はいないし、夫のための食事もなく、私たち自身にだって何もない。これが幸せと言えるだろうか」[*29]。女は家庭と家族にたいして特別のつながりを持っていると自認することで、このレトリックは労働にたいする女独自のアイデンティティをはっきりと作りあげている。文化のなかにある女性性と家庭性とのつながりを持ち出すことによって、同時に賃金労働者でもある女たちの正しさが強調され、彼女たちの賃金労働が女の活動として正当化され、さらに彼女たちの「利害」はその性に固有のものであることが証明されたのである。

縫い子たちの集団的な政治行動の直接の狙いは、労働と家族との関係をより自分たちに都合の良いものにすることにあった。活動家たちはいろいろなやり方でそれを追求した。共和政府に圧力をかけて女のために国立の作業場を開設させようとしたり、彼女たちに支払われていたシャツ一枚あたり一二スゥ〔〇・六フラン〕では不満であるとして賃金を引きあげさせようとした。国民軍のために普通のシャツではなくキルト加工したものを注文するような男の虚栄心について文句を言う者もいたが、彼女たちをもっとも怒らせたのは賃金だった。四月一五日、女たちの二つの隊列が国立女性作業場からリュクサンブール宮殿に向けてデモ行進し、議長のルイ・ブランにたいして日払い賃金か、さもなければシャツ一枚につき一フランの出来高賃金率をという要求をつきつけた。その請願では、せいぜい施し程度の額でしかないという理由で、現行の屈辱的な賃金率は拒否されていた。彼女たちはルイ・ブランに、「女が求めているのは組織的な慈善ではなく、正当な報酬を得られる仕事である」と語った。[*30]

この代表団のなかでも、また実際にこの時期の女性協同組織のなかでも、労働がいかに再編成されるべきかをめぐってさまざまな提案が出されていた。一人の縫い子はルイ・ブランに、既婚女性は一日中国立作業場で仕事をするのではなく、仕事を家に持ち帰れるようにした方が良いと提案した。もしも支払いが「適正な賃金率」でおこなわれ、持ち帰る量も管理されていれば、仕事はきちんと選ぶだろうし、「家庭が犠牲になることもないだろう」というのである。[*31]

国が託児所と国立食堂を開設すれば、女たちが「労働の権利」を行使しているあいだも家族が困ることはないだろうという提案もあった。[*32] また、パリの各区に縫い子のための訓練センターを設置することを求めた詳細な計画案もあった。母親たちは工房の近くの託児所に無料で子供を預けるか、監督を必要としないだけの熟練技術の持ち主であれば家に仕事を持ち帰っても良いとされた。[*33] 実際に注文婦人服仕立て工と縫い子によって一八四八年の六月と一〇月に設立された協同組合企業においては、誰もが日給という形で標準化された賃金を受けとり、繁忙期に必要に応じておこなわれる夜業には超過勤務手当てがついた。その工房での労働時間は午前八時から午後六時までとされており、したがって「女たちは家の世話をし、家族とともに食事ができる」のであった。[*34]

　自らの仕事のための要求をはっきりと主張しそれを実行に移した縫い子たちは、女の労働問題にかんしては完全に女自身が責任を持つべきだという点を強調した。彼女たちのなかから選ばれた代表がメンバーとなっていた国立女性作業場委員会の委員長にデュクレールという男が就任したことにたいし、彼女たちは激しく怒った。そして彼女たちは、許しがたいほど低い出来高賃金率が政府によって設定されたのは、女の利害やニーズを男たちが正しく理解していないからであると主張した。作業場開設運動をした後パリ第二区からの同委員会代表となったデジレ・ゲイは、こうした機構全体が「ペテンであり……新しい名のもとでの専制主義であり……男が女から」、そして女たちの不満から「逃れるために仕組んだ欺瞞」であるとこきおろした。[*35] 政府の援助を受けた作業場とは異なり、縫い子たちの生産者協同組織は完全に女の手で運営されており、彼女たちは男による干渉を排してすべての方針を自分たちで決定することに固執した。たとえば「縫製女工友愛組合」は一度獲得した政府の補助金を返還したが、その理由は、援助を受けるための条件にしたがうと、彼女たちがそこそこの暮らしに必要だと考えただけの日給を働き手に支払うことができなくなるというものであった。[*36]

縫い子たちは協同組合を組織し、一八四八年の労働者運動のスローガンである「労働の権利」をかざして賃上げを要求した。共和政府は二月の時点で原則的にこの権利を承認しており、社会政策や経済政策ばかりでなく政治参加の新たな条件もこの権利を基礎にしていた。縫い子のリーダーたちにとって普通選挙権からの女の締め出しははなはだしい不正であり、女もまた生産者であり労働という財産を持っていると明示することによって、彼女たちはその不当性を暴露しようとした。一八四八年の状況のもとでは、女たちの労働者としてのアイデンティティを強調することが女の政治的権利を主張する道だったのである。

女は働くべきである……女にとっては持参金よりも仕事がある方が良いのだ……男と女がともに生活手段を持っていれば、互いに助けあいながら結ばれることができるだろう。[*37]

働く女は家族の収入に独自の寄与をすることができるだろう。また、すべての人間の労働の権利を要求してきた私たちとしては、あえて両性の宗教的、友愛的表現である平等を信じたいと思う。*38

これらの女たちは男との平等を主張するために、同等性を示す最小限の共通点として賃労働に力点を置いた。男の労働世界では熟練というレトリックが相互の結びつきを強固にしていたのにたいし、女の場合にはそのような使われ方は見られなかった。というのも問題となっていたのは女たちのあいだの関係ではなく、彼女たちには与えられていなかった政治的権利を獲得させることになるのはむしろ、生産者としての女と男の類似性だったからである。しかし生産者として女と男は似ていると主張する一方で、女たちはつねにはっきり女と名指しで特定され、修正された「労働者」概念を提示してもいた。彼女たちは、女性労働者の（家庭内の役割に関係した）男性労働者とは明確に異なる利害とニーズが女の政治参加の根拠となると主張した。民主的政府においてはすべての利害はそれをよく知り理解している者によって代表されるべきだと、彼女たちは論じたのである。「私たちは市民になりたいと言っているのではなく、女性市民《シトワイエンヌ》になることを求めているのである。私たちが権利を要求するのは、女として……家庭にたいする神聖なる義務、母親としての優しい心遣いの名においてなのである」と彼女たちは力説した。[*39] 母親を、（男性）市民ないし労働者という概念に包含してしまえないことは明白だった。そのためデジレ・ゲイは、女は自らの利害をはっきり定義するために女だけの特別の集会を持ち、しかる後に男たちの集会に合流すべきだと主張した。そうしてこそはじめて集団としてのヴィジョンも明らかになるはずであった。

　女と男は互いに啓発しあい共通の利害にかんして合意することができる。そうすれば協同組織は神が結びつけ給うたものを切り離したなどと言われることもないし、私たちが創り出したいと望んでいる未来においては、一方は男、一方は女といった別々の二つの陣営なども「存在しなくなるであろう」。[*40]

社会共和政についてのゲイの見解は、『女の声《ラ・ヴォワ・デ・ファム》』というフェミニスト的で社会主義的な新聞に集まった仲間たちにも支持されていた。彼女たちは、女が離婚することができ、賃金を自分で管理したり、「利己的な夫」の支配を拒絶したり、「労働の権利」を享受すると同時に子供や家庭の世話もできるような新しい社会を求めていた。自立した個人となってはじめて、女も社会的存在として十分な働きをすることができるはずであった。「家族と国家のなかで解放され、自分自身の主人となることができたとき、私たちはいまよりずっと一生懸命に私たちの義務をはたそうとするだろう」[*41]。

平等を求めるフェミニストのアピールは、男と女の賃金労働者としての類似性と、両者の異なってはいるが相補的な利害と責任という二重の観点に立っていた。そのレトリックには共和主義とサン＝シモン主義が使われ、現在における政治的権利の要求と未来構想とが含まれていた。ある観点から見れば、縫い子たちに向けられたアピールは仕立て工向けのアピールと強い類似点を持っていた。そのどちらも生産者の権利と両性間の分業を力説していたが、そこでいう分業は女を家庭と家族に結びつけはしても、家庭性を生産社会の対立物とはしていなかった。しかし、意味づけと力点の置き方には重大な相違があった。フェミニストの立場に立つ縫い子たちが、賃労働を女が生産者としての（したがって市民としての）資格を備えていることの証明としたのにたいし、政治化した仕立て工たちは、彼らの集団的アイデンティティの前提を（歴史的に受け継がれてきた）熟練技術を有していることに置いたのである。これが仕立て工と他の労働者、つまり未熟練の単純労働者とを分けるものであった。仕立て工たちの表象においては、縫い子たちが高く評価したまさにその点が低く評価されていたのである。仕立て工のこうした見解は他の熟練職種のメンバーを集団的労働運動に引き入れるための基盤とはなったが、同時にまた単純賃労働者、したがって女たちをそこから締め出すことにもなった。そのため仕立て工たちが賃労働を女の活動として認めたとしても、そのことは熟練労働を男のものとするイメージや、彼らが工房と家、労働と家族について打ち出したヒエラルヒー的な見方を必ずしも脅かすものではなかった。縫い子と違って、これらの場所の相補性についての仕立て工たちの信念は、男性的なものと女性的なもの、男と女の平等を意味してはいなかったのである。

二〇年前と同様、一八四八年革命の折にも労働者たちは彼らの経済的不満の解決を政治システムの改革に結びつけた。彼らが作りあげた働く者としてのアイデンティティには、政府への公式かつ法的な意味での参加という点で、政治的な要素が含まれていた。一八四八年以前には労働者階級であれば男女を問わずどちらの集団も政治から締め出されていたのだが、その時点でも参加のための条件に男と女では違いがあった。男が直面していたのは富と財産にもとづく差別であったのにたいし、女は全体が一つのカテゴリーとして市民権の獲得をはっきりと、何度も何度も拒否されてきたのである。権利の要求の仕方にも、この支配的なジェンダーの相違が影を落としていた。共和派および社会主義者の男性労働者たちは財産の意味を解釈し直し、熟練労働が彼らを投票の有資格者にしていると主張した。フェミニストの労働者はこれとは対照的に二つの論点を打ち出した。一つは生産者としての彼女たちはカテゴリーとして男と同様だというものだった。そのため彼女たちが作りあげた働く者としてのアイデンティティには、職人としての洗練度や個々の特殊性は欠落しており、熟練の差異ではなく賃労働者としての同質性が強調されていた。もう一つの論点は男性労働者との違いに関わることで、女は女という一つのカテゴリーとして投票権の獲得に関心があるというのがその理由であった。一八四八年の共同行動の基盤として縫い子と仕立て工、女性労働者と男性労働者のために、彼ら自身の手で作りあげられた働く者としてのアイデンティティの相違のなかには、男と女の政治にたいする非対称的な関係、さらには当時の政治的言説における両者についての異なった前提が織り込まれていたのである。

Ⅲ

仕立て工や縫い子たちはそれぞれの業種でとるべき戦略を編み出すに際して、大枠では資本制的政治経済学にたいする批判とブルジョワ・モラリストの論破を狙った言説のなかに身を置いていた。批判的社会（主義）理論の枠内では強調点や綱領に違いが見られたが、家族のイメージの使い方やジェンダーへの言及の仕方には共通点もあった。家族は一つの抽象的な統一体、資本制社会の疎外状況とは正反対の、人間の全的実現の場としてイメージされていた。対立や競争の解消は、夫婦としての男女、すなわち男性的なものと女性的なものという対立物の調和のとれた和解という形で描き出された。だがこの結合体のなかで男性的なものと女性的なものとが平等なのか上下関係をなしているのかは、このヴィジョンにおいては曖昧であった。こうした曖昧さが生じたのは、仕立て工と縫い子の展開した解釈が異なっていたためであり、また首尾一貫した使い方がされなかったためでもある。たとえば家族の理想化は、家父長的な法体系にたいする女たちの攻撃や政治的平等の要求のなかにも存在していれば、男たちによる家内労働にたいする弾劾や友愛と熟練の賛美のなかにも存在していた。

業種による戦略を編み出すといっても、それは何か単一の理論的綱領にしたがっておこなわれたわけではないようだ。むしろそこでは、少なくともパリにおいて勢いを増しつつあった労働者新聞や政治運動に見られた種々のイメージが、さまざまな形で引っ張り出されていた。そうしたイメージは、カベや『ポピュレール』紙に集まった彼の仲間の書いたもの、サン＝シモン派のセミナーや街角での講演、共和派の晩餐会での演説、フェミニストの『女の声』紙上などに見出すことができる。また、街頭で歌われた歌や続きもののメロドラマなどにも織り込まれていた。これらのイメージは、当時の文化のなかではごく一般的なものだったが、労働者のレトリックに用いられた際には、今日の私たちが標準的なブルジョワ的テーマと考えるものを逆転した形で使用された。

家族を資本制にたいする対案として表現しようとした労働者たちは、女性性を愛や情緒的絆と結びつけた。女は人間らしい感情の体現者であり表現者であった。重要なのは女が何をするかよりも、何を象徴しているかだったのである。カベは輝かしくロマンティックなヴィジョンのなかで女の愛情深い性質について述べ、女ならではの貢献を強調したが、そこには同時に女性性は生産活動への参加と矛盾するものではないという前提も見られた。彼は〔共産主義社会〕イカリアでは、すべての女は「作業場」で働き「自ら選んだ仕事につけるが、彼女たちの仕事は軽いもので、労働時間も短いだろう」と書いている。[*42] サン＝シモン派のフェミニストであるジャンヌ・ドゥロワンは、一八四八年に縫い子の組織化をはかった一人だったが、カベの女性観を共有していた。ただし彼女の男／女関係の解釈はカベのものよりは平等主義的であったが。ドゥロワンにとってはキリストの聖母こそが、愛、母性、無垢、献身といった女性的な特質の体現者であった。「女は……犠牲と献身という使命をはたさなければならない。女は愛するがゆえに行動する。人間性にたいする愛こそ永遠の愛である」[*43]。

資本制の衝撃により破壊されたのは愛であり、それは若い娘の破滅として描き出された。多くは縫い子である働く娘たちは、稼ぎが十分でないために餓死するか娼婦になるかという究極の選択に直面させられる。「貧困か恥辱か」というのは同じコインの裏表であった。カベは「プロレタリアートの娘」について次のように書いた。「彼女は家族が生きるために働かなければならないが、その労働条件は過酷で彼女の美と健康は失われ、たえず不品行という災厄の脅威にさらされている」[*44]。縫い子の話はくり返し語りつづけられ、きまりきった筋立てと結末を持った民衆のあいだの語り伝えや道徳劇となっていった。レイプや死により無垢なる存在が破滅するというテーマは、資本制のもたらした衝撃を肉体になぞらえて赤裸々に表現するのに役立った。若い娘の生命を冒瀆し破壊することによって、この「社会体制」は現在の世代ばかりか次の世代までも脅かしているのであった。さらに若い縫い子の悲劇は、すべての自然的で人間的なものの堕落をともなっていた。純潔や無垢は女の処女性と同義語であり、売春は処女性の反対語であっただけでなく、処女性の自然な喪失とも対立するものであった。なぜなら女は本来愛ゆえに与えるべきものを、金のために売ったからである。

この種の物語のなかでももっともショッキングな例を紹介しておこう。手工業者である父親が職を失い一家の唯一の支え手となったあるうら若い娘が、自暴自棄となって娼婦になる。ある夜、彼女は一人の男に近づくが、それが父親だとわかる。この事件の後、彼女にただ一つ残された手段、体面を保つ唯一の道は自殺であった。[*45] この物語の恐ろしさを構成しているのは、自らの意思に反し、状況の圧力に負けて一人の若い娘が本来の彼女自身とは正反対の存在になってしまうという点である。無垢が淫乱に変わり、家族愛はもう少しで近親姦につながり、自然的なものが反自然的なものとなり、そしてついには自殺に至るのである。破滅した縫い子というシンボルは、中産階級のあいだでおこなわれていた若い娘の理想化を意識的に想い起こさせることによって、ブルジョワジーがどれほど偽善的で階級抑圧的であるかを示そうとした。労働者階級の「現実」はブルジョワ的な理想からは遠くかけ離れたものであり、それはじつは、働く娘たちの苦境につけこむ若い伊達男のうちに体現されるような資本家側の利己主義に起因しているのであった。さらにブルジョワ的な理想像が彼ら自身の行動と矛盾していることも明らかであった。なぜならブルジョワの家族関係を支配していたのは愛ではなく、持参金や遺産に示されるような金のつながりだったからである。これとは対照的な位置にあるのが貧しさを余儀なくされた労働者たちの「共同体」で、愛情だけがその基盤となっていた。一八四八年のある饗宴で、仕立て工である市民ルグルは立ち上がり、家族のために乾杯の杯をあげた。彼の前には二人の労働者が、財産と秩序というブルジョワ的なテーマのために乾杯していた。ただし彼らはこの二つの理念のために乾杯はしたが、その意味づけは通常とは逆転していた。労働が財産と等置され、財産への乾杯は何びとも奪うことのできない職人の労働権にたいする賛美となった。そして秩序とは協同組合や協同組織であるという新しい定義が与えられ、資本制的な競争のもとにはびこった無秩序に代わる新たな調和を意味することになったのである。ルグルがあげた杯は、「金ではなく愛にもとづいた……そして個人主義を連帯に変える人間的な家族」に捧げられた。彼はさらに続けて、いわゆる家族の擁護者と言われる連中はおおぼらふきである、彼らは放蕩にふけり、娘や妻は贅沢の見返りに身を売っていると述べた。家族の真の友は投機家ではなく、「旧社会においては蔑まれていたが、家族の団欒のなかに彼らの傷を癒すよみがえりの香油を求めた」者たちなのである。*46 このようなヴィジョンのなかの家族は組織としての構造を指しているのではなく、心を豊かに満たしてくれる人間的な体験であり、ユートピア社会主義の言うところの集団的幸福、すなわち差異の解消と対立するものの調和を意味していた。そしてそれを例証するものが結婚だったのである。個人と集団との和解を最初に言い出したのはサン＝シモンで、彼の考えは信奉者たちによって次のような形でたえず引用された。「社会的個人とは男であり女である。両者の結合なしにはすべては不完全で、非道徳的であり、永続性を持たず、そもそも存在不可能である」[*47]。

男と女のあいだの明確な分業を打ち出し、攻撃と愛、競争と協同とは空間的にも時間的にも共存しうるとしたブルジョワ的な観念を笑いものにしつつ、このユートピア的な家族観は、そのなかに新たな社会秩序のもとでの人間関係の全面的変容というヴィジョンを内包していた。ここで描き出されているような家族は資本制とは両立しえず、資本制にたいする批判的対立物であることを意図していた。一八四八年の政治化した仕立て工や婦人服仕立て工にとって、貧困にあえぐ縫い子というシンボルと家族に体現された情緒的な充足は、生活の悲惨さと、その正反対のものにたいする夢との表現であった。家族の組織面について具体的な提案をおこなったり、あるいは女をもっぱら家庭性とだけ結びつけるような役割を是認したりすれば、それは、資本制のもつ疎外的な影響力とは関係のないところで理想の家族が存在しうるとか、家族はそうした疎外的な状況の解決策になりうるというブルジョワ的な見解を受け入れることになったであろう。ユートピア社会主義者の未来図はそのような可能性を認めなかった。代わってそこで主張されたのは、資本制のもとでの家族は完全に幸福になることはありえず、フランス社会の変革がおこなわれるまでは、いかなる制度も理想化された家族像に描かれているような充足を実現することはできないということだった。

ユートピア主義の理論家による家族の理想化はいずれも、女性性と結びつけられた特性を褒めたたえ、それを声高らかに積極的に支持することのうえに成り立っていた。とはいえ女性的なるものの用い方やそれが女にとって持った意味は、単純でもなければ明快でもなかった。資本制的疎外にたいする抽象的対立物である愛しあう結合体としての家族モデルは、労働者はいかに生きるべきかとか、労働の性別分業をいかにおこなうべきかといった点については、何も示唆する必要はなかった。それはたんに一つの夢であり、希求されるべき何ものか、それによって現在の社会の欠陥を暴露する（そしてそれにたいして団結する）ための何ものかだったのである。したがってここでもまた、理想化された家族はそれに照らして家族の搾取度をはかる尺度ともなれば、仕立て工のレトリックのなかでおこなわれたように、家族（およびそこに含まれる道徳的、情緒的関係）をただちに苦汗労働の強制から保護せよと要求するためにも役立ったのである。しかしこれとは別に、女の持つ革新的な力を強調し、女が社会生活や政治生活に十分な影響力を行使できるようにする必要があると力説する立場もあった。この（フェミニスト的な）論理によれば、現時点で家族にとっての愛と感情の源を保護するためには、母性賛美ばかりでなく女性の権利が必要なのであった。[*48]

家族についてのユートピア的ヴィジョンはきわめて曖昧で、多種多様な解釈を許す余地があり、それらが一八四八年の労働運動の議論のなかに混在し対立しあっていた。しかしそれらはまた、ブルジョワ的な社会秩序の表現の仕方に反対しているという点では共通の基盤も持っていた。[*49] 衣料労働者の言説におけるジェンダーの用法は、男性性と女性性、男と女をさまざまに対置させていたが、そのやり方は従来歴史家がブルジョワ的な言説から一般化してきたものとは違っていた。熟練度や性格、感情といった面で男と女は異なると考えられていたが、この二分法は労働と家族、生産者と出産者、経済的なものと家庭的なもの、公と私、夫と妻とをはっきりと、あるいは首尾一貫して対立物と見ていたわけではなかった。しかしこうした対置がどのように作用したかを見てみると、労働のアイデンティティと政治的アピールを形作るうえでジェンダーがいかに決定的な働きをしていたかが明らかになる。労働者たちはこのようなジェンダー概念によって自分たちの「経験」を解釈し、それにもとづいて行動した。そこで示された条件にしたがって一八四八年の議論は展開され、究極的には彼らの歴史もまた、それに沿って書かれることになったのである。

※　本論文は最初、“Men and Women in the Parisian Garment Trades: Discussions of Family and Work in the 1830's and 40's” という題で、Roderick Floud, Geoffrey Crossick, and Patricia Thane, eds., *The Power of the Past: Essays in Honor of Eric Hobsbawm* (Cambridge: Cambridge University Press, 1984) におさめられて発表された。今回、本書におさめるにあたって想を練り直し、書き改めて、事実上まったく新しい論文となった。最初の論文からそのまま用いた部分については、出版社から転載の許可を得た。

第6章　統計は労働をどう描いたか――『パリ産業統計　一八四七―四八年』

試験は個々人を監視された領域に置くと同時に、記述の網の目のなかにとらえる。分厚い記録文書のなかに個々人が連れこまれると、これらの文書が個人をつかまえ、釘づけにするのである。

（ミシェル・フーコー『監獄の誕生』）

統計報告書は、七月王政下のフランスにおける国内政治を席巻した「社会問題」をめぐる議論の武器となった。保守派と社会改良派がともに自らの立場を裏づける証拠を集めにかかった一八三〇年から一八四八年にかけては、私的、公的を問わずアンケート調査がめじろ押しにおこなわれた。社会問題の分析や改革案（とりわけ都市や新たな工業中心地における労働者の状況にかんするもの）のもととなっていたのは、数表によって表されカテゴリー化された科学的真理と称するものであった。このようなアプローチは、客観的な科学の力を説いた啓蒙思想や一八世紀後半に発展したデータの収集・分析方法に依拠していた。[*1] 情報をいかに集め、いかに使うかをめぐる論争によってこうした統計的真理のはらむ問題や不確実性が明らかになった場合でさえ、論争の当事者たちはなおもその客観性や権威にすがりつこうとした。一九世紀前半のフランスにおける社会改革の言説は、議論の余地なしと考えられた統計的事実を提示することによって、その正当性を確立したのである。

統計はかつてなかったほどの信頼を手にし、それによってブルジョワ行政官、および彼らにたいする貴族や労働者階級の批判者たちの主張を正当化する役割をはたした。客観的な科学としての統計の地位が疑問視されることはほとんどなかった。パリ警察警視総監であったH・A・フレジエは一八四〇年に著したパリの危険な階級についての著作のなかで統計を掲げ、統計は誇張や誤りを正し、「啓《ひら》かれた知性を真理の道に導く」であろうと述べた。[*2] 一八三六年に売春についての研究書を刊行したアレクサンドル・パラン゠デュシャトレは、彼の知見を数量的に表現することに熱意をかたむけ、次のように述べている。「ありとあらゆる資料を集め整理するにあたって、私は取り扱ったすべての点について結果を数字で示すべく最大限の努力をした。というのも……問われているのが重大な決断に関わり波紋の大きい……問題である場合はとくに、多くのとか、しばしばとか、ときにはとか、きわめて頻繁にといった表現では現代の思慮深い人々を満足させることはできないからである」。[*3] また、労働者新聞『リュッシュ・ポピュレール』の創刊者たちからどうやれば改革をもっとうまく進められるかについて助言を求められたとき、小説家のウージェーヌ・シューは、ぜひとも「労働者階級の状況を事実と反論の余地のない数字を用いて暴き出す」ようにと勧めた。[*4] さらに別の労働者新聞『アトリエ』の編集者たちも、さまざまな職種における賃金、労働時間、および生計費についての情報を収集することによって、立法府のメンバーの「誤った主張」を論駁しようとした。事実と数字は自明の真理とでもいった役割をはたしていたのである。彼らは誤れる政治家にたいする警告のなかで、「われわれの数字には当然あなたがたも十分な考慮を払うことだろう」と述べている。[*5]

こうした調査のおかげで私たちには経済、社会生活のさまざまな局面についての膨大な統計的情報が残されている。歴史家はこれを、労働世界と労働者の生活を再構成するための貴重な史料として利用してきた。これらは、それにもとづいて古い解釈を修正し新しい解釈を組み立てるための反論の余地のない数量的証拠として用いられてきたのである。ある意味で私たちは、数字は他の情報源に比べてなぜか汚れておらず主観的な解釈の影響も受けにくいという、一九世紀の論争の前提となっていた考え方を額面どおりに受け入れ、さらにそれを生き長らえさせてきたと言える。一部の社会史家に見られる、量的な史料と質的な史料、数値データと文献証拠、科学的分析と印象主義的な分析、さらにはハードな動かぬ証拠と多様に解釈できるソフトな証拠を上下関係で対置させるような言い回しは、何年か前ほどには断定的でなくなったとはいえ、数字を一般のことばと決定的に違うものとして扱う傾向は依然として残っている。たとえば新たな工業中心地の労働者の惨状についてフランスの医師たちが詳しく書き残したものには、先入観や個人的意見、それに政治的立場が持ち込まれているから、その点を解読し解釈し直さなければならないとされるのに、彼らがあげている数字——賃金、家族規模、企業あたりの被雇用者数——の方は、本質的に問題がないとして受け入れられるのである（調査の徹底性、資料収集や計算の方法などといった純粋に技術的な点はおそらく別かもしれないが）。統計報告書についてはそれがいっそうはなはだしい。報告書の目的やそれぞれの背景についていちおうの注意が払われるだけで、こうした報告書が情報の提供者にとって利害関係の一部をなしているとはまず考えられないのである。それどころか私たちは、数字を配置するもとになっているカテゴリーを問題にすることもないまま数字だけを取り出し、統計表に付された説明についても、こうしたテクストの著者を特定の言説の文脈のなかに位置づけてみる必要など感じないまま、数字と同様に客観的なものとして受け入れてきた。*6 こうしたやり方からは少なくとも次の三つの帰結を生じる。まず、現実の本性およびその表象という分割できない、もしくは一つのまとまりを持った問題が分割できると仮定される。次に、表象にはもともと政治的側面があることが否定される。そして最後に、資料の価値は十分に活用されないままで終わってしまうのである。

このように言ったからといって、私は、人口増加や家族規模、あるいは労働力の性区分についての詳しい統計報告書に有用性がないなどと言いたいのではない。そうではなくて、私が反対しているのはこれらの報告書を実証主義者がやるように単純に用いることにたいしてであり、報告書が表している「現実」をもっと完全に、もっと複雑なものとして概念化しようと言っているのである。つまり、統計報告書の用いているカテゴリーや結論を問題化し、文脈に即して読むような読み方が必要であり、別のことばで言えば、統計報告書を他の歴史的テクストと別扱いするのはやめるべきだというのである。

統計報告書は事実を完全に中立的な立場で集めたものでも、また単純なイデオロギーの押しつけでもない。むしろそれは社会秩序についてのある特定の観点や「経験」を組織的に知覚するやり方の権威を確立しようとする方策なのである。[*7] 少なくとも一八世紀以来、数字は、ものごとを解釈したり系統立てて整理したりするカテゴリーの信憑性を確立するために利用されてきた。たとえば（村落とか仕事場ではなく）世帯を基準にした人口統計の収集は、家族についての特定の理念に立つ一つの社会組織観の表れであると同時にそれを構築してもいるのだが、そうした理念はデータを提示していく過程で「自然なものと化して」いくのである。別の例をあげよう。労働や労働者の世界は一八三〇、四〇年代の統計調査のなかに単純に反映されたのではなく、その調査によって定義され意味を付与された。誰が労働者を代表するか、そしてどのような条件でかという問題は、かなり大きな政治的争点となっていた。代表というのはたんなる選挙権の問題ないし市民権の委任の問題ではなく、現実そのものを定義づける権力の問題であった。だからこそ統計調査の内容と方法をめぐる論争がさかんにおこなわれ、どの特定のアンケート調査においても相互に対立するいくつかの意味が共存していたのである。[*8]

統計報告書は、現実の見方や社会構造のモデルが作られ修正されていった過程を示す好例である。最終的にできあがった統計が確実で絶対的——そしてなぜか真実——であるように見えたとしても、実際にはその中身には疑問や多様な解釈の余地がある。統計の頁の裏には、その著者たちが決着をつけようとした多くの論争や議論が見え隠れしている。実際、これらの報告書を読む面白さはそこに展開されている論証方法のなかにある。というのも統計報告書は政治的言説として、政治的言説のなかで構成されているからである。そのようなものとしての統計報告書は私たちに、権力関係が作られ、例示され、挑戦を受け、そして強化されていく過程について得がたい洞察を与えてくれる。

本章で私はこうした報告書の一つである『パリ産業統計 一八四七—一八四八年』〔以下、『統計』と略記〕に的を絞りたいと思う。これはパリ商工会議所によって準備され、一八五一年に刊行されたものである。[*9] この報告書に示されている数字を使って歴史家たちは、一八四八年革命前夜のさまざまな業種の規模を把握し、その組織を叙述してきた。だがこの文書が労働者や彼らの労働の世界をいかに解釈しているかという問題は、これまで検討されてこなかった。私の狙いはこの点を追究することにあり、『統計』の内容を分析するにとどまらず、表現の形式や論証上のレトリックの構造をも分析しようと試みた。まず最初にこの『統計』を、一八三〇、四〇年代に労働者の状態をめぐって戦わされつつあった論議の一翼を担うものとして、歴史的かつ政治的な文脈のなかに置いてみよう。次にデータの提示の際に用いられた分類カテゴリーについて検討し、それがいかに当時の政治経済学理論に依拠しているか、そしてまた自らの正しさを言うためにいかに科学の権威を引きあいに出しているかを示すことにする。そして最後に『統計』の著者たちが、字面のうえでも隠喩的にも性への言及を利用することによって、いかに読者が彼らの解釈を受け入れざるを得ないように仕向けたかを分析する。『統計』は統計と科学を自らの特定の政治的論議を正当化するために利用したというのが、私の結論である。そこで、一九世紀フランス史の学徒は『統計』の議論に出てくる用語にはすでになじみ深いであろうから、以下では『統計』が何を言っているかではなく、政治的言説としていかに機能しているかを考えてみたい。

I

今日、労働者大衆を間違った考え方から引き離し、彼らを現実の圏内に連れ戻さなければならない。
（『産業報知《モニトゥール・アンデュストリエル》』一八四八年七月二日）

パリ商工会議所は実業家、工場主、経済学者からなるエリート集団であった。設立の起源は一八〇三年、セーヌ県が首都の経済状況を監視する一五人の委員を選出するために実業家六〇人からなる会議を設置したことにある。その後、構成員数は（一五人から二〇人のあいだで）変化したが、新メンバーはこの会議のなかから選ばれ、毎年三分の一が入れ替わるかまたは再任された。会議所は半独立の組織であり、最終的な責任は内務省にたいしてとることになっていた。会議所は、私たちが考察対象としている時期、すなわち一九世紀前半をとおして実業界と政府が緊密な協調関係を保つことを可能にするとともに、その象徴ともなっていた。[*10]

商工会議所は一八四八年の後半、社会的緊張が高まるなかで『統計』の仕事に着手した。この報告書の序章には調査のタイミングについて何の説明もないが、「わが国できわめて深刻な事態に陥っている道徳秩序の再建」に向けての商工会議所の貢献策がこの仕事であったと思われる。[11] 一八四八年二月に起きた革命では、リーダーたちは共和政の樹立に全力をかたむけていた。そして六月に起きた暴動は、この国の指導者たちにたいし社会革命の危険が増大していることを明らかにした。「家族、財産、国家、これらすべてが徹底的な打撃をこうむった。ほかならぬ一九世紀文明がこれら新たな野蛮人の強打を浴び、危機に陥ったのである」。[12]

この「新たな野蛮人」とは、政府の出資した国立作業場、すなわち失業者に援助の手をさしのべるために考案された組織の閉鎖に抗議してデモ行進したパリの労働者たちであった。抗議した者の目には、作業場の閉鎖は彼らもその成功に力を貸した二月革命、すなわち王政を共和政に置き換えた革命の原理にたいする政府の裏切りのしるしと映ったのである。これにたいし政府は抗議を共和政への脅威と見なし、秩序回復のためにルイ・ウージェーヌ・カヴェニャック将軍の指揮する軍隊を派遣した。

蜂起鎮圧につづく数週間、いまや政府の長として非常指揮権を手にしていたカヴェニャック将軍は、秩序を恒久的に回復するために実業家、政治家、および社会科学者に助力を求めた。彼はパリの方々の「区」の工場主と会い、六月事件の原因について彼らの分析を提出させ、[13] 政府の労働委員会に経済復興のための刺激策の検討と失業者救済案の提案を諮問し、[14] さらに社会問題を研究し政策の勧告をおこなっていた有識者の半官組織である「道徳・政治科学アカデミー」の協力を要請した。[15] これらのグループはいずれも労働者の物質的状況は改善されねばならないと考えていたが、同時にまた理念の重要性を強調してもいた。商工業の利害を代弁していた新聞、『産業報知《モニトゥール・アンデュストリエル》』のことばを借りれば、「制御しがたい野心」を刺激した「誤った理念」、すなわちかつては政府の一員でもあった一部の社会主義者の法外な約束によって「軽率に喚起された改革への渇望」にたいし、一丸となって攻撃を加える必要があったのである。労働者についてのイメージが、手がつけられないほど激昂した、たぶらかされてのぼせあがった野蛮人というものだったとしても、彼らに規律をたたき込む可能性はあった。「現実」をつきつけることで失われたバランス感覚が取り戻せるはずであった。そのためには労働者に、彼らの状態はそれほどひどいものではなく、工業によって必然的に貧困が生み出されたわけではないこと、実際に「聡明」で「勤勉」な人々が努力した結果、個人の向上と集団の進歩がもたらされてもいることを示す必要があった。「もっと礼儀正しいことば遣いともっと健全な判断に立ち戻るときだ。われわれの社会はありがたいことに、これまで受けてきた非難のことばを受けるにはふさわしくない。この社会にはまだ［社会状態の］改善を進める道が存在していることに疑問の余地はなく、それは実行に移されるだろう。……しかし今日強化されなければならないのは義務感であり、良心の支配力である」[*16]。

『統計』のなかで商工会議所は、パリの経済組織の「現実」について青写真を提示している。タイトルに使われた「統計」ということばによって、この報告書は通常行政上の目的でおこなわれる公的な情報の収集と同列に置かれ、一八四八年五月に実施された高度に政治的なアンケート調査とは区別された。[*17] 著者たちはこの報告書を歴史的文脈のなかに位置づけることで、表向きはそれ以前の調査にたいするこの報告書の優位性を立証するとともに、以前から提起されおおいに議論を呼び起こしていた一連の問題を暗に想起させた。[*18] これによって彼らは、彼ら自身の調査に因果関係についての一つの立場、さらには一定の政治的立場が込められていることを認める必要なしに、これらの問題について発言し、意見や解答を提示できることになった。『統計』は客観性を装いつつ、産業資本制がフランスの労働者に与えた衝撃をどう評価すべきかという長期にわたる政治的論争に決着をつけようとしたのである。

この論争にはフランス社会の少なくとも三つのグループが参加していた。第一のグループは私的に社会調査にたずさわっていた人々で、そのうちもっとも有名なのは道徳・政治科学アカデミーに所属する医師たちであり、彼らは訓練を受けた科学的な目で産業労働者の道徳的、身体的状態の悪化について細かく調べ、記録を残した。彼らは、産業中心地に見られる犯罪、悪徳、不健康は、特定の労働条件と雇用者側の慣行が原因であると考えた。たとえばルイ・ヴィエルメ博士は一八四〇年に発表した研究のなかで、社会秩序の混乱の基本的原因として三つの「きわめて有害な慣行」をあげている。一つは工場における男女の混在で、これは道徳の堕落につながる。第二は児童の長時間労働とそれによる健康破壊、そして第三は労働者にたいする貸し付けとして賃金を前払いするという雇用者側の慣行で、これは先のことを考えて倹約する気をなくさせ、貧困をもたらすというのである。[*19]こうした論文のほとんどは、慈善事業、倹約金庫、教育、清潔な住まい、あるいは保護法——たとえば大工場における児童の労働時間を一〇時間に制限した一八四一年の児童労働にかんする法律のような——といった改革が必要だと主張することを目的としていた。しかし改革の必要性を主張し、しばしばその実現に成功する一方で、一八三〇、四〇年代のこうした社会調査の記録は、労働者階級についての強烈なイメージを作りあげもした。道徳的に見て誘惑に弱く、社会的に独立しておらず、堕落や悪徳に引きずり込まれやすい労働者というのがそれである。信頼のおける労働者階級と危険な階級との分かれ目にはさまざまなものが影響を与えるとされたが、とくに重視されたのは地理的な面での安定性と完全な家族、もしくは家庭および仕事場における疑似家族的な構造であった。

第二のグループは労働者の代表たちで、彼らは一八三〇年代に自分たちの新聞をつうじて、労働者階級の貧困の事実はそれを直接経験した者自身が明らかにすべきだと要求しはじめた。労働者階級の生活の細部が外から観察した者などに理解できようはずはない。正確な情報と解釈は、これを実際に体験している者の証言という形で与えられるべきだというのが彼らの主張であった。このグループは、資本の集中こそが熟練職種の衰退、賃労働者のあいだの競争の激化、および低賃金と家族の苦しみの増大の元凶であると厳しい非難を浴びせた。熟練職人の労働と生活の質を低下させたのは道徳の頽廃ではなく、資本制であると彼らは主張したのである。『アトリエ』や『リュッシュ・ポピュレール』紙のコラム、あるいはフローラ・トリスタンの『労働者同盟』やルイ・ブランの『労働組織論』においても、この問題にたいする政府の注意を喚起し、労働の利益を守る政治的代表者を求める声があげられた。[*20]

「社会問題」をめぐる論争の第三の当事者は、産業の成長、賃金、および雇用の傾向についての統計を（通常は雇用主や商工会議所から）収集しようとした政府筋の調査官である。彼らの言によれば、彼らの関心は国家の繁栄の基礎である経済活動の状況をたえず把握しておくことにあった。彼らの仕事においては労働者の状態は主たる関心事ではなかった。それどころか彼らは、最終的にはすべての人が経済成長から利益を受けるはずだという前提に立っていたのである。一八二〇年代には、労働者についての情報は生産コストの計算の一部として集められた（後には「賃金」という見出しが与えられるようになる数値の欄には、「人力の価格」という見出しがつけられていた）。[*21]一八三九年から四七年にかけて商務省によって断続的かつ不完全におこなわれた大がかりな「産業調査」ではすべての企業を数えあげ、労働者の数と賃金を記録し、経済状態についての包括的な見通しを得ることが計画されていた。これはおそらく――少なくとも部分的には――経済の再編や改革を訴える声がどの程度妥当なものかを見きわめ、これに応えるための一つの方法であったのだろう。[*22]だが関心はもっぱら産業に集中しており、労働者と労働の組織化という問題には中心的位置は与えられていなかった。

だがこの問題は、一八四〇年代をつうじて労働者階級の貧困または危険性についての報告が発表され、ストライキの規模と頻度が増大していくにつれ、重要度を高めていったようだ。この時期にいっそう勢いを増した改革を求める政治キャンペーンにおいて、共和政の推進者たちは政府が労働に注意を向けるよう求める声を支持するようになった。彼らは既存の経済的および社会的データの偏見と無知を非難し、労働と労働条件についての政府調査という形をとって労働者問題の存在を公式に認めるよう求めた。「調査はどのように社会改革を、ではなく、なぜ政治改革かの理由を問うことになるだろう」[*23]。共和派や社会主義者の代表たちはこの「調査」を「陳情書」、すなわち一七八九年のフランス革命の前夜にさまざまな社会集団から発せられた苦情のリストになぞらえた[*24]。そして彼らはこうした文書には一目瞭然の真実が含まれており、こうした文書が出れば、道徳的に堕落した労働者階級というイメージは一掃され、労働者の経済的権利と政治的権利とのあいだにつながりがあることがはっきり認められるようになるだろうと主張した。

このアピールが功を奏したことは、一八四八年二月、「労働の権利」を要求した群衆が七月王政を打倒し、第二共和政を成立させるのに一役かった時点で明らかになった。しかし新政府の指導者たちにとっては、改革は男子普通選挙権だけで十分であり、彼らはこの国の行政にたいする労働者の影響力を強めるよりは制限する方向に動いた。とくに議論の的となったのは、おそらくは根本的な経済転換を実行に移す権限を手にすることになるであろう労働大臣を、政府に含めるかどうかという問題であった。多数派は一貫してこの要求を拒否し、その代わりほとんど象徴的な意味しかもたない見せかけのポーズをとった。かくして一労働者であるアルベールと社会主義者ルイ・ブランが共和政の最初の臨時政府に加えられ、「労働の権利」は基本原則であると宣言された。ルイ・ブランはリュクサンブール委員会の議長に任命されたが、この組織は労使の紛争を調査する目的で作られたものの、立法上も財政上も何の権限も持っていなかった。これとは別な委員会が労働者の協同組合的な組織への基金を分配し、革命後の大量失業状態を緩和する一時しのぎの手段である国立作業場は公共事業大臣の管轄下にあった。

最後の見せかけのポーズがとられたのは一八四八年の五月である。国立作業場の数千の不満分子が参加した五月一五日のデモの後、ルイ・ブランは再度労働大臣ポストの設置を要求した。情報と権力を備えた閣僚メンバーがいれば、経済・社会問題にたいして積極的な役割をはたし、革命においてなされた約束を実行に移すこともできるだろうと、彼は述べた。だが保守的な国民議会は彼の要請を拒否し、その代わりに農業および工業労働者についての「調査」を開始することを決議した。労働調査は——七月王政下ではラディカルな要求だったが——一八四八年五月には、政府が労働者の利益の側に立ったり、彼らのために政治的な影響力を行使したりすることを拒否するための保守的な策略の一つとなったのである。さらにこの調査から、労働者たちの不平のうちでもとくに法外と思われるものにたいして反論を加えるための情報が得られるかもしれないと考える者もいた。[*25]

とはいえこの「調査」は政治的な妥協の産物であったため、そこにはさまざまに異なったアプローチや方法が入り込んでいた。労働者の政治的要求のなかでもっともラディカルなものを食いとめるために考案された調査ではあったが、にもかかわらず、そこに見られる質問項目や分類カテゴリー、実行案は、雇用者とは利害が対立関係にある一つの定義可能な階級として労働者階級が存在することを認めていた。二九の質問項目はほとんど例外なく、一八四八年の労働状況と労働者の生活に焦点をあわせたものだった。工場主の資本源、生産組織、取引量、あるいは商業活動の生み出す価値についての項目はなかった。これにたいし、どうしたら新たな仕事を創出できるか、修道院や監獄での生産は手工業的な生産に不公正な競争をしかけているかどうか、貧しい労働者家族の運命を改善するにはどんな方策をとったら良いかといった点についての質問は存在した。(とくに後の商工会議所の『統計』と対比した場合) さらに顕著なのは、意識的に概念規定をおこなおうとする態度が見られないことである。そこでは徒弟制、収入、生計費、住居の状態、宗教および道徳教育、その他の質問項目に答える者は (労働者であろうと雇用主であろうと)、労働者とは何かを知っているものと想定されていた。調査委員会はさらに、概念が共有されていても、労働者と雇用主とでは質問項目に違った回答をするだろうことも想定していた。この「調査」は妥協の産物であるというまさにそのことによって、一八四八年革命の過程で表面化した階級対立の存在を認めたものだったのである。[*26]

「調査」の指揮を付託された委員会（労働委員会）は、この仕事の不安定な性格を十分承知しており、政治的に悲惨な結果を招くのを避けようとした。委員会は情報を提供する各地区の代表者をどうやって選ぶかについて慎重に考慮するとともに、この代表が労働者のあいだから選ばれる場合には、選出のための集会がさらなる街頭デモの口実になることもありうるというパリ市長の警告を深刻に受けとめた。委員会メンバーは怒れる労働者の代表団の声に耳をかたむけたが、労働者たちはこの委員会を情報収集のための中立的組織というよりもむしろ、不平をぶちまけ、解決するための討論会の主催者役と見なしていた。そこで委員たちは、礼儀正しくきちんとした者を公然と賞賛し、敵意にあふれ衝動的に行動する者を非難することによって、これらの労働者の立ち居振る舞いに感化を与えようとした。情報源に潜在的にバイアスがかかっていることを認識したうえでおこなわれる「調査」は、政治的な影響力を行使するための一つの道具と受けとめられる運命にあった。こうした理由から委員会の活動は当初から緩慢だったが、六月事件の後には「調査」のための仕事をいっさいやめてしまった。それに代わって委員会は他のことがらに注意を向けた。すなわち、労働者に清潔な住居や貯蓄機関を提供すること、捨て子や孤児、非行児童のために農業コロニーを作ること、労働許可時間を長くするために一八四一年の児童労働法を改正することなどがそれである。これらの方策はすべて労働者の要求に対処するためではなく、道徳的指導とか社会統制という形をとった別の解決法を提示するために考案されたものだった。[*27]

以上が商工会議所の『統計』が生まれるまでの歴史的、政治的背景である。政府が後ろ楯となった労働および労働環境についての調査は、単純に情報がほしいというだけでなく、労働者の要求にもとづいて行動する意図があることを示すという点で非常に大きな政治的意味を持っていた。商工会議所はこのように情報と政治とが結びつけられるのを拒否することを心に決め、あらゆる政治的論議の枠外に立つような客観的状況についての中立的な報告と考えられるものを準備した。その質問計画は一八四八年五月のものとは異なっていた。中立的な有給の調査員が、データを集めるために工場や工房、家庭を訪問した。彼らは事態をどのように改善すれば良いかについての意見は聞かず、ともかく記入することだけを求めた。質問の焦点となっていたのは産業であって、労働ではなかった。実際、求められた情報の大部分は労働者についてのものだった（表にまとめられた数字の四分の三は労働者にかんするものだった）が、『統計』の構成から見ると労働者は、明らかに考察の焦点である経済のなかで――分相応というかのように――従属的な位置に置かれていたのである。

いささか意外なことに、また納得のいく説明もないまま、商工会議所の委員会は一八四七年にさかのぼって情報を集めることを決めた。一八四八年の六月に企画され、その後数か月にわたって実施された調査の報告だけに、革命の影響を見きわめることを狙ったのかもしれないが、どうもそれが目的であったようにも思われない。事実、比較といっても、表に示された一八四七年のデータと一八四八年の特定の業種の実際の雇用状況とが報告文のなかでところどころ比べられている程度にすぎなかった。むしろポイントは、事態が回帰すべきより正常な状況を把握することにあったと思われる。こうした観点から『統計』は経済再建のためのプランを提示するとともに、脅えた投資家たちにここ数か月の混乱は異常事態で、パリ経済の基本的な組織や取引関係に固有の特徴ではないことを証明するための一つの方法ともなったのである。

報告書の体裁からは安定と管理という感じが伝わってくる。事実、ページを繰っていくときに受ける視覚的な印象は几帳面さと秩序正しさである。報告書はパリの種々のタイプの産業（衣料、食品加工、化学薬品、建設など）を扱った一三の章からなっていた。各章ごとに特定の企業についての叙述があり、大きさの異なる事業を平均した数値が出され、「雇用主」数、労働者の年齢や性別および人数、労働の場、支払われる日給の平均額といった数値が並んでいた。表の下には文章説明があり、詳細がわかるようになっていた。どんな種類の企業についても本文はいくつかの節に分けて情報を提示しており、まず技術と労働編成が論じられた後、徒弟制度、平均賃金、さらに雇用の季節的変動についての詳細がこれに続いている。そして最後の節では労働者の「道徳と慣習」が扱われていた。この節は労働者の性格の特徴や行動パターンを検討したもので、それによってある特定の労働者グループが繁栄していたり、あるいはしていなかったりする理由を説明していた。この最後の節も技術や賃金について論じる場合と同様に公正な調子で書かれている。労働者のその日暮らしの性格や浪費癖への言及も、私たちの目から見れば解釈と映るにせよ、種々の数字で示された事実とまったく同じような事実として提示されていた。

『統計』のとった分類法は、生産ないし販売される工業製品の種類や手でおこなわれるサービスのタイプ（たとえば靴の修繕や洗濯）によって、すべての情報を整理するというものだった。「産業」は、生産活動だけでなく企業活動も意味していた。事実、この報告書の著者たちは、労働の世界を企業家の世界として描くことについて注意深く定義し、正当化をおこなっている。「企業」主としてリストにあげられているのは次のとおりである。(1)すべての自営業者、(2)家族構成員であるか否か、賃金を支払っているか否かを問わず、一人ないしそれ以上の労働者を雇っているすべての注文生産業者、(3)「ブルジョワの顧客」の注文に応じるすべての生産者（紳士服仕立て、婦人服仕立て、それに洗濯女までがこのカテゴリーに含まれていた）、(4)いくつかの異なった工場のために注文生産したり、労働しているすべての者。報告書の著者たちは、このうちとくに最後の二つのカテゴリーは「たんなる家内労働者」と見ることもできることを承知していたが、彼らは正確な集計のためにはこれらの人々をも企業家と見なす必要があると主張した。工房または家で単一の雇用主に雇われている労働者は、その主人によって勘定に加えられるだろうが、複数の雇用主のために働いている者は、二度数えられることもあればまったく数えられないこともありうる。これを解決するためには、事業がどれほど小規模であろうと彼らを事業主と規定するしかないというのである。[*28]

こうしたカテゴリー分けの結果、パリ人口のうち自分を労働者と見なすべき人々の数は大幅に減少することになった。『統計』の定義は、貧困化した親方や自営の職人、さらには大規模施設の熟練技術を持つ被雇用者――彼らは全員自分たちを労働者ないしプロレタリアと呼んでいた――を二月から六月にかけてクラブやデモ行進、生産者協同組織に結集させた、一つの階級としてのアイデンティティを否定するものであった。労働者と雇用主の双方を「事業者《アンデュストリエル》」――産業生産者――と呼ぶことによって、『統計』は労働者と雇用主をはっきりと区別する社会主義者の用語法を拒否し、焦点を生産関係からたんなる生産活動という事実へとずらしてしまったのである。このようにして分類上の中立的な概念であるはずのものが、経済組織についての特定の像、さらに言うならば保守的な政治信条と結びついた像を提示することになった。[*29]

社会主義者のレトリックのなかで描かれ、六月蜂起で実際に演じられたような紛争に代えて、報告書は一見中立的に見える像を描き出した。そこではさまざまな上下関係（所有、管理、熟練、性、年齢における）は生産秩序自体の一部であり、高品質と市場への効率的な適応を保証するものとされた。紛争は叙述から外された。それはこのような配置にとっては異常局面であり、その原因はシステムの外にあるとされた。パリの経済は仕事に精を出す「小企業家」たちの世界として描かれたのである。著者たちはこれら「事業者」たちの技巧、創意、熟練について誇りをこめて指摘し、次のように述べている。「彼らのじつにさまざまな生産物は世界中に知れわたっている。……工場主たちは気まぐれな流行やエレガントな世界の嗜好をときにリードし、ときには追いかける。快活で知性ある労働者はそのすばらしい技術によって、どのようなデザインの変化にも適応することができる[*30]」。

『統計』は一八四七年からパリの経済生活の「現実」を取り戻し、それを慎重なカテゴリー化と数量化によって提示してみせた。社会主義的な革命家たちの急進的な要求にたいして暗黙のうちに、それが危険な幻想と言わないまでも思い違いであると示すことによって反論を加えた。『統計』は、社会主義者が探求したものとは異なるモデル、そしてそれにしたがって今後の経済、政治、道徳上の秩序が回復されるべきモデルを構築し、正当化してみせたのである。この試みのなかで『統計』が、自らの方法上、理論上のガイド、正確さと真実性の保証としてよりどころとしたのが政治経済学であった。

Ⅱ

統計学とは事実による政治経済学の検証である。
（E・ビュレ『貧困について』一八四〇年）

この調査を試みるにあたって商工会議所は、その監督者として政治経済学の指導的人物を選んだ。すでにその名前だけからしても、オラス・エミール・セイ（一七九四―一八六〇）はフランス自由主義学派を体現していた。彼の父ジャン＝バティスト・セイは、アダム・スミスの理論をフランスに紹介し、経済発展における市場の役割についての独自の解釈をそれにつけ加えた人物だった。事実、フランスで政治経済学とただちに結びつく名前を一人だけあげるとすれば、それは指導的なプロテスタント家系の子孫であるジャン＝バティスト・セイであった。オラス・セイはジュネーヴで学び、数年間大きな商事会社で働いていたあいだにアメリカ合州国やブラジルを旅行した。一八三一年に彼はセーヌ県の商事裁判所の判事に指名され、三四年にはパリ商工会議所の一員に加えられた。彼はまたパリ市議会のメンバーとなり、四六年にはパリ市の行政についての本を書き、四八年には商工会議所の幹事だった。パリの自由主義的なブルジョワジーと一体視されていたセイは、四九年に国家顧問官会議に加わり、五一年のナポレオン三世のクーデター後にこれを辞している。彼の経歴はビジネスと行政の両面にわたっており、七月王政から第二共和政にかけて存在した商業と政治の緊密な結びつきを身をもって示していた。

オラス・セイは父の学説を広めることに熱意をかたむけた。一八四二年には政治経済学協会を設立し、他にも一八三〇、四〇年代をつうじて、彼自身の修正とコメントを付したうえで父親の著作の新しい版を数多く出版している。オラス・セイ自身が書いたもののなかではおそらく『統計』が最大の業績であろう。『統計』は一八五三年に道徳・政治科学アカデミーの統計賞を獲得したが、それによってこの本はちょうど帝政の経済政策が立案過程にあった時期に非常な名声を博すことになり、セイが五七年にアカデミー会員に選出されるのにもおそらく一役かったと思われる。[*31]

オラス・セイを補佐したのは息子のジャン＝バティスト・レオン（一八二六―九六）〔以下、レオン・セイ〕だった。レオン・セイはコレージュ・ブルボンに通った後、鉄道の事務官として働いたが、彼もまた祖父の理論の積極的な擁護者であった。彼は『政治経済学辞典』を編纂し、自由貿易と個人の自由を擁護する執筆活動をおこなった。一八四八年二月以降はパリの国民軍に加わり、六月暴動の鎮圧に参与した。カヴェニャック将軍の忠実な支持者であった彼は、四八年一二月には将軍を大統領に選出すべく、ボナパルトを支持するより保守的な勢力と戦った。

レオン・セイは一八七一年にセーヌ県知事となり、九〇年代には蔵相をつとめた。この時期の彼は保守的な共和主義者として、政策のなかでも家訓を追求し続けた。[*32] 一八七八年、自由主義的な経済学者フレデリク・バスティアのための追悼演説のなかで、レオン・セイは四八年におけるイデオロギー的布陣の意義を思い起こして次のように述べている。「一八四七年には政治経済学は全力をかたむけて保護体制に反対したが、四八年になると新たな敵と対峙せねばならなかった。すなわち気がついてみれば、今度は社会主義者と戦っていたのである。……〔それは〕厳しい戦いだった。貿易の自由化や保護貿易主義は付随的なものにすぎなくなり、個人の自由が中心的教義となった。われわれは、全人類を国家へと吸収してしまったかもしれない新たな汎神論から個人を救出しなければならなかったのである」[*33]。

『統計』は社会主義にたいして遂行された闘争の一部をなしていた。この闘争は、科学であり、したがって人間の解釈やコントロールの外に立つ真理としての地位を要求する、政治経済学という一つの教義の概念にしたがって組み立てられていた。ジャン゠バティスト・セイ〔以下、J゠B・セイ〕はかつてこの点について次のように書いた。「政治および道徳科学の一般法則は論争の枠外にある。……それは物理学の世界の法則と同じように事物の本質から導き出される。人はそれを考え出すことはできない。ただ発見することができるだけである」[*34]。

J゠B・セイの弟子たちはこの理屈を受け入れ、互いに矛盾していたり混乱していたりする細部をまとめるのに必要な説明を、この科学の確実性のなかに見出した。実際、『統計』における彼らのやり方は、情報を厳密に検証し、全体の体系にうまく合わないように見える場合でもそれについて討論し、そのうえで理論の原則もしくは法則を引きあいに出すことによって、情報と説明のためのカテゴリーとのあいだの緊張関係を解消させるというものだった。報告書に用いられている基本的概念の場合にもこのことは当てはまる。すなわち生産活動を「産業」と定義したり、一部の労働者を含むさまざまな生産者を企業家あるいは「産業の長《シエフ》」と称したりしているのがそれである。

報告書が「産業」に焦点をあわせたのも、J＝B・セイの著作にそのままならったものだった。『政治経済学概論』において彼は、「労働」は生産を記述する概念としてはあまりに制約されていると説明している。労働は手作業ないし肉体的な力を意味しているにすぎず、価値を生み出すためにはこれらと同じように必要な自然や経済についての知識、およびそうした知識の行使（生産の組織化、品物やサーヴィスの販売）は含まれていない。[*35] 彼によれば産業に従事する者は、たとえ紳士服仕立て工や製靴工、婦人服仕立て工や洗濯女のように手仕事をおこない、ごく少額の稼ぎしかないような場合でも、企業家なのである。職人にほとんど自明のものとして求められる訓練や才能、熟練が意味しているのは、職人たちは自営業者もしくは潜在的な自営業者だということであり、また彼らは「産業」を「労働」から区別する指標である思考活動や商業活動にたずさわっているということなのである。J＝B・セイにとっては、企業家は生産と交換のネットワークの中心で決定的な役割をはたしていた。彼らは「たまたまその熟練が認められた」ような場合にはおおいに利潤をあげることができ、「一財産」を手に入れた者も多い。[*36] もしも企業家であることと社会的な上昇や着実な改善の可能性とが同義であるならば、企業家の数が多ければ多いほど資本制の前途と個人の経済的進歩との結びつきもより確かなものになる。反対に労働者であることは、本質的に停滞的な地位を占めることを意味していた。労働者と呼ばれる者たちは熟練技術を身につけておらず、他者の監督のもとで仕事をおこない、その結果、彼らは生産が生み出した利潤のうちの彼らの持ち分を賃金と引き換えに没収されるのである。[*37] 文明の進歩にともない労働者の状態が集団として改善されることはあるかもしれないが、個人の社会的流動性が目標として掲げられることはない。

J＝B・セイの用語法にしたがって、『統計』のコラムには、「産業の長《シェフ》」について三つのカテゴリーがあげられている。二〇人以上の労働者を雇用する者、二人から一〇人までの労働者を雇用する者、そして一人を雇用しているか、もしくは誰も雇用していない者である。最後のカテゴリーには、企業の「長」を補佐する家族構成員が労働者として算入されている。たとえば洗濯女である「妻とともに働く」夫、靴屋や仕立て屋の子供たちや親族、妻などはすべて「労働者」として数えあげられた。[*38] 家族という労働単位は、（パン屋、肉屋、牛乳屋のように）本当に独立した営業の場合であれ、（出来高払いの製靴工や衣料労働者のように）賃労働者の集合であれ、この計算では「小企業」と見なされたのである。

統計表が小営業についての印象を固定化させたとすれば、それに付された文章の方は、この概念をある種のカテゴリーの企業に適用するには固有の問題があることを認めていた。とくに賃金についての部分では、著者たちは何度もくり返し、「雇用主」とか「営業の長」といった用語では多くの熟練工や熟練女工の置かれた状態を正確に表現できないことを認めている。たとえ雇用主に算入されていようと、これらの自営業者たちは——使われることばはここでもまた、くり返し同じだった——次のように「本当は労働者」だったのである。

独立して働いている籐椅子職人や椅子張り職人は本当は労働者である。*39

注文生産の靴を作っている「雇用主」は本当は彼ら自身が労働者である。*40

単独で働いている婦人服製造の「雇用主」は本当は労働者である。*41

ショール製造業者は本当は親方労働者である。*42

縫い子の場合は事態は非常に入り組んでいたため一軒一軒訪問して数えてまわる必要があったが、結局報告者は労働者と自営業者を分けることを諦め、その代わりに「縫い子」と題した表を掲げた。[*43] 仕立て工にかんしては、一連の脚注をつけることで単独で働く仕立て職人、下請け仕立て職人、古着商が事実上「雇用主」のカテゴリーから外され、賃金計算を目的とする場合には彼らは労働者のカテゴリーに組み入れられた。したがって報告書では、たとえば下請け仕立て職人は一つの項では次のように自営業者として算定されている。「家で単独、または妻とともに働いている下請け《アピエスール》職人は、表には労働者としてではなく「事業家《アンデュストリエル》」として掲げてある」。[*44] だが平均賃金のリストを作る段になると、報告書は彼らの地位を定義し直し、「雇用主である下請け職人は本当は労働者である。彼らの労働の産物がその何よりの証拠である」と述べるのである。[*45]

賃金統計の内容は多くの小規模経営の繁盛ぶりと企業としての性格にたいする疑問を生じさせ、製造業者とその労働者の数を確定した図表とは矛盾することがあったのではないだろうか。著者たちが自ら認めているように、実際には自分が生産したものではなく労働そのものを売っている多くの困窮化した職工や女工にたいしては、「労働者」という用語の方がふさわしかったのである。しかし分類上の用語法は人間による定義の枠外にあると考えられていたため、

「事実」の方がこの政治経済学の所与の理論的枠組みのなかで解釈されねばならなかった。この他のいかなるアプローチ――たとえば事実に照らしてモデルを修正するといったこと――も、『統計』の主張を議論の余地のないものとするうえでこの科学が持っている有用性を損ないかねなかった。だからこそ著者たちは、一部の生産者の状況に見られる曖昧さを、経済組織についての彼らの見方にたいする重大な挑戦としてではなく、たんなる賃金計算上の方法論の問題として取り扱ったのである。

情報を提示するにあたって『統計』は、労働者の窮状についての他の一連の解釈にも目を向けているが、それらを認めることはしていない。これらの解釈は、政治経済学の原理を主張することであっさりと葬り去されてしまった。たとえばそうした解釈の一つに、数多くの小生産者を貧困に追いやったのは統制を欠いた経済システムだという意見がある。これにたいする『統計』の答えは、国家および法人による規制は必然的に繁栄を妨げることになるというものであった。J＝B・セイが書いたように、「私的な利害にまさる名人なし」だったのである。[*46]生産組織における過度の細分化、とくに既製服製造業や建設業と結びついた下請けの慣行を、労働者の窮状の原因としてあげる解釈もあった。一八四八年にいくつかの労働者グループは下請けを非合法化する法律を作るよう運動して成功したが、彼らはこの慣行が自分たちの業種の構造を弱体化させていると固く信じていたのである。[*47]『統計』の著者たちは、労働者の一部のグループの「困窮」は下請けに原因があるという考えを拒否するためにJ＝B・セイの市場理論を引きあいに出した際に、この一八四八年の議論にたいしても間接的に言及している。J＝B・セイは、企業はつねに消費者の需要に応えることによって増殖し、それによって必ず生産と雇用が刺激されると論じていた。[*48] 同じような用語を使って『統計』の著者たちは次のように述べている。「労働者の状態が新たな産業企業家の存在によって現実に悪化してきたとする考えは受け入れがたい。企業家たちは労働にたいする需要を高め、失業の多い時期には新たな方策を提供してきたのである。これらの労働者の困窮の原因は明らかに他に求められねばならない[*49]」。

ここで言う「他の原因」とは、結局は家族、すなわち人々がそのなかで暮らし、賃金法則のような経済現象もそれによって規定されている「自然な」組織と関係があった。『統計』の説明によれば、縫い子の「困窮」が生じたのは既製服産業における下請け制のためではなく、女の雇用条件が賃金法則を乱したためなのであった。J＝B・セイは『概論』のなかで賃金法則について説明し、女と男では計算方法が違うことを指摘している。一人の男の賃金は労働者自身の生存を維持するとともに、彼の子供たちが次の世代の不熟練肉体労働者になるのにふさわしい肉体的「資本」を蓄積するあいだ、彼らの生存に必要なものを賄えなければならない。それゆえ男の場合には、労働力能にたいして支払われる「価格」のなかに労働力の再生産コストが含まれている。これとは反対に女や子供は「生まれながらの従属的存在」であり、完全に自活できる必要はまったくない。何らかの理由で自活しなければならない女たちは、家計収入を補助しさえすればいい他の女たちとの競争に直面するため、つねに不利な立場に立たされる。これが常態であり、女性労働市場の「法則」だったのである。[*50]

J＝B・セイも『統計』の報告者たちも、賃労働それ自体が女の置かれた地位と矛盾するとは考えなかった。女は「彼女たちにもできる仕事」に従事しており、そのなかには伝統的に男によってなされてきた仕事が含まれていることさえあった（『統計』のなかで著者たちは、植字は「女にも苦労なくできそうな仕事であり、たとえばサンリスのような他の都市では女たちの就労が許されている」にもかかわらず、パリの植字工たちは女が彼らと一緒に働くことを禁じたと記している[*51]）。問題はむしろあまりに多くの女たちが、男であろうと女であろうとすべての労働者にとって、経済的に生存を可能にする実際上ただ一つの状況である家族という「自然な」環境の外で生きるという「不幸に見舞われた」ことにあった。[*52]

『統計』においては賃金のみならずあらゆる経済的、社会的生活について分析する際に、家族は決定的な重要性を持っていた。著者たちは家族のなかに生産の組織化のモデルを求めたばかりでなく、個人の道徳的向上の源泉もそこにあると考えた。家族は、社会の健全さと繁栄にとって不可欠の個人的規律と秩序正しさという性質をはぐくむ自然環境であった。J＝B・セイと、さらには一八四〇年代の改革派の医師たちの著作にも依拠しつつ、『統計』の著者たちは家族をあらゆる社会関係を統括する概念として用いた。それだけでなく彼らの分析の焦点は、労働者と、彼または彼女がどこまで家族構造に根をおろしているかという点にあった。報告書の表向きの主題は産業であっても、著者たちの心を占めていたのは労働者の道徳性だったのである。道徳性もしくはその欠如は、当然、経済的だけでなく政治的な意味を持ってくる。それゆえ道徳について論じることで著者たちは、純粋に客観的な経済報告の文脈のなかで暗に一八四八年の政治問題についてもふれることができたのである。

『統計』は労働規律と個人の行動を結びつけることで、道徳上のコントラストを作りあげてみせた。良い労働者とは秩序正しい働き者で、勤勉で時間を守り、法を遵守し、質素である。これにたいし悪い労働者とは落ち着きがなくて言うことを聞かず、怠け者で自堕落、先のことを考えずに楽しみごとや軽はずみな行動にうつつをぬかす者たちであった。これらの特質は、家族と労働との交錯する世界ではぐくまれる。『統計』がおこなった分析は、労働の組織と家族生活の状況とのあいだを行きつ戻りつしながら一方を他方の説明に利用している。労働構成が家族と近似的であればあるほど、労働者はより家族のなかに組み込まれ、労働力としてもより良く振る舞うようになる。悪い家族は労働者を「原罪」に感染させてその道徳性を永久に堕落させる可能性があるが、その一方、家族がその構成員がおこなう労働の性質から影響を受けることもある。[*53] 慈愛に満ちた父親のような雇用主によって率いられ、その下で正式の徒弟修業を経て獲得した職業にたずさわる、安定した既婚の熟練労働者の一団が働いている小作業場というのが、理想的な職場であった。労働者たちの賃金は当然高く、行儀も良く、私生活においてもこの作業場での秩序正しい関係が再現されるのである。彼らの労働の原料となる自然物質が健全な性質のものであれば、このようなプラスの影響力はいっそう強められた。したがって金属加工に従事する労働者のなかでも、貴金属を扱う熟練工はとくに抜きん出ることになる。ちょうど水がそれを使って仕事をする人々――たとえば洗濯女や皮なめし工たち――のなかに、不幸にしてアルコール飲料にたいするひどい渇望を引き起こすように、金や銀はどういうわけか貴金属労働者のなかに良いものにたいする洗練された嗜好を発達させるのである。[*54] こうした関連づけにおいては原材料と家族ははっきりと同一視されている。これらはすべて「自然のもの」であり、その影響力も同じやり方で研究しうるというのである。

貴金属労働者は『統計』の著者たちにとって恰好の題材であった。彼らはライフ・ヒストリーを描くという形をとって、こうした労働者の「経験」について理想化された報告をおこなっている。

一般に高い賃金を稼いでいる貴金属労働者はきちんとした身なりをするのを好む。彼らはキャバレーの野卑な楽しみよりは、ダンスや劇場や田舎の散歩といった楽しみの方に心を動かされる。つまり彼らは無秩序な暮らしよりも家庭的な生活を好むのである。彼らは、妻にも家事をおろそかにせずに家でできる仕事を見つけてやれるため、喜んで結婚する。……後には妻は見習いとして若い娘を一人か二人雇えるようになる。［労働者の］子供たちも、早くから年齢相応の仕事の手ほどきを受けることができる。秩序と快適さがこの家庭の特徴であり、そうした労働者の家庭は小作業場にもそのまま再現される。[*55]

このような描き方においては家族と仕事場の境界はなくなってしまう。一方での秩序正しさが他方の秩序を形作り、労働者の（自己）改善につながり、そこから彼は企業家として身を立てていく。「そうしたいと望みさえすれば、聡明な者たちにとって独立した工場主になるのは難しいことではない」のである。[*56]何がこうした成功を導く力となったかを強調するかのように、著者たちは再び貴金属労働者をもとの居場所、すなわち雇用主に従属した自然な地位へとつれもどすことによって、この報告を締めくくっている。「雇用主と労働者の関係はずっと良好だったと言って良いだろう。少なくとも二月革命までは、相互に礼儀正しい関係がどこにでも見られたのである。毎年自分のところの労働者のために宴会を開くという慣習を続けている雇用主も多かった。そして労働者が結婚するときには、雇用主とその妻とを祝いの席に招待したものである」[57]。

『統計』の著者たちは他の種類の仕事場と比較することにより、小作業場の重要性を強調した。たとえば（建設業のような）「作業現場《シャンティエ》」では労働力の出入りが絶えないし、工場では多数の労働者をかかえているのに、伝統的に彼らを分けてきた年齢や性という境界がなくなってしまった。そして個人の部屋では出来高払いの労働者が一人だけで誰の監督も受けず、したがって職業上あるいは道徳上どう振る舞うべきかという決まりにもしたがわないまま、苦役に従事しているのである[58]。

この報告書によれば、「作業現場」の大きな欠点は雇い入れが戸外でおこなわれることであった。労働者たちは特定の場所（建設業ではグレーヴ広場、洗濯女の場合はサン＝ジャック・ロピタル広場）に出向き、働き口の提供を待つ。ひまつぶしと求職の境目ははっきりせず、（通りで誘いを待つことが）性的な意味あいを帯びることは避けがたかった。建設労働者にとっては「お互いにそそのかしあう機会も多く、仕事を待つ場所が良からぬ行状の男たちの快楽ツアーへの出発点となることもしばしば」だったのである[59]。また洗濯女たちもしばしば「野卑な誘い」を受け、売春の誘惑に直面しなければならなかった[60]。

報告書は次に、大工場では雇用主が労働者にたえず目を配って監督したり、「親切心から彼らの私生活に口を出す」こともできないと指摘する[61]。徒弟修業の代わりに、若い労働者は見よう見真似で仕事を覚える。年長者の真似をするだけでは年齢や地位の違いは重みを持たなくなり、それが「彼らの品行にしばしば悪影響を」およぼす。[*62]工場の「共同生活」、すなわち一つの仕事部屋で男と女がごっちゃになることによって道徳的な抑制は弛緩し、その結果「精力にあふれた男たちはこうした環境では簡単に粗暴化する」。[*63]刺激過剰（性的なメタファーは明白である）になった彼らは「ふとどきな幻想」、つまり必然的に工業生産と政治秩序の崩壊につながるような考えにとりつかれやすくなるというのである。

『統計』のあげる否定的な例の最後にくるのは、都市の家具つきの貸し部屋で一人で暮らしている孤立した労働者たちである。こうした「家具つき部屋」はパリのなかを移動したり、パリに移住してくる人々、すなわち家族や作業場の規律の外にいる者たちの仮の宿であった。これらの労働者は、彼らを訓練したり教え導いたりする注意深い雇用主や親がいないため、不品行やふしだらな行為、さらに女の場合には売春に走る「傾向」があると、報告書は述べている。[*64]『統計』によれば公序良俗を脅かすうえで決定的に重要なのは労働環境であったが、著者たちはまた、たとえ仕事場が危険な類いのものであっても家庭生活がきちんとしていれば、それが矯正効果を持つこともあると示唆している。ここでは建設労働者、とりわけ石工が引きあいに出されている。彼らは移動労働者だが、報告の指摘によれば彼らの組合は強固な同職組織であり、徒弟修業もまだおこなわれていた。石工たちはパリの家具つき部屋に住んでいるものの、同業者ばかりで組織され、年長者の監督が行き届いたこれらの住居は、調査員たちにきちんとした場所だという印象を与えた。石工たちは一時的に家族と離れて暮らしているとはいえ、家族的な絆でしっかりと結びあわされており、「彼らは村に家族の住まいがあり、蓄えはすべてそこへ持ち帰る」のである。[65]

同様に『統計』は家内労働者のなかでも区別をおこなっている。自分の住居に住み、結婚して何らかの家具を持っている者は、たとえ貧しくとも正直で立派な労働者として描かれている。さらに調査員たちは、家具つきの貸し部屋に住んでいる労働者でも結婚しているか、住居が何らかの形で業種別に組織されている場合には、彼らの「品行は良好」だと見なした。一八四〇年にフレジエが「危険な階級」の温床だとした「家具つき部屋」という周縁的世界には、『統計』の著者たちによれば四種類の労働者が住んでいた。道徳的に見て品行の良い者、まずまずの者、悪い者、きわめて悪い者である。[66] これらを分ける要因は家族の絆、もしくはその業種の構造に構成員のあいだの上下関係や統制が残っているかどうかにあった。さらにこの統制は最終的には性的な抑制という形で表現された。『統計』で賞賛されているきちんとしたつましい労働者にあっては、あらゆる「粗暴さ」、すなわち過度の肉欲、激情、そして興奮はすべて抑え込まれていたのである。

このように自由貿易と個人の自由の主唱者たちは、規律や統制を擁護した。しかし、経済の統制を望んでいるとして彼らが攻撃した社会主義者とは違って、オラス・セイやその協力者たちは、彼らが自然現象と見なしたものにたいして人為的な法律を押しつけようとはしなかった。そうする代わりに彼らは家族に自然な統制機能があると考えた。この家族の存続と幸福の増進こそが、国家がはたすべき機能であった。道徳科学の役割は、この自然で上下関係がはっきりし、抑制機能のある制度をはぐくみ保護する方法を見つけることにあった。政治経済学にとって経済政策としては「保護主義」がタブーであったとしても、社会政策としてはそれは時代の趨勢だったのである。[*67]

家族と道徳性についての分析は、『統計』においていくつかの機能をはたしている。それによって著者たちは、経済への介入を求めていると思われることなしに小規模で手工業的な組織形態を支持することができたし、一八四八年革命の原因論を経済システムから切り離し、労働者階級の家族へと振り向けることができた。そのようにしてこの分析は科学的な報告書の形をとりつつ、社会主義者への応答という論争上の目的をはたしたのである。この科学の語り口は強力で説得力があり、家族と経済という自然現象の働きを述べるという形で提示された。情報を数表に整理したことは、政治的な関心から始まった論争に数量的な証拠によって決着をつけられるという一般の信念に訴えたものであった。このような観点から見て『統計』は外在的に存在する現実の記録としての役割をはたし、その表現の体裁や形式はそれが事実としての地位を占めるうえで何よりの論拠となったのである。

Ⅲ

女性の犯罪は男性の犯罪と比べ、感染しやすいがゆえにより危険である。

（C・リュカ『監獄の改革について』一八三八年）

『統計』はまた、性の乱れについて論じるふりをしながら政治的な議論をおこなっている。この議論を成立させているのは、著者たちが支持している「現実」と張りあい、これを脅かすような危険で無秩序な「現実」への言及である。この第二の、しかも正反対の「現実」の登場によって、著者たちの経済的な青写真を容認することの必然性が明らかにされている。私たちの目から見ればこの点でもまた、この文書の持つ客観的、科学的記述としての地位は疑わしいものになる。

『統計』は良い労働者と悪い労働者、きちんとした労働者と粗暴な労働者、さらには家庭的な労働者と自堕落な労働者との対立という形で労働の世界を描いてみせた。労働力として、あるいは個々の製造業部門別には正確に男女の数の算定がおこなわれたが、道徳的品行のタイプ分けにかんしては性別は無関係だった。報告書によれば良および不良のカテゴリーには男女どちらも含まれており、業種が同じであれば同じような特徴を持っていることが多かった。しかし家族や道徳性を描写する段になると著者たちは女の放縦なセクシャリティというテーマを持ち出し、制御のきかない危険な（労働者階級の）世界という像を描き出すために娼婦のイメージを利用するのであった。

報告書は道徳的な態度の両極の可能性を示すために女を利用している。「自然なありようとして」家族と結びついている場合には、女はあらゆる家族的美徳の体現者であり伝達者であって、「良き品行はとくに母から娘へと遺伝することが多い」[*68]。注意深い（女の）雇用主は母親のように従業員をしつけ、「尻軽女」という評判やそれらしい性癖のある娘がまじっていないかを調べて排除する。家族を舞台にして営まれる企業（衣料の仕立てとか食品販売など）のトップに立つ既婚の女は、みごとな管理能力や商才を発揮する。労働者として見た場合も既婚の女は、夫の権力や庇護のもとで自分たちの依存性という「自然の法」を受け入れているから、より信頼がおけるとされた[*69]。

『統計』では既婚の女性労働者の状況は、雇用主との関係における「良き」労働者階級の状況の表象であった。すなわち労働者は（主人の知力や資力への）一定の依存と引き換えに利潤にたいする権利を放棄し、甘んじて賃金を受け取るのである。労働者の良き振る舞いは妻の性的な貞節と同様、従属と支配のシステムのなかでの自らの位置の承認であった。ルールを受け入れるということは自らの欲求を制御し、自分が作ったわけでも、変えられるわけでもない法にしたがうことを意味していた。

これにたいし家族の外で暮らす女は法の外で暮らしているのであり、人によってその結果はとくにひどいものであった。たとえばひとり暮らしの老女は悲惨である。彼女たちは面倒を見てくれる者がいなくなったために食べていくことができず、自分で自分の生活をどうすることもできない。彼女たちは（性的な堕落と無関係な）環境の犠牲者であり、その運命には同情あるのみである。*70 これとは対照的にひとり暮らしの若い女は危険であり、彼女たちの状況は自由気儘なセクシャリティと同義である。たとえば婦人帽製造業者のあいだでは、すべては次のように「労働者の置かれた状況」しだいであった。

つまり雇い主である婦人帽製造業者とともに暮らしている者たちは、正直できちんとした行動をとり、倹約と秩序に慣れ親しんでいる。……自分の部屋で働き一日の仕事が終われば何をしようと自由な者たちは、これとは違う。浪費と困窮が見られるのはこのような女たちにおいてである。一般的に言えば彼女たちは日給ないし出来高給を受け取っており、生きていくには十分な賃金を稼いでいる。だから彼女たちがじつにしばしば陥る苦境の原因は、倹約の欠如と無秩序な行動に帰せられるべきである。[*71]

『統計』の著者たちはひとり暮らしの女の品行は男の場合よりも悪いと指摘することによって、女と性的放縦とを結びあわせた。でたらめな労働者の集団のなかでも、女は「ことのほか」乱れていたり、ふしだらだとされるのがつねであった。[*72] 内的な矯正手段を欠いているため、若い女は情熱のおもむくままに悪行にふけり、売春がそのお定まりの結末となる。娼婦はセクシャリティを容認し利用している点でもともと嫌悪をもよおさせる存在であるが、さらに贅沢への嗜好を身につけることで彼女たちの行動はいっそう堕落していくことになる（J＝B・セイは、消費は経済にとって重要であるが、贅沢な嗜好はその順調な発展を妨げると警告していた[*73]）。

彼女らの自称している職業からはどう見てもおかしい安寧さの痕跡が、ときとして目につくのである。[*74]

多数の労働者はその品行に疑問があり、彼女らの送っているような生活スタイルを維持するには不十分な賃金しか稼いでいない。彼女たちは大衆的な舞踏会の常連であり、真面目に仕事をしている姿はほとんど見かけない。[*75]

「疑問がある」ということばは、独身の女性労働者の品行に言及する際にくり返し登場する。そこには疑わしい振る舞いにたいする否定的な評価ばかりでなく、かげひなたのある言行とかごまかしといった意味あいも込められている。調査員たちは、こうした女たちが本当には何をしているのか確信を持てなかった。外見だけでは正確な判断はつかないし、自称の職業上の肩書もわざと嘘をついているのかもしれなかった。縫い子の数を調査するのに考案された二重チェック（雇用主から情報収集すると同時に縫い子が住んでいそうなすべての世帯を訪問する）は、初歩的な裁縫技術を持っている女なら誰にでも開かれている職種について、家内労働者の数を調べることがいかに難しいかを示しているばかりでなく、次のことばのように、本当のところ何が真実なのかを知ることの難しさをも示していた。「縫い子を各自の家で数える調査の方がまだしも確実だと思われる」。[*76]

多くの場合、このやり方は同じところを二度訪ねることを意味した。というのも、縫い子たちが住んでいた下宿屋は『統計』の別の箇所ですでに網羅的かつ詳細に取り扱われていたからである。[*77] 縫い子の調査はまた、彼女たちの道徳上の品行についての情報をより徹底的に確認しようとする試みでもあった。「これらの労働者の生活状況についての情報源となったのは、調査員が抱いた印象、……労働者自身が提供した回答、それに隣人たちであった」[*78]。その場合でさえ、「これらの労働者の品行について評価を下すこと」、あるいはそもそも彼女たちが労働者であるかどうかを判定することすら困難であり、「かなりの者にとって縫い子という職業は、明らかに本当の収入源を隠す手段にすぎない」のであった。[*79]

これらの労働者のおかげで、『統計』に示されたパリの労働者数の精度はあやしいものになってしまった。彼女たちの存在は客観的な観察者の事実を「見る」能力にたいして疑問をつきつけ、用意されたカテゴリーにうまくおさまることを拒否している。これらの労働者と呼ばれる人々のあり方の不安定さが示唆しているのは、家族、労働、経済、そして交換をめぐる通常のコンテクストの外で生活する独身女性の地位を確定するという、さらに大きな問題の存在である。ここでは売春をほのめかすことによって、不品行とか堕落といった感じが伝えられている。労働者であって労働者でないこれらの女たちは、パリの産業界の周縁に位置しながら、しかもその一部であった。彼女たちの振る舞いのなかには道徳的秩序にたいする脅威、労働規律ばかりでなくあらゆる社会関係の破壊につながるものがあった。親もしくは夫への従属という正しい自己認識を持たないこれらの女たちは、無法者として生きていた。彼女たちの状況の曖昧さ、すなわちおとなしくカテゴリーのなかにおさまろうとしないという事実そのものが、彼女たちの危険性のしるしだったのである。[*80]

娼婦は、男女を問わず堕落したり、倒錯的であったり、あるいはともかく規制や管理から外れたセクシャリティの表象であった。女は「生まれながらの」従属と依存という意味で、資本にたいする労働者階級の関係を表象していた。[*81] テクストのなかで階級とセクシャリティの表象は互換性を持ち、独身の女性労働者の姿にはこの両方が重ねあわされている。『統計』が品行に「疑問のある」女にたいして抱いた強迫症的ともいえる関心からは、もう一つの「現実」についての一連のコード化された観察や警告が読みとれる。それは労働者階級(実際には人間の人格)が持つ暗く危険な側面であり、これを抑制するためにはまず知ることが必要であった。[*82] この「現実」はつねに水面下に隠れており、著者たちがこの報告書の序章で誇りをこめて賞賛してみせた活気に満ち、芸術的で繁栄している労働の世界の裏面なのであった。一八四八年六月の暴動が示したように、この「現実」は危険で混沌とした世界であり、そこではいかに振る舞うべきかについての通常のルールや自然の上下関係がひっくり返り、雇用主の父親的な監督ももはや息子たちの「大騒ぎ」を抑止することはできない。この状況にたいする唯一の矯正手段、その再発を防ぐ唯一の道は、もう一度家父長的な法を課することであった。

このように『統計』の著者たちは「現実」についての一つの見方と、なぜそれを経済生活の枠組みとして受け入れねばならないかという主張の両方を提示している。そうすることによって彼らが生み出したテクストは、「現実」にたいする彼ら自身の政治的関わりについて何ごとかを教えてくれる。この現実は絶対的というよりは状況依存的なものであり、発見されたというよりは構築されたものであり、自然に、あるいは必然的に生きられた現実ではなく明確な政治的目的のために押しつけられた現実であった。数表が大量の情報を整理し、社会構造についての一定のモデルにのっとった理解を示すカテゴリーに分類してみせたように、法もまた社会および政治生活のうえで望ましい関係を押しつけ、強制し――そしてそれを現実のものとしたのである。

Ⅳ

『統計』の計画と刊行に続く時期、第二帝政の強力な検閲法と警察への密告者の監視のせいで、労働の世界の現実についてのこれに代わるような解釈は登場することができなかった。こうして『統計』の分析用語は一種の公的な地位を占め続けた。商工会議所はそれ以後の研究においても『統計』で用いられたカテゴリーを使用し続けた。一八六〇年のパリ産業調査は、一八四八年に使われたのと同じ書式を用いた。第三共和政のもとでは新しい調査技術や政治環境の大きな変化が新しい種類の統計調査を生み出し、そこから構築された労働の世界もそれ以前とは違ったものになった。*83 いまの時点でこうした調査の歴史について述べることはできないが、いずれそうした歴史が書かれれば、たんに労働の世界の組織や構造だけでなく、労働の世界を描写すること自体がどれほど激しい議論や政治闘争と関係があったかが明らかになるに違いない。

私たちは権力と知としての政治という観点から見るときにはじめて、歴史家にとって一八四七―四八年の『統計』がどんな利用価値を持つかを査定することができる。一八四八年の直後に書かれた『統計』の意図は、革命のもっともラディカルな経済的および政治的要求を論破し、とくに社会主義的な理論家からの厳しい挑戦を受けていた経済組織についてのヴィジョンを再度主張し直すことにあった。この文書には政治経済学の分析枠組みと、それが受け入れられなければいったいどうなるかについての議論が記号化されて盛り込まれている。この報告書は科学であるという調査者の主張、および情報を数表で示したことが、この報告書の意義を確定し、権威ある記述としての地位をいっそう強化した。このことと、異議申し立てはいっさい許さないというこの時代の政治的な空気とが、著者たちの立場をそのときだけでなく後世に至るまで確固たるものにしたのである。行政目的や論争のために『統計』を使うのが時代遅れになってしまってからずっと後でも、非の打ちどころのないデータを求める歴史家たちはこの報告書を額面どおりに受けとり、そのカテゴリー分けや解釈に疑問を持つことなく、そこで実証されたことを自分たちの研究に組み入れてきた。こうした手続きをとおして経済学についてのある特定の見方、および統計学を本質的に客観的な企てと見る見方が生き長らえることになった。すなわち歴史家は自分ではそうと気づくことなく、過去の政治の片棒をかついできたのである。これとは異なるアプローチをとるためには、どのような史料であろうとそれを固有の言説上の文脈のなかに置き、外在的な現実の反映としてではなく、そうした現実を構成する一部として読むこと、すなわち定義したり意味を作り上げたり、社会関係や経済制度、政治構造を創出しようとしているものとして史料を読むことが必要である。こうしたアプローチが歴史家に求めているのは、いかなる文書であれそれがどのような用語で語られているかを問題にすること、それによってその文書が過去の「現実」の構築にいかなる役割をはたしているかを問うことなのである。

※　この論文は最初、一九八四年一〇月、マウント・ホリヨーク・カレッジにおけるジョン・ラックス記念講演として報告したものにその後手を加え"Statistical Representations of Work: The Politics of the Chamber of Commerce's *Statistique de l'Industrie à Paris, 1847-48*"の題で、Steven Laurence Kaplan and Cynthia J. Koepp, eds., *Work in France: Representation, Meaning, Organization, and Practice* (Ithaca, N. Y.: Cornell University Press, 1986), pp. 335-63 に発表した。本書への再録にあたっては、出版元である Cornell University Press の許可を得た。

第7章　「女性労働者！　神を恐れぬ汚れたことば……」

——フランス政治経済学の言説に見る女性労働者、一八四〇—六〇年

女性労働者！　ジュール・シモンのように実生活という浩瀚な書物を読んだことのあるすべての人にとって、このことばは苛酷な現実、すなわち辛苦、窮乏、悲惨、売春といったことがらの同義語、それらの要約という響きを持っている。
（イポリト・デュサール『経済学者新聞《ジュルナール・デ・ゼコノミスト》』一八六一年）

一八六一年のパリの官展《サロン》にオーギュスト＝バルテルミ・グレーズは《貧困という名の取り持ち女》と題した一枚の絵を発表した。この絵の中心は一人の恐ろしげな老婆で、ずたずたのぼろのあいだから醜く垂れ下がった片方の乳房と裸足とがのぞいている。彼女は杖を引きずり（その姿勢は死神の姿を思い起こさせる）、曲がった指で遠くに見える都市の灯りを指さすか、あるいはさし招いている。彼女の背後には一本のろうそくのまわりに寄り集まって、何人かの田舎

風の服装をした真面目な若い娘たちが仕事をしているのが見える。そのうちの一人は紡錘《つむ》を手に持ち、そばには紡ぎ車がある。老婆の前方では一群のなまめかしい裸の女たちが、馬に引かれた一台の馬車にこぼれ落ちんばかりに乗り込んで、大急ぎで都市の方へと向かっている。この絵が描いているのは静的な対照というよりは、田舎から都会へ、伝統的社会から近代的社会へ、秩序から無秩序へ、女にふさわしい装いや振る舞いから官能による堕落や腐敗へという移り変わりの物語である。賢明な娘たちから愚かな娘たちへの変容を生じさせるきっかけとなっているのは老婆で、彼女の見るからに胸の悪くなるような様子は娘たちを待ち受ける運命がどんなものかを私たちに教えているのだが、なぜか当の犠牲者たちにはその警告は届かないのである。画家にとってもう一つ重要なのは、主題が労働者であることだった。グレーズはカタログのなかで、「何人の若い娘たちが働くことをやめてしまい、いつも自分たちを追いまわしているように見えるこの妖怪から逃れるために、放蕩によってもたらされるありとあらゆる悪徳のなかにわれとわが身を投じることだろう」と書いている。[*1] この妖怪とはもちろん貧困のことであり、当時のある批評家の定義によれば「絶望と汚名、あらゆる種類の売春の母」であった。だがグレーズのことばは、その絵と同じように因果関係にかんしては曖昧さを含んでいる。なぜなら若い娘たちの放縦さは、彼女ら自身のなかから発しているように見える。彼女たちは恐るべき運命に無理やり追いやられるというよりも、むしろ楽しそうに、その運命をつかまえようとひたむきに突進しているのである。貧困は娘たちの転落の原因であると同時に、女の（自然な？　不可避な？）性向が解き放たれた場合の結果にたいする警告ともなっている。

女と貧困にかんするこのような曖昧さは、一九世紀に女性労働者をめぐって戦わされた議論の多くに共通した特徴であり、一八五八年から六〇年にかけて（グレーズがキャンヴァスに向かっていたのとちょうど同時期）、いくつもの研究が発表されたことによって世間の注目を集めた論争にもそれは共通していた。こうした研究のなかには、一八五九年にリヨン・アカデミーの論文コンペティションで優勝したジュリー＝ヴィクトワール・ドービエの『一九世紀の貧しき女性』や、ジュール・シモン（教授にして政治評論家、政治経済学協会の会員）の『女性労働者』（一八六一年）も含まれていた。実際、グレーズの絵が賞賛を浴びたのも、おそらく彼が同時代人たちの議論で言われていたことを非常に巧みにとらえてみせたという事実といくぶん関係があったであろう。たとえばマクシム・デュ・カンはその感想のなかで、この絵を「文句なしに空想的で、にもかかわらずすばらしく現実的であり、誰が見てもよくわかる」と思ったと述べている。[*2]

これらの研究が発表されたことで女性労働者の問題は、道徳や経済組織、労働者階級の状況をめぐる論争の前面に押し出された。それはまた、政治経済学の関心とこの時期に最高潮に達していた女についての一般の論争――ある歴史家が「第二帝政期の女性論争」と名づけたもの

――とを結びつけた。一八五八年から六〇年にかけては、とくに「女」にかんする書物がどっと出回るのが見られた。プルードンの『革命と教会における正義について』（一八五八年）は、後のより辛辣な批判の書である『娼婦政治、あるいは近代の女たち』（彼の死後、一八七一年に出版）の先触れであった。さらにミシュレの『愛』（一八五八年）と『女』（一八六〇年）、およびこれらの著作にたいするフェミニスト側の回答であるジュリエット・ランベール・アダンの『愛、女、および結婚にかんする反プルードン的理念』（一八五八年）や、ジェニー・デリクールの『解放された女』（一八六〇年）[*3]。労働者階級の女の問題が、女性問題をめぐる論争のすべての局面において中心となったわけではないが、自立や法的地位、および女にふさわしい社会的役割にかんしてはある程度の関心を集めるのに役立った。

　女性労働者という主題そのものがこれほど中心的となったのはかつてないことであったにせよ、経済学者にとってこのテーマは一八五八年から六〇年にはじめて登場したわけではなかった。一九世紀フランスの政治経済学の言説のなかでは、暗黙のうちにであれ、あるいは労働者階級一般についての議論の一部としてであれ、すでに以前から女にたいする言及が見られたのである。この言説には、新しい経済「科学」を提唱する理論家たちの声と、ありとあらゆる批判者の声とが含まれていた。すなわち、自由市場という考え方を攻撃する保護貿易論者、経済発展が社会秩序を脅かすことを恐れるモラリスト、個人主義と競争とに毒づく社会主義者、および新しい労働の分担がもたらす結果に疑問を投げかけるフェミニストたちの声である。これらの声を型どおりの論争におけるようにはっきり敵味方に分けてしまったのでは、不正確である。なぜならこれらの声は重要なところで互いに重なりあい、ドニーズ・ライリーが別な文脈において「相互参照のクモの巣」と名づけたものを形成しており、ある点で交わるかと思えば、別な点では鋭く分岐していたからである。[*4]そうした重要な交錯点の一つが働く女の表象であり、女性性、セクシャリティ、および社会秩序についてのさまざまに異なる概念をとおして、同時代人たちは工業の発達がフランス社会におよぼす影響について意見をかわしあった。

　本章で私はある一つの視角、すなわち政治経済学者たちが有していた、あるいは彼らが直接に言及している視角から言説にアプローチしてみたい。この政治経済学者たちとは、新しい経済科学の用語を定義し（市場や生産組織の働きと富の分布）、その法則を体系化し、この分野をこころざす者たちを訓練するという仕事を引き受けていた男たち（および少数の女たち）のことである。彼らは、自分たちの見解を政策に移し換えようと積極的に努めるなかで、「世論」や立法者に向かって訴えかけた。公衆の前での演説や新聞（一八四二年創刊の『経済学者新聞《ジュルナール・デ・ゼコノミスト》』）、組織（政治経済学協会）をつうじて、彼らは自分たちの見解を世間に広めた。アカデミーのなかに著名な代弁者――コレージュ・ド・フランスの政治経済学教授の職にある人物――を持ち、道徳・政治科学アカデミー、商工会議所、および地方政府や国家政府の部局のなかにもメンバーがいた。一八四〇、五〇年代にこれらの政治経済学者がしぶる政府を説きつけて自由貿易を実施させたとき、たとえ彼ら自身は敵に囲まれているように感じていたとしても、実際は彼らは新しい経済秩序の確立にたいして決定的な影響を与えた。なぜなら、知識と政府への接近手段を支配することによって自分たちの科学の知的、制度的な権力を確立した政治経済学者たちには、経済の問題に取り組もうとする人々がそのなかで(そしてそれに対抗して)作業を進めざるを得ない概念枠組みを提供することが可能だったからである。

I

一九世紀フランスの政治経済学者の著作における働く女たちへの言及は、直接的でもあり間接的でもあった。働く女の姿は、貧困や賃金、職種、および家族について論じる際のはっきりした話題としても、無秩序を表す手段としても利用された。これらの用法をきっちり分けるのは不可能であることが多く、後で見るように、グレーズの絵においてと同様、両者は互いに結びついていた。働く女についての議論の多くはまた、都市についての考察をともなっており、二種類の都市と二種類の問題が持ち出されるのがつねであった。第一は、パリのような都会の中心に一人で生活し、働いてわずかな収入を得るとともに都市貧民の隊列をふくれあがらせている若い女たち(ひとり暮らしの女もしくは娘)の状況である。そして第二は、新しい工業中心地の住人であり、長い時間機械の相手をして働きながら、家では正常な家族とはほとんど似ても似つかない集団の一員として暮らしている女たちにかんするものであった。

一人で自活している女性労働者を指すのに用いられた用語は曖昧なものである。売春取り締まり制度のもとでは「ひとり暮らしの女」とは、この商売の認可を受けている家のどこにも登録していないもぐりの娼婦を指していた。[*5] 一八四八年にパリ商工会議所が準備した『パリ産業統計』〔以下、『統計』〕のような労働者の調査では、「ひとり暮らしの女」とは家具つきの貸し部屋に一人で住んでいる女性賃金労働者（たいていは縫い子、もしくは婦人服仕立て工）を意味しており、彼女たちはそこで既製服産業のために出来高払いで衣服を縫っているのであった。[*6] このように同じ用語が用いられたのは偶然の一致ではない。一八三六年のパラン＝デュシャトレによる大がかりな売春調査以来、働く娘たちの隊列のなかからパートタイムの娼婦が出てきていることは一般に認識されていたからである。

売春のすべての原因のなかでも、とりわけパリにおいては、そしておそらく他の大都市においても、失業と、不十分な賃金の不可避的な結果である貧困以上に強く作用しているものはない。われらの婦人服仕立て工は、縫い子は、繕い工は、そして針を持つのを仕事にしているすべての者たちは、いったいどれほどの稼ぎを得ているのだろうか。……彼女らの労働の代価と、彼女らが不名誉なおこないから得るものとを比べてみるがよい。そうすればかくも多数の者たちがいわば避けがたい無秩序へと転落していくのを見ても、驚いたりはしなくなるであろう。[*7]

パランの分析のなかには厳密に言って賃金や労働条件とは関係のない説明も含まれていた。彼の考えによれば貧困以外に、「虚栄心や豪華な衣装で着飾りたいという欲望も、怠惰とともに売春にもっとも影響をおよぼしている原因の一つであり、とくにパリにおいてはそう」であった。[*8]若い娘が雇い主や親の監督の目の届かないところで生活し、働いていれば、そのような欲望は手がつけられなくなるおそれがあった。一八四八年の『統計』の著者たちが述べているように、「自分の部屋で働く女たちや……一日の仕事が終われば何をしようと自由な者たち」は、「浪費」や「風紀を乱すおこない」と結びつけられていた。[*9]実際、『統計』の著者たちの目には、こうした女たちの職業上の地位は「疑わしい」ものと映っていた。彼女たちの賃金がきちんとした仕事から得たものか、それとも売春から得たものか、はっきりわかったためしはない、「彼女らの自称している職業からはどう見てもおかしい安寧さの痕跡が、ときとして目につくのである」。[*10]ひとり暮らしという状況は、飽くことのない欲望を解き放つにしろ、悲惨と失業をもたらすにしろ、いずれにしても売春につながっているのであった。

売春と結びつけられた贅沢や浪費は、経済を機能させつづけるのに必要な（しかも自己規制された）消費の形態や、適切な（しかも限度をわきまえた）セクシャリティの形態ときわだった対照をなしていた。一八四二年の『経済学者新聞』にのったある記事は、消費とセクシャリティとをはっきりと関連づけている。筆者は犯罪行為の原因を貧困ではなく情欲に、「度の過ぎた欲望」によってもたらされる「道徳の貧困」に求めているのである。「下層階級」の生活水準をあまりに急速に上昇させると、欲望を刺激しすぎることになると彼は警告する。「彼らの進歩を促進しようとする際にも、彼らの情欲による混乱を引き起こさないように注意しなければならない」。[*11]

「ひとり暮らしの女」という語がこのようにどちらの意味にも使われたことは、こうした働く女たちは全員が娼婦になる潜在的可能性を持っており、良き秩序が――社会的、経済的、政治的な――破壊された、周縁的で節度のない世界の住人であると示唆しているのであった。そのため修辞的に見て「ひとり暮らしの女」という語を用いることは、それが何を指しているかの曖昧さによって、二重の効果をあげることになった。すなわちある種の働く女が娼婦と結びつけられると同時に、性的放縦と貧困とが同一視されたのである。因果関係の曖昧さ（貧困が原因か不道徳が原因か）は、この結びつきそのものに比べればそれほど重要ではなかった。なぜなら性的放縦にたいする治療法はただ一つしかなく、それは管理だったからである。

女性労働者にかんする解説では女性の雇用にさまざまなカテゴリーと形態があることが認められてはいたが、女性労働者について書かれたもので関心の中心を占めていたのは「ひとり暮らしの女」の状況であった。政治経済学者たちは、熟練した女主人が弟子を監督し、仕込んでいく仕事場を礼讃していたし（母と娘になぞらえられた関係）、既婚の女が自宅での内職仕事と家庭の雑用とを両立させて賃金を稼ぐことの必要性や有用性も容認していた。けれども彼らの書くものではこれらの例は素通りされ、必ず貧困と、それゆえに「ひとり暮らしの女」のディレンマの問題とが取りあげられるのであった。[*12] それは「ひとり暮らしの女」が、女の経済的地位のむきだしの現実を体現しているからであった。彼女たちの病的な状態を見ることで、人は女の賃金の「自然の法則」を理解したのである。

その法則とはどのようなものか。フランス政治経済学の初期の理論家の一人、ジャン＝バティスト・セイ〔第6章を参照〕が明確化し、彼の追随者たちがくり返して述べたように、男と女の賃金計算には根本的な相違があった。男の賃金は労働者自身を養えるとともに、労働力の再生産を賄うことができなければならなかった。すなわち彼の賃金には、けっして完全に自活することはできない「生まれながらの依存者」である、彼の子供たちと妻にたいする扶養費も含まれていたのである。[*13] 女の賃金も男の場合と同様、需要と供給の法則によって定められたが、女の働き口をめぐる競争にはそれ以外の要因も作用していた。何らかの理由から自分で自分を養っていかなければならない女たちは、自然な状態にある女たち、すなわち一家の収入を補助する程度に働けばいいだけで、したがって自活できるレヴェルよりも低い割合の賃金で進んで働こうとする女たちとの競争に、たえず直面しなければならなかったのである。セイは、男の労働市場でも論理的にはこの逆のことが当てはまるかもしれないと認めている。つまり、扶養すべき者のいない未婚の男は既婚の男よりも雇うコストが少ないように見えるため、賃金を家族扶養レヴェルよりも引き下げてしまうことがありうるというのである。しかし彼は読者にたいし、このシステムがもたらす長期的な結果に注意を呼びかけている。労働者が再生産をしなくなれば、将来の労働力の供給が減少し、賃金は上昇せざるを得ない[*14]（「二人の雇用者が一人の労働者を追いかけるときには賃金は上昇し、二人の労働者が一人の雇用者を追いかけるときには賃金は下降する」というのは、賃金と利潤の理論についての論文という論文にくり返し引用された諺である）。その解決法は、男の賃金を――未婚、既婚を問わず――再生産費用を含むように設定することであった。なぜなら政治経済学によれば、再生産は生物学的な機能ではなく経済的概念だったからである。それは生命そのものの生産ではなく、生きていくための生活の糧の提供、資本の蓄積と関係があった。セイが指摘しているように、「難しいのは生まれることではなく、生きていくことである」[*15]。扶養によって子供は一人前の男になる準備をし、やがて労働のために必要となる力と技術とを培っていく。「こうした能力は……［労働者を］育成するために割り当てられた金額を「両親が」毎年、継続して蓄積していくことによって、はじめて形成される資本と見なすことができる」[*16]。

　私たちが現在「人的資本」と呼ぶものは、子供を育てるのに割り当てられる「金額」、または成人男性に支払われる「賃金」として、もっぱら金銭的な形で取得され、計られていた。そのため労働者の賃金は、彼一人を養うのに必要な額よりも高く設定される必要があった。そこでの余剰分は、次の世代の労働者にたいする雇用者側の投資を表していたのである。この計算には出産における女の労働と育児のための活動は含まれていなかった。出産や育児はむしろ、それにたいして経済的力が働きかける原料、それをもとに人間社会が作られている自然の要素なのであった。セイは生産を、ものに価値を与え、それらをただの物質から価値を認められた交換可能な商品へと作り変える活動と定義していた[*17]。彼の辞書のなかでは再生産は生産と同義語であった。

　生産はときには再生産と呼ばれる。なぜなら生産は実際、材料をそれに価値を与えるような別な形に再生産する以上のことではないからである……生産という語の方がより正確なのは、問題となっている富は材料それ自体から生じるのではなく、その材料に与えられた価値からくるからである[*18]。

このような再生産の定義は、より生物学的に限定されたことばの使い方をそのなかに取り込み、的外れにしてしまうものであった。資本が人間であるか否かは重要な点ではなく、価値がどのように、また誰によって生み出されるかに力点が置かれたのである。一種の循環論法によって、父親の賃金には扶養コストが含まれているのだから、赤ん坊を成人へと変えていく行為主体は父親であると見なされた。理論上は仕事場における彼らの役割を認め、補償するものであるはずの賃金が、家族との関係においては価値創造者の地位を父親に与えるための手段となる。人間の育成に金銭的価値を付与し、それをすべて父親の賃金に帰属させることで、家事労働者としても賃金の稼ぎ手としても、女の貢献はとるに足りないものとされたのである。[*19]

このことは一部はあるレヴェルでの抽象化と関係があった——男の賃金には、彼個人の労働力支出も含めてすべての社会的な労働コストが包含されるという抽象化がそれである。しかし生産と再生産を男の活動として表象するというのは、経済を自然の類似物と見ると同時に対立物としても見る概念から生じたことでもあった。経済は、物理的世界の法則にも似た法則を持つ自然現象であると言われた。政治経済学者の科学者としての地位は、結局のところ、人間の活動のなかにある経済秩序の自律的法則を観察するというところに依拠していた。だが経済が自然現象であるとしても、その活動には物質、すなわち自然の賜物を人間が価値のある品物に変容させることをともなっている。この自然物質と価値の創造との区別は、対立関係として定義されていた。すなわち、出産と扶養、原材料と価値ある製品、自然と労働者、母親と父親である。この図式のなかでは、子供によって獲得される社会的価値にたいする女の貢献は認められてもいるが、曖昧にされてもいる。男の賃金が彼女たちのコストもカヴァーしている、もしくは補償していると見なされるからである。それと同時に女の賃金労働にたいしては、男の場合に与えられるような価値創造的な地位が拒否される。女は定義上劣った労働者であり、したがって同じ種類の価値を生み出すことはできないというのである。労働者向けの新聞である『アトリエ』は、女性賃金労働者問題について論じた記事の前書きで、そのことを次のように的確に表現している――「女の仕事は社会にとって男の仕事のように生産的ではないとはいえ[20]……」。

男と女のあいだの賃金計算の非対称は驚くほどのものであった。男の賃金には扶養と再生産のためのコストが含まれ、女の賃金はたった一人が食べていくためにすら家族による補助を必要としたのである。いずれの場合にも家族の一員であることが前提とされ（かつ奨励され）ていたが、その結果は非常に異なっていた。男は独身であろうが結婚していようが自分の賃金で生活していけたが、女にはできなかった。男は政治経済学の理論家たちが唱えた個人の自由の可能性を体現していたが、女は拘束や他者への義務を負った従属的な社会存在となり、理論もまたそれを前提としていた。政治経済学にたいする批判者たちは、賃金はすべて男でも女でも最小限労働者が生計を立てることを保証するものでなければならないと論じたが、これにたいして理論家たちは、女の賃金は男から何らかの援助を得なければ不完全なものなのだから、それは不可能であると答えている。あるいはウージェーヌ・ビュレが『労働者階級の貧困』という一八四〇年の研究で述べているように、

産業の観点から言えば女は不完全な労働者である。もしつれあいの不十分な賃金に自分の稼ぎを足してやる男がいなければ、彼女は女という性であるだけで貧困に陥ることになるのである。[*21]

ビュレは「性」という語を二重の意味で用いている。この語は女の社会的に認められた活動――私たちがいまジェンダーと呼んでいるもの――を指すと同時に、ある境界の外では堕落と腐敗につながるような肉体的行為をも意味している。「ひとり暮らしの女」は、家族という背景の外では労働も性も女にたいして満足のいく報酬をもたらしえないことを実証しているのであった。

だが女は家族的構造のなかでなら働くことができた。「ひとり暮らしの女」についてのこう

した議論のなかで問題になっていたのは、女は労働に向いていないとか、労働によって女が母親にふさわしくなくなるといったことではなかった。なぜなら賃金や富の分配についての研究は、一家の生活費にたいする女の貢献の重要性を前提とする一方、女性労働者について述べる際には、自分たちの力と性にふさわしい仕事をし、かつ家族に似た条件のなかで注意深い監督を受けながら働いている被雇用者は、どれほど行儀が良いかを指摘していたからである。そのうえ行儀の良さは財政的な幸福にもつながっていた。倹約と節制を実行している者は、賃金が安いにもかかわらずどういうわけか非常にうまくやっていけているというわけだ。実際、女の低賃金にたいする救済手段は男からの財政的支援だけでなく、欲望を抑えることと結びついたつつましい態度もその一つであった。身の程をわきまえない生活をしたいという欲望と性的放縦への欲望、それはどちらも当然、売春と結びついていた。ここでは政治経済学者は暗黙のうちに、社会主義の立場から自分たちを批判する人々に戦いを挑んでいる。これらの批判者のある者は、資本家による搾取のもとでの全労働者の苦境を象徴するものとして娼婦像を用いていた。政治経済学者たちはこの問題を直接論じることはせず、自分たちの科学という権威を基盤にこれとは正反対の定義を主張してみせた。社会主義者たちが労働力を売ることは女がからだを売ることと少しも違わない、経済的搾取と性的搾取は一つのものであると指摘したとすれば、[*22]政治経済学者の方は、「筋力」の生産的で規律正しい利用と性的活動の浪費的で自堕落な局面とを注意深くはっきり区別してみせたのである。さらに彼らはセクシャリティを女のからだの側に位置づけることによって、ジェンダーによる対照を作り出した。すなわち労働と性、生産性と浪費性、規律と放縦、男性と女性である。これは買売春を成立させている交換に男が関わっていることを否定する効果を生み、さらに一見それによって汚染されていないように見える解決策を提案するという効果をもたらした。もしも経済的生産性と道徳的秩序が維持されねばならないとすれば、男性的原理が支配しなければならない。それはつまり、家父長的家族――序列的で相互依存的な存在――が秩序をもたらすための学校とも、その体現者ともならねばならないことを意味していた。「ひとり暮らしの女」という曖昧な存在は、貧困とセクシャリティとを結びつけることによって、管理された状況以外のところで営まれる生活がすべてどのような結果になるかの例証だったのである。[*23]

こうした議論には女たちの生活の現実への言及をはるかに超えた意味が含まれていた。「ひとり暮らしの女」が表象しているのは貧困の支配する領域、乱れたセクシャリティと秩序を脅かす自立、および危険な不服従の世界であった。[*24] 彼女たちは都市そのものを体現していたのである。[*25] 彼女たちは都市化の最悪の結果を身をもって示していると見る著者たちもいれば（「我等の暗黒の都市に襲いかかる名状しがたい突然の蒸気、煙と有害な発散物と悪夢とのごったまぜ[*26]」）、大都市においてきわめて顕著な労働者階級の道徳的堕落を彼女たちのせいにする者もいた。政治経済学者の著作のなかでは原因と結果が明確に分けられていないのがふつうで、「ひとり暮らしの女」の姿はそれよりもむしろイメージを喚起する働きをしていた。これらの女たちは売春との関連において、大都市を「永遠の汚染の中心」とする「道徳的レプラ」の伝播者であった。また政治的大変動の時期――一八四八年革命のような――には、社会秩序全体を転覆させる恐れさえある「騒然たる情熱」が表出するのを許したり、自らそれを表現したりしていた。[*27] すなわち「ひとり暮らしの女」とは、経済的、社会的な逸脱を意味していたのである。彼女たちの状況から生じる政治的脅威は政府による何らかの介入の必要性を強調するとともに、それに代わる望ましいあり方がどのようなものでなければならないかをはっきりと浮かび上がらせていた。

「ひとり暮らしの女」問題の提示のされ方のなかに、私たちは政治経済学が富の生産についての言説のなかに道徳科学を組み込んだのを見ることができる。ジョヴァンナ・プロカッチはこの過程を巧みに描写して、一九世紀前半における「経済学への道徳の接合」が「介入のためのあらゆる技術的手段の案出を可能に」したと述べている。[*28] それらの手段がどのようなものでどのように作動したかはここでの私たちの関心事ではないが、介入が経済ではなく家族に向けられたことに注意しておくのは重要である。[*29] 家族が道徳の規制役となるのは当然と考えられたのにたいし、経済は人間の管理のおよばない領域で自己規制をおこなっていると見られた。にもかかわらず両者の法則は相関性を持っており——政治経済学の言語では——「［磁気の］引力や重力の法則」のように科学的観察によって発見することが可能であった。[*30] これら政治経済学者たちの著作においては、道徳的考察と経済についての考察とを分離することは不可能である。[*31] 賃金分析ではジェンダーと経済とが結びつけられている。家族内での女の男にたいする「自然な依存性」が男と女の賃金の差の説明となり、需要と供給の「自然法則」が、なぜ女はつねに男に依存しなければならないかの説明となる。一組の「自然な」法則がもう一方の法則を明確化し、構築しているのである。そして「ひとり暮らしの女」の窮状についての議論はすべて、賃金労働者としての女の劣った、あるいはビュレの表現によれば「不完全な」立場と、その結果彼女たちを家族構造のなかにとどめておくことの必要性とを前提とするとともに、あらためてそれを主張してもいた。

Ⅱ

工業都市における女性労働者についての政治経済学の議論のなかには、密接な関係をもった二つのテーマがはっきりと見てとれる。一つは機械が労働そのものにおよぼす影響にかんするものであった。生産労働の新しい分割は、生産のパートと労働者について互換性のある体制をもたらした。機械力が人力に取って代われるようになれば、男と女の労働のあいだにある差異のしるしの少なくとも一つは消し去ることができた。もう一つは、そこで両性の「乱脈な混淆」がおこなわれた場である工場や街路、労働者の家庭などの物理的な空間と関係があった。これは暗に労働における差異の平準化と関連があったが、別個の問題として提示されていた。したがって工場における女の雇用という問題には賃金や労働条件にたいする考察ばかりでなく、工業化と都市化と労働の性別分業との関係にたいする考察も含まれていたのである。

機械の導入とともに、職種のあいだにはある種の同質性が生じた。実際には一八四〇、五〇年代のフランスで機械が使われていた場所は数が限られており、大半が織物生産においてであった。その織物産業においてさえ、労働市場は性によって隔離されたままであった。けれども政治経済学者たちは、機械が労働者間のあらゆる差異を溶解させる潜在的可能性を持っていることを認めた。政治経済学者のなかで新しい労働の分割に批判的な人々は、労働者の個別性の喪失――「誰が来ても彼の代わりがつとまるようになる」[*32]――と、「良い労働者と悪い労働者」を分ける目印であった技術の喪失とに反対した。[*33] これにたいし賛成派の人々は、機械が仕事を非常に単純化してしまったので、これまでなら弱すぎたり訓練を受けていないために雇えなかったような者たち――女と子供――にも、いまや賃金を稼ぐチャンスができたと主張した。

［機械が］創り出した仕事はとても単純なので、いままでは働くことができなかった者た

ち、すなわち子供と女性、および一般的に言って人口のもっとも弱い部分にも安心して任せることができる。[*34]

その結果、社会のなかに存在する労働力がいっそう生産的に利用されるようになった。だがそれには同時にどっちつかずの意味あいも含まれていた。「腕力の強さ」の差異がもはや必要ないとなれば、そしてそのような強さが男と女の賃金差の要因であったのだから、両性間にある種の平等が達成されるかもしれない。その結果労働市場はより開放的になり、「労働の自由」の正しさが実証されるかもしれない。だがもちろん、より不吉な予想としては、機械が生産を人間の肉体的骨折り作業から、賃金によって確認され政治経済学において男性性と結びつけられてきた価値を生む活動から引き離すことによって、すべての仕事を女性化してしまう可能性もあった。

興味深いことに、女性化について騒ぎ立てたのは政治経済学者ではなく、(男性)労働者であった。[*35]少なくとも一八三〇、四〇年代においては、政治経済学者は機械化の問題にたいして道徳性の問題として、両性間の「自然な」区別が崩壊する恐れがある問題として取り組んでいたのである。たとえば論説中には、機械が女たちを女らしい技術や家庭内での場所から引き離してしまったために、女ばかりで占められていた糸紡ぎのような職種を大混乱におとしいれたと指摘されている。[*36] だが機械が仕事の区別におよぼす影響がもっともしばしば問題とされたのは、男女が空間的に混じりあうことからどんな結果が生じるかという枠組みでおこなわれた、道徳性にかんする議論においてであった。工場生活について述べた一八四〇、五〇年代の主要な出版物で関心の的となっていたのは、労働そのものの性質ではなく、こうしたことがらだったのである。

この時期、道徳・政治科学アカデミーの会員である調査者たちによって工場について多数の解説が書かれた。彼らのなかにはルイ・ヴィエルメ、ルイ・レイボー、およびアルマン・オーディガンヌが含まれていた。見知らぬ土地を旅する旅人のように、これらの男たちは都市から都市へと動きまわり、自分たちが目にした新しく物珍しい光景を細大もらさず記録した。[*37] 彼らの報告は『経済学者新聞』もしくは『両世界評論《ルヴュ・デ・ドゥ・モンド》』に転載され、さらに単行本となった。これらは広く流布するとともに非常に大きな権威を獲得していき、彼らの見解はさまざまな分析やこの時代に提案された計画において科学的証拠として引用された。これらの解説は経済科学に道徳という次元を用意することによって、一八四〇、五〇年代に最高潮に達したフランスの工業発展の未来にかんする論争に素材を提供し、両派によって——すなわち、無制限の経済成長、機械化、および自由貿易を推進する人々と、制限つきの成長、小規模な生産、および保護関税制度を主張する反対者たちとの両方によって——利用された。驚くべきは、この論争の条件を設定するうえで性差がどれほど重要であったかという点である。

ルイ・ヴィエルメ博士のセンセーショナルな解説はこのジャンルの典型であり、彼が性に心を奪われていたことはすでに歴史家の注目しているところである。[*38] ヴィエルメは自分が訪れたさまざまな都市の貧困と無秩序を、これらの都市の性的無秩序のレヴェルがどの程度かという形で比較してみせた。たとえば最悪のケースであるリールの某近郊の場合には、乱交、近親相姦、猥褻、そして売春がはびこっており、仕事の場でも家庭でもこうしたことがはっきりと見られたという。

なんと！　作業場において男女を混じりあわせようというのか……両者を分離するのはいともたやすいというのに。さてはあなたがたは、こうした混淆が引き起こす淫らな会話、その結果生じる不道徳の教訓……そしてその声が聞こえはじめたとたん、あなたがたがさらにけしかけようとしている激しい情欲について、御存知ないのではあるまいか。[*39]

男女が違った職務についている工場においてさえ、出勤と帰りの時間が全員同じであることが性の乱脈につながり、若い娘たちが一日の「五番目の四半分」〔表面には現れない別な時間〕を娼婦として働くという習慣を助長する。[*40] 街頭での混じりあいは家のなかまで継続される。

私は、これら不幸な住人たちの底知れぬ悲惨を一目瞭然に示している恐ろしいことがらについて述べてきたことに、できることならこれ以上何もつけ加えたくない。しかし私がいま話したばかりのベッドのうちのいくつかに、男と女が一緒に、しかも非常に年の離れた男女が一緒に寝ているのを私は見たのである。彼らの大半は寝巻きを着ておらず、ぞっとするほど汚らしかった。父親、母親、老人、子供、おとな、全員が押しあいへしあい、重なりあっているのだ。もうやめよう。読者は自分でこの光景を完成させるであろうが、もし正確でありたいと望むのであれば、こうした不純なベッドのうえで、薄暗がりと泥酔のただなかでどのように胸の悪くなるような秘密がおこなわれていようとも、その前でひるんだりしないように警告しておこう。[*41]

ヴィエルメの研究が登場してから数年後に『経済学者新聞』に労働者階級の状態についての記事を書いた時事評論家のテオドール・フィクスは、同博士が描いてみせた状況に引き続いて起こった「ゆゆしき無秩序」（それは道徳的罪過ばかりでなく政治的騒乱をも指していた）に言及している。工場街に顕著に見られた無秩序は工業それ自体のせいであると論じる人々に反論して、フィクスは道徳的腐敗が貧困の原因であると主張した。彼は工場街の生活水準を引きあげる方法として「工場警察」が必要であると考えた。フィクスは、ある程度の財政的コストを払ってまで自分のところの労働者のおこないを取り締まる手段を講じた雇用者たちの例をあげている。彼らは男女を厳格に分離し、男と女が工場の廊下や街路で混じりあわないように時間を調整し、淫らなおこないに関わった者は全員放逐したのである。「こうした犠牲は……つねにそれを補ってあまりある見返りを受け、彼らの工場はもっとも繁栄している工場のなかに含まれている」[*42]。フィクス以外の人々が彼の解決法に賛同したかどうかはともかく、症状についての彼の記述にかんしては同意見であった。[*43]「ごったまぜ」という言い回しが、現に存在する無規律状態、自然な上下関係や分離を脅かし、家庭も仕事場も区別がつかなくさせ、男女間の差異の持つ意味を消滅させるような、でたらめ放題に分散したあり方を言い表すのにしばしば用いられた。

女性労働者はこの問題の象徴であった。工場街における彼女たちの運命は、全員女ばかりの作業場にいる女たちや家で働いて賃金を得ている女たちと、きまって対照させられた。女性労働者が工場で稼ぐ賃金が高いこと——他のどんな女向けの仕事よりも良かった——はしばしば認められていたものの、道徳的な影響の方がこうした経済的利益よりも重視されていた。工場の女たちは卑しい仲間とつきあうようになり、誘惑されて、家庭や子供の世話ができなくなるか、さもなければ他の連中とのつきあいのなかに官能の悦びや贅沢の味、性的、物質的な欲望を満足させる可能性を見出していくと言われた。これとは対照的に女ばかりの作業場（比較的規模が小さいのがふつう）に雇われているか、家庭にいる女たちは、純潔で規律正しく、結婚や母性から生じる責任を担う覚悟ができている女として描かれた。

これら工場街について記述したと称するものがどれほどの誇張をおこなっているかは、驚くほどである。一例をあげれば、他の記録によればふつう工場のなかで男と女は無差別に混じりあってはいなかったことがわかる。そこでは職種や仕事部屋が性によって隔離されていることが多かったと書かれているのである。そのうえ、男女は小さな町の街路でも、農場でも、家のなかでも、工場中心地におけるのと同様に空間を共有しあっていた。要するにどのような家族、あるいは世帯でも、同一の物理的空間のなかに老若男女が入り混じっているのがきわだった特徴だったのである。*44 それではこの矛盾をどのように説明できるだろうか。それには、こうした書かれたものの字面のうえでの働きだけでなく修辞的な働きに注意すること、意味を構築するために使用されているコントラストについて調べることである。これらの記述は、実際は抽象的な性質のものに肉体的なディテールを付与しようとしているのである。ヴィエルメの描写においては、礼儀正しいことば遣いや人目のないところでの夫婦の交わり、光、清潔さなどと対比させて、淫らな会話、近親姦、暗闇、不潔さを並べ立てることで、こうした効果をあげている。良き秩序を表すさまざまな性質、すなわち、すべて女と男のあいだの習慣的関係として表現される序列や支配、安定性などが工業都市には存在していないことを、男女の乱脈な混淆の写実的描写が象徴的に表していたのである。「大都市では公衆道徳が恐ろしく弛緩している」と、捨て子について書かれたある本の著者たちは述べる。「非常に多数の男女労働者が同じ場所で生活している工業都市ではとりわけそうである」*45。なぜかこの男女の同等性——家族として結ばれた男と女ではなく、労働者としての男女——が問題の例証ともなれば、説明ともなった。性差の社会的な境界がぼやけてしまったところでは、無規律なセクシャリティという無秩序がはびこるのである。

もしも両性間に区別の存在しないことが「ゆゆしき無秩序」の指標であるとすれば、労働者階級の道徳化のためには性差を明確にし、強制することが必要となる。新しい世代のモラリストたちが賃金労働が女の家庭責任におよぼす影響について検討し、母性を女の第一の「自然的」労働として描くようになったのは、こうした条件にしたがってのことであった。労働者階級の貧困や無秩序について語るのに女のセクシャリティが隠喩として用いられたことは、彼らにとっては文字どおり解決策——労働者階級の女たちの生活と活動に注目すること——としての意味を持っていたのである。

Ⅲ

女の無秩序なセクシャリティという表現をとった労働者階級の状態についての長い議論は、一八五八年から六〇年にかけて、イギリスとの自由貿易協定締結のための交渉とその成立という背景のなかで最高潮に達し、そして変化していった（だが終わりはしなかった）。一八六〇年一月に締結されたこの外交文書は、都市の工業的成長の進展を阻止しようとするあらゆる試みにとっていわば運命の判決であった。批判派も推進派も、フランスがイギリスの挑戦に立ち向かうにはいっそう機械化を進め、経済的変化の速度をさらに速めていくしかないという点で同意見であった。このような展開は道徳にたいしてどのような影響をおよぼすだろうか。こうした問いに答えて「女をめぐる論争」と経済問題の両方にたいして同時に発言しようとする反応が生じたが、そこでは性差の条件を、とくに女の「自然な」役割に照らした場合にどうとらえるかが、はっきりと明示されることになった。

政治経済学と結びついたモラリストたちは、女の労働と賃金について詳しく調査することをとおして道徳性の問題を探究していった。ジュール・シモンは、「女性の労働と賃金」についての諸論文を最初は『両世界評論』に発表し、次いで『女性労働者』と題する一八六一年出版の一冊の本にまとめた。若き家庭教師であり、一八五九年にリヨン・アカデミーのコンペティションに応募して優勝するまでは文字どおり無名であったジュリー＝ヴィクトワール・ドービエは、その論文の一部をはじめは「女性にはどのような生計の道があるか」と題して一八六二年から六三年にかけて『経済学者新聞』に発表し、その後六六年に『一九世紀の貧しき女性』という一冊の本にまとめた。シモンの研究もドービエの研究も、女が手を使ってする仕事にかんする事実が対象であり（専門職や高等教育を必要とする職種についてはまったくふれられていなかった）、何人かの批評家もただそれだけのものとしてこれらを読んでいた。[*46]けれどもこれらは、経済的なことがらよりもむしろ秩序や正義といった一般的な問題により強い関心を持った、道徳的な声明でもあった。この二つの研究は大衆的受け手、「世論」の名で知られる教養ある読者に向けられたものであったが、同時に広い意味で、私が政治経済学の言説と呼んできたものにも属していた。二人は政治経済学者たちが提示した知識や観念に依拠し、それに向かって語りかけていたのである――シモンは彼らの教えを受け入れ、ドービエは批判的な立場を取ってはいたが。

彼らのテーマはもっと狭く働く女性となっていたが、これらの研究は労働者階級の状態にかんするかつての科学的報告の伝統にのっとったものであった。シモンははっきりと、彼の先輩たち（オーディガンヌ、レイボー、ヴィエルメ）が用いた直接の観察という方法を採用している。

私はすべてを見たわけではないし、私が見たすべてを語ったわけでもない。しかし私が自分で目撃しないで物語った悲惨は一つもなく、それらはいまだに私の心を重くしているのである。[*47]

ドービエはいくぶん違ったやり方を選んだ。彼女には名声も地位もなく、学者たちの科学協会の会員でもなかったからである。彼女は自分の声で語ることをせず、その代わりに歴史的文書やその筋の情報、政府の報告書などから引用することによって、自分の書いたものに権威を持たせることに成功した。だが彼女もここぞという瞬間には劇的な逸話を挿入しており、それらを直接体験したと主張しているわけではないが、彼女が語っている物語を実際に目撃したらしいという印象を与えている。[*48]

それ以前の研究と同様、これらも道徳的であることを自覚した研究であり、経済法則はすでに正確に記述されているという前提のもとに、それに代わって道徳（および私たちなら社会と呼ぶような）科学に関心を集中していた。シモンの本の第一行目が、彼の意図を宣言している。いわく、「あなたがこれから読もうとしている本は道徳性にかんする本である」。[*49]ドービエも「商業についての論文の序文として道徳的正義についての論文」がなければならないと主張し、明らかに彼女自身の研究をこうしたものと見なしていた。[*50]シモンとドービエは（性的）無秩序について言及することで、あまりにも物質主義的な時代のなかで道徳的配慮が必要であることを立証してみせたのである。どちらの本も、それ以前の研究に登場していたのと同じ売春や近親相姦、風紀の乱れのイメージを喚起しており、彼らが読者はすでにこれらの研究をよく知っているという前提に立っていたのは明らかである。にもかかわらずシモンとドービエの本における論調や強調点は、彼らが積極的な解決策に関心を集中しているという意味で、それ以前の研究とはきわだった対照を見せている。ヴィエルメにとっては売春と近親相姦が焦点（および想像力にたいする刺激の源）であったのにたいし、シモンは理想化された母性という祭壇にぬかずき、ドービエの方はもっと実際的に、働く母親たちの地位向上への道を探し求めていた。古い調査が労働者階級の無秩序を女の無規律なセクシャリティという形で理解していたとすれば、これらの研究では秩序正しい家族と社会生活へのカギとして母親に焦点が当てられている。古い研究が秩序の崩壊を性差の消失という形で詳述したとすれば、これらの研究は、社会的、経済的組織における秩序を獲得し維持する手段として、性差という鉄格子をはめようとする。以前には女のセクシャリティが破壊的な労働者階級という問題全体を表していたのにたいし、いまでは母性（女の非性的身体機能として描かれている）が、より扱いやすい労働者階級という潜在的可能性を示しているように見える。さらに母性保護の要求には、労働する階級と中産階級、労働者と国家との関係についての新しいヴィジョンが暗示されている。

実際にはシモンとドービエは以前の解説における強調点を逆にし、前には暗に示されていただけのもの（つつましい女と良い母親とは娼婦の対立物であり、規律と家庭内秩序とが貧困の対極にあるということ）をはっきりと明示しただけであった。だが、それが女性労働者の表され方におよぼした効果は驚くべきものであった。彼女たちはいまや、経済的必要（貧困）に迫られて母および妻としての「自然な」労働から、あるいは彼女たちの性にふさわしい仕事や仕事場から無理やり引き離された犠牲者として描かれることが多くなったのである。回避すべき真の危険は野放図な性的情熱というよりも、むしろ母親による養育の消失であり、それはたんに子供たちをきちんと教育するためばかりでなく、家族生活を支え、強化するうえでもカギとなるものであった。けれども焦点が否定的表現から肯定的表現へとはっきり移動したとしても、性差が相変わらず女と男の系統立った比較としてではなく、ひたすら女の身体の「自然な」目的と肉体的特徴という形で立証されていたことは以前と同じであった。

シモンとドービエのそれぞれの課題は異なっていた。シモンは社会問題にかんする著名な解説者であり、後に第三共和政における重要な立法者の一人となった。ドービエはフェミニストをもって自認しており、やがて女ではじめての大学入学資格を獲得し（一八六二年）、さらに第三共和政の初期には政府による売春取り締まりに反対するキャンペーンと女性参政権を求めるキャンペーンのリーダーとなった。シモンは社会の名において彼の本を著し、女の性格についてのミシュレの見解を引用するとともにそれを是認した。ドービエは女の名のもとに本を書き、女の（経済的）自立の重要性を主張した。両者のあいだには議論や意図において決定的な相違があったが、類似点もまた明らかであった。いずれの場合にも女性労働者についての議論は、女性性とは何かを定義する性質もしくは特徴と見なされた、母性の問題へと集中していたのである。

『女性労働者』は冒頭、技術と科学の進歩と家族生活の堕落とを劇的に対照させる。機械化は産業において女を男に取って代わらせた。それは「賃金の法則にしたがえば」女の方が安く雇うことができたからである。この雇用そのものは、実際には女たちの物質的状況を改善した。工場で稼ぐ賃金の方がよそでもらう賃金よりも高かったからである。それでは何が問題なのか。シモンはミシュレの次のような苦悩に満ちた叫びを引用する。

女性労働者！　神を恐れぬ汚れたことば。これまでいかなる言語にもあったためしはなく、この鉄の時代以前のいかなる時代にも理解されたことはなく、われわれが進歩と思い込んできたすべてのものを宙づりにするこのことば！[*51]

そして彼自身の解釈をつけ加える、「労働者となる女はもはや女ではない」[52]と。

女と労働者という矛盾はさまざまな形をとって現れた。女が、以前には男の仕事であった仕事をする。「彼女らの、そしてわれわれの幸福のために本当に必要な温かい愛情に囲まれた、人目につかない、安全に守られたつつましい生活」[53]を捨てて工場に向かい、そこで一日中「道徳的に怪しい」女たちや男たちと交わり、そのうちの何人かは監督として彼女らを「支配する」(どうやら性的なほのめかしが含まれているらしい)。彼女らは仕事で肉体の限度を超えた体力を消費する。[54]そして彼女らが稼いだ賃金のせいで、家庭における夫の権威に疑問を抱くようにもなりかねない。[55]家族内の区別は平準化されてしまい、もはや母親も父親もいなくて、二人の労働者がいるだけである。もはや一日の終わりに帰っていくべき家族は存在せず、見捨てられ、母の愛を奪われた子供たちのいる汚れた住居しかない。工場の交替制は昼と夜の違いさえ無視する——自然で自明と思われていたあらゆるものが混乱におとしいれられたのである。

シモンによればそれでもまだ正常さを示すモデルは存在しており、興味深いことにそれもやはり賃金を稼ぐ女たちであったが、ただし家庭という場か、もしくは自然な差異が尊重されるごく小規模な作業場で働く女たちである(リヨン周辺地域の生糸紡ぎや織物業がその好例であった)。シモンにとっての理想は田舎でおこなわれる家族単位の事業であり、そこでは女は男よりも弱い身体条件に合った繊細な仕事にたずさわり、生産を中断して子供や夫の世話をし、家庭に愛に満ちた空気を送り込み、家族を体現するとともに「人格化」した存在となるのである。

女は結婚できること、そして結婚した女は一日中家にいて、神の摂理を表し、家族を人格化した存在となることが必要である。[*56]

家庭にいる女は財産を守り、消費や無駄遣いに向かう（男の）傾向から生じてくる貧困を防ぐような行動をとることが約束されていた（ここではやりたい放題の贅沢をする危険性は、娼婦ではなく労働者階級の男と結びつけられている）。男の賃金は、女だけが維持できるような「道徳的な」雰囲気のなかで注意深く管理され使われるならば、家族を養っていけるように考えられている。男の賃金をあげれば女も家庭のなかの本来の居場所に戻るだろうと主張する者たちは、シモンによれば因果関係を誤解しているのであった。まず必要なのは道徳的おこないを実行することであり、そうすれば男の賃金は家族を養うのに十分なものになるはずであった。[*57]この議論では、経済とは外から介入することのできないものであり、家族についても同様であると前提されている。しかし政治経済学が、それにしたがって経済「法則」にあうように諸制度を形作るための洞察を提示してきたのにたいし、道徳科学の方は、家族生活の組織にとっての男女の「自然な」役割の重要性を十分詳しく説いてはこなかった。

シモンはめったに男については言及しなかったが、言及する場合には彼らは重労働をし、外にいて家からは離れているとの前提に立っていた。男の姿——実入りのいい賃金労働者であると同時に道徳意識の乏しい性格でもある——が喚起されるのは、暗に女と対比することをとおしてであった。シモンのもっとも雄弁な（そして印象的な）叙述は、彼の理想の女性像について細かく述べた部分である。

女は愛によってのみ輝き、愛は家族という聖域においてのみ成長し力を増す。*58

自然がわれわれにはっきりと教えていることがあるとすれば、それは女は守られるために作られていること、娘時代は母のそばで暮らし、妻となっては夫の保護と権威のもとで暮らすように作られているということである。*59

われわれは義務や犠牲について本を書くことも理論を発明することもできるが、徳性の真の教師は女性である。優しく何が正しいかを諭し、献身にたいして愛撫で報いてくれるのは彼女たちである……物質面での改良ももちろん結構だ。だがもしも女性労働者の状態を改善すると同時に秩序を保証したい、良き情操をよみがえらせたい、国と正義が理解され愛されるようにしたいと望むのであれば、子供たちをその母親から引き離してはならないのだ！[*60]

危機に瀕しているのは女性性の本質であり、それは愛や徳性、および母性と関係があった。女によっておこなわれる活動としての賃金労働は、それによって女たちの気を「天職」からそらさせるのでないかぎり、有害ではなかった。むしろそれは彼女たちが退屈を感じたり、何もしない無益な時間をすごすのを防いでくれる。だが女が社会的価値を生み出すのは賃金を稼ぐことによってではなく、家族の徳性を身をもって示し、強化することによってなのである。

私はここで「社会的価値」という語を使ったが、シモン自身は使っていない。シモンが用いる概念の語彙のなかには、女による社会的価値の産出、いや、いかなる価値の産出に関連したものも存在していなかったからである。彼は価値について語ることは専門的経済学に属する問題であり、女がどうであるとか、何をするといったことがらを論じる際にはふさわしくないと考えていたようだ。むしろシモンのテクストは全体が物質的、貨幣的概念とは対立する形で構築されている。すなわち女は世俗化された霊性とか、愛や感情と結びつけられ、経済の外の領域で生活しており、彼女たちの行動は経済とは無関係であった。女の特性はその肉体的構造に固有のものであり、何にも増して母性の機能と直結していた。女は他者の変容をもたらす。彼女たちの訓育のもと、子供は善悪の区別をわきまえた愛情深い人間となり、男は責任感の強い、規律を守る夫や父親となる。賃金でさえ、「徳義」が家庭に充満しているときにその真価を発揮するのである。だがこれは貨幣に換算されるような形では認められないから、価値、すなわち何かを生み出す活動ではなかった。事実、もしもそのようなことをすればかえって女の有効な力を損ない、文字どおりはかり知れないほどの重要性を持つ活動を金銭に還元してしまうことになるだろう。要するに女が生み出すものには定量化しうるような市場での交換価値はなく、それは母親がもたらすのは子供たちの肉体的な力でも、労働に堪える能力でもなかったからである。こうした特性は依然として父親の賃金によって賄われる生計に依存していた。女が喚起するのは、社会の生産能力や富ではなく、むしろ社会の安定性や社会的組織の基盤がそれに依存しているような行動特性なのであった。これらはすべて政治経済学が以前におこなった生産についての定義と、男を価値を生み出す（したがって賃金を稼ぐ）生産者とする定義をそのまま残したものであり、事実、それを自明のことと見なしていた。シモンは女の家庭内での活動や子育てに光を当て、社会と関連づけたが、政治経済学の計算方式に異議を申し立てることなくそれをおこなった。その代わり彼は、次のような新しい一連の対比を用いて自分のテクストの意味を構築したのである――経済的／非経済的、仕事場／家庭、工場／家族、物質的／精神的、肉体の成長／道徳教育、賃金労働／教化、経済／社会、労働者／母親、男性／女性。

これらの対比のなかに「家庭性イデオロギー」もしくは「性別領域の教義」を認めることは、問題の核心を突くと同時にそれを外すことにもなる。もちろんシモンの研究のなかには、主として女性の歴史家たちの研究のおかげで一九世紀ヨーロッパ・北アメリカ史の研究者にいまやおなじみとなったテーマが存在している。だがこのテーマにレッテルを貼り、それでもう意味がわかったと仮定してしまうと、いつ、どのような背景のもとでこの種の観念が明確に打ち出されるようになったか、さらにそれらがどのように具体的に作用したかを見ていく機会を逃すことになる。シモンの場合には、それ以前の資本制の批判者たち（たとえばロマン派のカトリックやキリスト教社会主義者）の見解を吸収（かつ他に先駆けて使用）したと結論づけるのが妥当なところであろう。これらの批判者たちは聖書にもとづいて、産みの苦しみと母親としての責任こそが女の運命であり、したがって賃金労働は自然に反する活動であると主張したのである。[*61] だが彼の研究が出版されたタイミングも重要な意味を持っており、それによって彼が工業的成長を押し止めることができるかどうかという問題について、曖昧な態度をとった理由が説明できる。シモンがそれができると考えていなかったのは明らかで、ことあるごとに彼は、新しい工場を建設するのをやめて工場よりも効率の劣る小さな作業場を救うのは不可能だということを認めていた。実際、彼の本では経済的解決策や、時計の針を逆に回す方法はまったく提示されていない。シモンが何ら方策を示唆しようとしないことに業を煮やしたある批評家は、自分はこの本を「感受性も才能も備えた人間が発した長いうめき声」だと考えるが、そのような研究がいったいどんな影響力を持ちうるのだろうか、と問うている。*62 私の見るところ、この本の影響力とはイデオロギー的なもので、直接に何らかの計画につながるようなものではなかった。なぜならこの本が提示していたのは自由貿易の反対者たちとのある種の妥協だったからである。彼らは、以前から急激な工業化と都市の成長はフランスの（道徳的、肉体的な）活力を吸い取ってしまうだろうと警告しており、一八六〇年には、イギリスとの協定は自分たちの最悪の予想が現実となったものだとしてヒステリックにこれを非難していた。女性労働者について論じるにあたってシモンは、保護貿易論者が出していた批判の一部は受け入れたが、と同時に（彼の論調から察するところ、いやいやながら）歴史を元へ戻すことはできないことも指摘している。女の本性と使命をめぐるシモンの議論は、未来を理解するためのもう一つのやり方について述べたものであった。彼は、無限の工業的成長という経済世界からは独立して存在し、それによって影響は受けないが、にもかかわらず完全にそれと共存しうるような道徳秩序と社会組織のヴィジョンを考え、それに裏づけを与えたのである。

シモンの本は女性労働者たちの生活の実態を研究したものとされていたが、実際は規定し、理想化をおこなおうとする試みであったと言った方が良い。彼がもっとも緊張を要する問題として熱心に説いているのは労働ではなく女性性についてであり、自分が描き出した問題にたいする実際的な解決策を論じることはいっさい回避しているのである。シモンは法律も強制も社会の組織化の方向を転じさせることはできないと主張したが、同時に「教育と慣習」の作用が最後には何らかの効果をあげるのではないかとも示唆している。[*63] 彼の本そのものが、達成されるべき目標としてのあるべき女の姿について述べることで、少なからずこうした教育過程の一部を構成していた。女を中心にすえた理想化された家族は、人々がしだいにそれにしたがって生きるようになるはずのモデルであった。期待される救済の道は、「母親の家族への……家庭生活への……家族の美徳への復帰」だったのである。[*64] 実際、ひとたび家族の持つ自然的基盤と社会にたいする有益な影響力とが説明されたなら、家族は現実においてもその理論上の約束を実現することができるであろう。シモンは言う、「実態が制度と一致するようにされることはつねに望ましい」[*65] と。したがってシモンの本の書名は、制度としての家族に求められているものとは正反対の憂うべき実態を表していたと言える。「女性労働者」とは「母親」の対立語だったのである。

ジュリー・ドービエはシモンとは異なるやり方で女性労働者の研究にアプローチしたが、彼女がはじめに立っていた前提の多くは彼と同じである。シモンと同様彼女も、明瞭な性差の境界線の消失を不道徳や秩序の崩壊と同一視した。彼女によれば、工業化された賃金労働がもたらした破壊的な影響の一つは、ある種の制度化された両性間の区別が消されてしまったことであり、女はそのために正当な経済活動や道徳的保護を奪われたのであった。男もしくは機械（あるいはその両方）が、紡績、刺繡、レース作りなどの伝統的に女のものだった職種を横取りし、女には召使のやるような熟練を要さない仕事だけが残された。こうした職種につく独占的権利を失ったことは女にとって、慣習として確立していた技術、女の「自然の適性」にあった仕事、法的、道徳的な保護、働き口、そしてかなり生計の足しになるだけの賃金の喪失を意味していたのである。[*66] 工業による統治は性差の境界線を消し去ってしまった。

今日、母親は家族から、妻は夫や所帯や自分の性にふさわしい仕事から、無理やり引き離されてしまった。子供時代はこのうえなく強欲な投機の犠牲となり、若い娘は……弱い者も強健な者も、全員が工業奴隷として同じ鎖につながれ、まったく同じ労働をおこなわなければならない。[*67]

このシステムから生まれた無責任な男たちは、あらゆる利益を独り占めにし、何の補償もなしに「文明」の重荷を背負っている女たちを搾取している。[*68]

こうした重荷は女たちの肉体や健康を蝕んだ——若い娘たちのからだは放蕩と誘惑の犠牲となり、母たちの肉体はあまりに疲労困憊しすぎて子供に乳を与えることもできない。ドービエは蒸気によって動かされる機械に逆らった女たちの負け戦を、肉体的暴力という形でいきいきと描き出してみせる。

機械と競争し、歯車やギアに対抗してスピードを競おうとする女は、工業のために生命を使いはたしながら、その見返りとして確実に日々の糧を得ることさえできない。だが、工業は女のからだを殺しただけでは足りず、彼女の魂までも殺害してしまったのである。[*69]

彼女はこのイメージを、次のような医師たちの結論を引用することで裏づけようとしている。「健康という観点から見れば、労働する女たちは娼婦よりもはるかに嘆かわしい状態にある」。[*70]売春が表象しているのは女の肉体的、道徳的な虐待であり、女にふさわしい天職、すなわち母性からの逸脱であった。ドービエは書く——「正しく構成された社会ではすべて、女は何よりもまず妻であり母であらねばならず、この世に人間を産み出すことが彼女のもっとも美しい仕事となるであろう」[*71]。子供を産み、家政をつかさどる者として、女は家族の人格化である。男が妻や子を養うことに同意するとき、彼らは家族を（ひいては国を）守るという自分たちの社会的義務を承認している。[*72]実際、彼らは家族という制度のために、母親が自然に子供に示すのと同じような母親らしい配慮を法制化したのである。このようにドービエが理想とする道徳秩序のヴィジョンは、シモンのそれをなぞっている。道徳は他者にたいする責任感のうえに成り立っており、その責任感は女がその中心である家族のなかで生まれ育ったものなのである。

シモンと同様にドービエも、母であること、女が示す模範、女がおこなう道徳教育などに「価値」があるという言い方はしなかった。彼女も価値と賃金労働とを同一視する政治経済学の見方を受け入れ、家庭内での働きはそれとは別の領域に属すると考えていた。だがそれと同時に、彼女は女が労働市場で価値を生み出したり、もし必要があれば一人で子供たちを養うためにその賃金を使ったりすることは可能だと考えていた。政治経済学者とはっきり意見が違うのは、彼女は女と男の生産性に何ら固有の差異を認めていなかったことであり、その理由によって両性に平等な賃金を与えるべきだと主張した。彼女は女に適当な有給の仕事につく機会さえあれば、女の社会的地位は高められるに違いないと述べた。しかし彼女はまた、仕事は必要ではあるかもしれないが、既婚女性にとって望ましい解決法ではないとも考えていた。

ドービエは、女の貧困という差し迫った問題に実際的な解決を与えようとして、シモンやその他の人々にとっては本来矛盾する概念であると思われたもの——賃金労働と母性——に、別々のことがらとして取り組んだ。彼女の見るところでは、この問題には二つの関連した原因があった。すなわち、以前はまったく女だけのものであったか、あるいは完全に女にふさわしい職業の男による独占、および社会的義務をはたすことをせずに個人の権利（若い女を誘惑して捨てたり、家のあり金を残らず酒につぎ込んだり、家計に金を入れることを拒んだり）だけを追求する（一七九一年のル・シャプリエ法に体現されたような）男の身勝手さがそれである。

私は社会組織のなかに男の義務を探し求めたが無駄であった。見つかったのは、無限に抑圧する自由にたいする男の権利だけであった。もし私が間違っていなければ、それこそが労働と政治経済のあらゆる問題の中心点なのである。[*73]

女の貧困の原因が男にあるとすれば、女にはその不満の種を取り除くための力が与えられなければならない。ただたんに女を家庭に還そうとするシモンの解決策は、抑圧を制限したり男に自分の義務を自覚させたりすることのできる法が存在していない以上、効果をあげられないだろう。ドービエは長期的に見た矯正手段が男の「道徳化」（労働者と雇用者を問わず）であるという点では彼と同意見であったが、それは女の地位を強化することによってはじめて実現しうるというのが彼女の意見であった。そのためには過去へ逆戻りしたり理想論を唱えたりするのではなく、平等――法の前の平等、法の作成への平等な参加、あらゆる職業における訓練と見習い奉公への平等なアクセス、そして平等な時間給――を実行に移さなくてはならない。

ドービエの見解によれば、平等とは性差を完全になくしてしまうことではなく、自分で自分を守れる立場に女を置くことであった。第一に、仕事へのアクセスが平等になれば、女は完全に女に適した職種（たとえば印刷）が男によって不当に独占されているのを打ち破ったり、自らの性に「ふさわしい特性を自然に引き出す」ような職種に参入したりできるようになる。[*74]第二に、平等な賃金は女の自然な性向に逆らってまで女を過度に働かせることになる圧力を取り除くとともに、独身の女が男に依存する（そしてそのために性的に弱い立場に置かれる）ことなく、自分で自分を養っていくのを可能にする。ここではドービエは暗黙のうちに政治経済学の非対称的な賃金計算法を拒否し、それに代わって女も男と同様に「生まれながらに」独立した個人であり、賃金はすべての独立した労働者の生計を賄えるものでなければならないとの前提に立っている。賃金は生産者としての地位を与えるものであり、生得的な能力を反映しているのではないから、女の生まれつきの肉体的限界を理由に労働者になる資格を奪うべきではない。第三に法的な権利があれば、女はそれに訴えて誘惑者にたいして子供の父親であることを認めさせたり、強情な夫に家族にたいする財政的な義務を自覚させたりできるようになる。法の前の平等は、モラリストや政治経済学者が思い描いたのとまったく同じような構造的な形で、家族組織の規範的な決まりを実行に移す力を女に与えるであろう。

実際にはドービエは二つの問題に取り組み、それらにたいして二つの一見異なる解決策を提示している。第一の問題は経済的な起源を持ち、女は働く必要があるのに既存の職業や賃金格差は女が食べていくのを不可能にしているという差し迫った事実と関連していた。このような状況がもたらす影響は物質的であると同時に道徳的なものでもある。なぜなら独身の女にとって結果は「貧困か恥辱か」であり——そのいずれもが堕落と死につながる——、既婚の女にとっては、結果はたんに自分個人の貧困だけでなく子供たちの犠牲をも意味していた。第二の問題は道徳面に起源があり、男が家族を見捨て、義務をはたさないで個人の自由ばかりを追い求めているという事実と関連していた。これはとりわけ既婚の女にたいして経済的な影響をおよぼし、本来なら夫たちが賄うはずであった生計を彼女たちが支えなければならなくした。また道徳的な影響としては、家族の組織と社会の秩序が破壊されることとなった。ドービエは物質的および道徳的な原因と結果とが互いに関係しあっていることを指摘したが、それにもかかわらず自分が述べた二つの問題にたいして二つの別々の解決策を提示している。第一は独身女性のためのもので、職業市場における平等であり、第二は既婚女性のための、男に父親としての責任履行を強制する法的な権限である。

ある意味でこの第二の解決策は、第一の解決策の持つラディカルな含みを無効にしてしまっている。なぜならそこでは、平等とはまだ結婚していないか、結婚できないか、あるいは夫が扶養者としての義務を怠っている女のための代償的な手段であることが示唆されているからである。生計の主たる源泉は男である（男が労働力の再生産に経済的な責任を負っている）という政治経済学の見解を是認したことによってドービエは、女を（独身であれ既婚であれ、一つのカテゴリーとして）「不完全な」賃金の稼ぎ手と定義した理論的公式には手をふれていない。彼女の実際的な解決策はシモンのものとは非常に異なっていたし、ジェンダーの権力関係が分析の基礎にすえられていた。だが、実際には労働と家族（経済と道徳）の関係こそが賃金計算の中心に存在していたにもかかわらず、両者は別個の領域であるという考え方を受け入れたことによって、ドービエはそれ以前に政治経済学によって定められた概念の限界内から抜け出ることはできなかったのである。

Ⅳ

政治経済学の言説のなかでは女性労働者はひときわ目立つテーマである。彼女たちは研究の対象であると同時に、社会秩序や社会組織についての観念を表象する手段としても使われた。政治経済学者が女性労働者に関心を集中したのは、彼女たちが都市・工業発展のはらむ問題性について何かを、とくにその道徳的な次元を表しているように思われたからである。そうした観察行為をとおして女性労働者は道徳科学の概念を構成する語彙の不可欠の一部となり、規範的な原則を明確化したり当てはめたりする際の手段ともなった。これには二重の動きがともなっており、一方で女性労働者ははっきり区別された逸脱例としてより大きな労働世界とは別に扱われると同時に、都市労働者階級によって提起された問題の解明にあたっては中心的な位置を与えられたのである。

女性労働者の周縁化は、政治経済学がその経済・道徳科学を女と男の「自然な」特性という形で表してみせたことに依拠すると同時に、それを補強することにもなった。自然を引きあいに出すことである種の規範が正当化され、論争の埒外に置かれることになったのである。その良い例が、女の低賃金を女の「自然な」依存性（母性の一要因）の結果として論じたことであり、あらまほしい道徳的・社会的秩序を、空間的には家庭対労働、身体的には男の「筋力」‐生産性対女の母性‐家庭性と、性差を明瞭に区別した形で投影してみせたことである。

私がここで取りあげた政治経済学の言説は明らかに理想化されたものであり、当の女たちにとって労働が何を意味していたかについては、ほとんど何も語ってはくれない。にもかかわらずこうした言説は物質的、経済的、あるいは政治的なものから離れた領域で生じたわけではない。それどころか、こうした言説が確立した定義にもとづいて政策が討議され、計画が立案され、さらには根本的な批判――社会主義者の批判のような――が展開されもした。[*75] 政治経済学は、そのもとで生産と労働の性別分業との関係を確立し、議論するための条件を提供したのである。

したがって女性労働者の周縁化は歴史的に生み出されてきた結果であり、それ自体が批判的に検討されなければならない。女性労働者を都市化や工業化の過程にとって周縁的存在として扱おうとする歴史家は、一九世紀の言説が提示した条件をそのまま無批判に生き長らえさせているのであり、その働きを分析する機会をそれによって逸しているのである。私たちはまさに女性労働者の周縁性がどのように生まれてくるかを研究することによって、一九世紀半ばのフランスにおける社会政策と政治的論争の中心問題のいくつかを発見することができる。そのようなアプローチをとおして私たちはたんに新しい歴史の次元を見るばかりでなく、労働の意味が構築されていく一つのやり方を識別する――そしておそらくは、それを変えていく立場に身を置くことになるのである。

※ この論文は次の本に発表したものである。Patrick Joyce, ed., *The Historical Meanings of Work* (Cambridge: Cambridge University Press, 1988). 本書への再録にあたっては出版社の許可を得た。アルバート・ハーシュマン、ローラ・エンゲルスタイン、マイケル・フリード、およびルス・レイスのコメントは私にとってとくにありがたかった。

第Ⅳ部　平等と差異

第8章　シアーズ裁判

近年、「平等か差異か」は、フェミニストのなかでの相反する立場と政治戦略をてっとり早く表すためのことばとして用いられてきた。学校や職業、法廷、および立法機関において性差を考慮に入れる必要はないと論じる人々は、平等派のカテゴリーに分類される。集団としての女に共通のニーズや利害、特性という観点から女の側に立った訴えをおこなっていくべきだと主張する人々は、差異派のカテゴリーに入れられる。[*1] これらの戦略のうちどちらが優先するかをめぐる衝突でフェミニストたちは歴史や哲学、道徳論を動員し、文化派フェミニズム、リベラル・フェミニズム、フェミニスト分離主義といった新しい分類用ラベルを考え出してきた。[*2] 最近ではこの平等と差異をめぐる論争はシアーズ裁判の分析に用いられている。これは一九七八年、大手の販売会社であるシアーズ・ローバック社を相手どってEEOC（雇用機会均等委員会）が起こした訴訟で、ロザリンド・ローゼンバーグとアリス・ケスラー＝ハリスという二人の歴史家が、それぞれ対立する側の証人として証言をおこなった。

シアーズ裁判については多くの論文が書かれており、最近ではルス・ミルクマンによるものがある。ミルクマンは、一見時間を超越した信条のように見えるものの持つ政治的文脈に注意を払わなければならないとして、「とくに現在のような保守反動の時期においては、私たちが平等か差異かの論争の政治的次元を無視することは、われとわが身を危うくすることである」と主張する。そして彼女は次のように結論づけている。

自分たちは政治的文脈のなかにいることに私たちが気づいている以上、フェミニストの研究者は、「差異」や「女の文化」についての議論が本来意図されたものとは違う用途に利用される現実の危険性を認識していなければならない。それはなにも、こうした議論やそれによって開拓された知的世界を放棄すべきだという意味ではない。それが意味しているのは、私たちは自分がどんな公式を提示しているのかを自覚し、自分の仕事がどのように政治的に悪用される可能性があるかを、たえずしっかり視野に入れておかなければならないということなのである。[*3]

ミルクマンがここでことばを選びながら微妙な表現を用いて伝えようとしているのは、私たちにとってもっとも安全な道は平等派のコースであるということだが、かといって彼女は差異を完全に拒否することもためらっている。彼女はどちらか一方の側を選ぶ必要があると感じているのだが、どちらの側につくかが問題なのである。このミルクマンに見られる二律背反は、法理論家のマーサ・マイナウが別な文脈のなかで「差異のディレンマ」と名づけたものの一つの例である。従属的な集団において差異を無視することは「誤った中立性をそのまま放置する」ことになるし、だからといって差異に焦点を当てると逸脱というスティグマを強める結果になってしまうと、マイナウは指摘する。「差異を強調することも無視することも、またしてもそれを作り出してしまう危険性をはらんでいる。これが差異のディレンマである」[*4]。そこでマイナウは、必要なのは差異についての新しい考え方であり、それにはまず平等と差異とが対立関係を形成するという観念を拒否することであると示唆している。まるでそうした二項対立的な組みあわせが時間を超越した真理であるかのように分析や戦略を考案するのではなく、平等と差異という二分法による組みあわせ自体がどのように作用するかを問うていくことが必要なのである。既存の政治的言説の前提条件の枠内にとどまるのではなく、むしろそうした前提条件を批判的検討の対象としていく必要がある。概念がどのように特定の意味を強制したり構築したりする働きをおこなうかを理解しないかぎり、私たちはそれらの概念を自分たちのために駆使することはできないのである。

シアーズ裁判における証言をよく見てみると、平等か差異かというのは対立するそれぞれの側の立場を正確に言い表していないのではないかと思われる。証言のなかで平等論に反対し、差異を擁護する議論の大部分は、シアーズ側の弁護士もしくはロザリンド・ローゼンバーグによっておこなわれたものである。彼らは自分たちで想定した敵対者にたいし、男と女は違う、女が委託販売の仕事に関心を持たないと見なされているのは「根本的な差異」――文化もしくは長年にわたる社会化のパターン――の結果であると主張した。シアーズの雇用パターンは性差別ではなく性差によって説明できるという自分たちの主張を成り立たせるためにシアーズの弁護側は、EEOC側では誰もそのような言い方はしていないにもかかわらず、EEOCは女と男の利害はまったく同一であるという仮定のうえに立っていると決めつけた。[*5] これにたいしアリス・ケスラー゠ハリスは女は男と同じだと論じたりはせず、さまざまな戦術を用いてローゼンバーグの主張に挑戦した。彼女はまず、歴史的史料は、女たちが実際にはローゼンバーグが推定しているよりもはるかにさまざまな仕事についてきたことを示唆していると主張する。第二には、雇用にたいする女たちの態度に社会化がおよぼした影響は経済的配慮によって相殺されるのがふつうであると断言している。賃金が、新しい、過酷な、あるいはこれまでとはタイプの異なる立場に身を置くための誘因となったというのである。さらに彼女は第三の点として、歴史的に見れば性による職種の分離は被雇用者の選択ではなく、雇用者側がそれを好んだことの結果であると指摘している。目の前の仕事とは必ずしも関係のない一般化されたジェンダー別の規準を当てはめることによって雇用過程そのものの結果があらかじめ決められているときに、女たちの選択の問題を云々することなどできないだろうとケスラー＝ハリスは示唆しているのである。したがって論争は平等か差異かをめぐってではなく、特定の文脈のなかで一般的な性差観念がどのように関係してくるかをめぐって戦わされた。[*6]

雇用者側に差別があったという事実を立証するためにEEOC側の弁護士は、明らかな偏見に満ちた求職者用の質問表と人事担当役員の供述を引用したが、個人を呼んで自分たちは差別を経験したと証言させることはしなかった。ケスラー＝ハリスは職業市場における過去の性別分離のパターンは雇用者側の選択の産物であるとしたが、彼女はもっぱら、集団としての女はつねにその行動の細部において男とは異なるというローゼンバーグの論点を打破するためだけに歴史を持ち出し、女たちの仕事の選択は（男の仕事の選択と同じく）ヴァラエティに富んでいるのが特徴だった、この場合均一な集団として女を語ることは意味をなさないと主張している。彼女の言う平等とは、女も男も同じように販売委託業務に関心を持つ可能性があると仮定すべきであるという意味であり、女と男の関心がまったく同じだとはっきり主張したわけではない。むしろケスラー＝ハリスやEEOCが問題にしたのは、女と男の行動は必然的に対照的であるはずだという一般化が、雇用の際の決定にどのように関係しているかということだった。EEOCは、シアーズにおける雇用は不正確で不適当な性差観を反映していると主張し、シアーズの側は、労働力におけるジェンダーの不均衡は（会社自体の行動ではなく）両性間の「根本的」差異によって説明されると主張したのである。

このシアーズの裁判は、提出された証拠がほとんどすべて統計的なものだったために面倒なものとなった。そのため歴史家たちの証言は、せいぜいのところ推論の域を出ないものとしかなり得なかった。どちらの歴史家もシアーズで実際に何が起こったのかについては多くの情報を持っておらず、代わりにそれぞれが、統計上のわずかな数の相違を労働女性の歴史全体についての大雑把な一般論を頼りに説明しようとした。そのうえ実証主義の一種のパロディとも言うべき状況のなかで彼女たちは、法律上の論争以外の目的のために展開されてきたこうした一般論が真実か、それとも間違っているのかについて証言することを強制され、自分たちの解釈用の前提にすぎないものをあたかも事実であるかのように取り扱うことを余儀なくされたのである。ケスラー＝ハリスにたいする反対尋問を読むと、このことがよくわかる。シアーズ側の弁護士は彼女にたいして質問にはイエスかノーで答えるように執拗に主張し、それによって彼女が女性労働史について慎重にことばを選びながら説明したことの一つ一つが、無理やり還元主義的な断定へと変えられていったのである。同様にロザリンド・ローゼンバーグのケスラー＝ハリスにたいする反論も、歴史的証拠をそれぞれの微妙な文脈のなかで読むという歴史家的な態度を回避し、代わりに絶対的な一貫性があるかどうかによってテストしようというものであった。彼女は裁判のなかでのケスラー＝ハリスの証言と以前に発表した研究とを並べて比べてみることによって、ケスラー＝ハリスは法廷審議を誤った方向に導こうとしたと証明しようとしたのである[*7]（ケスラー＝ハリスは法廷では、女がじつにさまざまな職業を選択していたことは歴史が証明していると述べたのだが、彼女の著書では女は家庭責任と両立できるような仕事を「好んだ」と示唆していた[*8]）。しかしながら一歩法廷の外に出れば、ケスラー＝ハリスの議論に見られる不一致はもっと別な形で説明できる。すなわち、典型的なやり方で女を排除してきた労働史との関係においては、女たちの経験を極端に一般化し、差異を強調して、「労働者」という普遍的用語が実際は男を規準にしたものであり、それによって女の職業経験のあらゆる局面を説明することはできないと立証することが、理にかなったことであったであろう。一方、性差を引きあいに出して差別を正当化しようとする雇用者との関係においては、女全体にたいする性差の影響を否定し、代わりに女たちの行動や動機の多様性と複雑さを強調する方が、より理にかなっていたのである。前者の場合には、中立的用語と考えられているもののなかに隠された不公平をあらわにしてみせるという点で、差異はプラスの働きを持っているのにたいし、後者の場合には、差異はケスラー＝ハリスが不平等な取り扱いと信じているものを正当化するという点で、マイナスの目的に利用されていたからである。この「差異のディレンマ」をもっと自覚的に分析していればこうした矛盾は避けられたかもしれないが、ケスラー＝ハリスが状況に応じて違った立場をとったことは、文脈が異なれば力点の置き方も異なるという意味でしごく正当なことであった。ただ法廷の場では、それは信頼性の欠如というふうに受け取られる恐れがあったのである。[*9]

首尾一貫性と「真実」にたいする法廷の厳しい要求は、差異について論じることの奥深い困難さをきわだたせる。歴史家たちの証言は、フルタイムの委託販売業務に雇われた女と男の数に見られる比較的小さな統計上の相違だけを説明すれば良いはずだったのに、そこで好んで持ち出された説明は全体主義的で断定的なものであった。[*10] 反対尋問においてケスラー＝ハリスの多様な解釈は互いに矛盾し、混乱していると見なされたのにたいし、裁判長はローゼンバーグには首尾一貫性と明晰さがあるとして賛美した。[*11] それは一つには、ローゼンバーグが社会化をそのまま個人の選択と直結させた強固なモデルをあくまで主張したためであり、また一つには、ジェンダー間の差異についての彼女の論述が一般に流通している規範的な見方と一致していたからである。それとは対照的にケスラー＝ハリスの方は、差異の存在を認めると同時にシアーズの雇用パターンの説明として差異が持ち出されるのを拒否することができるような、たった一つで単純なモデルを見つけ出すことができずに苦労していた。そのため彼女は、敵意に満ちた尋問に直面して首尾一貫性を保つことができず、おおいに苦しんだのである。一方では、彼女は経済的な便宜主義から影響を受けるという点では男も女も平等だ（したがって男と女は同じだ）という前提に立っているように見える。それなら彼女自身の研究がその存在を認めているようなジェンダー間の差異をどうやって説明するのだろうか。その一方で彼女は、雇用者はすべて性によって労働力をタイプ分けすることから何らかの利益を得ているのではないかと示唆し、彼女自身の（おそらくはマルクス主義的な）理論からシアーズの行動について「陰謀」という結論を引き出したために、（ローゼンバーグから）自家撞着という非難を浴びることになった。[*12] もしもケスラー＝ハリスが暗にほのめかしているような差別のパターンが現実にあったとすれば、その一つの結果がとどのつまりローゼンバーグが指摘したような類いの差異になるのではないのか。歴史的証拠を断定的に利用するローゼンバーグの術中に陥ったケスラー＝ハリスと彼女の側の弁護士たちは、本質的にマイナスの戦術に訴え、ローゼンバーグの主張を紛糾させ切り崩すことを目的とした細かい事実を提示しようとした。ケスラー＝ハリスはローゼンバーグの社会化モデルの理論的欠陥に挑戦することもしなければ、それに代わる彼女自身のモデルを提示することもしなかった。たぶんそれをするためには、雇用側の差別を立証するような方向で裁判を全面展開するか、さもなければもっと完全にあくまでも「差異」の方向で議論を進め、「差異か平等か」という図式が幻想であることを明らかにするか、そのどちらかが必要であったろう。

結局、ケスラー＝ハリスの微妙なニュアンスをもった議論の大部分は矛盾している、もしくは不適当であるとして斥けられ、裁判長は、女と男のあいだの差異のゆえに「平等な利害という仮説には根拠がない」という被告シアーズ側の議論を引用して被告側の勝ちとの判決を下した。[*13] EEOCの立場が却下されただけでなく、シアーズの雇用政策が暗に是認されたのである。裁判長にしたがえば、差異は現実で根本的であるがゆえに、シアーズの雇用に見られる統計上の偏差もそれによって説明できるというのであった。差別はたんに「自然な」差異（どれほど歴史的、文化的な産物であろうとも）を認めただけと定義し直され、レーガンの保守主義の論理とみごとな一致を見せた。不平等に代わって差異が平等の対立物としてふさわしいとされ、不平等を説明し正当化することになったのである。この裁判長の判決は、文学研究者のナオミ・ショアが別な文脈において述べている過程をよく表している。「差異を本質化し、社会的不公平を自然化する」というのである。[*14]

シアーズ裁判は言説の――ということは政治的な――場の作動の仕方について、身の引き締まるような教訓を与えてくれる。たんに概念や定義の操り方についてばかりでなく、制度的、政治的な関係が実行に移され、正当化されるやり方についても洞察を与えてくれるのである。女と男のあいだのカテゴリー的差異をよりどころにすることが、シアーズが自社の方針を擁護するためだけでなく、EEOCがそれに挑戦する際の条件ともなっていた。平等か差異かは、そのなかで歴史家たちがシアーズの雇用慣行におけるわずかな統計的相違についてではなく、男女の規範的行動について議論しあうよう仕掛けられた知的ワナだったのである。私たちは、この訴訟の審理がおこなわれた時点での力のバランスはEEOCにとって不利であり、したがってあのような結果が出たことは、一九七〇年代に打ち出されたアファーマティヴ・アクション計画を反転させようとするレーガン・プランの一環として避けられなかったと結論づけることもできるだろうが、ここで起きたことについて批判的立場を明確にし、次なる政治決戦に備えることはやはり必要であろう。では、どのようにしてその立場を概念化すべきであろうか。

平等と差異とを二分法で組みあわせてしまうと、この二つは不可能な選択を構成することになる。もしも平等の方を選べば、差異はそれとは対立するという考え方を受け入れざるをえなくなる。もしも差異を選べば、平等の達成は不可能だと認めることになる。ある意味ではこれこそが、本章の冒頭に引用したルス・ミルクマンの一節に現れているディレンマなのである。フェミニストは「差異」を手放すことはできない。それは私たちにとってもっとも創造的な分析の手段だったからである。また私たちは、少なくとも民主主義的政治制度の原則や価値に訴えようと望むかぎり、平等を手放すこともできない。けれどもフェミニズムの運動にとっては、既存のカテゴリーの枠内で議論するよう強いられたり、私たちが発明したわけでもない二分法によって政治論争の性格を決められたりするに任せるのは馬鹿げたことである。それでは私たちはどうすれば性差という考えを用いながら、しかも平等を求める議論をしていけるのだろうか。唯一の答えは二つの部分からなる。すなわち、平等を差異の対立物として据えることによって構築されている権力関係を暴くこと、およびその結果として二分法的に構築されている政治的選択を拒否することである。

差異か平等かというのはフェミニストの政治学においては二者択一的選択肢を構成しえない。この対立的な組みあわせ方は二つの用語の関係を正しく表していないからである。排除された集団が正義を求めるとき、その主張の背景となる権利についての政治理論においては、平等とは特定の目的のため、または特定の文脈において個々人のあいだの差異を無視することを意味する。マイケル・ワルザーはそれを次のように言い表している。

平等の根本のところにある意味は否定的なものである。平等主義の起源は奴隷制廃止政策にある。それはあらゆる差異の排除を目指すものではなく、特定の差異の組みあわせ、しかも時代と場所が変われば異なる組みあわせを排除しようとするのである。[*15]

ここで想定されているのは、ある一定の目的のために、明らかに異なっている人々を対等(まったく同じというのではなく)と見なすという社会的合意である。この使い方においては、平等の対立語は不平等もしくは非同等であり、ある種の状況においてある種の目的のために複数の個人または集団を等しいとは見なさないことである。たとえば民主的市民権という目的のための同等性の尺度は、時代によって独立自営であったり、財産を所有していることであったり、人種や性別であったりした。平等についての政治的観念にはこのように差異の存在の認知が含まれており、実際はそれに依存さえしているのである。平等にたいする要求は、差異の側からの暗黙の、ふつうはそれと気づかれない主張のうえに成り立ってきた。すなわち、もしもある人々や集団が互いにまったく同一であったり等しかったりするなら、わざわざ平等を求める必要はなかったであろう。したがって平等とは、特定の差異にたいして意図的にそれを無視することと定義して良いかもしれない。

たいていの用法においては差異の対立語は相似性もしくは同一性である。だがこの場合でさえ、対照と文脈とを明確にしなければならない。差異にかんして自明であったり超越的なものは何もない。たとえ差異の事実が——たとえば性差のように——肉眼でもはっきりわかるように思える場合でさえそうである。つねに次のような問いかけがなされねばならない。比較されているのはどのような質もしくは局面なのか。その比較の性質はどのようなものか。差異の意味はどのようにして構築されているのか。けれどもシアーズ裁判の証言やフェミニストのあいだでの一部の論争では、(性による)差異は不変の事実であり、その意味は男性と女性というカテゴリーに固有のものであるかのような仮定がおこなわれている。シアーズ側の弁護士はそれを次のように表現した。「ＥＥＯＣが選択や関心、資格にかんして男性と女性は同じであると最初から仮定していることの合理性こそが……この問題のもっとも重要な点である」[*16]。しかしながらＥＥＯＣの挑戦の主眼はけっして同一性にあったのではなく、カテゴリー的な差異の不適切性にあったのである。

ローゼンバーグが用いたような男対女という対立関係は、両性は比較できないものだと主張しているのであり、歴史と社会化がそれを説明する要因とされているものの、それらは肉体的差異という事実から導き出されたカテゴリーとしての区別と共鳴しあっていた。シアーズ裁判の場合のように男対女という対立関係が持ち出されると、具体的な問題（委託販売業務に採用された男女間に見られるわずかな統計上の相違）が一般原則（女と男の「根本的」差異）のせいにされてしまう。この特定の状況に当てはまるような各集団内部の差異――たとえばある女性は「攻撃的」もしくは「リスクのともなう」職種を選ぶかもしれないとか、給料の高い地位を選ぶ女性もいれば低い地位の方を選ぶ女性もいるかもしれないといった――は、二つの集団を対立させることによって定義の段階で排除されてしまうのである。皮肉なことに、統計的なケースが要求していたのはわずかなパーセンテージの女性の行動を説明することだった。にもかかわらず歴史家の証言では「女」というカテゴリーについて議論がおこなわれた。そのため（ＥＥＯＣやケスラー＝ハリスが試みたように）女というカテゴリーの内部にとどまりつつ、女はありとあらゆる「男性的」とされる行動を示したりそれに参加してきたとか、社会化は複雑な過程でありそこから均一な選択が出てくるわけではないと論じることが難しくなった。そうした議論をするためには、ジェンダーについてのカテゴリー的思考に直接攻撃を加えることが必要であったろう。なぜなら男対女という一般化された対立関係は、行動や性格、欲望、主体性、セクシャリティ、ジェンダーへの同一化、および歴史体験における女たちのあいだの差異を覆い隠してしまうのに役立つからである。ケスラー＝ハリスが女たちの行動の具体的な面（および歴史的に変化しうる局面）にこだわったことは、特殊な事例ばかり、究極的には無関係な例外ばかりあげているように見えてしまった。それは彼女が、性差はすべてに優先するというローゼンバーグの主張に代わる、十分に理論化された代案を提示しなかったからである。

性差の二項対立的構築にたいする代案は、相似性や同一性、あるいは両性具有性ではない。女を一般的な「人間」というカテゴリーに包含することによって、私たちは女の多様性や女たちの経験の具体的側面を失うことになる。言い換えれば私たちは、「男の」物語がすべての人にとっての物語だと考えられていた時代、女は「歴史から隠されて」いた時代、女性的なるものが肯定的な男性的アイデンティティを構築するための否定的な対照物、「他者」として利用されていた時代に逆戻りしてしまうのである。私たちが主張したいのは女と男の相似性ないしは同一性ではなく、男性と女性はまったく相反するカテゴリーだと主張した場合に認められるものよりももっと複雑な、歴史的にさまざまに変化する多様性、異なった目的のための異なった文脈のなかでは異なった表現をとることもありうるような多様性なのである。この対立関係から生み出される二元論は事実上一本の差異の線を引き、それに生物学的な説明を与え、その後対立するそれぞれの側を単一の現象として取り扱う。各カテゴリーの内部のものは（男性であれ女性であれ）すべて同じであると想定され、そのためいずれのカテゴリー内部の差異も圧殺される。そのうえカテゴリー間の関係はプラス（男性）の極とマイナス（女性）の極の関係として提示される。これとは対照的に私たちが目指しているのは、たんに両性間の差異ばかりでなく、これらがジェンダー集団内部の差異をどのようにして押さえつけるかを見ることである。二項対立のそれぞれの側において構築された同一性は差異の多種多様な働きを覆い隠し、それらを無関係で不可視のままにとどまらせる。

したがって平等と差異を対立する関係に置くことには、二重の効果があることになる。平等についての政治的概念のなかで長いあいだ差異が演じてきた役割を否定するとともに、同一性という土俵のうえにおいてしか平等を主張することはできないと示唆するのである。こうしてフェミニストはどうにも動きのとれない立場に置かれることになる。この対立関係によって規定された言説の範囲内で議論しているかぎり、私たちは、女はありとあらゆる点で男とまったく同じではありえないのだから男と平等になることも期待できないという、現行の保守的な前提を認めてしまうことになるからである。私の見るところここから逃れる唯一の道は、平等と差異とを対立させるのを拒否し、あくまでも差異を――個人および集団のアイデンティティの条件としての差異、これらのアイデンティティの固定化にたいするたえまない挑戦としての差異、差異の働きをくり返し例示してみせるものとしての歴史、まさに平等の意味そのものである差異を、強調しつづけることであると思われる。

しかしながらシアーズ裁判におけるアリス・ケスラー＝ハリスの経験は、ジェンダー・カテゴリーに向かってただ差異を主張するだけでは戦術として十分ではないことを示している。それ以外に必要なのは、性差についての文化的理解を作りあげている規範的言説としての固定的なジェンダー・カテゴリーを分析することである。そのことは私たちが、特定の文脈のなかで――たとえば職場で――「男」と「女」という語がどのように使用されて互いに定義しあっているかを、詳細に暴き出していかねばならないことを意味している。女たちの労働の歴史はあらためてこの観点から、ジェンダー化された労働力創出の物語の一環として語り直される必要がある。たとえば一九世紀において、男性の熟練についてのある種の概念は女性労働（定義のうえでは未熟練とされる）との対照のうえに成り立っていた。労働過程の組織化と再組織化は、訓練や教育、あるいは社会階層といった問題よりも、労働者のジェンダー属性をよりどころにして成し遂げられた。そして両性間の賃金差は、雇用の取り決めがおこなわれる以前から存在した（その結果などではなく）根本的に異なる家庭内役割が原因であると説明された。こうした過程全体をつうじて「労働者」の意味は、男と女の自然的な性質と考えられたものをとおして確立されていった。もしも私たちが「女性労働者」の活動やニーズ、関心、文化などについて述べたデータを集めて女性労働の歴史を書くとすれば、私たちはあたかも自然であるかのように見せかけられた対照には手をふれず、女と男のあいだの固定的なカテゴリー的差異を実体であるかのように見なすことになる。言い換えれば私たちは、（「女性労働者」という）ジェンダー化されたカテゴリー自体、その意味は歴史のなかで作られたものであるがゆえに検討を必要としているのに、それを無批判に受け入れることから物語を始めるわけだが、それではすでに手遅れなのである。

もしも私たちの歴史のなかで男と女というカテゴリーを相対化するとすれば、そのことは当然、私たちの政治的主張もまた、状況依存的で特異的な性質のものであると認識しなければならないことを意味している。したがってある種の言説上の文脈におけるある種の議論が有用性を持つか否かについての分析にもとづいて政治戦略が立てられることはあっても、それは女もしくは男の絶対的性質に訴えるようなことはしないだろう。母親たちにとって、自分たちの社会的役割にたいする配慮を要求することが理にかなったことである瞬間もあれば、母親であることと女たちの行動とが無関係であるような文脈もある。だが女であることとイコール母性と主張することは、こうした選択を可能にするはずの差異を覆い隠してしまう。これまで社会的に女の仕事として構築されてきたものの地位を再評価するよう要求することが理にかなったことである瞬間もあれば（最近では「同一価値労働同一賃金」の戦略がその例である）、女たちに「非伝統的」な職種に仲間入りする準備をさせる方がはるかに理にかなうような文脈も存在する。だが、女は女性性のゆえにはじめからある種の（養育するような）職種や（人に協力するような）働き方に向いているのだと主張することは、複雑な経済的、社会的過程を自然なものであるかのように見せかけ、女の職業の歴史を特徴づけてきた差異をまたしても覆い隠してしまう。あくまでも差異にこだわることによって、絶対主義的、かつ性差の場合には本質論的なカテゴリーへと向かう傾向は切り崩されることになる。それはジェンダーによる差異の存在を否定するのではなく、それが持つ意味はつねに個々の文脈における特定の構築のされ方に応じて変化すると示唆するのである。これとは対照的に絶対主義的な差異のカテゴリー化が行きつく先は、つねに規範的な原則の押しつけである。

世界を二項対立的に構築しようとする強い傾向にあらがって「脱構築的な」政治戦略を編み出すのは、たしかに容易なことではない。けれどもそれ以外の選択があろうとは私には考えられない。たぶん私たちがこうしたやり方で考えることを学んでいくにつれ、解決ももっとはっきり見えやすくなってくるだろう。たぶん私たちがおこなう理論的、歴史的な研究によって、その地ならしができるだろう。もちろん私たちは、単純な二元論を拒否し、それに代わって平等には差異の認識と受容が必要であることを立証しようとした試みの例に満ちみちているフェミニズムの歴史から、励ましを得ることもできる。[*17] 実際、歴史家が本当の意味でこうした概念の再考に寄与することができるとすれば、その一つの道は、フェミニズムの歴史を平等への要求と差異の確認とのあいだで揺れ動いた物語として書くのをやめることなのである。このようなアプローチは二項対立的な構築に長い歴史を与えることによって、それが何か不可避なものであったかのように信じさせ、うかつにもこうした構築の支配を強める結果を招いてしまう。[*18] だがフェミニストたちの議論をよく見てみれば、実際にはこのようにすっきりとは区分けできないのがふつうである。そこにあるのは平等権の理論を文化的な性差概念と何とか調和させよう、原則に矛盾した行動や性質が存在することに照らしてジェンダーの規範的構築の信憑性に疑問を投げかけよう、女についての既成のステレオタイプにしたがうことなしに女の政治的アイデンティティを明確にしようという、数々の試みなのである。

フェミニズムの歴史とフェミニストの政治戦略においては、差異の働きにたいする注意と差異へのこだわりが同時に必要であるが、たんに二項対立的な差異を多数の差異に置き換えるだけであってはならない。私たちが生み出す必要があるのは幸福な多元主義ではないからである。「差異のディレンマ」の解消は、規範として構築された差異を無視することからも、無条件に受け入れることからも生まれない。そうではなくて、批判的なフェミニストの立場とはつねに二つの動きをともなったものでなければならないであろう。すなわち第一に、カテゴリー的差異の働きにたいする系統立った批判、それによって構築される種々の排除や包含——つまりヒエラルヒー——の暴露、およびそれらが究極的な「真実」とされることの拒否である。けれどもこの拒否は、相似性や同一性を暗示するような平等の名においての拒否ではなく、（これが第二の動きとなるのだが）さまざまな差異——いかなる固定的な二項対立の意味をも混乱に陥れ、分裂させ、意味不明なものにしてしまうような差異のうえに成立する平等の名においての拒否なのである。こうした拒否以外のどんな行動をとっても、平等であるためには同一であることが必要だという政治的議論を受け入れることになる。だがそれは、権力は差異という基盤のうえに構築され、したがって挑戦もまたそこからおこなわれなければならないことを知っているフェミニスト（および歴史家）にとって、とうてい支持することのできない立場なのである。

※　この論文は最初、フェミニズムにたいするポスト構造主義の影響という*Feminist Studies*の特集号のために書かれた。本章はその論文、"Deconstructing Equality vs. Difference: or, The Uses of Post-Structuralist Theory for Feminism" (Spring 1988), Vol. 14, No. 1 を

書き改めたものである。もとの論文から取った部分の使用については、版権所有者である *Feminist Studies* 編集部の許可を得た。最初の議論を組み立てるに際しては、トニー・スコットとの討論が役に立った。また、ウィリアム・コノリー、サンフォード・レヴィンソン、アンドルー・ピカリング、バーバラ・ハーンスタイン・スミス、およびマイケル・ワルザーも、論文がより鋭く良いものになるよう、思慮に富んだ助言を与えてくれた。

第9章　アメリカの女性歴史家たち——一八八四—一九八四年

民主主義の進展の歴史、あるいは個人や集団の社会的、政治的生活への参加の拡大についての歴史は、おうおうにして一種の機械的な変化のモデルを採用しがちである。そこでは財源や空間、制度へのアクセス権の獲得に力点が置かれる。アクセスには言外に、接近し、なかに入り込み、使用するという物理的な意味あいが含まれている。アクセスという観念は、ドアや門を通りぬけること、障碍物や邪魔物、妨害などを乗り越えて進むことといった隠喩で表現される。アクセスの可能性は、なかに入り込むことのできた個人あるいは集団のメンバーの数のように、量的に測定されることがもっとも多い。この種の議論は差別や民主化の度を検出するためには有効かつ重要であったが、同時にある種の質的な問題から関心をそらさせることにもなった。敷居を越えてなかに入った人々はどのように迎えられるのか。もしも彼らがすでに「内部」にいた人々とは異なる集団に属しているとすれば、彼らが組み込まれるための条件とはどのようなものか。新参者たちは、自分たちが入り込んだ場所と自分たちの関係をどのように理解するのか。彼らが作りあげるアイデンティティの条件とは何か。

こうした問いかけの前提にあるのは、たんになかに入っただけで差別のすべての問題が解決されるわけではなく、組織や制度は差異化によってヒエラルヒーをなしているシステムであり、物理的なアクセスさえ得られればめでたし、めでたしとはいかないということである。こうした問いかけは社会組織の研究全般に関係しているが、とりわけ強力にこうした問いを発してきたのはジェンダーと人種に関心を持つ人々であった。私たちの文化が生殖器官と肌の色の差異を形象化してきた文化である以上、このことは驚くに足りない。これらの差異のしるしを身に帯びさせられた者たちの経験は、ドアを入ることだけが問題だという結論が嘘であると示すことによって、物理的なアクセス・モデルにたいする異議申し立てとなっているのである。

差異の問題は社会学的に提起されることが多いが、これは概念的、もしくは文化的な問題でもある。ある技術職もしくは専門職のメンバーのあいだでの社会的慣行は、彼らがその仕事をどのように解釈しているかということと密接な関係がある。たとえば医学や歴史学のような専門職に与えられているとされる知識もまた、その専門職の構造や組織、加入資格について理解する助けとなる。歴史学を例にとれば、原型としての行為者、普遍的人間の代理人は(白人の)男の姿で表されるのがふつうであった。この普遍的人間は人類全体の代表であると仮定されてはいたが、実際はこうした表象の仕方からヒエラルヒーと排除が創り出された。女、黒人、その他さまざまな人々は歴史の主体としては姿を現さないか、あるいはどういうものか白人男性ほど中心的ではなく、重要性において劣る存在として描かれるかのどちらかだったのである。最近に至るまで、書かれた歴史の大半は白人男性の中心性とそれ以外のほとんどの人々の周縁性を例証したものであった。書かれた歴史がそうであるように、専門的歴史学の組織においても支配していたのは白人男性であり、女、黒人、その他の人々は明らかに二次的な位置を占めていた。一九六〇年代以降、歴史叙述のなかにも専門職としての歴史学にも変化が見られるようになったが、これらは互いに関係がある。どちらの展開にも、普遍的人間の失墜、あるいはより正確には個別化ともいうべきものが関わっていた。歴史の主体を「人間」という単一のカテゴリーのもとに包含することがそれまでよりも難しくなり、それと同時に女や黒人、その他の人々が歴史の主体としても歴史学の専門家としても姿を現し、しだいに重要性を増していったのである。

知識と組織的行動の相互依存性がもっとも明白になるのは、差異の明示のされ方、異なる集団間の序列的で不平等な関係について検討を加えることをとおしてである。たんにある職業のなかに誰が含まれているかだけでなく、それにたずさわっている人々のあいだの差異がどのように扱われているか、問題になるのはどの差異か、それらはどのように理解されており、時間とともに変わることがあるのか、あるとすればどのようにしてか、といった点を見ていくときに、私たちは職業的アイデンティティの意味をより完全に理解できるようになる。このとき差異は、ある専門職の文化、あるいはその分野の政治学ともいうべきものについての洞察を与えてくれるのである。

本章で私が焦点を当てるのは、ある特定の種類の差異、すなわちジェンダーもしくは性差である。私は、歴史学のPh・D〔博士号〕を持ち、アカデミズムのなかで地位を得、そしてアメリカ歴史学協会の会員であることによって歴史学という専門職の一員であると認められた女性歴史家たちについて検討したい。二重の意味で――訓練のシステムとして、そして規則のシステムとして――この学問分野を受容したことによって、彼女たちは最初から専門家としての資格を持っていた。けれども彼女たちが専門家のエリート集団に仲間入りすることは、けっして悶着なしにおこなわれたわけではなかった。なぜなら彼女たちはアクセス権を得たことで専門家としてのアイデンティティにたいする十分な資格を獲得したはずだと思っていたが、自分たちの差異を思い知らせるような出来事にきまって遭遇したからである。異なる取り扱いにたいする彼女たちの受けとめ方や反応は時代によっても、いろいろな要因によっても異なっていたが、そのなかでも無視できないのは、彼女たちの歴史学にたいする理解（自分たちが所有している知識についての考え方）と歴史の主体には誰が含まれると定義するかという点であった。差異の問題と格闘するなかでの女性歴史家たちの経験は、代表者としての普遍的人間によって経験された単一の過程という前提のうえに立つ歴史学の概念が、平等にたいする強力な障碍となっていたことをはっきりと教えてくれる。

I

アメリカ歴史学協会(AHA)が一八八四年に設立されたとき、その会員のなかに女も含まれていたことは明らかである。評議委員会は、「男性に要求されているのと同一の資格において女性が当協会に入会することを妨げるものは、憲法のどこにも見当たらない」との決議をおこなった。[*1] 歴史学という学問分野を組織化しようと努力が払われるなかで、女たちも、とくに大学で教育を受けたことがあり、新しい専門的な歴史学には絶対不可欠と考えられていた科学的方法を自覚的に実践しようとしている場合には、加入資格があると認められた。学士号以上の学位を有している事実があれば、女も、AHAを構成しているひとにぎりのエリート学者のなかに名目上の参加を許された。[*2] Ph・Dを持っていない場合でさえ、参加資格ありと見なされたのである。それは、J・フランクリン・ジェイムスンやハーバート・バクスター・アダムズらの設立者たちにとって、才能ある研究者や教師の助けを借りて国中に歴史学を広めることが共通の目標だったからである。しかしこの一見開放的な方針にもかかわらず、ひとたびAHAに加入した女たちは男とは違った扱いを受けた。その扱いははっきり気づかれにくいときもあれば、きわめて明白な差別であるときもあったが、つねに最終的には、目に見える肉体的な性差こそが問題なのだという前提のうえに立っていた。

協会に女を入れていくことは、組織の設立者たちのより大きな民主主義的使命にかなっていた。彼らは、好古趣味のジェントルマンたちがやってきたことは科学という信条にとってマイナスだと感じており、歴史学をこうした人々の手から奪取しようと決意していたのである。[*3] 実際彼らは、ロマンティックな好古趣味と真正面から対立する形で新しい専門的歴史学のイメージを作りあげた。それまでは絵になりそうな伝統やロマンティックな出来事、すなわち中世史家のネリー・ニールスンが軽蔑をこめて「死んだ貴婦人やうるわしの騎士への讃歌」と呼んだものに焦点が当てられていたのにたいし、彼らはもっと難しい制度や政治についての研究を対置した。[*4] そして良き歴史家たるものは古典教育を受けた文学的感性の持ち主でなければならないという考え方を、エリート主義的であまり科学的ではないと攻撃した。ジェイムスンは一八九一年にこの問題について、はっきりと次のように述べている。

われわれの科学がいまもっとも必要としているのは……本当に良い二級の仕事なのです。なぜなら技術的な手順の改良、職人の仕事のような仕上げの確かさこそ、切に求められているものであり、それを促すためには、文学的天才の手になる少数の仕事よりも手腕を持った人々の手になる多数の仕事の方が、より多くのことをなしうるのです。[*5]

女にもAHAへの参加を認めることによって設立者たちは、彼らの民主主義的で平等主義的な衝動、「この国のありとあらゆる歴史的財産を協会の権限のもとに置きたい」という欲求、そして自分たちの科学は知的な人なら誰にでもマスターできるはずだという信念を強調してみせた。[*6] 実際、女が科学的歴史をやるという事実には重要な意味がこめられていた。すなわち客観的研究の力は非常に大きいので、風変わりな、あるいは選ばれた少数者のためだけのテーマを追いかけようとする女性的傾向でさえ、それによって克服されるというのである。そこにはまた、男らしさと女らしさ、および男性と女性という対立関係に依存した複雑な象徴的次元が存在している。それをおこなう人の実際の性別がどうであれ、古い歴史は女性的、新しい歴史学は男性的なものとして表象されているのである。そして科学的歴史学の側に女が参加するのを認めることによって、科学的歴史学の唱道者たちは、自分たちが新しく組織した学問分野のなかにいくらか残っていた貴族的でロマンティックな傾向は、完全に征服されたと立証してみせたのである。

もちろんそれ以外にも、新しい協会に女を参加させたのにはきわめて直接的な理由があった。彼女たちは、国内の高校や専門学校、カレッジに歴史学科を開設したり、歴史のカリキュラムの標準化を実施したりするための制度内の支援者として重要だったのである。新しい歴史学が勝利をおさめるためには、正しい教育がおこなわれなければならなかった。そのためAHAの設立者たちは、宣教師のような熱意をもって教育に接近した。一八八〇年代から九〇年代の頃、アカデミックな世界のなかで女子大学はかなり重要な部分を占めており、（トップにいたのは男だが）そこで教える女性教師の数もしだいに増加しつつあった。したがってAHAの女性会員は、歴史学を彼女たちのいる別な拠点——女子の専門学校やカレッジのなかに持ち込むという、特別に役に立つ働きをすることができた。ネリー・ニールスンはマウント・ホリヨーク・カレッジにおいてその務めをはたし、アメリカ史を専門としたルーシイ・メイナード・サーモンは、ヴァッサー・カレッジで同じことをおこなった。彼女が一八八七年に雇われたとき、学長のジェイムズ・テイラーはハーバート・バクスター・アダムズにあてた手紙で、自分の学校における歴史学にたいする「不十分な備え」も、もう間もなく改善されるであろうと書いている。「最近のミス・サーモンの任用が……学科全体の満足すべき再編成をもたらすであろうことは疑問の余地がありません」。[*7]

AHAのスポークスマンたちはあるレヴェルにおいては均一な歴史学のカリキュラムを主張し、女に教えるべきことと男に教えるべきこととの区別をつけなかった。一八八〇、九〇年代にジョンズ・ホプキンズ大学と同じようにウェルズリイ女子大学でも採用されていた歴史の教授法も、彼らの目には少しも皮肉なものには映っていなかった。そこでは学生たちにイギリスの下院議員の役を割り当て、憲法や立法政策にかんする重要問題について討議をおこなわせていたのである[*8]（合州国でもイギリスでも女には投票権がなく、政治における公的な役割もないという事実は、この教授法の中身や方法とはどうやら無関係であったらしい）。さらにまた、女は歴史的関心の対象としても排除されてはいなかった。たとえばアダムズは、歴史学の視野は偉大な男たちに焦点を当てること以上の広がりを持つべきであるとして、次のように仲間たちに訴えた。

数えきれないほどの、そう、何百万人もの善良で誠実な男たちと、忠実で献身的な女たち……［彼らは］良き指導者を支え、世代から次の世代へと人間性を受け継いでいく。ごくふつうの人間にとってもっとも励ましと刺激を与えてくれるのは、エイブラハム・リンカーンのように飾りけのない男性や、フローレンス・ナイティンゲールのように自己犠牲的な女性の伝記であることが多い。しかしいかなる男性、いかなる女性と言えども、何らかの形で社会の福利と世界の進歩のために貢献した人間でなければ、伝記や歴史的記録に残る価値はないことを、われわれは忘れてはならない。[*9]

けれども対称的な扱いに向けてのジェスチャーもある程度は見られたものの、当時推進された歴史学のなかでは男と女は非対称的に取り扱われていた。それは歴史学というものの概念化のされ方、すなわち変化の過程とは進化であり、直線的であり、単一であるという前提の帰結であった。福利や進歩とは本質的に政治的な概念であり、進歩の度合いは民主主義的自治に向けての動きを尺度に測定された。アダムズは州や国家レヴェルでの研究だけでなく、「町やプランテーション、教区や郡」についての研究を唱道した。だが大きかろうが小さかろうが分析の単位は政治組織であり、研究は単一の統合されたものとして概念化されていた。[*10] 小さな単位は大きな単位をそのまますくり返したものにすぎず、政治的組織がどのように作動し、どのような条件のもとで進歩したかを理解するための手段なのであった。[*11]

民主主義に向けての進歩の研究という歴史学の考え方は、その速度や形態は異なっても、単線的で普遍的な過程がすべての人々に当てはめられるという前提のうえに立っていた。統一性と普遍性という前提はありとあらゆる異なる集団を歴史のなかに含み込むことを可能にしたが、同時にそれぞれの集団の差異を特定することを不必要にした。単一のプロトタイプ的な人間が歴史の主体を代表していた。すなわち白人の西洋人である。アダムズやその仲間たちにとって、歴史の研究とは政治の研究であり、それは「組織化された社会のなかの人間／男」の研究を意味していた。そうした研究の目的は自分自身を知ることであり、それが「自己決定と自己管理につながる」のであった。しかも歴史教育にはそれ以上に重要な政治的意義があった。それは

「社会における人間／男の経験の最高にして最良の帰結である……自治」につながるものだったからである。[*12] このように歴史の主体としての〈人間／男〉の例をあげたからといって、私はアダムズのような歴史家たちが彼らの概念から女を排除していたと言いたいわけではない。彼らは排除したのではなく、むしろ女を取り込み、一般化され統一された概念のなかに包含したのであり、女は〈人間／男〉という観念で代表されると同時に、つねにそれとは異なり、それよりも下位にあるものであった。女性的なるものはたんなる特殊例にすぎず、男性的なものが普遍的な意味を表していたのである。

そのような考え方の結果は、差異を否定すると同時にそれを認めるということであった。すなわち、女（もしくは黒人やユダヤ人のようなそれ以外の〈他者〉）には根本的に異なった歴史体験があったのではないかと認めるのを拒否することによって差異を否定し、同時に、普遍的人間とは異なるところのある人々にはなぜか平等な取り扱いを受ける資格がないと見なすことによって、差異を認めるのである。歴史がどのように書かれたかを見ると、この二重の効果は一目瞭然である。典型的な主体は（中産階級の）白人の男性であり、行動によってさまざまなことを引き起こすのにたいし、女の方は（たとえ登場することがあったとしても）、歴史の外側に存在して時間を超越した生殖役割をとおして世代の連続性を確保する、「献身的」で「忠実」な存在として表されているのである。このことはまた、制度や組織上の取り決め、たとえばAHA

の指導部の構造などにもはっきりと現れていた。なぜならAHAは形式的には女を含めるそぶりを見せたが、指導者にかんしてと同様、本当に重要なメンバーは白人の男性であることは、はじめから自明のこととされていたからである。普遍性という言語は差異化に依存すると同時にそれをなかに含み込んでおり、その結果、女は男との関係で不平等な取り扱いを受けることになった。

アダムズは女を組織のメンバーとして確保しておくために非常な努力を払ったが、女が女であること、業績や訓練によってではなく、「自然な」資質と考えられたものと女子大学との結びつきによって差異化された特別な群れであることは、つねに明白であった。たとえばAHAの会合では、毎年「協会の男性会員」のための喫煙懇親会が開かれていた。淑女たち――歴史学者の妻と女の歴史家たち――は、「植民地時代の貴婦人風の茶会」に出席した。女性側はこの慣行にたいして抗議したが、彼女たちの異議は無視された。たとえばルーシイ・サーモンは一九〇五年に、「私たちは社交界の御婦人方と出会うための午後のお茶の会などやりたくないし、会員を男と女という二つの階級に分けてしまう催しには反対です」と書いている。[*13] 女を指導的地位に加えるという点になると、AHAはけっして名目主義以上のことはしようとしなかった。ルーシイ・サーモンは初期の頃の特別委員会（そのなかには最後には評議委員会も含まれた）に名を連ねた唯一の女性であったが、彼女がアダムズにたいして七人委員会（歴史教育にかんするグループ）にもう一人女を入れるよう強く求めたところ、彼は友人への手紙に、自分は「どちらかというと女が一人いるだけでもたくさんだと思っているのに！」と書いたのであった。[*14]

一九一九年、そのころ評議委員会のメンバーとなっていたサーモンは次のように、AHAにおいて力を分けあう女性の数をもっと増やすことのできない自分の無力さを嘆いている。

これらのどの委員会にたいしても、メンバーに加えるようにと無理やり女性の名前ばかりあげているように見えるのは本意ではありません。けれども、これまでにも何度も書いたと思いますが、私には協会が自分で自分を否定するような決まりによって、とても大勢の女性たちから助力を受ける機会を失っているように思われてならないのです。[*15]

発足当初からきわめて明白であったこの状況は、そのまま一九六〇年代まで続いた。アーサー・リンクは、AHAの歴史の大部分にわたって「女性は指導と管理という地位にかんしては冷や飯を食わされてきた」と認めている。彼はその証拠として、一九三三年以前、評議委員会の九六人のメンバーのうち女性はわずか五人しかおらず、各委員会に女性が代表として参加していた割合は九人に一人で、協会の女性会員の数からすると不当に少なかったという事実をあげている。[*16]

ＡＨＡの女性会員の数は多いときも少ないときもあったが、それが差別的な取り扱いにはっきり終止符を打つ結果をもたらしたことは一度もなかった。たとえば一九二〇、三〇年代にはPh・Dを取得して歴史学科に（とくに女子大学において）職を得た女性数の増加が見られた。けれどもこの時期、研究用の総合大学の地位と勢力が強まるとともに、女たちは学部レヴェルと女だけの教育施設に閉じ込められてますます周縁化されていった。[*17] ＡＨＡのなかでは一九二〇年には女は会員のうち約一九パーセントを占めていたが、指導部については五パーセントにも満たなかった。[*18] 公的な構成の点でも非公式な社会的慣行の点でも女を周縁化した、エリート男性たちのクラブという性格が支配的だったのである。こうしたパターンはほとんど変化することなく戦後の時代まで継続した。ハワード・Ｋ・ビールは一九五三年に書いた文章のなかで、「女性にたいする差別が根強く残っている」ことを認め、それを歴史学という専門職のすみずみにまで作用している「ニグロやユダヤ人、カトリック、女性、および「ジェントルマン」でない人々にたいする」より大きな一連の偏見と結びつけている。[*19] こうした偏見が女にたいして作用した場合の効果については、一九七〇年、女性歴史家たちが出した取り扱い変更要求に応えて設立された特別委員会が系統的な立証をおこなっている。これらの女性たちは、一九六〇年代半ばから進行している歴史学の分野への大量の女性の進出は、それだけで平等を保証するものではなく、差別を根絶するためにははっきりと目に見える形での注意が必要であると主張したのである。[20]（委員長をつとめたウィリー・リー・ローズの名をとって）ローズ・レポートとして知られる委員会の報告書は、AHA内部でも歴史学という専門職全体においても、女は長いあいだ組織的に不当に低い取り扱いを受けてきたことを示す膨大な証拠をあげ、「将来歴史学の学生や教師を志望する女性たちにより十分な公正さを確保する」ために、女性歴史家にかんする常任委員会を設けて支援を与え、統計を監視するよう勧告をおこなった。[21]AHAはこの委員会を任命したことによって、ジェンダーによる差異化が存続していることと、長期にわたる構造的な問題としてそれに注意を向ける必要性があることを公式に認めたのであった。

AHAの女たちの歴史においては指導層における排除的な慣行が続くなかで、ある瞬間だけが唯一のはっきりした例外としてきわだっている。一九四三年、一人の女性が会長になったのである。けれどもネリー・ニールスンがAHA会長に選出されたことは、新しい時代のはじまりを告げるものではなかった。むしろそれは、どうやら「進歩的」歴史家と組織的フェミニストとの連携と見られるものが、アメリカの第二次世界大戦への参戦前夜、ファシズムに対抗するための連携や人民戦線の動員というより大きな背景のなかで、つかのまの勝利をおさめたことを示していたのである。ニールスンが第二副会長に指名されたのは（彼女はこれによって自動的に会長へのコースに乗ったのである）一九四〇年で、この年はたんに女ばかりでなく、それまで無視されてきたその他の集団にたいしても注意が向けられたという点で、とくに幸先良さそうに見えた年であった。マール・カーティを委員長にいただいた計画委員会は、「ふつうの人」というテーマでいくつかのセッションを設定した。セリグ・パールマンは「アメリカ労働史における階級」について報告し、W・E・B・デュボイスは「合州国の歴史のなかの黒人」についてのパネル・ディスカッションの司会をし、ヴァッサー・カレッジのミルドレッド・トムスンは歴史における女性についてのセッションを主宰した――AHAの総会で女性史に一つのセッション全体があてられたのは、これが最初であった。[*22] 女性史にたいする関心とニールスンの選出は、何年にもわたる女たちによるロビー活動の結果もたらされたものである。彼女たちのなかには、バークシャー女性歴史家会議（一九二九年創設）によって組織化された人々もいれば、ひたすらフェミニズムへの深い傾倒から行動した人々もいた。一九三九年には彼女たちの活動ぶりは、指名委員会の委員長がその報告書のなかで「フェミニスト・ブロック」が存在すると認めたほどであった。[*23] 彼女たちの圧力は、ヨーロッパにおいて立憲政治と自由主義が包囲攻撃されているまさにその瞬間、協会内部で民主主義を実践し、歴史学がその歴史を記録してきた民主主義の歩みと結びついていることを象徴的にも実際面でも主張しようという、カーティやビールのような「進歩派」の決心と、たまたまうまく一致したのである。委員会は女を仲間に入れることにかんして非常にはっきりした態度をとり、一九四〇年五月、AHAの全会員にたいし、「協会の役職においてこれまで十分な評価を受けてこなかった」、「傑出した女性」を指名し、彼女たちに投票するようにうながす手紙を送った。[*24]

けれどもニールスンの選出は、女の平等を目指した展開を意味するものでもなければ、それを始動させるものでさえなかった。不当に低い取り扱いという一般的なパターンは彼女の会長在任中すら存続し、戦争が終わると、Ph・Dを取得し歴史家としての職につく女性の数が減少するとともに、その傾向はいっそう強まった。[*25] そのうえ、歴史家の男性的な性格を強調し、彼らを国家的伝統や民主主義の保持、そしていまや平和と冷戦の時代だというのに戦争遂行への新たな献身を呼び起こすような研究活動と結びつけようとする新しい言説が出現した。たとえばアラン・ネヴィンズは一九五一年に、アメリカ建国における実業家たちの奮闘をもっと評価するよう呼びかけ、歴史家は「女のような理想主義」を捨てて、「欠くべからざる実力を持った建設者として、等身大の姿」で実業家たちを描くよう示唆した[*26]（ここでは理想主義と物質主義、感傷性と「力」の対照は、女性性と男性性のあいだの対照として提示されている。そして直接女について語ってはいないものの、典型的歴史家の描写のなかには、はっきりと冷戦イデオロギーとジェンダーとの結びつきが暗示されていた）。

フランス革命史の研究家、ベアトリス・ハイスロップは、一九六九年、ハンター・カレッジを退職することを考えていた頃に、「私は自分の生きているあいだに女性の勃興と、そして彼女たちにたいして門戸が閉ざされはじめるのを目撃した」と書いた。[*27] ハイスロップの感想は、一九三〇年代前半に彼女が博士号をとるための研究をしていた頃と、一九五〇年代から六〇年代前半とを対比して述べたものである。皮肉なことに、彼女がこれを書いたのはちょうど大きな転換期が始まりつつあった頃であるが、AHAの権力ある地位に女もきちんと仲間入りできるようになるまでにはまだ何年もかかったし、女が二度目の会長の職についたのはようやく一九八七年のことであった。[*28]

Ⅱ

AHAは公式には女も仲間に入れると保証し、普遍性を口にしていたが、にもかかわらず差異に依存していた。典型的歴史家および典型的な歴史の行為者が（白人の）男性として表現されたことによって、女は特殊で厄介な例外となった。女が普遍的典型に似ているのは自明のこととは見なされず、ひとりひとりの女の行動のなかで実証し、証明してみせねばならなかった。すなわち、どのような技術を持っていたり訓練を受けていても、女には、女という性に付随すると考えられていた無能力さを否定するという、さらなる試練が待ちかまえていたのである。どのような戦術をとるにしても、これはたやすい仕事ではなかった。差異化のシステムを見て見ぬふりをし、その限界を受け入れてそのなかで活動する道を選ぶこともできた。だが当然のことながら、それではシステムの方はそのままで、しかも個々の女性は自分がそういう取り扱いを受けるのを自分自身の失敗のせいだと考えて、大きな重荷を背負い込むことが多かった。個別的な差別の例を誰か個人の女嫌いのせいにして、組織的な分析を回避することもできた。ジェンダーの差異がどのようにして不平等な取り扱いにつながるかを認め、それを民主主義の原則を侵すものとして個人的、もしくは集団的に非難することもできた。あるいは女の持つ差異を容認し、それを男との相補性、または男にたいする優越性の高みにまで持ちあげることもできた。平等の名においてであれ差異の名においてであれ、女たちの集団行動は政治的には非常な効力を発揮する可能性があった。けれどもそのことは同時に、女には別個の異なるアイデンティティがあるという事実を強調し、歴史家と女性歴史家とのあいだのコントラストを弱めるよりも、むしろいっそう強める潜在的危険性も持っていたのである。

一八八四年以来の女の専門的歴史家たちの歴史には、これらの戦術すべての例が見られる。実際、ときには同じ個人が人生の時期によってこれらを使い分けていた場合もある。そのうちいくつかを詳しく検討してみると、差異化システムとしての専門職がどのように作動するかについてまた別な形で把握できるし、異なっていると考えられた側の個人にたいし、そうしたシステムがおよぼした影響についても理解することができて、なかなか興味深い。ここでは、差別の存在を認識し、それと闘おうとした戦術に焦点を当ててみたい。そこから、一般に流通している歴史学の概念にかんして、女性の専門的歴史家たちがどのように彼女たちなりの批判を形作っていったかを見ることができるからである。[*29]

ルーシイ・サーモンの戦術は、人間性という普遍的観念のなかには女も含まれるはずだと主張することであった。もしもこれが認められるとすれば、女を排除する慣行は普遍性や平等という考え方と矛盾しており、彼女がAHAにたいしてはっきりさせたように、せっかくの才能をみすみす浪費することにつながった。サーモンはずっと女子大学で教鞭をとっていたが、強固な共学の信奉者であった（彼女が学士号と修士号を取得したのはミシガン大学においてである）。彼女は仕事口の供給に限界があることは認めたが、ヴァッサー・カレッジにおける女性教員たちの生活を規制しようと試みるテイラー学長にたいしては、たえず戦いを挑んだ。[*30] 女はいかなる点でも男と違った取り扱いをされるべきではないと、彼女は考えていたのである。結局のところ、女も〈人間／男〉という普遍像のなかに含まれるはずであり、それ以外の解釈は不合理、もしくは不公平なのであった。

サーモンが選挙権獲得のために活発なキャンペーンをおこなったのも、まさに女も人間の定義の一部であると考えていたからであった。彼女にとって、女性参政権はさらに平等を推し進め、女が完全に社会に参加できるようにするための道となるはずであった。実際、多くの才能あるすぐれた人材が政治の仕事に正式にたずさわるようになることで、最終的に利益を受けるのは社会のはずであった。ひとたび選挙権さえ得られれば、もちろん専門的な組織も含めて、さまざまな政治的制度への女の完全な参加が保証されるだろうと、彼女は考えたのである。

サーモンの議論のもとになっていたのは、歴史とは民主主義と平等に向かう進歩の過程であるという全般的な（彼女の仕事仲間にも共有され、彼女のどの歴史叙述にもはっきりと現れている）確信であった。彼女は女という性にたいする偏見は、個人の態度の問題、やがては消え去るべき運命にあるあまり文明化されていなかった過去の遺物、もしくは経験や知性、教育などが不十分であることの結果だと見ていた。そのため彼女は、ともにブリン・モア大学でPh・Dをとるために勉強したウッドロウ・ウィルスンについて、彼の人生は狭量で自分の利益しか考えない野心によって支配されていたと書いている。そのうえ彼は教えることも好きではなく、

女性を教えるには彼はどうしようもなく向いていなかった。彼は明らかに人生において一度も女性と正常な関係を結んだ経験がなく、女は男とはまったく異なると考えており、私の見たところ、女を理解しようとする努力もしていなかった。彼はいつでも女は男とは知的な面で違っていると考えているようすで、したがって女には関心を持たないのだった。彼は一度だって、女に大学教育が必要だと本気で信じていたことなどないと、私は自信をもって言える。あるとき彼は私に、知的で教育のある男と結婚した女の方が、大学教育を受けた女よりもずっと教育がある場合が多いと話したものだ。私はこうしたことすべてを

面白いと思い、彼にたいしてこの問題の別の側面を提示してみせたり、私自身の意見を述べたりはしなかった——そんなことをしても無駄だったろう。私は、彼の考え方はひとえに教育的、社会的経験が限られていたことが原因だと思い、いつの日かもっとものがわかるようになるだろうと期待したのだった[*31]！

同時代人の多くと同様にサーモンも、（たとえ差別の存在を認識していても）自分が平等な取り扱いを受けるのは当然のことという前提で、専門家としての活動にたずさわった。彼女にとって、「進歩は男女間の差異を強調する方向ではなく、それを消していく方向に存在していた」[*32]。サーモンの伝記の著者は、彼女は「特別な「女だけの領域」を認めようとする運動はすべて信用しなかった」し、自分の著作のなかでも、専門的、政治的活動においても、そして個人的な振る舞いのなかでも、その存在を認めるのを拒否したと述べている[*33]。そのように認めてしまうことは、両性間の生物学的差異が教育もしくは専門職における区別の根拠になりうるという誤った考えを、いっそう生き長らえさせてしまうだけだと彼女は考えたのである。集団的行動はどうしても差異の存在を認めてしまうことになるので、それよりも個人個人が差別を取り除こうと努力する方が望ましいというのが、サーモンの見解であった。彼女はある同僚に次のように書き送っている。「女たちがやっている仕事に私が関心を持っていないなどと思わないでくださいね。良い仕事ならどんなものにでも、とても関心があるのですから。ただ、それをやっているのが女だから特にどうこうということがないだけなのです」。女が多くの不利な条件のもとで苦しんでいることは彼女も認めていたが、そうした条件は「集団としての女ではなく、ひとりひとりの女性によって取り除かれなければならない」と、断固として主張したのである。[*34]

ルーシイ・サーモンは死ぬまで、専門分野における傑出した地位を保ちつづけるのに成功した。彼女自身の規準からいけば、彼女はひとりの女の行く道に横たわっていた障碍を個人の力で取り除いたのであった。彼女はAHAの各種委員会への女性の参加を増やし、女子学生たちに歴史家になることを奨励し、女たちの連絡ネットワークをつうじて彼女たちを育て、支援した。サーモンが亡くなったとき、エドワード・チェニィは彼女は「独創的」な思想家であったと讃え、「われわれは彼女が書いたものはどんなものでも消滅させてはならない」という理由で、彼女の未完成の原稿の出版を熱心に主張した。[*35] たしかに彼女の仕事は、ハーバート・バクスター・アダムズも含めて男性の同僚たちの多くに比べ、ずっと真摯で奥の深いものであったと言えるであろう。けれども彼女の名前は、歴史学の歴史について書かれたもののなかから文字どおり消え失せてしまった。たとえば一九六五年に出版された、ジョン・ハイアムがそのなかでさまざまな人々を讃えている『歴史学』のように。実際、一八八四年にこの分野が制度化されて以来の物語を語ったハイアムの『歴史学』は、ジェンダー間の差異の働きと、それに個人的に対処していこうとする戦術の限界とをはっきりと示している。アメリカの指導的な歴史家たちについて書かれたページのなかにサーモンが見当たらないだけでなく、文字どおり女という女（および黒人）の姿がそこには見当たらないのである。歴史学の方法論論争についてのどの要約のなかにも、女によって書かれた研究はあげられていない。メアリ・ビアードは脚注に二度だけ登場するが、一度は彼女の夫についての本の著者として、もう一度は、本文中では完全に夫だけが書いたかのように扱われている本の共著者としてである。そしてネリー・ニールスンが会長職にあったことは、ついでに触れる程度の扱いさえ受けていない。[*36] この本のなかでの女の不可視性は、女たちが実際に歴史家の一員として、ＡＨＡの活発なメンバーとして参加していなかったことの結果ではない。それはむしろ、歴史の主体を典型的に表すには普遍的な男性の姿（白人のアングロ＝サクソン）を用いれば良く、彼とは違った姿をしている者は彼によって代表されると同時に彼によって排除されもするのだから、取るに足りない者であり、重要ではないという前提に直接由来している。サーモンがしたようにこの種の考え方にたいしてジェンダー間の差異は無関係だと主張することは、差異化と排除、および差別の根源ではなく、その結果だけを攻撃することだったのである。

いま一つの戦術群は、あるときには個人、あるときには集団として組織されたグループによって、制度的な女の排除をはっきりした形で改良していこうとするものである。こうした戦術がもっとも強力に出現したのは一九二〇、三〇年代で、国家的にも、歴史学の分野のなかでも非常な動乱期であった。[*37] たとえば研究用大学で、こうした男の牙城には実際上女が不在であることを是正しようとして、女にポストが与えられたりした。ジョージ・ハーバート・パーマーがミシガン大学歴史学部に女性のための正教授ポストを設けるように金を遺贈したのは、おそらく妻であるアリス・フリーマンの希望に添うためであったろう。同じくフローレンス・ポーター・ロビンスンは、歴史学のPh・Dを持っていたにもかかわらず自分ではベロイト・カレッジで家政学を教えていたが、女性のための歴史学のポストを設けることと引き換えにウィスコンシン大学に自分の財産を遺した。いずれの場合にも、寄贈者側は男性と同一の給与と雇用条件を与えることを要求していた。[*38]

大学における女の地位の問題はバークシャー女性歴史家会議によっても取りあげられた。これは一九二九年、東海岸にある女子大学の教授たちによって設立されたもので、「私たち、ばらばらに存在している女性歴史家は、もっと頻繁に出会い、意見を交換しあえるはずだ」という期待から生まれたのであった。AHAのある会合から同じ汽車で帰宅する途中、女性たちの一団が、「私たち同業者のなかにもっと強い仲間意識」を生み出す可能性について話しあった。ルイーズ・ルーミスの回想によれば、主眼は自分たちのあいだで意見を戦わせたり、「社交的なつながり」を持つための非公式な機会を提供することにあった。[*39] また、男性歴史家たちのあいだに、女をはっきりと排除して非公式な「会議」のために集まる習慣が新しく登場したことにたいする憤懣もあった。このバークシャー・グループは、これらの歴史家は女であることで何らかの共通点を持っていると、暗黙のうちに認めていたのである。彼女らは自分たちは「圧力団体」ではないと主張したが、実際は一つの利害集団であり、女の名においてＡＨＡにたいして圧力をかけたのであった。

この第一回会合のときから、女性歴史家の地位を向上させる方法について討議がおこなわれた。まず、女たちが自分の所属する学校という枠から外へ出てさまざまな経験が積めるように、交換教授プログラムを設けようという計画が出された。しかしこの計画は、大恐慌の影響と、それ以外のもっと差し迫った関心事のせいでついに実施には移されなかった。一九三〇年代に、非公式な差別――たとえば女子大学でも男の方を好んで採用するといった――と、国家および連邦立法府によって制定されたあからさまに既婚女性を差別した法律に直面して、バークシャー会議は「女性にとっての専門職における将来の見通し」へと関心を転換し、男女とも同じような雇用パターン、地位、および給与表について検討することになったのである。[*40] ニュージャージィ女子大学のエミリー・ヒックマンは、指導者たちのなかでももっとも率直で、想像力に富んだ人物であったようだ。彼女はある会合で全米大学女性協会（ＡＡＵＷ）にたいし、「女性にとってのアカデミックな人生における可能性について統計学的調査」をおこなってはどうかと提案した。彼女はまた、「〔カレッジの〕学長にふさわしい人物が一人もいないなどという噂が間違っていることを証明するために」、「すぐれた女性たちの伝記」を出版すべきであるとも考えていた。そしてグループの関心を女もAHAの権力の座に仲間入りさせることに向けさせ、指名の機会があるごとに女を候補者として送り出すとともに、同情的な男性会員にたいしてロビー活動をおこない、女性候補者を支持するよう働きかけた。[*41]

バークシャー会議は地域は東海岸に限られていたものの、女性歴史家の状況を改善しようとする組織的努力の典型であった。他の地域に住む女たち――女子大学にかたまっていることもあれば、共学校のなかで孤立していることもあった――もフェミニストの大義への献身の念をもって行動を起こし、女を権力の座につけるためのキャンペーンを組織した。その一つの例が、一九一四年にスタンフォード大学からPh・Dを受けたラテンアメリカ史の専門家であるメアリ・ウィリアムズで、彼女はウェルズリイで短期間教えた後ゴーチャ・カレッジで教鞭をとっていたが、一九三三年（いくつかあった女たちの非公式なネットワークの一つに所属していたルィーズ・フェルプス・ケロッグが、指名委員会の委員をつとめた年）[*42]に、ネリー・ニールスンをAHA会長に指名するための運動を開始した。[*43]こうした高度に政治的な努力について詳しく書かれたものはまだ存在していないが、ざっと見ただけでも、女がその性ゆえに経験していた不公平に挑戦するために、彼女たちが広い範囲にわたって断固たる自覚的な努力を払ったことがわかる。[*44]

これらの女性たちはルーシイ・サーモンとは異なり、自分たちの選んだ専門職内部における差異化の構造に挑戦するために集団的行動を主張し、それに着手したのである。

一九三〇年代の社会全般の動揺もまた、彼女たちのとったような種類の行動に有利に働いた。ニュー・ディールのあいだ、さまざまな利害集団が社会的、政治的生活の一部として目に見えるものになったばかりでなく、しだいに歴史家の注目を浴びるようにもなっていった。ジョン・ハイアムは三〇年代に完全な開花を見た「新しい歴史学」の特徴を「進歩の歴史学」と表現している。それは階層や経済集団のあいだの闘争に焦点を当て、「一体性よりも多様性を強調した」[*45]。進歩的歴史家の描くアメリカの伝統の物語は、社会的異議申し立ての物語、権利を奪われた者の名において改革と変化を求めて闘った運動の組織化の物語であった。普遍的な人間主体が存在するという観念自体は消滅しなかった。事実、平等への訴えは、誰にも奪うことのできない人権の名においておこなわれたのである。また同様に、歴史の物語は政治的（と同時にいまや社会的でもある）民主主義へと向かう進歩の物語であるという楽天的な信念にも、何ら変化はなかった。けれどもその物語は、互いに対抗しあう利害集団の動きによってどんどん複雑なものになっていった。

こうした時代背景のなかで、女も自分たちが一つの利害集団であることを認識した。女たちの利害は何らかの固有の必要性や同一性から生じたものではなく、外部から押しつけられた差別の体験によって生じた。否定的な取り扱いを共通して体験していたことが、女たちに一つの集団を構成させたのである。女に職や指導的地位、および権力を与えないために、何の関係もない生物学的差異が持ち出されたと彼女たちは主張した。知的能力や専門家としての才能は性差とは何ら関係がないというのが、彼女たちの主張であった。けれども差異化によって無能力とされることに抵抗しようとすれば、女による、女としての集団行動が必要であった。要は人間として考えられるものにはすべて女も含めていくこと、いわば〈普遍的人間〉の両性具有性を主張していくことだったのである。

女たちは歴史学という専門職の一員として自分たちの利害を力説したばかりでなく、古文書史料を収集し、さらに女の歴史を執筆した人も数人いた。女についての新しい知識を生み出すことには多くの目標があったが、その最たるものは、メアリ・ビアードの本のタイトルが述べているように、ともかく女が「歴史における力」であったという事実を確立することだった。[*46]そこでの力点は、女が社会や文化の建設に積極的な貢献をしてきたことに置かれた。これは、女は受け身もしくは無関係だったという思い込みと、そこからくる社会的記録における女の不可視性にたいする挑戦であった。可視性が女に人間性を付与し、平等が実施されるための条件を自明のものとするだろうと、ほとんど自動的に考えられていたのである。

一九二〇、三〇年代のフェミニストたちは、専門職に女が完全に参加する権利を正当化するために、民主主義の原則と〈人間〉の字義どおりの普遍性にたいする信頼に訴えた。彼女らは、自分たちの利益は歴史家全員の利益でもあり、ただ偏見がその成就を妨げているにすぎないと考えていた。一方では、歴史の主体が男性形で表象されることは少しも女がそれと一体化することの妨げにはならなかった。彼女らは、自分たちは実力のある行為者であり、変革を実現することができると考えていたのである。けれども平等を獲得することは、それを要求したり、あるいは実現のために組織化したりするよりもはるかに難しいことが判明した。その理由の少なくとも一部は、〈人間〉を多元的なものにするのが見かけほどたやすくはなかったことにある。普遍性があるという主張は、暗黙のうちの差異および特殊性との対照に依存しており、〈人間/男〉が普遍的であるかぎり、〈女〉はたんに存在するだけでその特異性を実証してしまう。AHAの場合も、フェミニストたちによってはっきりと強い圧力がかけられたにもかかわらず、何度もこうしたことが起こった。ベアトリス・ハイスロップは次のようなことばでこの状況がもたらす欲求不満について考察している。

……けれども女が優秀な歴史家になる能力を持っている場合にも、なぜ女だというだけで差別されなければならないのだろうか。キャリアの出発点に立つ若い男は自分の能力を証明し、報奨を求めて競いあうために平等な機会を要求する。女の歴史家も同じように機会の均等を求める。だが、女には機会さえ与えられないことがあまりにも多い……歴史学のなかには何か……性別が適性を否定する理由になるものがあるとでも言うのだろうか。[*47]

ハイスロップはそのようなものはないと考えたが、私はあると言いたい。性別を理由とした差異化は、人間主体の典型としての〈人間／男〉というような抽象的な、しかしけっしてジェンダーを持たないわけではない概念のなかに、暗黙のうちに存在していた。歴史の行為者や歴史家が「彼」として表されつづけるかぎり、女が自分にも当然その権利があると信じた平等を現実のものとすることは難しかったであろう。

Ⅲ

一九七〇年代には女性歴史家たちは別な種類の集団的戦術を持ち出した。この新しいアプローチも女と男にとって条件を平等にすることを目指していたが、にもかかわらず古くからのフェミニストからすれば、認めがたいと言わないまでも不安をかきたてるようなやり方で差異を強調した。専門職にある女たちの利害への注目、女だけの支部の組織化、独立した雑誌の発行、そして女性史を書くこと——これらはすべて、たとえそんなつもりはなかったとしても、女はやはり男とは違うと立証してしまいかねない危険性をはらんでいた。

この新しい差異の強調は国家的な背景、すなわち女や黒人、その他の組織化された「利害」集団の運動を確立させ合法化した、政府のアファーマティヴ・アクション政策のなかから生じてきたものであった。フェミニストにとっては、一九六一年にケネディ大統領が創設した女性の地位にかんする全米および州別委員会がきっかけとなって始まったさまざまな進展の一つの成果が、六六年の全米女性機構（NOW）の設立であった。[*48] AHAの内部では、六九年、女の利害をはっきり表明する声として「歴史専門職における女性にかんする対等化委員会（CCWHP）」が登場した。[*49] その圧力のもとに結成されたのが、七〇年にローズ・レポートを発表したAHA内の委員会である。この報告書はAHAへの女の参加に新時代を開いた。七〇年以降、排除のパターンは転換しはじめ、女たちが重要な委員会の委員に任命されたり、評議会に選出されたりするとともに、たとえば雇用と地位保有の公正さにかんする歴史学部用ガイドラインを作るなど、AHAの政策にたいしてもかなり大きな影響をおよぼすようになったのである。[*50] ローズ・レポートの結果設立された「女性歴史家にかんする常任委員会（CWH）」が、こうした変化をもたらした原動力であった（必ずしも永続的な変化ではなかったが）。この委員会は実際的にも象徴的にも非常に大きな効果を持っていた。たんに女は男とは別個の構成員であり、独自の代弁者を必要とすることを明示したばかりでなく、高次の政策討議の場に女が参加することを可能にしたのである。

CWHの存在は、性差が歴史家のなかでの差異化とそれによる差別に利用されているという事実を、認めると同時に変革していこうとするものであった。と同時にその存在は、女性歴史家たちにとっては別個の集団的アイデンティティをいっそう強化するものでもあった。女は、定義のうえからも異なる集団として否定しようのない可視性を獲得し、その可視性のゆえに重要な譲歩をかちとった。実際、可視性こそが差異化の否定的な働きを見定め、それによって差別に反撃することを可能にしたし、女たちに、女性歴史家として積極的な政治行動を起こす力を与えたのである。困難だったのは、アイデンティティの条件を定めることであった。たんに評価を裏返し、すでに女に付与されてきた差異を受け入れつつ、それにプラスの評価を与えるのか。何かそれ以外に女を一体化させる特性を持ってくるのか。それとも、共通の利害とは他者から押しつけられた差異の条件を拒絶することであると定義するのか。もしも最後の道を選ぶとすれば、どのような名のもとに差異を拒否することができるのだろうか。人間性か。もしそうだとしたら、それは結局〈人間／男〉の問題へ、そのような表象と女とのつねに問題をはらんだ関係へと逆戻りすることではないのか。

こうした問いかけ（とてもまだ答えが出たとは言えないが）をいっそう切実なものにしたのは、一九七〇年代におけるフェミニズムの政治学のもう一つの局面、すなわち学問研究の主要な分野の一つとして女性史が出現したことであった。組織面における女の可視性は、歴史学概念自体の全体的な見直しと結びついて、女が歴史の主体として登場することを可能にしたのである。すでに六〇年代前半には明瞭になっていた新しい歴史学の見方は、それ以前の考え方にたいして挑戦していった。ハイアムの表現を借りれば、この新しい歴史学は「安定した構造が崩壊へと向かう傾向」を強く持っており、その結果「あらゆる制度化した権威が完膚なきまでに侵食を受けた」[*51]。それは決まりきった政治を離れて、労働や家族、セクシャリティなど、人間の経験のさまざまな領域へと向かった。歴史を民主主義へと向かう進歩の過程ととらえる単線的な叙述にたいしても、人類をただ一つの統一体であるかのように表現することの正確さにたいしても、疑問を投げかけた。歴史家たちは対立や闘争について、支配の様式の変化について、社会のヒエラルヒーについて、そして抵抗について本を著した。その過程で歴史家たちは、歴史の行為者は多数存在するのであり、彼らの特殊なものの見方や他とは異なる物語は、その内容や結果が「典型的」な白人男性のそれとは同じではないのだから、それ自体として語られるべきであることを知らせた。実際、それまでは典型的と考えられていたこうした人間像そのものが、多数の集団のなかの一つにすぎないものとして特殊化されたのである。ルネサンスは「女にとってのルネサンス」ではなかったし、アメリカの発見は一面ではインディアンの排除の物語であった。一九世紀アメリカの「明白な運命」論は帝国主義的膨張をイデオロギー的に正当化したものであったことが暴露され、奴隷制は「異常な制度」ではなく、アメリカにおける人種差別の連綿たる物語のなかの一つの章にすぎなくなった。[*52] 女や黒人、貧しい人々、そして植民地化された側の人々のそれぞれに異なる物語は、「アメリカの男」についての単線的な叙述には還元しえないのである。では、どのようにしてそれらを語れば良いのか。

たいていの場合、これらの異なる集団の歴史は必然的に、いわゆる「主流の」歴史と平行するか、あるいはそれに対立する形で別のものとして叙述されてきた。女性史は歴史学という分野のなかの下位分野となり、過去の女たちの生活や体験についての膨大な新しい研究を生み出した。新しい知識は、それまでの記述では暗に否定されていたものが実際は存在したことを証明した――女は重要な行為者であり、女たちの生活の歴史は、たんにこれまで研究されてこなかった人間存在の領域にたいする洞察ばかりでなく、工業化や都市化のような多くの研究がなされてきた変化の過程にたいしても、新しい洞察をもたらしたのである。だがそれと同時に新しい知識は、歴史学にとって既知のものである男もしくは男たちの世界と暗黙のうちに対比させることによって、女の異質性や差異を容認するような形で伝えられることが多かった。女には異質な「文化」があり、労働や家族の意味についてははっきり異なった考えを持ち、芸術や文学においても女の作品だとすぐにわかる何かがあり、政治意識にも「女性的」な形態があるといったふうに。[*53] こうした女の世界の存在を実証することは、そのこと自体が目的化する可能性があった。それが存在したことを立証するだけで、「主流」にたいする十分な挑戦になると考えられたのである。歴史家たちは「女」というカテゴリーが何を意味するかはわかっていると考え、それがどのようにして生み出されたかの詮索にはほとんど時間を費やさなかった。歴史家たちはただ、「女」の持つ否定的な面は「家父長制」もしくは男性支配のせい、肯定的な面は女たちの抵抗や「働き」のおかげと説明するだけで、どちらの場合にも「女」が特定の文脈のなかでどのように社会的、政治的な意味を獲得するかについて検討してみようとはしなかった。[*54]この種の女性史は、女だけの異質な領域とでも呼ぶべきもの、実際、すでにその存在が前提されていたものが存在することを、証拠をあげて実証してみせた。女を可視化することで、歴史家たちは同時に女の差異性をも確立してしまった。これは既成の叙述にたいする挑戦であると同時にそれを確認することでもあった――既成の叙述の典型性がもはや確実なものではなくなったという点では挑戦であったが、異なる物語はあまりにも異なっているために、アメリカの民主主義についてこれまで認められてきた物語にとっては取るに足りないつまらないもので、平行してはいても中心に関わるものではないという意味で、既成の叙述を確認する結果にもなったのである。

現在歴史学の分野でおこなわれていることを見れば、このどちらの効果も明らかである。一方には、新しい歴史学の概念の必要性を認めているカール・デグラーのような歴史家たちがいる。彼は次のように書いている。

歴史あるいは過去の意味するものは、［女性史が］その一部となるのに先立って変更を余儀なくされるだろう……なぜなら従来の過去はたんに男によって概念化（発明？）されてきただけでなく、ほとんど定義の段階から、男の関わってきた活動しかそのなかに含めておらず、女の歴史的活動はほとんど完全に無視してきたからである……いまや、女をそのなかに含めることができるように、われわれが教え、それについて書いてきた過去の概念を考え直すことが要求されているのである。[*55]

その一方、大多数の歴史学部はデグラーの要求を拒否して女性史を異質な研究分野として扱い、坑夫や鉄道労働者についての本を書いた人物なら一九、二〇世紀の社会史のポストに雇い入れるが、縫い子や（女性の）繊維労働者について書いた人物は「不適当な分野に属する」として拒絶している。この種の行動にきまってつけられる説明は、「当方にはすでに女性史研究者が一人いる」というものである。こうした歴史家たちにとって、女というテーマは最初から伝統的に確立された分野の外にある特殊なテーマとしか見なされていない。ここで問題なのは、〈普遍的人間／男〉の「失墜」から不可避的に生じた男の特殊性や特異性を認めることにたいする拒絶である。伝統や文明の遺産、そして叙述のための叙述の復権などをよりどころとしたこの拒絶に対抗して、女を男と対等のものとして人間という概念のなかに含めていくのと同様に女を歴史のなかに組み入れていくことは、なかなかに勇気のいる仕事である。

女性歴史家たちによるさまざまな戦略はすべて、概念的および構造的現象としての差異の問題にぶつかって挫折してきた。差別の条件となっているものをいかに認識するとともに拒否するか、女だけの異質な領域の存在を「現実」として確認してしまうことなしに、どのようにして女のために集団的に行動するか――こうしたディレンマがたえず存在しつづけており、完全な解決が与えられたことは一度もない。実際、これらをいかに解決するかについての討論が、歴史家もその他の人々も含めたフェミニストのあいだで現在おこなわれている理論面での議論の中心となっているのである。女性史によって提起された問題は、歴史学という専門職における女たちの集団行動によって提起された問題と同じである。歴史の叙述――西欧文明やアメリカ民主主義についての偉大な物語――は、その主体の多元化に堪えられるのか。ジェンダーを包含していない、すなわちジェンダーを含んだ用語によって構築されていない人間性概念というものが考えられるのか。人間という概念を拡張してそのなかにさまざまな異なる形象を包含することができるのか。規準や規範に照らしあわせたり、ヒエラルヒー的序列を作りあげることなしに差異について考えることは可能なのか。たやすくはないだろうし、少なくともこれまでのところ、まだ成功はしていない。権利（またはアクセス）を持つ人々の数をたえまなく拡大していくという民主主義の理想は、異なる集団のあいだに依然として不平等が存在しつづけるという歴史によって混乱に陥っている。民主主義的包含の理論としての多元主義は、権力の問題と、差異がどのようにして権力のさまざまな意味を確立し制度化するかという点を無視している。何らかの意味で差異を認めることなしに平等を要求することは不可能であった。しかしあまりに差異を強調しすぎると（ルーシィ・サーモンが指摘したように）、平等にたいする要求が足下から崩れてしまうことになる。このような難問が生じたのは、平等な取り扱いを求める人々の戦略が誤っていたからではなく、リベラリズムのある種の理論が差異を――平等の意味を定義しているような場合にさえ――考慮に入れることができなかったためである。*56

私の考えでは、この平等か差異かというディレンマから抜け出す道は別な方向に、すなわち私たちがもっとも自明のものとして取り扱いがちなカテゴリーである歴史学、女、男、平等、差異といった政治理論そのものの用語を批判的に分析することのなかに見出せる。これらの用語の意味を知っているという前提から出発するのではなく、これらが文化、政治、および時代の産物として特定の歴史的文脈のなかでどのように作りあげられ、使用されてきたかを検討する必要がある。たとえば私たちは、統合された物語としての歴史とは普遍的主体についてのフィクションであり、その普遍性は暗黙のうちの差異化や周縁化、排除の過程をとおして達成されたものであるという考え方を受け入れる用意がないかぎり、女を歴史のなかに書き込んでいくことはできない。言い換えれば、人間／男はけっして真に普遍的な人間像ではなかった。人間／男の普遍性をまことしやかなものとしたのは差異化をつうじて達成された排除の過程であり、これまでとは異なるもっと批判的な歴史学のためには、まずそこに焦点を当てなければならない。こうした過程の一つの局面が「女」を定義すること、「男」とは対照的な特徴や性質、役割を付与することであった。歴史家たちがじつに多くの女性史のなかで跡づけてきた差異はこうした過程の産物であり、女という性に固有の何か本質的な性質から生じたものではなかったのである。したがって「女の体験」とか「女の文化」は、男の普遍性とは対照的な女の特殊性の表象としてのみ存在している。これらはいずれも、それによって社会生活についてのある種のヴィジョンを実行に移すための概念なのである。こうした差異化の過程のもう一つの局面は、平等と差異の関係をたえず再調整することである。平等が絶対的な実践であったことは一度もなく、それはむしろ、ある種の差異にたいして押しつけられた排除が、ある文脈のなかである目的のために一時的に停止されることであり、歴史的に見れば、そのときどきに応じてある種の差異を他の差異よりも問題にするということがおこなわれてきた。たとえば歴史学という専門分野へのアクセスという目的にかんしては、性の相違は公式的には問題とされないことになった。しかしＡＨＡ内部で指導力を確立し権力を分配するという目的にかんしては、性の相違が考慮に入れられた。女性の専門的歴史家たちの歴史が示しているように、その定義や利用法はさまざまではあっても、ジェンダーが差異を口実にしたヒエラルヒーを作りあげる重要な手段となってきたと思われるのである。

差異の問題は、アクセス権の物語としての民主主義の物語を複雑なものにする。それは、たとえ物理的な障碍が取り去られても不公平は存続することを示唆しているからである。それはまた、均質な組織と思われているもののなかに存在する権力関係に注意をうながし、これらはたんにある仕事にたずさわっている人々のあいだの社会学的な区別に関係しているだけでなく、ある分野もしくは専門職によって生み出される知識の概念そのものと関係していることを示している。これはアクセス権と差異概念とが別々の問題だと言っているのではない。両者のあいだには明らかに関係があり、内的ヒエラルヒーと同じように包含と排除のラインも差異をよりどころに引かれており、そこで使用される用語はまったく同じでないまでも似ていることが多いからである。にもかかわらず、さまざまに異なる種類の差異化を区別し、たとえどちらも性による線引きをともなっているとしても、アクセス権と内的ヒエラルヒーとをごっちゃにしない方が有益であるように思われる。こうした互いに関連のある過程には一つの歴史があり、細かくきちんとそれを語っていくことが必要なのである。きちんと焦点を定め丹念に分析していくことによって、歴史学のような学問分野の政治とジェンダーとの相互の結びつきがどれほど多様であり、しかもどれほど根強いものであるかを、より深く理解できるようになるであろう。

※　この論文には長い前史がある。最初、一九八一年六月のバークシャー女性歴史家会議で話すための準備としてアメリカの女性歴史家たちについて調査を始めた。この報告は、"Politics and the Profession: Women Historians in the 1980's" として *Women's Studies Quarterly* (Fall 1981) IX に掲載された。その後も私は、今度は一九八四年一二月にアメリカ歴史学協会で報告するために調査を続けた。ここに再録した原稿は、とくに *Daedalus* の特集号、"Learning about Women: Gender, Politics and Power" (Fall 1987) 用に書きおろしたもので、"History and Difference" という題で発表した。この論文の最初の草稿を読んで批判してくれたジル・コンウェイとジャクリーン・ゴッギンに感謝したい。またゴッギンは寛大にも、アメリカの女性歴史家というテーマで彼女自身が広範な研究をおこなうなかで集めていた情報を私に提供してくれた。

第10章　平等という難問

オランプ・ド・グージュは、フランス革命の時代に数多くの多彩で優れた著作を残した初期のフェミニストである。もっともよく知られているのは一七九一年の「女性と市民の権利宣言」で、そこでは一七八九年に革命家たちが列挙した男性の権利はすべて女性にもあると主張した。だが私にとって、彼女の書いたもっとも記憶すべき文章は、一七八八年に書かれた長い論文のなかにある。それは『社会契約論』を彼女流に改作したもので、彼女はそれをルソーのものよりも優れていると言わないまでも、自信を持って同等だと見なしていた。そのなかで彼女は、社会的、政治的改革のための何十もの提案をおこなうとともに、同時代人の態度や慣行にたいして長文の批判を展開している。あるところでは、長々とした非難を中断し、次のような並外れて鋭い観察を述べた。「もし私がこの問題についてこれ以上述べたたなら、言い過ぎてしまって敵意をかき立て、［彼らは］私の優れた考えについて思案したり、良い意図を評価したりすることなく、解決しやすい問題ではなく、パラドクスしか示すことができない女として、容赦なく私を非難することだろう」。[*1]

本稿で私は、「解決しやすい問題ではなく、パラドクスしか示すことのできない女として」「容赦ない非難」を浴びる危険を冒すことにする。実のところ、私が主張したいのは、熱い議論がくり広げられている平等と差異、個人の権利と集団的アイデンティティの問題には、簡単な解決法は存在しないということである。これらを反対語として設定するのでは、これらの相互関連性というポイントを見失うことになる。むしろ平等と差異、個人の権利と集団的アイデンティティのあいだにある必然的な緊張関係を認識し、維持することによって、私たちは最善でももっとも民主主義的な結果を得ることができるのである。

通常、平等と差異、個人の権利と集団的アイデンティティをめぐる議論は両極化した形をとる。たとえば、アファーマティヴ・アクションは集団優先の一形態で、個人にたいして差別的だと攻撃されてきた。ゲイにたいする反差別法は、個人が必要とせず、享受もしない特別な権利を付与しようとしていることを根拠に廃止されてきた。大学や法科大学院、医学部の教授陣をもっと多様にすべきだという運動は、集団的アイデンティティに注意を向けることで個々の候補者の客観的長所にたいする評価が損なわれてしまうという理由で、抵抗に遭ってきた。そして多文化主義の主張者たちが教育カリキュラムにはありとあらゆる多様なアイデンティティ・グループが反映されるようにと主張するのにたいし、反対派は、人種やエスニック・グループごとの別々の歴史は、ある学者が部族主義のウィルスと呼び、別の学者がアメリカの分裂と呼ぶものを助長することになると心配する。マイノリティについて教えるためにマイノリティ・グループの代表を雇用せよという圧力にたいしては、ある人のエスニシティや人種やジェンダーとその人の学者としての専門技能とのあいだには必然的な相関性などないという理由で抵抗がおこなわれてきた。女性史を教えるには女性でなければならないのか。アフリカ系アメリカ人文学を教えるのは黒人なのか。ユダヤ研究プログラムを率いるのはユダヤ人か。また、男と女、少年と少女を分ける別学は正当か否かをめぐっても、激しい議論があった。平等とは、性別に関わりなく誰にたいしても同じ条件を求めることなのか。別学の組織——サウスカロライナやヴァージニアの士官学校のような——が好ましくないとされるのはどんなときで、有名な女子大学の支持者やハーレムの女子だけの学校の創設者が主張するように、有益だとされるのはどんなときなのか。アイデンティティ・グループを認めるのはいつか、認めるべきか否か、どのようにか、そしてどんなときにそれらを無視すべきかという問いは、経済および政治の領域にもおよぶ。健康保険を使うために妊娠を障害と呼ぶことは、職場で女性を男性と平等な立場に置くこととなのか、それとも女性のみに固有の経験（と社会的機能）の価値を貶めることとなのか。当選するマイノリティの代表の数が増えるように選挙区の区割りを変更することは、その「人種意識」のためばかりでなく、いかなる個人も、彼または彼女の選挙区の多様な利害を代表できる――し、そうあらねばならない――という原則を危うくするという理由で拒否されてきた。代表民主主義とは、集団をその比率に応じて代表することとは違うというのである。集団とその代表についてのこれらの問いは、実際的な問題は超越して良いと考えられてきた幻想と想像力の領域である、演劇界にも波及してきた。白人の役に黒人をあてたり、その逆をすべきなのか。コーカシア人がユーラシア人の役を演じられるのか。この最後の問いをめぐる論争は、一九九〇年のブロードウェイにおける『ミス・サイゴン』の上演をほとんど中止寸前まで追い込む原因となった。[*2]

集団か個人か。この問いははっきりした選択として提起される。もし一方を選ぶなら、他方は締め出される。ある者たちは、集団は誰かを個人として扱うことを妨げると主張する。個人は、集団の一員としてその人に付与される特性によってではなく、その人自身として評価されなければならない。平等は、個人が個人として判断されるときにのみ実践されるというのだ。これは一つの立場であり、平等とは単純に法の前の個人の平等を意味するととらえる憲法や権利章典の厳密な解釈によって正当化されることが多い。もう一方の側は、個人は、その人が一体と見なされる集団に平等な価値が与えられない限り、公平に（法においても、社会全般においても）扱われることはないと言う。この立場の主張は、偏見や先入観、差別が存在する限り、個人は誰もが同一の基準で評価されるようにはならないとする。差別をなくすためには、集団の置かれている経済的、政治的、社会的地位に注意を向ける必要がある。だが、どの集団なのか。アフリカ系アメリカ人というカテゴリーは、二つの人種から生まれたアメリカ人の具体的なニーズや経験を取り上げるのに十分な大きさを持つのか、それとも大きすぎるカテゴリーなのか。アイルランド系の出自を持つゲイやレズビアンたちは、聖パトリックの日のパレードでは、どのカテゴリーのもとで行進すべきなのか。そこに含まれるすべての異なる人々を包含できるほど、十分に大きなカテゴリーはあるのか。哲学者のアンソニー・アッピアが集団的アイデンティティの政治学にかんして懸念しているのは、こうした点についてなのである。

黒人や、ゲイである人々にも敬意を払うよう求めるためには、アフリカ系アメリカ人であったり同性間の欲望を持ったりすることに見合った何らかの台本が必要である。黒人やゲイであるための正しいあり方、満たされるべき期待があり、要求がおこなわれる。自主性について真剣に考える者はこの地点で問うことになる、われわれはある種の暴政を別な暴政によって置き換えてしまったのではないか、と。[*3]

アッピアは集団対個人という形で問題を提起しているが、そのどちらか一方を選ぶわけではないし、そうすることもできない。黒人でゲイの男性が個人としての自主性を得られるかどうかは、それらの集団にたいする敬意が保証されることにかかっている。と同時に、個人としての自主性は、集団が提供する台本によって縮小される。アッピアの論評があらわにしたことを、法理論家のマーサ・マイナウは別な文脈で「差異のディレンマ」と呼び、私はそれをパラドクスという観点から考えてみたい。

「パラドクス」にはいくつかの定義がある。論理学では、パラドクスとは同時に正しくもあれば間違ってもいる、解くことのできない命題である。古典的な例は、「私は嘘をついています」という嘘つきのことばである。修辞学と美学の理論では、パラドクスとは複雑に相反する思考や感情のバランスをとる能力を示すものであり、それゆえ詩的な創造性を指す。通常の用法での「パラドクス」は、一般に正統とされる説に挑戦する考え方であり、受容されている考え方への反対を意味する語として用いられる。ある意味で、私の考えるパラドクスはこれらのすべての意味を合わせ持っている。なぜならそれは、私の見るところ、あれか、さもなくばこれかと二者択一を主張して議論を両極化しようとする傾向が広がっているように思えるのにたいして、挑戦することだからである。それに代わって私が主張するのは、個人と集団、平等と差異は反対語ではなく、むしろ相互依存的だが、必然的に緊張関係にある概念だということだ。この緊張関係は歴史的に特定のやり方で演じられるのであり、時間を超えた道徳的、あるいは倫理的選択としてではなく、それぞれ特定の政治的具体像に即して分析する必要がある。

私のパラドクスのリストは次のとおりで、以下、順番に考察していく。

一　平等とは、絶対的原理であると**同時に**、歴史的に文脈依存的な実践である。

二　集団的アイデンティティは個人を規定すると**同時に**、その個人性の完全な表現や実現を否定する。

三　平等を求める主張には、差別によって付与された集団的アイデンティティの受容と**同時に**、拒否が伴う。あるいは別な言い方をすれば、差別の前提となっている排除の条件が、拒絶されると同時に、包摂への要求によって再生産される。

パラドクスしかない

一　平等とは、絶対的原理であると同時に、歴史的に文脈依存的な実践である。それは差異が存在しないとか排除されていることではなく、差異を認識し、それを無視すると決めるか、考慮に入れることである。R・R・パーマーは、『理念の歴史の辞書』のなかでこう述べている。

平等は選ぶという行為を必要とし、それによってある差異は最小化または無視されるのにたいし、別な差異は最大化され、さらに発展することが許される。[*4]

フランス革命の当時、平等は一般原則として宣言され、すべての個人を政治参加と法的代表性という目的のために同一と見なすことが約束された。だが当初、市民権が与えられたのはある程度の資産を持つ者たちだけだった。貧しすぎたり、市民に必要だと考えられた自律性を行使するには依存的すぎたりする者には、拒否されたのである。市民権はまた奴隷にたいしても、彼らは他人の資産だからという理由で拒否され（一七九四年まで）、女性には（一九四四年まで）、その家事育児のつとめが政治参加の妨げになるという理由で拒否された。「一体いつから、自分の性を放棄することが許されるようになったのだ」と、ジャコバン党のピエール＝ガスパール・ショーメットは、政治クラブへの参加を求める女性たちに詰め寄られたときに怒鳴りつけた。「一体いつから、女たちが家庭の神聖な家政や子供たちの寝床を見捨てて、公共の場に出て来たり、議会の傍聴席や証言席で演説したりするのを見ることが、まともなことになったのだ。自然が家政を委ねたのは、男になのか。自然はわれわれに、子供に授乳するための乳房を与えたのか」。[*5]男たちのあいだにある生まれや身分、社会的地位の違いは、その瞬間には問題ではないと考えられた。貧富、肌の色、ジェンダーの違いは問題だった。コンドルセ侯爵（一七九二年の彼の死は、女性たちから強力な援護者を奪うことになった）は、女性も男性と同様、道徳的、理性的能力を有しているのに、何を根拠に女性を市民権から締め出すのか、不思議だと述べた。「女性には市民としての権利を行使する能力がないと証明することは難しいだろう。冬のあいだずっと痛風が出ていたり、すぐ風邪を引く人たちには権利を与えるべきでないと誰も夢にも思わないのに、妊娠やその他の一時的な不調の状態にある個人が、なぜそれらの権利を行使できないことがあろうか」[*6]。コンドルセは、女性は市民権を享受すべきだと確信していたが、黒人も同様にすべきかについてはそれほど確信を持っていなかった――彼にとっての問いは、他の革命家たちと同様に、平等な政治的権利を認めるうえで問題になるのはどの差異で、問題でないのはどれか、ということだったのだ。

『オックスフォード英語辞典』によれば、数学においては「平等」とはものの量が同一であること、正確に一致しているという意味だが、社会概念としての平等はそれほど厳密ではない。数学的な同一性を示唆してはいるものの、実際には「ある特定の、あるいは暗示された性質や属性を似た程度に有していること。身分や尊厳、権力、能力、業績、または優秀さにおいて同列であること。同じ権利または特権を有していること」を意味する。[*7]そうした性質や社会的地位、権利のあいだの関係は、時代とともに多様に変化してきた。一八世紀の民主革命以降、西洋における平等とは、それぞれの異なる社会的性質にかかわりなく個人が普遍的に有するとされた権利を指すことがもっとも多かった。実際には、この個人という抽象概念は、見かけほど普遍的に包括的なものではなかった。スティーヴン・ルークスの記述によれば、個人は通常、「ある一様な心理的性格と傾向の組み合わせ」を有していると考えられており、それらは、その基準には達しない者たちを締め出す働きをしていた。[*8] 一八世紀後半には、肌の色や身体器官などの肉体的な差異によって、ある者には個人の資格があるが、他の者にはないと、心理学者や医師、哲学者たちが論じた。解剖学者のジャック＝ルイ・モローは、ルソーへの自分の意見として、女では体内、男では体外にある性器の位置が、それらの与える影響力の程度を決定していると述べた。「内部的な影響は女にたいして、たえず自分の性を思い出させる……男はある瞬間だけ男であるのにたいし、女は生涯をとおしてずっと女である」。[*9] 男は性を超越することが可能なゆえに個人であるが、女は女であることをやめることができず、したがってけっして個人の地位を得ることはできないというのである。この点で男に似ていないために、女は男と対等とは考えられず、したがって市民でもない。ここで興味ある点として注意したいのは（そして、私が後で論じることにとって重要なのは）、これらの議論においては、平等は個人と集団にたいする排除とに関係していることである。女が男と対等ではないと見なされたのは、女が特定の特徴を持つ人々のカテゴリーに属すると考えられたためである。一九世紀末、イタリアの犯罪学者チェーザレ・ロンブローゾはそのことを次のように表現している。「女はすべて同じカテゴリーに入るのにたいし、男は一人ひとりが個別である。前者の顔つきは一般的な基準に当てはまるが、後者のそれはそれぞれが独特である[*10]。

「すべての人間は生まれながらに平等であり、神から与えられた奪うことのできない権利を持つ」という宣言以後の二百年以上のあいだに、平等の基準として定められる個別具体的な、あるいは暗黙の属性は変化してきた。いまでは世界中で、人種や性別を根拠に人々を投票から締め出すところは――たとえ、あったとしても――ごくわずかだが、教育や仕事やその他の社会資源へのアクセスにかんしては、依然として重大な差異が存在する。そしてこれらの差異は大きな政治的争論のテーマとなっているが、その政治的争論は、普遍的な平等――いかなる差異も認めない平等――の約束と、時代が変われば問題となる差異も変わるような、歴史的に個別の基準との、両方によって可能となっているのである。

この点について別な言い方をしてみよう。すべての個人は平等に扱われるはずだという考えは、ある人々が、自分たちや自分たちの社会が権利と見なす何か（教育、仕事、生存可能な賃金、財産、市民権）へのアクセスから自分たちが排除されていることに気づき、平等がある人々には認められ、他の者には拒否されているその基準に挑戦することで、仲間に入れるよう要求していくための動機となった。一八四八年のフランスで男性の普通選挙権を要求した民主社会主義者の労働者たちは、「いかなる市民も他の市民にたいし、あなたは私よりも卓越していると言うことはできないだろう」と主張した[*11]。だが――そしてこれが次の一組のパラドクスにつながる――これらの男たちが自分たちの個人としての権利を認めるよう要求したのは、個人としてではなく、労働者としてだったのである。

二　集団的アイデンティティは、社会的、政治的生活における不可避の側面であり、この二つは相互関係にある。なぜなら集団的差異が目に見えたり、目立ったり、面倒を起こしたりするのは、特定の政治的文脈においてだからである。こうした瞬間――排除が集団的差異によって正当化されたり、経済的、社会的ヒエラルヒーが、他の集団の犠牲のうえである集団に有利に作用したり、ある一組の生物学的、宗教的、民族的、もしくは文化的特徴が、他のものよりも価値があるとされたりする――に、個人と集団とのあいだの緊張関係が出現する。個人にとって集団的アイデンティティは、たんに多くの面を持つ個性の一要因にすぎないのに、自分が完全に宗教、民族、人種、あるいはジェンダーのアイデンティティという単一の要素によって決めつけられていることに気づくのだ。『国際社会科学百科事典』の「マイノリティ」の項目には、この政治的プロセスが次のように叙述されている。

集団は「自然に」、あるいは「不可避的に」差異化されるのではない。そうなる前に、文化がそれらを差異化されたと定義しなければならない。人種や国籍、宗教、あるいは言語を異にする人々は、自分たちを差異化することなく、混じり合い、同化したりしなかったりしながら、何世代にもわたって一緒に暮らすことができる。他のすべての社会的なものと同様に、マイノリティ集団はまずマイノリティ集団と社会的に定義されねばならず、そこからある態度や行動が生じてくる（そして、必ずしもその人口のなかでの数による代表性の問題でもない）。［中略］

マイノリティは、長いあいだ集団として見なされてきた伝統的集団である必要はない。経済的、あるいは政治的差異化の過程で、社会的定義が変化した結果として生じることもありうる。何千年ものあいだ、言語や宗教が多様であることは重要ではないと考えられてきたとしても、一連の政治的事件によって宗教、あるいは言語にたいする区別が厳しくなり、権力を持たないある種類の宗教や言語を信奉する人々が［中略］マイノリティとなることが起こりうる。[*12]

私はこれに、女が人口の半分以上を占めているにもかかわらずフェミニストたちが女はマイノリティだと言ってきたのは、男と女のあいだにある権力の差のゆえだということをつけ加えたいと思う。また――これは大事なポイントだ――マイノリティをマイノリティとして確立させる出来事の際には、マイノリティとしての地位はマイノリティ集団に固有のある性質のためだとされ、あたかもそれらの性質が理由であって、不平等な扱いを合理化するためではないかのように言われることもつけ加えたい。たとえば、母性はしばしば女を政治から排除するための説明として、人種は黒人を奴隷化したり隷属させたりするための理由として持ち出されたが、事実は因果関係は逆であって、社会的な差異化のプロセスが排除と奴隷化を生み出し、その後、それが生物学や人種を持ち出すことで正当化されるのである。

個人がカテゴリーに還元されるのにともなって生じる同一化の感覚の高まりは、屈辱的でもあれば鼓舞されるものでもある。差別の対象としては、個人はステレオタイプに包含されてしまう。闘う運動の一員としては、活力と団結が得られる。しかし連帯感という報酬には、限界もある。ポリティカル・コレクトネスという概念が用いられるずっと前——一九世紀の前半——にフランスの労働者たちは、社会的に上の地位にある人々から与えられた場合であれ、労働運動の仲間からであれ、階級的アイデンティティの持つ窮屈なしばりを何とか逃れようとした。雇用主や政治家が労働者の性格を危険で規律がなく、根無し草で将来のことを考えないとしたのにたいして、労働運動の指導者たちは、労働者は自分の仕事を愛してそこに個人的な満足感を見出しており、働く権利と、彼らの仕事の社会的、個人的価値を認めた賃金が支払われる権利以上のものは望んでいないと主張した。しかしながら、労働者たちはこの見方を政治的方便としては支持したが——働く権利を一八四八年革命の輝かしいスローガンとするために——それが彼らの願いや生活の充実を表現するのにつねに適しているとは感じていなかった。

歴史家のジャック・ランシエールは、賃金を稼いではいたが仕事を愛してはおらず、自らを「労働者」と定義しつつも、そのカテゴリーのおよぼす還元的な効果に苛立っていた一部の注目すべき男たちの活動について、史料をもとに述べている。これらの男たちは仕事の後、カフェか屋根裏部屋に集まって、小説を読んだり詩を書いたりした。彼らが本職としてより好んだのは、手を動かす仕事ではなく、文学的労働であり、その本職は「労働者階級」という総称にはなじみにくいものだった。

私の生活がいま、どんな具合かと訊ねるのか。これまでと大して変わりはない。いま、私は自分自身を見て、泣いている。こんな子供っぽい虚栄心の発作を許してほしい。私は、鉄をハンマーで打つことが自分の天職ではないことに気がついたようなのだ。[*13]

このようにジェローム＝ピエール・ギランは書いているが、にもかかわらず作品に署名するときには、彼は自分を「錠前作りの労働者」としていた。

私がこの例を出したのは、集団的アイデンティティを非難するためではなく、それらは社会を組織化するうえで避けることのできない形式であり、差別の方法としても、差別に抗議する方法としても政治化されるのが不可避であり、それをとおして、あるいはそれに抗って個人のアイデンティティが明確化される手段でもあると示唆するためである。一八四八年の立法議会で最初の労働者代表の一人となったギランは、彼の思索を続けるなかで、このすべてを考慮に入れている。

私は、鉄をハンマーで打つことが自分の天職ではないことに気がついたが、もちろん、この職業に何ら恥ずべきところがあるわけではない。それどころではない！　鉄床《かなとこ》からは、人々の自由を守る戦士の刀や、彼らに食をもたらす鋤が生まれる。偉大な芸術家たちは、われわれの褐色の顔やたくましい手足が持つ豊かで男らしい詩に気づき、ときには大いなる喜びとエネルギーをもってそれを表現してきた。なかでもわれらの有名なシャルレが、擲弾兵《てきだんへい》の制服の横に皮エプロンを置き、われわれに向かって「民衆は軍隊だ」と告げるときがそうだ。私がどのように自分の職業を大切に思っているか、これでわかるだろう［後略］*14。

だがギランにとって職業的アイデンティティは、自分は誰かを示すのに必要ではあるが、不十分な形式だったのである。

集団的アイデンティティの必要性と不十分性を示すもう一つの例はフェミニズムの場合で、

それが提起する問題は違うものの、ロジックは同じである。世紀転換期に、フェミニズムがなし遂げるだろうことについての見通しを訊ねられたとき、フランスの精神医学者であるマドレーヌ・ペレティエは、それによって自分は「社会が期待するような女にならない」ですむだろうと答えた。だがもちろん、マドレーヌ・ペレティエやその他のフェミニストたちが平等な権利を求めて闘ったのは、女としてであり、集団——女性——の名においてだったのである。[15]

三　これによって、私の最後のパラドクスに行き着く。すなわち、差別にたいする抗議のことばは、差別の根拠となっている集団的アイデンティティを拒否すると同時に受容する。別な言い方をすれば、平等への要求は必然的に、そもそも平等を拒否されたところの差異に訴えもすれば、拒絶しもする。ペレティエは、法がそれを認めさえすれば、女は男と同様に個人になれると主張した（「たとえ劣った者であっても、女に投票の権利を与えよ。そうすれば、彼女は自分をたんに女とだけ考えるのをやめ、その代わりに自分は個人であると感じるようになるだろう」[16]）。だが、それにもかかわらずペレティエは、このことが起きるようにするためには、集団としての女に投票権が与えられねばならないと主張した。彼女のフェミニズムは、そして彼女の先輩や後輩たちのそれも、性の違いという問題にとらえられていたのである。

女の市民権からの排除が女と男の生物学的違いを引き合いに出すことで正当化されたとき、性的差異は自然な事実としてではなく、社会的、政治的差異化のための存在論的根拠として確立された。民主革命の時代に、女はその性ゆえに政治の部外者としてしるしづけられたのである。フェミニズムは女の政治からの排除にたいする抗議であり、その目標は女の排除の理由としての性別を撤廃することだった。しかし、その主張は女の名においてなされなければならなかった。女のために活動すればするほど、フェミニズムは——まさにそれが追放しようとした性別の問題に注意を引きつけることで——排除しようとした差異を生み出してしまったのだ。勇敢にこの二つの立場のバランスをとろうとしているオランプ・ド・グージュのことばを聞いてみよう。彼女は自らを国家の男、ルソーの模倣者であり、彼よりも優れた者をもって任ずる。そして自分の女性性を指摘して、「おお、人々よ、不幸な市民たちよ、公正で情けある女性の声を聞け」と言う。彼女はその『女性と市民の権利宣言』の序文を、次のような驚くべき主張で締めくくる。「出産の際の勇気と同様、美においても優れた性は、至高の神の存在と庇護のもと、以下のような女性と市民の権利を認め、宣言する」。彼女のパンフレットの一つは『女性による賢明な男性の叫び』と題されていた。ルイ一六世の裁判で彼の擁護に名乗りを上げたときには、彼女は性別は考慮すべきでない（「私の性は無視して」）と、考慮すべきだ（「ヒロイズムと寛容さもまた女の一部であり、革命においてその例は一度ならず見出せる」）という両方の提案をしている。ロベスピエールの犯罪を告発したパンフレットのなかでは、ポリム（Polyme）というアナグラムで署名し、それは「二つの人格を持つ生き物」だと述べている。「私は特異な生き物であり、男でも女でもない。私は一方の持つ勇気のすべてを有し、ときとして、もう一方の持つ弱さをも有している」。彼女は男でも女でもなかったが、同時に女でもあり、男でもあった。「私は女であり、そして私は偉大な男として国に奉仕してきた」[*17]。要点は、女には市民権を得る資格があり、性別による差異はないと主張することだった。だが、グージュはまさにその女として——その差異によってしるしづけられた存在として——、自分の正しさを主張しなければならなかったのである。

もちろん、グージュが女であることを引き合いに出したことにアイロニーの響きを感じ取ることはできる。ちょうど、ディック・グレゴリーの著書『ニガー』や、マイノリティ・グループのメンバーが、ブラック、魔女、ビッチ、クィアなどの蔑称を愛称へと流用したことにたいして感じるのと同じように[*18]。だがそのことは、私の論点を否定するものではなく、むしろより例証するものである。なぜならアイロニーとは、否定と肯定、侮辱と是認を明確に分けることの無益さにたいするコメントなのだから。アイロニーは、ある人が所属させられた集団が、社会的差異化や政治的異議申し立てという目的のためには、その人が肯定的に同一化する集団ともなるという事実に、対処するための方法なのである。

アファーマティヴ・アクション

ここまで私が主張してきたのは、集団と個人のアイデンティティのあいだにある緊張関係は、解消できないということである。それは、社会生活を組織するうえでの差異の利用のされ方がもたらした結果なのである。この観察から導かれるのは、あれかこれかの立場——集団か、個人か——を無理やり選択させようとする試みは、たんに浅はかであるばかりか、実行するのが不可能だということである。ここで私は、アファーマティヴ・アクションをめぐる現在の論争について述べてみたい。アファーマティヴ・アクションがその長く論争に満ちた歴史のなかで実施に移されてきたやり方について批判されるべき点や、アイデンティティのカテゴリーはどのように決定されたのかについて問うべき問いはあるものの——いかなる政策とも同様に、アファーマティヴ・アクションも完全ではなかった——私が言いたいのは、その根底にある考え方には私が分析してきたような問題が考慮されているということであり、一方、個人が仕事や学校や政治に参加するのを認めるか排除するかは、メリット（良くてもとらえどころのない概念だ）のみに基づいて判断すべきだと主張するこの政策の批判者たちには、そのような視点はない。本稿の残りの部分では、アファーマティヴ・アクションの支持者と反対者、それぞれの主張の根拠となっている考え方について分析してみたい。

一九六〇年代前半に差別を禁じる行政命令として始まってから、一九七〇年代前半に「アファーマティヴ・アクション」として明確化されるまで、アファーマティヴ・アクションはたんに一連の政策命令だけでなく、個人と集団、政治的権利と社会的責任の関係についてのある理論をも提示してきた。これは、個人（単数で、肉体を持たない抽象形）は人間の普遍的カテゴリーであるとするリベラリズムの考え方に基づいた理論だった。アファーマティヴ・アクションは、社会的慣行が一部の人々をこの普遍的カテゴリーに含めるのを妨げてきたという事実に取り組み、彼らの個人としての権利を実現するためにその障害を取り除こうとした。これらの障害は集団的アイデンティティの形をとっており、その性格は――歴史のある過程によって――個人性とは相反するものと定義されてきた。アファーマティヴ・アクションのポイントは、個人が個人として扱われ、したがって平等に扱われるのを可能にすることだった。しかしこれをおこなうためには、彼らは集団の一員として扱われなければならなかった。このことは、集団の一員であることと個人の個別のアイデンティティとの関係に問題を投げかけた。ある個人にたいする集団的アイデンティティの帰属は、どこまでが差別の結果であり、法の力で抹消することが可能だったのか。そうしたアイデンティティは、どの程度まで個人の本質的特性であり、まさに彼らの肉体的、文化的、社会的存在の中心であったのか。差別を終わらせることを目的とした政策が、集団の社会的存在を具体的に示すことで、それらの集団から歴史的文脈に応じた政治的解決策を奪い取ってしまうことを避けられたのか。ひとたびある固定された集団の一員と認定されてしまうと、個人がそれとは別なものとして認識されることは可能だったのか。それにはどんなコストが伴ったのか。これらはアファーマティヴ・アクション政策があらわにした問いであり、それらへの明確な解決策はなかった。また、この政策を解体すれば解決できるわけでもない。私たちがこれらの問題と折り合いをつけられるのは、ただ、集団と個人の関係は変化する歴史的文脈のなかで絶えず交渉の対象となるという事実を受け入れることのみによってである。

アファーマティヴ・アクションは、最初に提起されたときからパラドクスに満ちた政策だった。差別を終わらせるために、たんに差異に注意を向けさせただけでなく、それを受容しもした。個人の取り扱いに集団的アイデンティティが無関係になるようにするために、集団的アイデンティティを具体化させた。それ以外の選択はなかったのだ。自由な契約は個人を条件としている。非身体化された抽象的個人というフィクションは自由民主主義理論の偉大な美点であり、それが法の前の形式的平等を保証すると想定されている。しかしながら社会においては、個人は平等ではない。その不平等は彼らのあいだにあると想定された差異に基づいており、それらの差異は個人に特有のものではなく、カテゴリー的なものとされている。集団的アイデンティティは、これらの付与されたカテゴリー的区別（人種、ジェンダー、エスニシティ、宗教、セクシャリティ……リストは時と場所に応じて多様であり、一九九〇年代の政治的環境のなかでさらに増殖した）の結果である。集団的アイデンティティの付与は、ある個人たちが法の前でさえも平等な扱いを受けるのを困難にした。なぜなら、ある集団の一員であると見なされたことで、彼らはあらかじめ個人としての認知から除外されたからである（証拠としては、なぜ女は投票したり陪審員になったりできなかったか、そしてなぜ黒人は市民の資格を得られなかったり軍隊の統合部隊に入れなかったのかについての、この国での議論を見るだけで良い）。問題は「個人」が、すべてを包含するその可能性にもかかわらず、単数形で、典型的には白人男性の姿で考えられてきたことにある。ある人が個人の資格を認められるためには、その単数形の人物と何らかの点で同じだということを証明しなければならなかった（公民権や女性の権利の歴史においては、この同じであるとは何を意味するのかについての議論がおこなわれてきた）。ここでの困難は、個人概念の抽象性が、その形体化の特殊性を覆い隠してきたことにある。規範的な個人に似ていない者たちだけが、差異があると考えられてきた。差異の関係性という側面――差異は規範との対照において確立されるということ――もまた、覆い隠されてきた。その代わりに、差異はある集団の根本的、あるいは自然的な特徴として表象され、一方、標準としての規範（白人男性である個人）は一切の集団的特徴を持たないと考えられるのである。

アファーマティヴ・アクションの前提となっていたのは、抽象的個人と、その普遍性というフィクションだった。それは法的なものと社会的なもの、個人の権利と彼らがある集団の一員とされたことによって課された制限とのあいだにあるへだたりに橋を架けようとする試みだった。だが、排除の問題を終わらせるためには、個人を集団の一員として包摂することを目指さなければならなかった——厄介な企てである。「アファーマティヴ〔肯定的〕」ということばは問題を認識し矯正するという意味で使われ、個人を認知するのには彼らを集団の一員と認定しなければならず、差別を逆転するためには、それを実行しなければならなかったのである（ただし、異なる——積極的な——結果を目指して）。連邦のアファーマティヴ・アクション政策の創始期にかわされたあるやりとりは、この差別的慣行の逆転にまつわる途方もない概念上の困難さの好例である。一九六九年、リチャード・ニクソンの労働長官だったジョージ・シュルツは、ノースカロライナ州上院議員であるサム・アーヴィンからの敵対的な質問にたいして、次のようにフィラデルフィア・プラン（建設業におけるマイノリティ雇用の目標を設定していた）を擁護してみせた。

アーヴィン上院議員：それで、あなた方のアファーマティヴな処置とは、［中略］人種に関係なく人を雇用するのではなく、人種を根拠に雇用するということですね。

シュルツ長官：人種を根拠に雇用するのではなく、さまざまな人種の人々にたいしてオープンな姿勢を取り、平等な雇用機会が与えられるようにするためにアファーマティヴな処置を取るということで、もしそのような種類の選択を与えられないシステムになっているのであれば、リクルートやコミュニティ内での他の方法をとおしてもっと幅を広げることもできるし、そのためにアファーマティヴな処置を取らなければなりません。先にも申し上げましたが、これは人種に注意を払うことを意味するという点では、あなたのおっしゃるとおりです。

アーヴィン上院議員：ことばを換えれば、フィラデルフィア・プランのこの条項のなかのアファーマティヴ・アクション・プログラムとは、人種に関係なく雇用を実現するためには、請負人は雇用にあたって人種の問題を考慮しなければならないということですね。[*19]

アーヴィン上院議員は建設の仕事において白人を黒人に置き換えることに反対していたが、彼は白人だけを雇用することは「人種の問題」だとは考えなかった。そしてシュルツ長官も実際には、連邦政府が介入しようとしているのは、雇用主が（建設業の組合を背景に）長らく人種的に白人を好んできたからだとは言っていない。これらの男たちにとって、白人を雇うのは人種の選り好みと関係ないが、黒人を雇うことはそうだった。黒人を雇わないことは黒人への差別になるが、それは白人への人種的選り好みとはまったく無関係と思われていたのだ。白人は個人として雇われており、黒人だけが人種集団の一員と見なされた（そして、彼らの技能や訓練ではなく、その帰属が彼らを失格としていた）。アファーマティヴ・アクションは、黒人はけっして個人としては採用されない（なぜなら彼らは白人ではなかったから）ことを理解していたので、集団としての立場に主張の根拠を求めた。それでいて目標として宣言されたのは、ある個人がある仕事に適格かどうかを判断する際に、その人と集団的アイデンティティとを切り離すことだった。しかしながら、人種を問題にしないためには、人種が問題だということを指摘しなければならなかった。確実に人種が論点にならないようにするためには、（この場合には）労働力の人種別構成を監視しなければならなかった。その結果、アファーマティヴ・アクション政策の適用にあたっては、人種とは白人ではなく、黒人の問題のままにとどまることになった（ちょうどジェンダーは女の問題で、男の問題ではなかったように）。だが、これにはもう一つの、矛盾した側面もあった。アファーマティヴ・アクションの主唱者たちは普遍性と個人性が白人男性と結びついていることを直接攻撃しはしなかったが、彼らの政策は結果的に、この規範を際立たせることになった。白人男性は統計上のカテゴリーとしても社会集団としても可視化されるようになり、一九九〇年代の異なる環境のなかで、彼らもまた差別の犠牲者だと主張しはじめたのである！

こうした主張は、アファーマティヴ・アクションが是正しようとした権力関係を無視することで初めて可能となる。アファーマティヴ・アクションには権力分析が組み込まれていたことに注意することが重要である。この政策は差別する権力にたいし、構造的問題として――意識的な個人の動機によるものではなく、こうした構造のもたらす無意識の効果として取り組んだ。権力は長い差別の歴史の結果であり、それが不平等を当たり前のこととする制度や行為者を生み出してきたと分析したのである。アファーマティヴ・アクションは、連邦政府の力を用いて社会的不平等を正し、それまで人種と同じくジェンダーを根拠に拒否されてきた個人たちに(仕事や教育への)アクセスを保証しようとした。

アファーマティヴ・アクションは、個人にとっての機会を増やそうとするとともに、その前提となっていたのは社会正義というヴィジョンだった。このヴィジョンは、たとえそれが一部の個人にとっては伝統的特権の喪失を意味しようとも、差別ではなく包摂を良しとした。機会の均等を支持し、もっと雑多で、ジェンダーや人種による序列の組織化がより少ないコミュニティを創り出そうとして、現実に平準化を進めることを意図していた。私はここで素朴な理想主義に立って、これらのプログラムの一部にはまごうかたなき御都合主義が入り込む可能性があったことを否定するつもりはない。社会学者のジョン・デヴィッド・スクレントニーは、リチャード・ニクソンが、黒人と白人の労働者を分裂させ、公民権グループ対組織的労働運動、人種対階級の対立を煽ることを目的とした、民主党の支持基盤を掘り崩すための方法として、フィラデルフィア・プランを支持していたことを明らかにしている。それでも私は、この種の打算（たくさんあったのは確かだ）にもかかわらず、公正さ、正義、集団的責任といった考え方がアピールされ、呼び覚まされ、実行に移されたと考える。この観点から見れば、アファーマティヴ・アクションの持つパラドキシカルな側面は、権利と必要、個人と集団、そして国家の集合的善という相反する利害のあいだでバランスをとろうとする努力として、肯定的に理解することもできた。

ほぼ三〇年の後――別な政治的環境のもとで（経済的圧迫と個人主義の高まりを特徴とする）――この肯定的な読みには疑問が投げかけられるようになったが、アファーマティヴ・アクションが明るみに出したパラドクスは依然として存在し続けている。カリフォルニア大学の理事たちが一九九五年に入学や雇用、契約におけるアファーマティヴ・アクションを廃止したとき、彼らは公正さの名のもとに行動しているのだと主張した。ピート・ウィルスン知事は、アファーマティヴ・アクションを恥ずべき政策と呼び、権力や歴史について一切考慮することなく、「人種による優先は、当然、人種差別である」と述べた。[*20] 連邦上訴裁判所のホプウッド裁判における多数意見（それはテキサス大学法科大学院のアファーマティヴ・アクションによる入学方針を憲法違反と宣言した）もまた、同様のことばを使った。判事たちは、在学生の人種またはエスニシティの多様性を達成することに州はいかなる重要な利害関係も持たず、人種への配慮は取るに足りないことだと考えたのである（「学生の選抜に……人種を利用することで得られるのは、たんに在学生の外見を違ったものにすることだけである。そのような基準には、志願者の身体のサイズや血液型に基づいた選抜と比べても、それ自体の合理性はない」)。彼らはさらに、テキサス法科大学院には、この政策を正当化するような明らかな過去の差別のケース（たとえば、第二次世界大戦中の日本人の強制収容に匹敵するような）は見当たらなかったし、マイノリティが「集団として」扱われると個人の権利が損なわれるし、「善意の」人種による分類と「不当な」それとのあいだには何ら違いはないとした。もっとも強烈なのは、判事たちが、一九七八年のバッケ判決において連邦最高裁が、差別の影響を是正するためには逆のバランスを取ることが必要だと認めたのを拒否したことである。

［バッケ判決において］ブラックマン判事は、人種に中立的な社会を達成するために人種を意識した矯正手段を用いることに内在する緊張関係を認識していたが、にもかかわらず、彼は必要だとしてそれを受け入れた。何人かの判事たちは、パウエル判事やブラックマン判事と違っていまも最高裁にいるが、彼らはいまではその緊張関係を許容することを拒否している。*21

裁判所に構造的な緊張関係の許容を拒否する権限があるという驚くべき考えを別としても、

この一節は、人種の中立性というプロジェクトを承知のうえで放棄している点で衝撃的である。緊張関係は、法廷での審議のなかに存在しつづけている。人種への意識と人種的中立性（集団と個人）とのあいだの緊張関係は、その矯正策と一体となっているがゆえに、解消することはできない。公平を達成する（リベラリズムの信条にしたがって本当に差異を無視する）ためには、排除されてきた集団を名指すこと（差異の認知）と、今後、それらにたいして違った扱いをすることが必要だからである。したがって、緊張関係の許容を拒否することで裁判所は、矯正策には関心がなく、さらには差別が存在すると信じてもいないと宣言したのである。

ホプウッド裁判のもう一つの側面にも言及すべきだろう。それは、白人女性であるチェリル・ホプウッドが、彼女の個人としての権利を主張するために訴訟を起こしたという事実である。彼女はアファーマティヴ・アクションによって利益が増進されたもう一つの集団の一員であったが、その政策による保護を拒否していたのである。彼女の申し立てが言わんとしたのは、ジェンダーは無関係であり、自分は女性としてではなく、一人の個人として存在しているということだった。チェリル・ホプウッドは、集団を優先する政策によって被害を受けたすべての個人の代表と見なされ、それによって、「個人」というカテゴリーの包容力（と中立性）を証明していた――と同時に、その白人性（肌の色ばかりでなく、ジェンダーも不在の白人性）をも。

ホプウッドの思い描く大学には、個人だけが存在する。コミュニティの異種混淆性は、個人であるそのメンバーたちの独自性から不可避的に生じてくるというのだ。最高裁の意見では、志願者の選抜はおこなわれなければならないし、ある種の多様性は許容しうるとされている。

大学が、チェロを弾く能力や、ダウンフィールド・タックルを決める力、あるいはカオス理論の理解能力を理由に、ある志願者を他の志願者よりも有利に扱うことは正しいだろう。入学許可の過程で、志願者の出身州や同窓会との関係を考慮することもあるだろう。法科大学院は、一般に学部生に関係のある要因ではないような、学校内での通常以外の活動や、実質的なカリキュラム外活動に特に注目するかもしれない。学校は、志願者の両親が大学に通ったかどうかや、志願者の経済的、社会的背景のような要因を考慮することすらありうる。[*22]

これらは重要な差異と見なされているが、それはそれらの差異が、「たんに在学生の外見を違ったものにする」にすぎない人種という表面的な属性とは対照的に、個人化されている（そしてすぐには目に見えない）からである。人種に基づいて異なる扱いを受けた経験が個人の思考や行動に影響を与えるかもしれないという考えにたいしては、裁判所は次のようにはっきりと拒否している。

社会科学者なら、人々の考え方や行動がどのようにその人々のバックグラウンドを反映しているかを論じるのも良いだろうが、憲法は、政府が個人にたいし、人種やエスニシティがその人の思考や行動を決定するという前提に基づいて利益や負担を割り当てることがあってはならないと定めている。*[23]

個人の評価において「人種にこだわらない」ようにと主張することで、裁判所は差別の継続を許している。白人にたいする人種的優先が入学許可の本質かもしれないという可能性を、明確に除外してしまったからである。裁判所の言う人種にこだわらないこととは、白人とは色がないことであり、在学生全員が同じ外見であることは不公平さの証拠ではないのである。『デイトン・デイリー・ニュース』のマイク・ピータースの漫画は、この点を巧みにとらえている。一面の白い顔ばかりのなかで一人の学生がもう一人に、「おお、効果があったな！　学内でのアファーマティヴ・アクションをやめてから、誰の肌の色もちっとも気にならなくなったぜ」と言っているのである。*[24] ホプウッド判決（とカリフォルニア州の提案二〇九のような法律）は、黒人には当然、大学や法科大学院に入学するだけの「メリット」がないと信じる白人たちが、どのような黒人学生の入学にも反対するためのきっかけとなった。「見かけの違う」学生の出現が――予期に反して――差別のしるしとなるのである。

結論

もしも集団的アイデンティティとは社会存在上の事実であり、個人のアイデンティティの可能性が良きにつけ悪しきにつけそれらに依存しているのであれば、集団をないものにしようとしたり、個人の権利の名のもとにその存在を意図的に無視したりすることは、意味をなさない。それよりも、社会的差異化の過程がどのように作動するかを問い、アイデンティティを永続的な実体としてではなく、そうした社会的、政治的過程のもたらした結果として扱うような平等と差別の分析法を考え出す方が、意味のあることである。政治における女の扱いにおいて、どのような状況のもとで女たちの性の違いが問題にされるようになったのか。どのようにして人種は強制労働を正当化するようになったのか。どんな文脈において、エスニシティはアイデンティティの主要な形態となってきたのか。法律やその他の制度的構造は、どのように社会集団のあいだの境界を生み出したり、変容させたりしてきたのか。集団的アイデンティティにたいする個人や集団の抵抗の形とは、どのようなものだったのか。

これらの問いの前提にあるのは、アイデンティティとは複合的で変化しやすい、文脈依存的なプロセスだということである。これらの問いはまた、政治とはアイデンティティの交渉であり、アイデンティティ間の差異の条件についての交渉であることを意味している。そう、私が言いたいのは――結論になっていないし、謎めかしていると思う人もいるだろうが――問題がもっとも手に負えず、明快な解決がもっとも得にくいような場合にこそ、政治がもっとも重要になるということである。政治は可能性の技術だと言われてきたが、私はむしろ不可能性の交渉術、民主主義の社会において公正と平等の原則にできるだけ近い解決策に到達しようとするが、つねにそこに到達することはできず、そのため新たな処方や新しい社会的取り決めや、新たな交渉の機会が開かれたままである、そうした試みと呼びたいと思う。現時点での最善の政治的解決策とは、最終的で全体的な解決策（集団か、さもなくば個人か、平等か、さもなくば差異か）に固執することの危険性を認識することだろう。ある意味で私は、私が述べてきたような類いのパラドクスこそ、政治が構築され、歴史が作られていく素材だと言っているのである。

訳者あとがき

日本でも欧米でも、近年、女性史の発展ぶりにはめざましいものがあると言われる。たしかにここ二〇年ばかりのあいだに、アカデミズム内外の研究者によって書かれた女性や家族についての論文、および出版された本は、膨大な数にのぼる。それらをつうじて、女をめぐるさまざまな歴史的事実が掘り起こされ、記述され、分析されてきた。学生が卒論で女性史をテーマに取りあげようとすることも、最近では珍しいことではなくなった。欧米ではすでに女性史専門、あるいはそれに準ずる学術誌が何種類か存在しており、日本でも最近、そうした雑誌の創刊を見た。このような現状をもって、女性史もようやく歴史学界の一員として市民権を得たとする見方もある。だが、はたして女性史は歴史学界のなかで本当に対等な市民となったのだろうか。さらにまた、女性史という新しいメンバーを迎え入れたことで、歴史学界には何か根本的な変化があったのだろうか。

アメリカの歴史家ゲイ・L・ガリクスンは、歴史学界内における女性史の現在の地位についいて、次のように書いている。

「私の見るところ、女性史の研究者は予期されざる、かつ招かれざる客のようだ。たしかにやって来るには来たものの、自分たちだけで適当にやるようにとほったらかされ、もてなしも受けなければ歓迎されてもいない。……私たちが過去のジェンダー・システムや女性の生活について獲得した情報は、歴史の一般カリキュラムのなかにはほとんど取り入れられていないし、女性をテーマに研究している研究者が、はっきり女性史と銘打たれたもの以外のポストにつけるかどうかは、いまもっておおいに疑問である。要するに、女性史の研究者はたしかに到着はしたものの、私たちの多くが住もうと決めた都市、すなわちアカデミズムの世界にたいして、いまだに大したインパクトを与えてはいないのである」(Gay L. Gullickson, "Comment on Tilly: Women's History, Social History, and Deconstruction," *Social Science History* 13: 4, 1989)。

なるほど女性史は、「女性史なんぞ学問ではない」という公然たる侮蔑にたいして、まずその存在自体を主張しなければならない段階は通り過ぎたかもしれない。だが大方の歴史の専門家は(とくに政治史や経済史のような、いわゆる主流の分野ほど)、女性史のやっている研究と自分たちの専門とのあいだに何か関係があるとも、女性史の研究成果のなかに従来の歴史解釈にたいして再検討を迫るものがあるとも、考えていないのが現状だろう。その結果、女性史は歴史学全体のなかでは依然として周縁的で特殊な位置に、いわば身内だけで隔離された状態のまま、とどまっているのである。

欧米ではこうした状況は、しばしば危機感をこめて女性史の「ゲットー化現象」と呼ばれているが、同様の観察は日本の女性史と歴史学界の関係についてもかなりの程度当てはまるのではないかと思われる。日本でもかつては「これまでの歴史を事実上の男性史として相対化する」(鹿野政直氏のことば)のではとの期待が寄せられたことのある女性史だが、残念ながらこれまでのところ、歴史学界にたいして根本的な衝撃を与えうるような「危険な」存在にはなりおおせていないようである。

それではこうした現状は、どこに原因があるのだろう。女性史のこれまでのやり方に問題があったとすれば、それはどこなのか。あるいはまた、歴史学自体のなかに問題はないのだろうか。あるとすれば、女性史はそれをどのような角度から、どのような論理によって指摘し、克服していくことができるのか——これらは、着実に歩みを続けてきた女性史が、まさしくその成長のゆえに新たに直面することになった重大な問いであり、これらにどのような答えを出すかをめぐって、現在、さまざまな模索がおこなわれている。

本書の原著である *Gender and the Politics of History* は、そうした現在進行中の種々の試みのなかでも、その視点の斬新さと論理展開の緻密さ、鋭さによって、近年欧米の歴史学界でももっとも話題を呼んだ著作の一つである。著者のジョーン・スコットは一九四一年、ニューヨーク生まれ、もともとは労働史を専門とするアメリカの歴史家で、一九世紀フランスを舞台にした『カルモーのガラス工』(アメリカ歴史学協会のH・B・アダムズ賞を受賞)や、ルイーズ・ティリーと共著の『女性・労働・家族』などの研究で知られていた。彼女は現在、プリンストン高等研究所の社会科学教授であるが、八一年から五年間ブラウン大学で、「女性の教育と研究のためのペンブローク・センター」の創設にたずさわった。本書はこのセンター時代の他分野の研究者たちとの学際的な交流が契機となって生まれ、八九年にアメリカ歴史学協会のジョーン・ケリー賞を受賞した。

さて、スコットの議論の詳細は直接本論にあたっていただくほかないが、彼女がこの本で前述のような問題に取り組むにあたって採用した理論的枠組みと本書の構成についておおまかに整理しておくとすれば、次のようになるだろう。

まず序論と第I部においては、一九七〇年代以降の女性史研究の成果と、それにもかかわらず女性史が現在直面している困難についての分析、およびそれにたいするスコットの対案とが提示される。この部分は、その上に第II部以下の論証が織りあげられていく、いわば本書全体の骨格をなしている。とくに第2章の「ジェンダー」は、一九八六年に最初に活字化されたときから非常な反響を呼び、すでに「クラシック」の地位を獲得している論文である。

女性史はこれまで歴史における主体としての女を回復、もしくは新たに構築するために、従来の男性を規準とした歴史とは異なる「女の歴史学（her-story）」を提唱したり、社会史と提携したり、ジェンダーの研究と政治の研究とを結びつけるなど、さまざまな試みを重ねてきた。だが、研究の領域や対象が広がり、過去の女たちについて多くの新しい情報が提供されたにもかかわらず、歴史学が女の歴史や活動にたいして認める重要度はほとんど変化していないし、かくも長きにわたる（そして多分に現在も続く）歴史における女の不可視性について、納得のいく説明も得られてはいない。そればかりか、こうした状況のなかでたんに女にまつわる事実を掘り起こし、女の経験が男のそれといかに異なっていたかを強調するだけでは、女は男と基本的に異質な存在であり、したがって別個に特殊な領域として扱われるべき（それゆえに主流の歴史とは無関係）だという考え方をいっそう補強する結果となりがちである。

スコットは、女性史の陥ったこのディレンマを解決するためには、たんに実証主義や多元主義（事実の掘り起こしやテーマのつけ加え）といった既存の歴史学的な方法に頼っているだけでは埒が明かず、自明の前提とされている女と男という性差のカテゴリーそのものを問い直す、認識論のレヴェルでの新しい戦略が必要だと主張する。すなわち女性史が、女と男のあいだの不平等な関係の告発と変革というフェミニズム的実践の学として機能するためには、それにふさわしい新しい理論が用意されなければならない。そのために彼女が採用した武器は二つ、ジェンダー概念とポスト構造主義である。

ジェンダーとはスコットも述べているようにもともとは文法用語であるが、男女の性差を生物学的に決定された不動のものと見る通念に対抗して、性差や性役割は社会的、文化的に形成されたものであり、それゆえに可変性を持つと主張するフェミニストたちによって新しい意味を与えられ、さかんに使用されるようになった。しかし近年は、ジェンダーが「女」や「性」といった用語に比べてより客観的で中立的（したがってより「学問的」）という印象を与えやすいためか、元来それが持っていた強い政治的な主張はぬきにして、一種の流行語として濫用される傾向が出てきており、同じような現象は最近の日本でも目に入る。スコットはジェンダーを「肉体的差異に意味を付与する知」と明快に定義したうえで、ジェンダーがたんに直接的な両性関係だけでなく、いかにあらゆる社会関係の場に存在して、人間が世界を認識し、構築する際の基本的概念の一つとして機能しているかを、さまざまな角度から例証し、ジェンダーに再び強力な分析用概念としての役割を与えようとするのである。

その際にスコットが主として依拠しているのは、デリダやフーコーなどのポスト構造主義の認識論である。ポスト構造主義は、あらゆる文化的概念（たとえば性、階級、人種、あるいは個人や集団のアイデンティティ）には客観的な根拠にもとづく固定的で不変の意味が存在するのではなく、意味とはつねに文脈に応じて決定される流動的で不安定なものであり、他の意味の抑圧のうえに成立した差異の体系にすぎないと考える。そしていかなる意味に優越的、規範的な地位を与えるかをめぐってたえず存在している力比べ、権力闘争が政治であり、こうした意味での政治や権力は、不平等、非対等な関係を含んだあらゆる場面に見出される。「女」や「男」という性差概念、すなわちジェンダーもまたそうした差異化にもとづく意味の体系として構築されており、したがってジェンダーの意味が抗争と抑圧を通じてどのように作りあげられていくかを明るみに出す——デリダの言う「脱構築」をおこなう——ことによって、一見自然で自明で、したがって変えようのないもののように見える性差についての知を相対化し、ひいては変革していく道が開かれることになる。

「ありのままの無色透明の現実」の存在を否定するポスト構造主義の認識論にたいしては、こうした考え方はすべてのものの実在性を疑うはてしない相対主義のゆえに、ニヒリズムに陥ってしまうという批判が一部に出されている。また、主として文学批評の分野で確立された脱構築というテクスト解読の方法を、歴史学という異質な分野に持ち込むことの妥当性についても、当然ながら疑問や懸念が存在するであろう。だが少なくとも本書におけるスコットの姿勢は、そうした批判をはるかに超えた、きわめて積極的で戦闘的なものである。彼女はジェンダー概念の脱構築の作業を、たんに過去の歴史を解読し直す手段として用いているばかりではない。歴史学もまた、過去についていかに表現し、いかに記述するかをとおして、たえず現在のジェンダー概念の構築、ひいては不平等な男女関係の維持と再生産に手を貸しているという視点から、歴史学という学問分野そのものの持つ政治性を告発するための武器として、脱構築を活用していくのである。

手始めに第Ⅱ部では、ギャレス・ステドマン・ジョーンズとE・P・トムスンという二人の歴史家の著作を例に、書かれたテクストとしての歴史学にたいする批判が展開される。とりわけトムスンは、イギリスのニュー・レフトの立場に立つ労働史の大家として、同じ労働史の分野での研究にたずさわるスコットが大きな影響を受けてきた存在である。だがスコットは、フェミニズムを通過した目でトムスンの代表作『イングランド労働者階級の形成』を読み直してみるならば、彼自身の男女平等的信念にもかかわらず、そこでは女たちおよび女性性が、トムスンの支持する特定の男性的階級概念のいわば引き立て役として利用されていることが見えてくると指摘する。スコットはこの二例の先行研究批判を通じて、「階級」のような一般に普遍的で自明のもののように考えられている概念が、過去の運動の言説のなかで、さらにそれについて記述する歴史家の筆によってどのように形成されていったか、そしてその形成の過程にジェンダーがいかに重要で中心的な関わりを持っていたかを例証し、「性差についての知の産出に参与するもの」としての歴史学と歴史家の役割を浮かびあがらせようとするのである。

次の第Ⅲ部の三つの章では、スコットの本来のフィールドである一九世紀フランスの労働史を素材に、ある特定の歴史的状況のなかでどのようにその状況に見あったジェンダー概念が構築され、それが当時の政治とどのような関係にあったかが、綿密に検証されている。この三つの章は、スコットの主張するジェンダー理論と前述の脱構築の作業がもっとも直接に実地研究に適用された、それだけに歴史家としての彼女の力量が試される部分と言えるであろう。従来の歴史学のあり方にたいするスコットの批判は、ここでは彼女自身にもおよび、たとえば第5章のもとになった論文は最初一九八四年に発表されたものだが、本書への収録にあたってほとんど全面的に書き改められた。また、統計をテーマに取りあげた第6章は、政治とジェンダーという二重の視点から史料の言説を批判的に分析したすぐれた論考だが、ここでも従来統計的史料の「客観性」を無批判に受け入れてきたことにたいして、自己批判がおこなわれている。さらに第7章では、一九世紀の政治経済学が女性労働者について論じた言説の分析を通じて、工業化の進行のなかで家庭責任や母性を女の「自然な」役割として強調するジェンダー概念が育っていく過程が跡づけられている。

そして最後の第Ⅳ部では、これまでの論証のいわば総まとめとして差異と平等の問題が取りあげられている。フェミニストの多くは、女と男とは何が同じでどこが違うのか、性差の存在の容認と平等への要求とをどのように折りあわせ、両立させれば良いのかという難題をめぐって、つねに苦しんできた。性差を極端に大きく見積もる性差マクシマリズムと、性差の存在をほとんど否定する性差ミニマリズムという二つの極のあいだで、揺れ動いてきたと言っても良いだろう。だがスコットは、差異と平等とがそのように二者択一的で固定的な対立関係を形成するという考え方こそが、じつは政治的な言説の産物であり、フェミニズムにとっての「躓きの石」であること、それればかりか差異の容認は平等の実現のための不可欠の前提であることを、シアーズ裁判とアメリカの女性歴史家たちの歴史を例に、胸のすくようなあざやかな手腕で解き明かしてみせる。とりわけシアーズ裁判（ちなみに一九九一年のセクシャル・ハラスメント裁判でアニタ・ヒルに告発されて注目を集めた、黒人初の連邦最高裁判事クラレンス・トーマス氏は、この裁判当時、敗れたEEOC側の代表者であった）と、そこで二人の女性歴史家が演じ（させられ）た役回りを論じて差異論を全面展開した第8章を読んで、目から鱗が落ちたような思いを味わうのは、私一人ではないであろう。

さらに第9章では、アメリカ歴史学界と女性歴史家たちとの一世紀にわたる関係をたどりつつ、たんに形式上の学界へのアクセスや市民権を獲得しただけでは平等が実現されたとは言えないこと、むしろ問題は「ドアを入った」先になおも存在する、ジェンダー・カテゴリーにもとづく差異化の体系であることが具体的に明らかにされる。こうして議論は再び冒頭で述べた女性史が現在味わいつつあるディレンマへと立ち戻り、この苦境からの脱出の道は、歴史学、女、男、平等、差異、といった基本的な概念そのものの問い直しによってしか開かれないことが再確認されて、本書は結ばれている。

以上見てきたように本書は、各部ごとに論証を積み重ねて議論を深めていくことができるよう、周到に考えられた構成を持っている。したがって読者も、最初に彼女が希望しているとおりの順番で本書を読んでいかれることが、彼女の思想の流れをもっとも良く理解する道だろうと思う。

さて、本書は出版後、非常に明晰で魅惑的な力作として大きな反響を呼んだ一方で、とくにそのポスト構造主義への傾斜のゆえに批判も受けている。たとえばかつてスコットと共同で女性労働史のすぐれた著作を出版したルイーズ・ティリーは、スコットの主張するような「文学的、哲学的」方法論では歴史における人間の働きかけという要因が軽視されてしまうし、権力パターンの因果関係についての説明も得られないと、スコットの「転向」に批判的な立場を表明している。このティリーの批判にたいしてはさらに他の研究者からスコット支持の反論が出されるなど、活発な論争がくり広げられているが（詳細は前出の *Social Science History* を参照）、スコットの考え方に賛同するにせよ批判するにせよ、いまや『ジェンダーと歴史学』が、歴史学に関わる者ならこれを無視して通り過ぎることは難しい、そうした基本文献の一冊となっていることはほぼ間違いないであろう。なぜならスコットが提起した問題は、専門の領域や時代に関わりなく、研究者であると同時に一人の女または男としていまを生きる存在である、すべての歴史家にたいして向けられた根本的な問いかけだからである。

本書はもともとアメリカの歴史研究者によって書かれたものではあるが、私は訳者として日本の女性史の研究者にもぜひ読んでほしいと願っている。日本の女性史研究は独自の理論構築力という点で欧米よりもさらに弱いところがあり、それはフェミニズムの学問的体現である女性学の一環として女性史が発展した欧米とは異なり、日本では女性史研究とフェミニズム理論との関係が概して希薄であったことが一つの要因ではないかと、かねがね私は考えてきた。このことは、はじめに書いたような女性史の伸びなやみという現象をもたらすと同時に、フェミニズム理論の側にも歴史的視点の欠如という問題を生じさせている。近年ではこうした状況に変化の兆しも見られるが、それでもまだマルクス主義フェミニズムといった一部の理論だけが女性史研究者の関心を引いているにすぎない段階である。女性史を真に平等へ向けての「批判の学」たらしめようとするスコットの果敢な挑戦は、これとはまた違った理論構築の試みとして、新しい視角を提供してくれるのではないだろうか。さらに言えば、本書は女性史の進展にともなって生まれるべくして生まれた本であると同時に、もはや女性史の枠内だけの本ではない。そうした意味で、日本の他のあらゆる分野の歴史家にとっても、またフェミニズム理論そのものに関心を持つ人にとっても、多くの示唆に富んだ研究と言って良いであろう。

最後に訳書のタイトルについて一言しておくと、原著のタイトルは直訳すれば『ジェンダーと歴史の政治性』もしくは『ジェンダーと歴史学の政治』とでもなるであろうが、日本語での落ち着きの良さを考慮し、かつ日本語の「歴史学」ということばが含む多様なニュアンスを生かしたいと考えて、『ジェンダーと歴史学』というタイトルに落ち着いた。

この訳書ができあがるまでには、多くの方々にお世話になった。まず最初に、本書の翻訳をお勧め下さり、訳すことをつうじてスコットの知的冒険に参加するという得がたい機会を与えて下さった二宮宏之氏に感謝したい。スコットの思考の流れを見失わず、また過たずについていくのは骨の折れる仕事であったし、十分に責任を果たせたかどうか心もとないが、同じくフェミニズム的歴史学を目指す者として、この一年余、彼女の本から与えられた刺激と励ましは本当に大きかった。また、本書の第Ⅱ部と第Ⅲ部にかんしては、訳者にとって不案内なイギリスの社会運動史、および一八四八年革命期のフランス労働史が考察の対象となっているため、第3章および第4章については近藤和彦氏、第5章から第7章までについては西岡芳彦氏と川越修氏をわずらわせて、それぞれの専門の立場から御助言をいただいた。三氏の御教示にたいし、心からお礼を申し上げたい。ただし、翻訳にあたっての誤り、その他不十分な点があるとすれば、それらはすべて訳者の責任であることは、おことわりするまでもない。また、スコットが引用している文献ですでに邦訳があるものはそれを参照し、ほとんどそのまま引用させていただいたものも多い。それ以外の部分については、日本語として読みやすく、かつ原文の持つ一種の熱気というか迫力をできるだけ伝えられるような訳文を心掛けたが、思い違いや不備な部分も多々あろうかと思う。お気づきの点を御教示、御叱正いただければ幸いである。最後に、平凡社編集部の田邊道彦、田中千恵子の両氏にたいしては、つねに細かい配慮と行き届いた助言をいただいたことに感謝を申し上げたい。

一九九二年三月

荻野美穂

三〇周年版　訳者あとがき

最初に、本書の来歴について説明しておきたい。本書の原著である *Gender and the Politics of History* は一九八八年にアメリカで出版され、日本では九二年に『ジェンダーと歴史学』の邦題、拙訳で平凡社から出版された。その後、一九九九年に、新たな序文と第10章「ジェンダーと政治について再考する」を加えた改訂版がアメリカで登場し、この邦訳は日本では二〇〇四年、増補新版として平凡社ライブラリーから出版された。さらに、原著の出版から三〇年にあたる二〇一八年に新たな版が出版されたが、そこでは九九年版の序文と第10章がそれぞれ新しいものと差し替えられていた。そこで今回、二〇〇四年の平凡社ライブラリー版がすでに絶版となっていることに鑑み、ベースとなる九二年の邦訳版に加えて、この新しい序文と第10章「平等という難問」とを訳出した三〇周年記念版を出すこととなった。

三〇周年記念版が出たことからもわかるように『ジェンダーと歴史学』は息の長い書物であり、アメリカでも、日本を含むその他の国々でも、多数の読者を獲得し、頻繁に引用・参照され続けてきた。とくに第2章にあたる「ジェンダー――歴史分析の有効なカテゴリーとして」

は、最初に一九八六年の『アメリカン・ヒストリカル・レヴュー（*AHR*）』に掲載されて以来、現代の歴史論文のなかでもっともしばしば引用され、参考文献やシラバスの必読文献に必ずあげられ、分析力を強化したいと願う研究者たちのモデルとなってきた、一種の「カノン／正典」であると評価されている。インターネット上で公開されている *AHR* の過去の掲載記事のなかでも、この論文は最多のアクセス数とプリントアウト数を記録しているという（"Introduction to the Forum: Revisiting 'Gender: A Useful Category of Historical Analysis'": *The American Historical Review*, Vol.113, Issue 5, December 2008, pp. 1344-1345）。日本においても幸いに過去三〇年近くにわたり、とくに本書の「序論」や第2章は、歴史学のみならず他の学問分野においても、理論としてのジェンダーに関心を持つ多くの研究者や学生によって読まれ、引用され、言及されてきた。

とはいえ、スコットがこの本で説くジェンダーという概念がつねにただちに理解されたり、受容されたりしてきたわけではない。たとえば最初に邦訳が出版されて間もない頃には、私が女性史の研究会でジェンダー概念について報告をおこなっても、先輩の女性史研究者から「ジェンダーは西洋近代だけに通用する概念で、日本の中世史研究には関係ないのではないか」と言われたり、男女の性別二元論を時空を超えた普遍的真実と前提するのではなく、社会的に作られた制度として疑ってみるという考え方自体が、なかなか理解されなかったりした。

それは英語圏においても同様で、初版の「訳者あとがき」でも少しふれたが、とくにスコットがフーコーやデリダ、ポスト構造主義や脱構築の理論を借りて歴史の分析カテゴリーとしてのジェンダー概念を研ぎ澄まそうとしたことは、仲間の女性史研究者たちの一部から「変節」として非難された。生身の女性の現実を見ることを放棄して、言語や差異についてのみ論じることは、フランスかぶれのエリート主義だとも攻撃された。スコットが一九八五年に新たな職場であるプリンストン高等研究所に着任後、最初の研究会で「ジェンダー」の論文を発表したときにも、ローレンス・ストーンをはじめとするプリンストンの歴史家たちの反応はきわめて冷ややかで、否定的なものだったと、スコット自身が回顧している（Joan W. Scott, "Unanswered Questions," *Ibid.*, pp. 1422-1430)。

スコットが「ジェンダー」という当時としてはまだ耳慣れず、聴く人の「神経にひっかかる」語を使用することで目指していたのは、まさにそこで生じる違和感や動揺を糸口にして、性差や性別に関わる知のあり方や、その前提となっているさまざまなものにたいして私たちの意識を向けさせ、議論を呼び起こしていくことだった。

その後、歴史学のみならず、社会学をはじめとするさまざまな分野でジェンダー概念を用いた研究や出版が相次ぐようになったことで、ジェンダーという語も、性別や性差を社会的・文化的構築物としてとらえようという考え方も、次第になじみのあるものになっていった。その過程では、セックスはジェンダーに先行する与件ではなく、むしろジェンダーの産物であるとするジュディス・バトラーの主張や、いわゆるLGBT運動の興隆によっても、性別の自明性・固定性や異性愛的セクシャリティの自然性について疑問が提示されるようになった。だがそれでも多くの場合、ジェンダーはセックス（生物学的・身体的性差）とセットで用いられ、セックスとは別に（あるいはその上に）ジェンダーが構築されると説明されることによって、ジェンダーがいかに時代や文化によって変化するとしても、その根底には不変の生物学的性差が存在し続けているという一種のセックス基盤論を強化することになりがちだった。このように、概念上切り離そうとしたはずのセックスがいつの間にかジェンダーのなかに入り込み、ジェンダーとセックスがほとんど同義語のように、あるいはたんにセックスの「上品な婉曲話法」として使われがちな状況について、スコットは一九九九年版の序文のなかで次のように苛立ちを露わにし、最近ではジェンダーという語を自分では次第に使わなくなっている、と述べた。

「一九九〇年代が終わりに近づくにつれ、「ジェンダー」は私たちを驚かせ、挑発する力を失ってしまったように見える。アメリカにおいてそれは「通常の用法」の一局面となり、女性、両性間の差異、およびセックスの同義語として日常的に提示されるようになってしまった。ときには男と女に課せられた社会的ルールの意味で使われることもあるが、「自然」についての私たちの認識を組織している知を指して使われることはめったにない。……実際、「ジェンダー」という語を使う多くのフェミニストの研究者は、一方で「男」と「女」が歴史的に可変的なカテゴリーであると前提することをはっきりと拒否しながら、この語を使用しているのである。このことは「ジェンダー」にたいして、ラディカルな学問的・政治的力としての働きを否定するという効果をもたらした。それは今日では、批判的切れ味の失われた語となってしまったのである」（邦訳「改訂版への序文」一五―一六頁）。

しかしそれからさらに時を経た今回の版では、スコットは改めて彼女が提唱してきたジェンダーとはどのような意図と可能性を持つ概念なのかについて、さまざまな具体例を引きながら説明しようとしている。そこでくり返し強調されているのは、ジェンダーの不確定性——身体的な差異をどのように理解し意味づけるかには固定的、普遍的なやり方はありえないこと、そしてジェンダーとは生身の男女の関係に直接関わることがらだけでなく、権力と政治について究明し理解するための分析ツールとして非常に有効だということである。スコットは、後者の視点からの分析にあたっては、近年彼女が関心を深めてきたポスト・フロイト的精神分析の手法が有効であるとし、「三〇周年版への序文」ではその一つの実例として米大統領選での勝利につながったドナルド・トランプの「魅力」について分析してみせている。また、第10章「平等という難問」では、初版の時点から彼女が一貫してこだわり続けてきた差異と平等の問題に立ち返り、フェミニズムをはじめとするマイノリティの権利運動がつねに直面してきた個人と集団的アイデンティティのあいだの緊張関係について、パラドクスという考え方を用いつつ、こうした困難な状況をすっきりと解消する解決法は存在しないが、そのディレンマこそが歴史と政治を動かす力となってきたのである、とする議論を展開している。

二〇二二年は、本書初版本の日本での出版からもちょうど三〇年目にあたる。この間に日本でも「ジェンダー」という語は、「ジェンダーフリー・バッシング」のように反動勢力からの激しい攻撃にさらされた時期もあったものの、最近では政治の世界でもメディアにおいても頻繁に目にする一種の日常語として定着してきた感がある。その使われ方については、かつてスコットが危惧していたようにたんなる「男女」や「女性」の言い換え語にすぎない場合もままに見受けられるが、それでもこの三〇年のあいだに、「性」や「性別／性差」とはけっして自明でも不変なものでもなく、その意味するところは時代によっても社会状況や文脈によっても多様に変化しうる可塑的で流動的なものであるという考え方が、より広く受容されるようになったことは確かであろう。本書は、そうした認識上の変化をもたらす上で一定の役割を果たしてきた著作であり、今回の出版によって新しい世代の読者や、かつての読者の再訪を得ることができれば、訳者としてこの上ない喜びである。また、この出版の機会を準備し、支援してくれた編集担当の竹内涼子さんに感謝したい。

二〇二二年晩秋　京都にて

荻野美穂

(Philadelphia: Temple University Press, 1989), p. 3.
＊14——*Ibid.*, pp. 3-4.
＊15——ペレティエについて言及したものとして，Scott, *Only Paradoxes to Offer*, pp. 125-60.
＊16——*Ibid.*
＊17——*Ibid.*
＊18——Dick Gregory, *Nigger* (New York: Dutton, 1964).
＊19——John David Skrentny, *The Ironies of Affirmative Action* (Chicago: University of Chicago Press, 1996), p. 200.
＊20——Sarah Kershaw, "Regents, at Unruly Meeting, Vote to Retain Policy on Bias," *New York Times*, January 19, 1996, http://www.nytimes.com/1996/01/19/us/regents-at-unruly-meeting-vote-to-retain-policy-on-bias.html.
＊21——Hopwood v. Texas, 78 F. 3d 932 (5th Cir. 1996).
＊22——*Ibid.*
＊23——*Ibid.*
＊24——Mike Peters, Cartoon, *Dayton Daily News*, 1999.

＊55――Carl Degler, "What the Women's Movement Has Done to American History," *Soundings: An Interdisciplinary Journal* (1981) 64: 419.

＊56――アメリカ・フェミニズムにおける平等と差異をめぐる二様の議論については次を参照。Nancy F. Cott, *The Grounding of Modern Feminism* (New Haven: Yale University Press, 1987).

第10章　平等という難問

＊1――ド・グージュについての参考文献は，すべて次を参照。Joan W. Scott, *Only Paradoxes to Offer: French Feminists and the Rights of Man* (Cambridge, Mass.: Harvard University Press, 1996).

＊2――このパラグラフ内の例はすべて次に基づいている。Martha Minow, *Not Only for Myself: Identity, Politics, and the Law* (New York: The New Press, 1997).

＊3――*Ibid*., p.56 に引用。

＊4――R. R. Palmer, "Equality," in *Dictionary of the History of Ideas*, Philip P. Wiener, ed., (New York: Scribner, 1973-74), p. 139.

＊5――引用の出典は，Darlene Gay Levy, Harriet Branson Applewhite, and Mary Durham Johnson, eds., *Women in Revolutionary Paris, 1789-95* (Urbana: University of Illinois Press, 1979), p. 219.

＊6――Marquis de Condorcet, "On the Admission of Women to the Rights of Citizenship" (1790), in *Selected Writings*, Keith Baker, ed., (Indianapolis: Bobbs-Merrill, 1976), p. 98.

＊7――*Oxford English Dictionary*, Vol. III (Oxford: Oxford University Press, 1961), p. 253.

＊8――Stephen Lukes, *Individualism* (New York: Harper and Row, 1973), p.146.〔『個人主義』間　宏監訳，御茶の水書房，1981年〕

＊9――Yvonne Knibiehler, "Les Médecins et la 'Nature féminine' au temps du Code civil," *Annales ESC* 31 (1976), p. 835.

＊10――Elissa D. Gelfand, *Imagination in Confinement: Women's Writings from French Prisons* (Ithaca: Cornell University Press, 1983). Gelfand が引用しているのは，Cesare Lombroso and G. Ferrero, *La Femme criminelle et la prostituée*, trans. Louise Meille (Paris: 1896).

＊11――Alphonse de Lamartine, *Histoire de la révolution de 1848*, Vol. II (Paris: 1948), p. 139.

＊12――Arnold M. Rose, "Minorities," in *International Encyclopedia of the Social Sciences*, David L. Sills, ed., Vol. 10 (New York: Macmillan Company, 1972), pp. 365-71.

＊13――引用は以下から。Jacques Rancière, *The Nights of Labor: The Workers' Dream in Nineteenth-Century France*, trans. John Drury

載される「女性歴史家委員会」の報告も参照。

＊51——Higham, *History*, p. 225.

＊52——女については以下を参照。Joan Kelly-Gadol, "Did Women Have a Renaissance?" *Women, History and Theory: The Essays of Joan Kelly* (Chicago: University of Chicago Press, 1984); Gerda Lerner, *The Majority Finds Its Past* (New York: Oxford University Press, 1979); Joan Hoff-Wilson, "The Illusion of Change: Women and the American Revolution," in Alfred Young, ed., *The American Revolution: Explorations in the History of American Radicalism* (DeKalb: Northern Illinois University Press, 1976), pp. 383-446. アメリカ先住民については, Francis Jennings, *The Invasion of America: Indians, Colonialism and the Cant of Conquest* (New York: Norton, 1976); Michael Paul Rogin, *Fathers and Children: Andrew Jackson and the Subjugation of the American Indian* (New York: Knopf, 1975); Mary Young, *Redskins, Ruffleshirts and Rednecks: Indian Allotments in Alabama and Mississippi* (Norman, Ok.: University of Oklahoma Press, 1961). 人種差別については, George Fredrickson, *The Black Image in the White Mind: The Debate on Afro-American Character and Destiny, 1817-1914* (New York: Harper and Row, 1971); Winthrop Jordan, *White over Black: American Attitudes Toward the Negro, 1550-1819* (Chapel Hill: University of North Carolina Press, 1968); Edmund Morgan, *American Slavery, American Freedom: The Ordeal of Colonial Virginia* (New York: Norton, 1975). 「明白な運命」論については, Walter LaFeber, *The New Empire: An Interpretation of American Expansion, 1860-1890* (Ithaca, N. Y.: Cornell University Press, 1963); William Appleman Williams, *The Roots of Modern American Empire* (New York: Random House, 1969).

＊53——女について新しく得られた知識を総合しようとする試みとして, 最近では次のものがある。Marilyn J. Boxer and Jean H. Quataert, *Connecting Spheres: Women in the Western World, 1500 to the Present* (New York: Oxford University Press, 1987). 「女の文化」については次のシンポジウム記録を参照。"Politics and Culture in Women's History," *Feminist Studies* (1980) 6: 26-64. 女の作品については, *Critical Inquiry* の特集号, "Writing and Sexual Difference" (1981) 8 を参照。また, 政治意識については, Temma Kaplan, "Female Consciousness and Collective Action: The Case of Barcelona, 1910-1918," *Signs* (1982) 7: 545-66.

＊54——「女」というカテゴリーの歴史的多様性については次を参照。Denise Riley, *"Am I That Name?": Feminism and the Category of "Women" in History* (London: Macmillan, 1988).

中世史家に要求される技術（一般人にはわからない難解な言語と碑銘学的知識）とこの分野への女性の参入とのあいだには関係があるのではないだろうか。このような難しくて深い学識を要する技術をマスターしていることが，女の能力を疑問の余地のないものにするか，あるいは少なくとも異議を唱えにくくした。それによって，他のもっととっつきやすい歴史の領域（そこでは英語か現代外国語が読めさえすればよかった）ではなかなか勝ちとれないようなある種の評価を手に入れることができたのである。ウィリアム・ロイ・スミスはネリー・ニールスンについて，彼女は「学生に中世史を大好きにさせる並みはずれた才能をもっている。だが彼女は同時に，どのようにして手書きの史料を用いてゲームを楽しむかも彼らに教える」と書いている。Goggin, "Challenging the Historical Establishment," p. 15, n. 24 から再引。

＊44――米国議会図書館でJ. フランクリン・ジェイムスン文書を担当しているジャクリーン・ゴッギンは，現在，この1884年から1940年までの女性歴史家たちの歴史に取り組んでいる。

＊45――Higham, *History*, p. 148.

＊46――Mary Beard, *Women as a Force in History* (1946: reprint ed., New York: Octagon Books, 1985). 他に女性史のさまざまな例として以下も参照。Mary Sumner Benson, *Women in Eighteenth Century America: A Study of Opinion and Social Usage* (1938; reprint ed., New York: AMS Press, 1976); Elizabeth W. Dexter, *Colonial Women of Affairs: A Study of Women in Business and the Professions in America before 1776* (1931; reprint ed., Fairfield, N. J.: Augustus Kelley, 1972); Julia Cherry Spruill, *Women's Life and Work in the Southern Co-lonies* (1938; reprint ed., New York: Norton, 1972). 広い範囲にわたってビブリオグラフィ的に取り扱ったものとしては，Jill K. Conway, *The Female Experience in Eighteenth and Nineteenth Century America: A Guide to the History of American Women* (Princeton: Princeton University Press, 1985).

＊47――Beatrice Hyslop, "Letter to the Editor," *AHR* (1956) 62: 288-89. Furlough, 未刊行修士論文，p. 67より再引。

＊48――この時期の歴史を語ったものとしては，Alice Rossi and Ann Calderwood, *Academic Women on the Move* (New York: Russell Sage, 1973). とくに Rossi, Jo Freeman, Kay Klotzburger による各章を参照。

＊49――Hilda Smith, "CCWHP: The First Decade"（「歴史専門職における女性にかんする対等化委員会」の歴史で未刊行，1979）.

＊50――American Historical Association, *Report of the Committee on the Status of Women*, November 9, 1970. あわせて AHA の会報に毎年掲

＊34――*Ibid.*, p. 256.
＊35――サーモンの死後に出版された著作，Lucy Maynard Salmon, *Historical Material* (New York: Oxford University Press, 1933) の A. Underhill による前書きから引用。
＊36――Higham, *History*, passim and pp. 124n., 206n.
＊37――1920年代以前にも，個人的に怒りを表明したり，AHA 指導部内に女が入れるよう力を合わせるという形で女性歴史家たちが抗議していたことを示す証拠が存在している。しかしながら，集団行動を示す証拠が広範に出てくるようになるのは1920年代を待たねばならない。
＊38――"U of M gets First Woman History Prof." *Detroit Free Press*, October 29, 1961, p. C-5, およびミシガン大学歴史学科長ジョン・ボウディッチから学部長で教授会副議長のマーヴィン・L. ニーハスにあてた，1961年２月15日づけの手紙。ロビンスン博士と彼女の遺贈の条件についての情報は，ウィスコンシン大学（マディスン・キャンパス）歴史学科から入手した。こうした遺贈から十分な収入があがるようになり，遺贈者が定めた給与を支払えるようになるまでには何年もかかった。これらのポストに十分な予算が与えられ，恒久的に人を雇えるようになったのはようやく1960年代から70年代のことで，卒業生からの圧力と女性の Ph. D. 保持者の数を増やさねばという新しい関心のせいで，女性のために用意されたこれらの可能性の存在に注意が向くようになったのである。
＊39――Schlesinger Library, Radcliffe College, Papers of the Berkshire Conference, MC 267(5). Letter of Louise R. Loomis, May 8, 1952. また，次も参照。Kathryn Kish Sklar, "American Female Historians in Context, 1770-1930," *Feminist Studies* (1975) 3: 171-84.
＊40――Papers of the Berkshire Conference, MC 267(2), March 16, 1931. また，どれほど間接的であったにせよ，この時期の労働運動への関心が影響を及ぼしていたことも明らかである。
＊41――Papers of the Berkshire Conference, MC 267(3), Minutes, May 20-22, 1938.
＊42――ルイーズ・フェルプス・ケロッグはウィスコンシン州歴史学会の文書係であった。彼女は1930年に選ばれて，女性としては初めてミシシッピ・ヴァレー歴史学協会（現在の全米歴史家機構）の会長をつとめた。
＊43――女性側からの指名になぜネリー・ニールスンが選ばれたのか，正確なところを知るのも興味あることと言えよう。もちろん彼女は，高い評価を受けている学識豊かな歴史家であった。と同時に彼女が中世史家であったことも，とくに中世史は長年にわたって非凡な女性歴史家を引きつけ，あるいはそうした歴史家を生み出してきたという事実にかんがみるとき，重要な意味をもってくるだろう。私の推測だが，

(未刊行歴史学修士論文, University of South Carolina, 1978), p. 87 を参照。

*28——ナタリー・ゼーモン・デーヴィスは1987年度の AHA 会長となった。

*29——また, もしもっと時間があれば, 批判的でない戦略とでも呼ぶべきものについても見てみたら面白いだろう。それは, 個人が優秀だったり如才なかったりすれば, 性による不利を克服できるはずだと主張する立場である。たとえば1953年におこなわれたラドクリフ・カレッジの Ph.D. についての研究の著者たちは, 本を終えるにあたって女が成功するための最善の方法を次のように示唆している。「解決策は……女が, まったく「競争」など問題にもならないほど質の高い仕事をすることである。非常な偏見に満ちたアンチ・フェミニストでないかぎり, 性別を理由に, 男性候補者よりも明らかにすぐれた能力と業績の持ち主であると立証されている女性を雇うのを拒否したりはしないだろう。」*Graduate Education for Women: The Radcliffe Ph. D.* (Cambridge, Mass.: Harvard University Press, 1956), p. 108. この本にはまた, Ph.D. をもつ女性たちがそれぞれの戦略について語った報告ものせられている。一人はどのように「自分の考えを隠そうと」努めているかについて語り (p. 36), もう一人は「男だったらやるように猛烈に押しまくるようなことをしない」と述べている (p. 39)。また別の一人は, 自分が「クラブや男ばかりの宴会のような」社交的催しから排除されていることを, 取るに足りないつまらないことと片づけている (pp. 27-28)。多くの人がギャアギャア騒ぎたてたりフェミニストだと見られることは危険な行動であり, どんなことをしてもそれだけは避けなければならないと考えている (pp. 26, 38)。要するに, 性別が問題とされないぐらいに優秀になるか, あるいは非常に慎重に行動して性別の問題に気づかれないようにするかということのようだ。いずれの場合にも女という差異が意識されていることは, 火を見るよりも明らかである。

*30——Louise Fargo Brown, *Apostle of Democracy: The Life of Lucy Maynard Salmon* (New York: Harper and Row, 1943), p. 98. J. T. James ed., *Notable American Women*, Vol. III (Cambridge, Mass.: Harvard University Press, 1971), pp. 223-25 にヴァイオレット・バーボアがサーモンの項を書いているのも参照。また, 次も参照のこと。Helen Lefkowitz Horowitz, *Alma Mater: Design and Experience in the Women's Colleges from Their Nineteenth-Century Beginnings to the 1930's* (Boston: Beacon Press, 1984), pp. 180, 186-87, 194.

*31——Brown, *Apostle of Democracy*, pp. 101-02 より再引。

*32——*Ibid*., p. 132.

*33——*Ibid*., p. 136.

*22——Jesse Dunsmore Clarkson, "Escape to the Present," *AHR* (April 1941) 46: 544-48. また，次も参照。*Annual Report of the American Historical Association for the Year 1940*, "Proceedings—1940," pp. 21 and 59. マール・カーティは，AHA の総会後，バークシャー女性歴史家会議の書記からプログラムのなかで女性が取りあげられたことにたいする感謝状を受け取ったことを憶えている。「あれ以上のことがやれなかったこと，そしてそんなわずかなことにたいしてもわれわれに感謝するのが正しいと思われたことを，恥ずかしく感じました」(カーティから J. スコットあての私信，1987年３月25日)。

*23——*Annual Report of the AHA*, "Proceedings—1939," p. 58. これらの史料を探すのを手伝ってくれたノラリー・フランケルに感謝したい。

*24——"Historical News: The American Historical Association," *AHA* (1939-40) 45: 745. Goggin, "Challenging the Historical Establishment," p. 52 から再引。1940年の指名委員会のメンバーは，ハワード・K. ビール，ポール・バック，カーティス・ネットルズ，およびジュディス・ウィリアムズであった。委員長のビールは長いあいだ，評議委員会やその他の委員会に黒人の参加を認めるよう，闘ってきた人物である。その試みは何度も失敗に終わっていた（AHA の人種差別的感情がいかに根深いものだったかがわかる）が，彼はもう一つの「差異の」カテゴリー，すなわち女の代表を指名する運動を支持したのである。

*25——Jessie Bernard, *Academic Women*; Patricia Albjerg Graham, "Expansion and Exclusion: A History of Women in Higher Education," *Signs* (1978) 3: 759-73; Susan Carter, "Academic Women Revisited: An Empirical Study of Changing Patterns in Women's Employment as College and University Faculty, 1890-1963," *Journal of Social History* (1981) 14: 615-97. 退役帰還兵の入学のために政府から大学へ金が流れ込むことになった G.I. 法案（1944年の軍人社会復帰法）が与えた影響については，次を参照。Keith W. Olson, *The G. I. Bill, the Veterans, and the Colleges* (Lexington, Ky.: University of Kentucky Press, 1974).

*26——*New York Times*, 1951年８月16日づけに報道された，スタンフォード大学での歴史学会議におけるアラン・ネヴィンズのスピーチ。Beale, "The Professional Historian," p. 246 から再引。冷戦イデオロギーと教育の例としては，次のものがある。*National Defense and Higher Education* (Washington, D. C.: The American Council on Education, 1951).

*27——Beatrice Hyslop, Mt. Holyoke College, "Letters of the Class of 1919" (1969). ハイスロップについて，この史料をはじめその他の情報を与えてくれたエレン・バリントン・ファーロウに感謝したい。Ellen Bullington Furlough, "Beatrice Fry Hyslop: Historian of France"

いは女についてのまったく別の研究であるとは考えていなかった。むしろ彼女が主張したのは，家事奉公は経済的，政治的な現象であり，したがって科学的歴史研究の対象領域としてふさわしいということであった。Lucy Maynard Salmon, *Domestic Service* (New York, 1897; reprint ed., New York: Ayer, 1972).

＊12——Adams, *The Study and Teaching of History*, p. 14.

＊13——AHA records, 1905. Jacqueline Goggin, "Challenging the Historical Establishment: Women in the Historical Profession, 1890-1940" (未刊行論文, Berkshire Conference, June 1987), p. 30 より再引。

＊14——Van Tassel, "From Learned Society," p. 953 より再引。

＊15——*Ibid*., p. 954. サーモンがねばり強く頑張った結果，AHA の委員会への女性の参加が増大した。彼女の評議委員会での任期が終わる1920年頃には，いろいろな委員会に4名の女性が加わっていた。Goggin, "Challenging the Historical Establishment," p. 37 を参照。

＊16——Link, "The Americal Historical Association," p. 5.

＊17——1926-39年の時期に言及したある研究は，次のように結論づけている。「歴史を教えること——あるいはそもそも大学院レヴェルでの歴史学の勉強が何らかの役に立つようなポストにつくこと自体が，ほとんど男によって占められている。こうした状況となった理由の一部は，女性には就職の機会が制限されていることにある。男性が女子カレッジで教えることはあっても，男子のカレッジで歴史を教えている女性は一人もいない。共学の学校に雇われている男性のパーセンテージは女性をはるかに上回っている」。Hesseltine and Kaplan, "Women Doctors of Philosophy in History," pp. 255-56.

＊18——Link, "The American Historical Association," p. 5.

＊19——Howard K. Beale, "The Professional Historian: His Theory and His Practice," *Pacific Historical Review* (1953) 22: 235.

＊20——1960年代前半におこなわれた専門職の女性についての議論では，多くの場合，女性の数が増加すれば差別も終わるだろうと前提されていた。当時ブラウン大学学長であったバーナビイ・キーニイは1962年に，「あらゆることが平等であれば，すべてのカレッジと大学の教授の50パーセントは女性であるはずだ」と書いている。Barnaby Keeney, "Women Professors at Brown," *Pembroke Alumna* (1982) 27: 8-9. また，次も参照。Jessie Bernard, *Academic Women* (University Park, Pa.: Pennsylvania State University Press, 1964), p. xii; Lucille Addison Pollard, *Women on College and University Faculties: A Historical Survey and a Study of Their Present Academic Status* (New York: Ayer, 1977).

＊21——American Historical Association, *Report of the Committee on the Status of Women*, November 1970, p. i.

歴史学会の会員，文書館の文書係，司書，それに男性歴史家の妻たちである。次を参照のこと。William Hessletine and Louis Kaplan, "Women Doctors of Philosophy in History," *Journal of Higher Education* (1943) 14: 254-59.

＊3——Lawrence Veysey, "The Plural Organized Worlds of the Humanities," in A. Oleson and J. Voss, eds., *The Organization of Knowledge in Modern America, 1860-1920* (Baltimore: Johns Hopkins University Press, 1976), pp. 51-106, とくに pp. 53-78. AHA の初期の歴史については以下を参照。J. Franklin Jameson, "The American Historical Association, 1884-1909," *AHR* (1909) 15: 1-20, and "Early Days of the American Historical Association, 1884-1895," *AHR* (1934) 40: 1-9. また，次も参照。John Higham, "Herbert Baxter Adams and the Study of Local History," *AHR* (1984) 89: 1225-39, and David D. Van Tassel, "From Learned Society to Professional Organization: The American Historical Association, 1884-1900," *AHR* (1984) 89: 929-56.

＊4——Nellie Neilson, "A Generation of History at Mount Holyoke," *Mount Holyoke Alumnae Quarterly* (May 1939). Penina M. Glazer and Miriam Slater, *Unequal Colleagues: The Entrance of Women into the Professions 1890-1940* (New Brunswick, N. J.: Rutgers University Press, 1987), p. 53 より再引。

＊5——John Higham, *History* (Englewood Cliffs, N. J.: Prentice Hall, 1965), p. 6 より再引。

＊6——*Ibid*., p. 13.

＊7——Herbert Baxter Adams, *The Study of History in American Colleges and Universities* (Washington, D. C.: Bureau of Education, Circular 2, 1887), pp. 211-12.

＊8——*Ibid*., pp. 213-17. また，次も参照。Adams, *Methods of History Study* (Baltimore: Johns Hopkins University Press, 1883).

＊9——Adams, *The Study and Teaching of History* (Richmond, Va.: Whittet and Shepperson, 1898), p. 11.

＊10——*Ibid*., p. 10.

＊11——こうした研究の多くはフォーマルな政治に焦点を当てていたが，それ以外の種類の制度，たとえば家事奉公のような一見政治とはかけ離れたように見える制度にまで，研究がおよぶこともあった。一例をあげれば，ルーシイ・サーモンは「大統領の任命権の歴史」について修士論文を書いたが，その後1897年に出版された本では，民主主義の歴史にたいする関心の一環として家事奉公の問題を取りあげている。奉公制度のなかに依存と屈従とを生き長らえさせる貴族制の残存を見出した彼女は，その歴史の現時点での慣行を研究するための独創的な方法を考案したのである。彼女は自分の計画が家族や私的領域，ある

る資本制の打倒やマルクス主義と結びつけられたことが，それにたいする拒否をいっそう強めることになった。ローゼンバーグによる暗示は，二つの点でケスラー＝ハリスにたいする信頼を失墜させようとしたものであった。第一に，彼女は馬鹿げた一般化をおこなおうとしていると示唆することによって，そして第二に，まっとうな政治から外れたところにいる人間でなければ，そもそもそのような一般化を思いつきさえしないだろうと示唆することによって。

＊13——Milkman, "Women's History," p. 391.

＊14——Naomi Schor, "Reading Double: Sand's Difference," in Nancy K. Miller, ed., *The Poetics of Gender* (New York: Columbia University Press, 1986), p. 256.

＊15——Michael Walzer, *Spheres of Justice: A Defense of Pluralism and Equality* (New York: Basic Books, 1983), p. xii〔『正義の領分——多元性と平等の擁護』山口晃訳，而立書房，1999年〕. あわせて，Minow, "Learning to Live with the Dilemma of Difference," pp. 202-03 も参照。

＊16——Milkman, "Women's History," p. 384.

＊17——Nancy F. Cott, *The Grounding of Modern Feminism* (New Haven: Yale University Press, 1987) は，20世紀前半のアメリカにおけるフェミニズムにそうした試みがあったことを立証している。イギリスの運動について同様にアプローチしたものとしては次を参照。Susan Kingsley Kent, *Sex and Suffrage in Britain, 1860-1914* (Princeton: Princeton University Press, 1987). また，次も参照。Denise Riley, "Does a Sex Have a History?: 'Women' and Feminism," *New Formations* (1987) 1: 35-46.

＊18——最近の例として以下を参照。Linda Gordon, "What's New in Women's History," in Teresa de Lauretis, *Feminist Studies/Critical Studies* (Bloomington: Indiana University Press, 1986), pp. 26-27; Alice Kessler-Harris, "The Debate over Equality for Women in the Workplace: Recognizing Differences," in Laurie Larwood, Anne H. Stromberg, and Barbara Gutek, eds., *Women and Work I: An Annual Review* (Beverley Hills, Calif., 1985), pp. 141-61.

第9章　アメリカの女性歴史家たち——1884-1984年

＊1——Arthur S. Link, "The American Historical Association, 1884-1984: Retrospect and Prospect," *American Historical Review* (1985) 90: 5. 以下，*American Historical Review* は *AHR* と略記する。

＊2——1900年以前には歴史学で Ph.D. をもつ学者は1000人に満たなかった。そのうち女は8人であった。だが修士号をもっている者，あるいは Ph.D. の学位を取得しようと準備中の者は，これよりずっと多かった。初期の頃に AHA の会員となった他の女性たちは，さまざまな

こととは，違うことだと私には思われる。第二の立場は，雇用過程に差異や利害について先入観や間違った前提が組み込まれてしまわないようにするための，戦略的方法にすぎないのである。

＊6――証拠の提出については，*Signs* (1986) 11: 757-79 を参照。「ロザリンド・ローゼンバーグの書面による反対証言」は，この裁判についての次の公式記録の写しの一部である。U. S. District Court for the Northern District of Illinois, Eastern Division, EEOC *vs* Sears, Roebuck & Co., Civil Action No. 79-C-4373.（私に裁判文書を貸してくれ，それについていろいろ話し合ってくれたサンフォード・レヴィンソンに感謝したい）。

＊7――Appendix to the "Written Rebuttal Testimony of Dr. Rosalind Rosenberg," pp. 1-12.

＊8――Alice Kessler-Harris, *Women Have Always Worked* (New York: Feminist Press, 1982).

＊9――法廷という場によって課せられる限界と，証人に立った専門家が出くわす可能性のある落とし穴については，次を参照。Nadine Taub, "Thinking About Testifying," *Perspectives* (American Historical Association Newsletter) (November 1986) 24: 10-11.

＊10――この点について上記のトーブが次のように問うているのは役に立つ。「差別訴訟の場合に，その訴訟の特定の事実にはもとづかずにおこなわれた歴史家，その他専門家の証言が，特定の集団についても一般化をおこなってよいのだという考え方を強化してしまう危険性があるだろうか」(p. 11)。

＊11――アリス・ケスラー＝ハリス博士にたいする反対尋問，EEOC *vs* Sears, Roebuck & Co., pp. 16376-619 を参照。

＊12――ローゼンバーグ側の「反証」はこの問題にかんしてとくに猛烈をきわめた。「雇用者はすべて差別をおこなうというこの前提が彼女〔ケスラー＝ハリス〕の仕事にははっきりと見られる。……1979年の論文のなかで，彼女は期待をこめて女たちは「潜在的に資本制の打倒につながるような価値観や態度，行動パターンをもっている」と書いている」(p. 11)。「もちろん，雇用者が女にたいして機会を制限したことが証拠をあげて立証された例はある。しかし一部の雇用者が差別をおこなってきたという事実は，すべての雇用者がそうするということの証明にはならない」(p. 19)。ローゼンバーグによる「反証」からは，法廷のもつ政治的，イデオロギー的限界，あるいはより正確に言えば法廷が支配的イデオロギーを再生産するやり方という，もう一つの問題が浮かびあがる。雇用者とは差別をするものだというカテゴリー的な考え方は容認されなかった（だが，女とはある種の職を「好む」ものだというカテゴリー的考え方の方は，そうではなかった)。そのような考え方がアメリカの政治的言説にとって我慢ならないものであ

＊66——Daubié, "Quels moyens des subsistance," *JE* 34: 365.
＊67——Daubié, "Travail manuel," *JE* 39: 94.
＊68——Daubié, "Quels moyens des subsistance," *JE* 34: 378.
＊69——Daubié, "Travail manuel," *JE* 39: 83.
＊70——*Ibid.*, p. 80.
＊71——*Ibid.*, p. 96.
＊72——*Ibid.*, p. 84.
＊73——Daubié, "Travail manuel," *JE*, 2e série (1863) 38: 203.
＊74——*Ibid.*, p. 210.
＊75——フェミニズムの立場から賃金概念にたいする批判をおこなっていくためには，マルクスからではなく政治経済学から始めることが根本的に重要であると思われる。この問題については以下を参照。Harold Benenson, "Victorian Sexual Ideology and Marx's Theory of the Working Class," *International Labor and Working Class History* (1984) 25: 1-23; Rosalind Petchesky, "Dissolving the Hyphen: A Report on Marxist-Feminist Groups 1-5," in Zillah Eisenstein, ed., *Capitalist Patriarchy and the Case for Socialist Feminism* (New York: Longman, 1981), pp. 376-77.

第Ⅳ部　平等と差異

第8章　シアーズ裁判

＊1——法的には母性保護の問題に関心が集中している。たとえば以下を参照。Lucinda M. Finley, "Transcending Equality Theory: A Way Out of the Maternity and the Workplace Debate," *Columbia Law Review*, Vol. 86, No. 6 (October 1986), pp. 1118-83; Sylvia A. Law, "Rethinking Sex and the Constitution," *University of Pennsylvania Law Review*, Vol. 132, No. 5 (June 1984), pp. 995-1040.
＊2——たとえば歴史家たちは，平等と差異という観点からフェミニズムの歴史の時期区分をおこなっている。
＊3——Ruth Milkman, "Women's History and the Sears Case," *Feminist Studies* (1986) 12: 394-95. シアーズ裁判について論じるにあたって，私もこの綿密で知的に書かれた記事に大きく依存した。このテーマについてこれまで多数書かれたもののなかでも，これは最良の記事である。
＊4——Martha Minow, "Learning to Live with the Dilemma of Difference: Bilingual and Special Education," *Law and Contemporary Problems* (1984) 48: 157-211. 引用は p. 160 から。あわせて pp. 202-06 も参照。
＊5——男と女の利害がまったく同じであると主張することと，雇用過程の全局面においてそのような同一性があると仮定すべきだと主張する

Market Culture: The Textile Trade and French Society, 1750-1900 (New York: Cambridge University Press, 1984), pp. 138-84.

＊42——Fix, "Situation," p. 31.

＊43——「男と女が同じ時間内に働いている大きな工場では，そうでないところよりも風紀が乱れて，道徳的にいっそう悪い状態となる」。"Enquête: de la condition des femmes," *L'Atelier*, December 30, 1842, pp. 31-32.

＊44——この問題については次を参照。Isaac Joseph, Philippe Fritsch, and Alain Battegay, *Disciplines à Domicile: L'édification de la famille* (Paris: Recherches, 1977).

＊45——Terme et Monfalcon, *Histoire des enfants trouvés* (Paris, 1840), p. 196. Rachel Fuchs, *Abandoned Children: Foundlings and Child Welfare in Nineteenth-Century France* (Albany: State University of New York Press, 1984), p. 39より再引。

＊46——H. Baudrillart, "De l'enseignement de l'économie politique," *JE*, 2e série (1862) 38: 180-81.

＊47——Jules Simon, *L'Ouvrière*, 2nd ed. (Paris: Hachette, 1861), p. ii.

＊48——Daubié, "Travail manuel des femmes," *JE*, 2e série (1863) 39: 97-98.

＊49——Simon, *L'Ouvrière*, p. i.

＊50——Daubié, "Travail manuel," *JE* 39: 99.

＊51——Michelet, *La Femme*, p. 54.

＊52——Simon, *L'Ouvrière*, p. v.

＊53——*Ibid*.

＊54——*Ibid*., p. 42.

＊55——*Ibid*., p. 46.

＊56——*Ibid*., p. 71.

＊57——*Ibid*., p. 273.

＊58——*Ibid*., pp. 87-88.

＊59——*Ibid*., p. 83.

＊60——*Ibid*., pp. 89-90.

＊61——たとえば次のような著作。Alphonse Esquiros, *Les Vièrges Martyres* (Paris, 1846), p. 177:「母親としての気づかいこそが，女にとって実際上唯一の自然な仕事であり，それ以外のものは女を歪めてしまうだけである」。

＊62——H. Dussard, "Compte rendu de *l'Ouvrière*," *JE*, 2e série (1861) 30: 94.

＊63——Simon, *L'Ouvrière*, p. 277.

＊64——*Ibid*., p. 168.

＊65——*Ibid*., p. 46.

Fallen Women," p. 2.

＊26――Jules Michelet, *La Femme* (Paris: Flammarion, 1981), p. 91.〔『女』大野一道訳，藤原書店，1991年〕.

＊27――一例として次を参照。Achille de Colmont, "De l'amélioration de la situation sociale des ouvriers," *JE*, ler série (1848) 20: 195.

＊28――G. Procacci, "Social Economy and the Government of Poverty," *Ideology and Consciousness* (1979) 4: 62. また，次も参照。Louis Reybaud, "Introduction," *JE*, ler série (1842) 1: 9.

＊29――Jacques Donzelot, *La Police des families* (Paris: Éditions de Minuit, 1978).〔『家族の管理装置』前出〕.

＊30――Theodore Fix, "Situation des Classes Ouvrières," *JE*, ler série (1844) 10: 39. また，次も参照。Joseph Garnier, "Étude sur la répartition de la richesse," p. 210.

＊31――道徳科学を政治経済学のなかに含めようとする一般的傾向に反対した議論として，次を参照。A. Blaise, "Cour d'Économie Politique du Collège de France," *JE*, ler série (1842) 1:206.

＊32――J.-B. Say, *Cours Complet d'Économie Politique*, 2 vols. (Paris, 1840), p. 180 には，こうした見解が引用されている。

＊33――de Colmont, "De l'amélioration," p. 257.

＊34――Dunoyer, "De la concurrence," p. 32.

＊35――性による境界の問題をめぐってもっとも激しい議論がおこなわれたのは，実際問題としてあまり「筋肉」の力を必要としない業種においてだったようである。もちろん，何らかの機械化をきっかけに論争が起きることが多かったのではあるが。この点で印刷業はもっと注目に値する例の一つであろう。次を参照。"Chronique Economique," *JE*, 2e série (1862) 34: 324-25.

＊36――Say, *Cours Complet*, p. 548; Julie-Victoire Daubié, "Quels moyens des subsistance ont les femmes," *JE*, 2e série (1862) 34 : 361-62. （本章ではドービエの本ではなく論文の方から引用をおこなう。それは1866年に本として出版されたとき，最初の論文に大幅な加筆がおこなわれたからである。書かれた時点，および発表の場所のどちらから考えても，ここではもとの論文を用いる方が良いと思われる）。

＊37――T. Fix, "Situation," pp. 9-10 にもこのアナロジーが用いられている。

＊38――William H. Sewell, Jr., *Work and Revolution in France: The Language of Labor from the Old Regime to 1848* (New York: Cambridge University Press, 1980), pp. 223-32.

＊39――*Ibid.*, p. 227.

＊40――*Ibid.*, p. 229.

＊41――*Ibid.*, pp. 224-25. また，次も参照。William Reddy, *The Rise of*

備における政治経済学理論の重要性を過小評価している。同様にジャンヌ・ボイドストンも，賃金との関係において家事労働を理論的に論じる際にまずマルクスから始めているが，最初に政治経済学者に目を向けた方が良かったのではないかと思われる。マルクスは彼らを批判の対象としながらも，その枠組みのなかで書いていたからである。Jeanne Boydston, "To Earn Her Daily Bread: Housework and Antebellum Working-Class Subsistence," *Radical History Review* (1983) 35: 7-25.

＊20――*L'Atelier*, December 30, 1842, p. 31.

＊21――Eugène Buret, *De la misère des classes laborieuses en France et en Angleterre*, 2 vols. (Paris, 1840), Vol. 6, p. 287. Moreau. *Le Sang*, p. 74より再引。

＊22――「売春は肉体労働者の全般的な売春が具体的な形をとって現れたものにすぎない。しかもこの関係には娼婦だけでなく，売春をさせる者もまた落ち込むのであるから――後者の方がそのいまわしさにおいてはるかに勝っている――資本家その他もまた，この項目の下に入ることになる」。K. Marx, *Economic and Philosophic Manuscripts of 1844* (Moscow: Foreign Languages Publishing House, 1959), note 1, pp. 99-100. あわせて pp. 31-34 において，マルクスが女性労働や売春について種々論じるなかで，フランスの政治経済学者の1840年代の著作から引用したり，それらについてコメントしているのも参照のこと。この考え方について分析を加えた一つの例としては，次を参照。Lisa Vogel, *Marxism and the Oppression of Women* (New Brunswick, N. J.: Rutgers University Press, 1983), p. 44.

＊23――Moreau, *Le Sang*, p. 240.

＊24――Giovanna Procacci, "Le Gouvernement de la Misère: La Question sociale entre les deux révolutions, 1789-1848" (3e cycle, Université de Paris VIII 未刊行論文, 1983). ここにあげたのは，政治経済学者による貧困の表象の特徴をプロカッチがまとめたものである。貧困が安定した秩序の外部にあり，したがって取り締まりが必要なものとして，どのように研究の対象とされるかについての彼女の分析の多くの部分には私も同感である。だが私は，彼女がジェンダーを用いた貧困の表象が展開されていることを無視したために，このテーマの重要な一つの局面を見落としてしまっていると考える。貧困は女性の形を借りて描き出されており，そのことは労働者階級の状態の分析にとっても，女の位置と地位にとっても重要な意味をもっていたのである。本章ではそうした女性的表象がどのような働きをしていたかに焦点を当てている。

＊25――ハフトンは私たちに，都市のイコノグラフィではしばしば都市が売春婦として表象されていることを思い出させている。Hufton, "The

＊7——A. Parent-Duchâtelet, *De la prostitution dans la ville de Paris*, 2 vols. (Paris, 1836; 3rd ed., 1857), vol. 1, pp. 103-04. Harsin, *Policing Prostitution*, p. 123より再引。

＊8——Parent-Duchâtelet, *De la prostitution*. Thérèse Moreau, *Le Sang de l'Histoire: Michelet, l'histoire et l'idée de la femme au XIXe siècle* (Paris: Flammarion, 1982), p. 77より再引。Moreauは，パランの本の第3版の編者たちは贅沢への嗜好こそが売春の唯一の原因であると主張したと指摘している。

＊9——CCP, 2: 277.

＊10——CCP, 2: 252.

＊11——Charles Dunoyer, "De la concurrence," *Le Journal des Economistes*, ler série (1842) 1: 135.（*Le Journal des Economistes*は以後*JE*と略記）.

＊12——都市的状況において家事使用人が問題になっていたのは確かなのにもかかわらず，興味深いことにこうした議論では彼らについての言及はほとんど見られない。18世紀ヨーロッパの都市の娼婦にかんする議論について述べたなかで，オルウェン・ハフトンも次のように同様の現象を認めている。「私たちが入手しうるようなデータのなかでは，誘惑された家事使用人というのはきわめて二義的な役割しかもっていない」。Olwen Hufton, "The Fallen Women and the Limits of Philanthropy in the Early Modern Metropolis: A Comparative Approach"（1986年4月，Davis Center, Princeton University において発表された未刊行論文），p. 38. なぜこうした議論に家事使用人が含まれていないのか，もっとつっこんだ説明が必要なことは明らかである。

＊13——Jean-Baptiste Say, *Traité de l'économie politique*, 6th ed., 2 vols. (Paris, 1841), p. 324. また，以下も参照。J. Garnier, "Étude sur la répartition de la richesse: Profits et salaires," *JE*, ler série (1847) 18: 209; Vée (Maire du 5e arrondissement de Paris), "Du paupérisme dans la ville de Paris," *JE*, ler série (1845) 10: 224-71; CCP, 1: 52.

＊14——Say, *Traité*, pp. 372-74.

＊15——*Ibid.*, p. 372.

＊16——*Ibid.*

＊17——*Ibid.*, pp. 593-94.

＊18——*Ibid.*, p. 599.

＊19——イギリスの労働者階級の言説における賃金概念について論じたものとして，次を参照。Wally Seccombe, "Patriarchy Stabilized: The Construction of the Male Breadwinner Wage Norm in Nineteenth Century Britain," *Social History* (1986) 11: 53-76. セカムはもっぱら「プロレタリアート」のみに焦点を当てているため，賃金システムの整

細である。それぞれの場所で調査者たちが何を見たかが一軒ごとに述べられ，住人ひとりひとりの暮らしぶりについての説明がなされている。報告の最後に登場するこの場合は，読む者にパリの労働者の無秩序な生活について明らかに否定的な印象を残すことになる。

＊78——CCP, 2: 272.

＊79——CCP, 1: 11, 2: 272.

＊80——こうした科学的報告における「見ること」の重要性については，Perrot, *Enquêtes*, pp. 11, 21, 26, 28を，「規律」の様式としてカテゴリーのもつ意味については，Foucault, *Discipline and Punish* (New York: Vintage, 1979), p. 189〔『監獄の誕生』前出〕を，それぞれ参照。

＊81——第７章の＊22を参照。

＊82——セクシャリティへの言及は，より複雑な階級構築過程の一部であったと考えられる。そこでは中産階級の定義のなかに性的自制が含まれており，こうした定義はそのネガとなる実例，もしくは社会的「他者」の存在のうえに成り立っていた。この場合，社会的「他者」とは労働者階級であり，その「他者性」を示すために女を用いた表現がおこなわれた。

＊83——これらの展開については以下を参照。Perrot, *Enquêtes*, pp. 18-20; Perrot, "Note sur le positivisme ouvrier," *Romantisme* (1978) 21-22: 201-04; A. Savoye, "Les continuateurs de Le Play au tournant du siècle," *Revue française de sociologie* (1981) 22: 315-44.

第７章　「女性労働者！　神を恐れぬ汚れたことば……」
——フランス政治経済学の言説に見る女性労働者，1840-60年

＊１——*The Second Empire: Art in France under Napoleon III* (Philadelphia: Philadelphia Museum of Art, 1978), p. 310.

＊２——*Ibid.*, pp. 309-10.

＊３——Claire G. Moses, *French Feminism in the Nineteenth Century* (Albany: State University of New York Press, 1984), pp. 151-72.

＊４——Denise Riley, "'The Free Mothers': Pronatalism and Working Women in Industry at the End of the Last War in Britain," *History Workshop* (1981) 11: 110.

＊５——娼婦の取り締まりについては以下を参照。Alain Corbin, *Les filles de noce: Misère sexuelle et prostitution aux 19e et 20e siècles* (Paris: Aubier, 1978)〔『娼婦』杉村和子監訳，藤原書店，1991年〕; Jill Harsin, *Policing Prostitution in Nineteenth-Century Paris* (Princeton: Princeton University Press, 1985).

＊６——Chamber of Commerce of Paris, *Statistique de l'industrie à Paris, 1847-1848*, 2 vols. (Paris, 1851), 1: 11.（以後，CCP と略記〔邦訳については前出〕).

＊53――この点については次を参照。Chevalier, *Classes laborieuses et classes dangereuses*, p. 394.
＊54――CCP, 1: 70-71, 141, 154, 170.
＊55――CCP, 1: 65.
＊56――*Ibid*.
＊57――*Ibid*.
＊58――CCP, 1: 62-66.
＊59――CCP, 1: 63.
＊60――CCP, 1: 63; 2: 206.
＊61――CCP, 1: 64.
＊62――CCP, 1: 106.
＊63――CCP, 1: 64.
＊64――CCP, 2: 277.
＊65――CCP, 2: 83, 110.
＊66――CCP, 1: 202.
＊67――次のステップは労働者の「結婚の状態」についてより詳しく見ていくことで，商務大臣は1849年にそれをおこなおうとした。大臣は,「各県ごとに10の主要な工場で働いている労働者の私的状態」について統計的情報を提供するよう求めた。1849年から50年にかけて集められ統計局に送られた情報は，現在 AN, F501 に保管されている。セーヌ県については情報は収集されなかったようである。あるいは少なくとも国立文書館には保管されていない。
＊68――CCP, 1: 186.
＊69――CCP, 1: 52.
＊70――CCP, 1: 160.
＊71――CCP, 2: 277.
＊72――CCP, 1: 163. 政治的脅威を性的脅威として表すこと，および女の姿を利用してそれがおこなわれることについては，次を参照。Neil Hertz, "Medusa's Head: Male Hysteria under Political Pressure," *Representations* (1983) 4: 27-54. 政治的分析における女のセクシャリティの利用についての重要で示唆に富んだ議論としては，次を参照。Thérèse Moreau, *Le Sang de l'Histoire: Michelet, l'histoire et l'idée de la femme au XIXe siècle* (Paris: Flammarion, 1982).
＊73――J.-B. Say, *Traité*, p. 446. 他の場合と同様この見解にかんしても，セイはケネイのような重農主義者と意見を同じくしていた。
＊74――CCP, 2: 252.
＊75――CCP, 2: 266.
＊76――CCP, 2: 260.
＊77――CCP, 1: 201-4.「家具つき貸し部屋」の項では並外れて微に入り細をうがった記述がおこなわれており，報告の他のどの部分よりも詳

と。Horace Say, *Rapport du Comité central d'instruction primaire* (Paris, 1845); Horace Say, *Études sur l'administration de la ville de Paris* (Paris, 1846); P. Piazza, *Étude historique et critique sur l'organisation et le fonctionnement des tribunaux commerciaux en France* (Paris: Rousseau, 1918).

＊32——レオン・セイについては以下を参照。G. Michel, *Léon Say* (Paris, 1899); G. Picot, *Léon Say: Notice historique sur sa vie* (Paris: Hachette, 1901).

＊33——Léon Say, *Discours prononcé à Mugron, à l'inauguration du monument élevé à la mémoire de Frédéric Bastiat* (Paris, 1878), pp. 10-11.

＊34——Jean-Baptiste Say, *Traité d'économie politique*, 6th ed., ed. Horace Say (Paris, 1841), p. 12. J.-B. セイの仕事については以下を参照。E. Treilhac, *L'œuvre économique de J-B Say* (Paris, 1927); Michelle Perrot, "Premières mesures des faits sociaux: Les débuts de la statistique criminelle en France, 1780-1830," in *Pour une histoire de la statistique*, p. 134; C. Menard, "Trois formes de résistance aux statistiques: Say, Cournot, Walras," in *Pour une histoire de la statistique*, pp. 417-20. また, 次も参照。Horace Say, ed., *Édition nouveau de J-B Say, Cours complet de l'économie politique* (Paris, 1890).

＊35——J.-B. Say, *Traité*, p. 586.

＊36——*Ibid.*, p. 371.

＊37——*Ibid.*, p. 592.

＊38——たとえば CCP, 2: 206, 302.

＊39——CCP, 1: 152.

＊40——CCP, 2: 239.

＊41——CCP, 2: 251.

＊42——CCP, 2: 339.

＊43——CCP, 2: 260.

＊44——CCP, 2: 302.

＊45——CCP, 2: 302.

＊46——J.-B. Say, *Traité*, p. 195, pp. 190-94.

＊47——次の文献中にはこの種の議論の代表的な例が集められている。R. Gossez, *Les ouvriers de Paris: L'organisation, 1848-51* (Paris: Société d'histoire de la Révolution de 1848, 1967).

＊48——J.-B. Say, *Traité*, pp. 86-89.

＊49——CCP, 1: 54.

＊50——J.-B. Say, *Traité*, pp. 371-74.

＊51——CCP, 2: 194, 246, 277.

＊52——CCP, 1: 52, 54.

ような試みの歴史については，Gille, *Sources*, pp. 200-03.

＊23——*Le Journal du Peuple*, June 8, 1841. Rigaudis-Weiss, *Enquêtes*, p. 170より再引。

＊24——*Le Populaire*, November 1844. Rigaudis-Weiss, *Enquêtes*, p. 173より再引。また，著者がpp. 169-78でこれについて詳しく論じているのも参照。

＊25——Rigaudis-Weiss, *Enquêtes*, pp. 191-93; Leclerc, *Observation*, pp. 197-204.

＊26——AN, C943, "Assemblée constituante, enquête sur le travail agriculturel et industriel," law of May 25, 1848.

＊27——AN, C925, "Procès verbaux du Comité du travail," 3 vols., May 1848-March 1849. これは，1848年5月に着手されたアンケート調査の遂行を任されていた委員会の活動にかんする，きわめて詳細な史料である。

＊28——CCP, 1: 18-19, 21.

＊29——経済活動の特定の分類と保守政治とのこのような結びつきは，それまでも長いあいだフランス経済をめぐる議論を特徴づけていた。1841年には労働者新聞『アトリエ』の編集者たちが，シャルル・デュパン男爵の出した結論を次のように厳しく拒否している。

「そのうえ，今日のフランスには141万6000人の事業主がいるそうだ。このなかにはもちろんリヨンの作業場の親方のように，ありていに言えば一介の労働者の地位にまで落ちぶれてしまった男たちの一団も含まれている。……だが諸君，男爵のみごとな腕前を讃えようではないか。彼の計算によれば地主の一家族あたりの人数は4人，事業主の家族についても同じだそうだ。したがってフランスには2400万人の地主と600万人以上の事業主がいる。結論として，フランス国内にいる無能で，怠け者で，無規律で，騒ぎを起こしたがる人間の数は200万人ということになる。産業界にたいし法によって命令を下そうとし，労賃を引き上げ，そのための努力もせずにおいて他人の財産の一部をよこせと要求しているのは，この連中だそうだ。諸君，ご覧のように妖怪が生き返ったのだ！」

＊30——CCP, 1: 11.

＊31——Chambre de Commerce de Paris, *Centenaire de la Chambre de Commerce*, p. 52はオラス・セイを調査の責任者としてあげ，レオン・セイ（下記の＊32を参照）とナタリ・ロンドがその補佐役をつとめると述べている。ロンドは繊維関係専門の経済学者で『経済学者新聞』の編集者であり，種々の政治経済学会の会員であった。彼にかんしては，*Dictionnaire universel des contemporains* (Paris, 1861), p. 1512を参照のこと。オラス・セイの伝記的事実にかんしても，*Dictionnaire universel des contemporains*, p. 1573を参照。また，以下も参照のこ

に分かれている。以下ではCCPと略記し，１部と２部の別を示す）.

＊10——Chambre de Commerce de Paris, *Centenaire de la Chambre de Commerce de Paris, 1803-1903* (Paris, 1903), p. 48.

＊11——Adolphe Blanqui, Perrot, *Enquêtes*, p. 16 より再引。

＊12——*Le Moniteur Industriel*, July 2, 1848.

＊13——AN, F12 2337, Notes remises par les industriels des 8e et 9e arrondissements après une conférence avec le Général Cavaignac, July 1848.

＊14——AN, C926, "Procès verbaux des séances du Comité du commerce et de l'industrie."

＊15——Perrot, *Enquêtes*, p. 16の参考文献，および Leclerc, *Observation*, pp. 202-03 を参照。また，次も参照。F. de Luna, *The French Republic under Cavaignac, 1848* (Princeton: Princeton University Press, 1969).

＊16——*Le Moniteur Industriel*, July 2, 1848.

＊17——この歴史については，Gille, *Sources*, pp. 151-211.

＊18——CCP, 1: 11-15.

＊19——Louis R. Villermé, *Tableau de l'état physique et moral des ouvriers employés dans les manufactures de coton, de laine et de soie*, 2 vols. (Paris, 1840), 2: 93, 358, Rigaudis-Weiss, *Enquêtes*, p. 111 より再引。〔ヴィエルメの部分訳は『資料フランス初期社会主義』前出所収，pp. 26-36，富永茂樹訳〕。ヴィエルメについて論じた興味深い著作としては，William H. Sewell, Jr., *Work and Revolution in France: The Language of Labor from the Old Regime to 1848* (New York: Cambridge University Press, 1980), pp. 223-32．また，以下も参照。William Coleman, *Death Is a Social Disease: Public Health and Political Economy in Early Industrial France* (Madison: University of Wisconsin Press, 1981); B.-P. Lécuyer, "Démographie, statistique et hygiène publique sous la monarchie censitaire," *Annales de démographie historique* (1977), pp. 215-45; B.-P. Lécuyer, "Médecins et observateurs sociaux: Les annales d'hygiène publique et de médecine légale, 1820-1850," in *Pour une histoire de la statistique*, pp. 445-76; Jan Goldstein, "Foucault among the Sociologists: The 'Disciplines' and the History of the Professions," *History and Theory* (1984) 23: 170-92.

＊20——この点の詳細にかんしては次を参照。Rigaudis-Weiss, *Enquêtes*. また，以下も参照。Jacques Rancière, *La Nuit des prolétaires: Archives du rêve ouvrier* (Paris: Fayard, 1981); Alain Faure and Jacques Rancière, *La Parole ouvrière, 1830-1851* (Paris: Union générale d'éditions, 1976).

＊21——*Recherches statistiques de la ville de Paris*, 3 vols. (Paris, 1823-29).

＊22——*Statistique de la France: Industrie*, 4 vols. (Paris, 1847-52). この

＊3――Alexandre J. B. Parent-Duchâtelet, *De la Prostitution* (Paris, 1836), 1: 22. Perrot, *Enquêtes*, p. 31より再引。

＊4――Gérard Leclerc, *L'observation de l'homme: Une histoire des enquêtes sociales* (Paris: Seuil, 1979), p. 184より再引。

＊5――*L'Atelier* (October 1840) 2: 13.

＊6――例は枚挙にいとまがないが，この際これを自己批判の機会とするのが一番良いだろう。私は私自身の大半の研究，とりわけ次にあげる諸研究においてここに述べたような手続きに従い，統計史料のカテゴリー分けや意図，政治性などについてほとんど批判的検討を加えることなく，そこから「事実」を取り出してきたのである。Scott, *The Glassworkers of Carmaux: French Craftsmen and Political Action in a Nineteenth Century City* (Cambridge, Mass.: Harvard University Press, 1974); Scott and Louis Tilly, *Women, Work and Family* (New York: Holt, Rinehart and Winston, 1978; Methuen, 1987). そして最近では，Scott, "Men and Women in the Parisian Garment Trades: Discussions of Family and Work in the 1830's and 40's," in *The Power of the Past: Essays in Honor of Eric Hobsbawm*, eds., P. Thane, G. Crossick, and R. Floud (Cambridge: Cambridge University Press, 1984), pp. 67-93.

＊7――このような統計調査の歴史については次を参照。Bertrand Gille, *Les sources statistiques de l'histoire de France: Des Enquêtes du XVIIe siècle à 1890* (Geneva: Librairie Droz, 1964). また，以下も参照。Perrot, *Enquêtes*; Léon Bonneff and Maurice Bonneff, *La vie tragique des travailleurs* (Paris: Rivière, 1984) の新版に寄せたペローの序; T. Markovitch, "Statistiques industrielles et systèmes politiques," in *Pour une histoire de la statistique* (Paris: Institut National de la Statistique et des études économiques, 1977), pp. 318-21. 新しい取り扱いの例としては，Marie-Noëlle Bourguet, "Race et folklore: L'image officielle de la France en 1800," *Annales ESC* (1976) 31: 802-23, および同じ著者によるみごとな学位論文である，"Déchiffrer la France: La statistique départementale à l'époque napoléonienne" (University of Paris I). 統計を批判的に分析する問題については，Michel de Certeau, "History: Science and Fiction," ch. 15 of de Certeau, *Heterologies: Discourse on the Other*, translated by Brian Massumi (Minneapolis: University of Minnesota Press, 1986), とくに pp. 208-10.

＊8――Hilde Rigaudis-Weiss, *Les enquêtes ouvrières en France entre 1830 et 1848* (Paris: Les Presses Universitaires de France, 1936).

＊9――Chambre de Commerce de Paris, *Statistique de l'industrie à Paris, 1847-1848* (Paris, 1851)〔部分訳，『資料フランス初期社会主義』前出所収，富永茂樹訳〕(『統計』は1巻本で出版されたが，1部と2部と

＊46――Faure and Rancière, *La Parole ouvrière*, pp. 384-95.
＊47――*La Voix des Femmes*, March 26, 1848.
＊48――いかに多様な用法が見られたかの例としては，以下を参照。Devance, "Femme, famille, travail"; Jacques Rancière and Patrice Vauday, "En allant a l'éxpo: L'ouvrier, sa femme et les machines," *Les Révoltes Logiques* (1975) 1: 5-22; Michelle Perrot, "L'Éloge de la ménagère dans le discours des ouvriers français au XIXe siècle," *Mythes et représentations de la femme au XIXe siècle*, pp. 105-21; Christine Dufrancatel, "La Femme imaginaire des hommes: Politique, idéologie et imaginaire dans le mouvement ouvrier," in Dufrancatel et al., *L'Histoire sans qualités* (Paris: Editions Galilée, 1979), pp. 157-86; Christine Dufrancatel, "Les Amants de la liberté? Stratégies de femme, luttes républicaines, luttes ouvrières," *Les Révoltes Logiques* (1977) 5: 76.
＊49――Louis Réné Villermeé, *Tableau de l'état physique et moral des ouvriers employés dans les manufactures de coton, de laine et de soie*, 2 vols. (Paris, 1840)〔第2巻第2章のみ前出の『資料フランス初期社会主義』pp. 26-36に訳出。富永茂樹訳〕; Honoré Antoine Frégier, *Des classes dangereuses dans la population des grandes villes et des moyens de les rendre meilleures*, 2 vols. (Paris, 1840). アカデミー自体については次を参照。Ernest Seillière, *Une académie à l'époque romantique* (Paris: E. Leroux, 1926). また，次も参照。Hilde Rigaudis-Weiss, *Les enquêtes ouvrières en France entre 1830 et 1848* (Paris: Les Presses Universitaires de France, 1936). 労働者家族についての改革派の見解を論じた研究としては，以下がある。Louis Chevalier, *Classes laborieuses et classes dangereuses à Paris pendant la première moitié du XIXe siècle* (Paris: Plon, 1958); Jacques Donzelot, *La Police des familles* (Paris: Éditions de Minuit, 1978)〔『家族の管理装置』宇波彰訳，新曜社，1990年〕.

第6章　統計は労働をどう描いたか――『パリ産業統計 1847-48年』

＊1――たとえば次を参照。Keith Michael Baker, *Condorcet: From Natural Philosophy to Social Mathematics* (Chicago: University of Chicago Press, 1975).
＊2――H. A. Frégier, *Des classes dangereuses* (Paris, 1840), 1: 59. (Michelle Perrot, *Enquêtes sur la condition ouvrière en France au XIXe siècle* (Paris: Hachette, 1972), p. 26より再引。また，こうした問題を論じた古典的著作としては，Louis Chevalier, *Classes laborieuses et classes dangereuses à Paris pendant la première moitié du XIXe siècle* (Paris: Plon, 1958).

Practice of Symbolic Resistance in Nineteenth-Century France (Ithaca, N. Y.: Cornell University Press, 1985), pp. 72-74.

*28——Barbaret, *Monographies professionnelles*, Vol. V, p. 266; Chambre de Commerce, *Statistique 1847-1848*, Vol. II, p. 66; *La Voix des Femmes*, April 3, 1848; Alfred Picard, *Exposition Internationale de 1900 à Paris: Le bilan d'un siècle 1801-1900* (Paris: Imprimérie Nationale, 1906) , Vol. IV, pp. 412-16.

*29——*La Voix des Femmes*, April 15, 1848.

*30——*Ibid*.

*31——*Ibid*.

*32——*Ibid*., March 22, March 31, April 15, 1848.

*33——*Ibid*., April 21, 1848.

*34——Vanier, *La Mode et ses métiers*, p. 114.

*35——*Ibid*., p. 112; *La Voix des Femmes*, April 18, 1848; Gossez, *Les Ouvriers de Paris*, pp. 170-71.

*36——Vanier, *La Mode et ses métiers*, pp. 115-16; Octave Festy, *Procès verbaux du conseil d'encouragement pour les associations ouvrières, 11 juillet 1848-24 octobre 1849* (Paris, 1917), pp. 96, 106-07; Julie Daubié, *La Femme pauvre au XIXe siècle* (Paris, 1866), pp. 47-48.

*37——*La Voix des Femmes*, April 26, 1848; May 30, 1848.

*38——*Ibid*., June 1-4, 1848.

*39——*Ibid*., April 10,11,1848. サン＝シモン派のシュザンヌ・ヴォワルカンは次のように書いている。「平等と，誰にも邪魔されずにこの世で生きていく権利を男たちに認めさせるためには，母親という肩書を強調することです。ああ，母性！……」Susan Grogan, "Charles Fourier, the St. Simoniennes and Flora Tristan on the Nature and Role of Women," 博士論文（未刊），Murdoch University (Australia) 1986, p. 227より引用。

*40——*La Voix des Femmes*, April 18, 1848.

*41——*Ibid*., April 29, 1848.

*42——E. Cabet, *La Femme* (Paris, 1841), p. 19.

*43——サン＝シモン派の運動を組織した女たちの歴史については以下を参照。Moses, "Saint-Simonian Men/Women," p. 25; Moses, *French Feminism*, pp. 41-60; Elhadad, "Femmes prénommées"; Adler, *A l'aube du féminisme*; Suzanne Voilquin, *Souvenirs d'une fille du peuple* (Paris: Maspéro, 1978). また，次も参照。Karl Weil, "Male/Female and the New Morality of the Saint-Simoniennes,"（未刊行），Pembroke Center for Teaching and Research on Women, 1987.

*44——Johnson, *Utopian Communism*, p. 90より引用。

*45——*Ibid*., p. 85.

enfants, des adolescents, des filles et des femmes (Paris, 1848), p. 27.

＊22——既製服製造業者 Lemann, *De l'industrie des vêtements confectionnés en France* (Paris, 1857), pp. 34-35.

＊23——*Rapport des délégués tailleurs* (1862), pp. 202-1. また，次も参照。AN, C2257 cos. 4772, "Pétition des tailleurs d'habits à l'Assemblée Nationale"(1848); AN, C2394 dos. 683 (Paris, Oct. 3, 1849)（仕立て工ゴーティエから国民議会代表にあてた手紙）.

＊24——*Rapport des délégués tailleurs*, p. 21.

＊25——たとえば1843年に書かれた，印刷工でプルードン主義者のルイ・ヴァスバンテからフローラ・トリスタンにあてた手紙には,「女の生きる道は家政であり，家庭生活であり，内を守ることだ」とある。Alain Faure and Jacques Rancière, *La Parole ouvrière, 1830-1851* (Paris: Union générale d'éditions, 1976), p. 199. また，Vanier, *La Mode et ses métiers*, p. 78に引用されている『アトリエ』紙のコメントも参照のこと。男性労働者がフーリエやサン＝シモンよりもカベやプルードンの家父長的モデルを支持したことについては，次を参照。Louis Devance, "Femme, famille, et morale sexuelle dans l'idéologie de 1848," in *Mythes et représentations de la femme au XIX*[e] *siècle* (Paris: Champion, 1977), p. 99.

＊26——衣料産業の女性労働者の歴史については以下を参照。J. Barbaret, *Monographies professionnelles*, Vol. V, "Les Couturières" (Paris, 1890), pp. 260-61; Gaston Worth, *La Couture et la confection des vêtements de femme* (Paris, 1895), p. 9. 婦人服仕立て工組合の歴史については，G. Levasnier, *Papiers de famille professionnelle, l'ancien communauté des couturières de Paris et le syndicat actuel de l'auguille 1675-1895* (Blois, 1896). あわせて以下も参照。Chambre de Commerce, *Statistique 1847-1848*, Vol. II, pp. 249, 293; Vanier, *La Mode et ses métiers*, pp. 75-90; Aftalion, *La Fabrique à domicile*, passim; A. Parmentier, *Les Métiers et leur histoire* (Paris: A. Colin, 1908), "Tailleurs et couturières," pp. 45-51. 熟練概念の社会的構造についてより一般的に論じたものとしては以下を参照。Charles More, *Skill and the English Working Class, 1870-1914* (London: Croom Helm, 1980); Veronica Beechy, "The Sexual Division of Labour and the Labour Process," in *The Degradation of Work* (London: Hutchinson, 1982); Anne Phillips and Barbara Taylor, "Sex and Skill: Notes Towards a Feminist Economics," *Feminist Review* (1980) 6: 78-88.

＊27——1848年のフェミニズムについては，Claire G. Moses, *French Feminism in the Nineteenth Century* (Albany: State University of New York Press, 1984), ch. 6を参照。フェミニストの言説の地位については，Richard Terdiman, *Discourse/Counter Discourse: The Theory and*

ついては以下を参照。Johnson, "Economic Change and Artisan Discontent," pp. 95-96; Johnson, "Patterns of Proletarianization," p. 68; Michael Kirby, "Changing Structure in the Parisian Tailoring Trades, 1830-1867," 修士論文 (University of North Carolina, Chapel Hill, 1979), pp. 28, 36; Chambre de Commerce de Paris, *Statistique de l' industrie à Paris, 1860* (Paris, 1861), p. 313; Chambre de Commerce de Paris, *Statistique de l'industrie à Paris, 1847-1848*, 2 vols.(Paris, 1851), Vol. II, pp. 293, 294, 298.〔『パリ産業統計 1847—1848年』は，そのうち概説の第8章のみが訳出され，次の文献におさめられている。『資料フランス初期社会主義　二月革命とその思想』河野健二編，平凡社，1979年，pp. 11-25，富永茂樹訳〕.

＊15——Chambre de Commerce, *Statistique 1847-1848*, Vol. II, pp. 66, 285, 293-97; Chambre de Commerce, *Statistique 1860* (Paris, 1861) , p. 310; *Rapport des délégués tailleurs* (1862), p. 19; Frédéric Le Play, *Les Ouvriers européens*, Vol. VI (Paris, 1878), ch. 8, "Tailleur d'habits de Paris (1856)," pp. 388-441. また，次も参照。Albert Aftalion, *Le Développement de la fabrique à domicile dans les industries de l'habillement* (Paris: Librairie de la Société du Recueil J.-B. Siray et du Journal du Palais, 1906), p. 6.

＊16——*Le Journal de Tailleurs*, March 16, 1848.

＊17——Aguet, *Les Grèves*, pp. 75-90, 130-39, 169, 239, 240, 241; *Associations professionnelles ouvrières*, Vol. II, pp. 601-05; Johnson, "Economic Change and Artisan Discontent," pp. 103-09; Vanier, *La Mode et ses métiers*, pp. 63-70, AN, CC 585 (1833-34); R. Grignon, *Réflexions d'un ouvrier tailleur sur la misère des ouvriers en général* (Paris, 1833)〔グリニョン「一仕立工の考察」『資料フランス初期社会主義』前出所収，pp 195-99，谷川稔訳〕.

＊18——AN, C930 C2394; Chambre de Commerce, *Statistique 1847-1848*, Vol. II, p. 74; AN, C 930 dos. 5 (April 23, 1848); Bibliothèque Historique de la Ville de Paris, Papiers E. Cabet, Folio 372; Tacheux, "Aux membres composant la commission des ouvriers tailleurs" (1848); Gillard, *Revue anécdotique des associations ouvrières* (Paris, 1850),（Jacques Rancière, *La Nuit des prolétaires*, p. 310より引用). また，次も参照。André Cochut, *Les Associations ouvrières: Histoire et théorie des tentatives de réorganisation industrielle opérée depuis la Révolution de 1848* (Paris, 1851), p. 43; Vanier, *La Mode et ses métiers*, pp. 117-19.

＊19——*Le Journal des Tailleurs* (Sept. 15, 1848), p. 175.

＊20——*Ibid*. (April 1, 1848), p. 59.

＊21——Charles Dupin, *Discussion du projet de loi sur le travail des*

次のように多くの名前がつけられた。*La Femme libre, La Femme d'avenir, La Femme nouvelle, Apostolat des femmes.* ここでは混乱をできるだけ少なくするため，モーゼスの用法に従った (Claire Moses, "Saint-Simonian Men/Women," p. 252, n. 27).

* 6――*Le Journal des Tailleurs* (Sept. 15, 1848), p. 175.
* 7――*Ibid.* (March 16, 1848), p. 48.
* 8――*Ibid.* (Aug. 16, 1848), p. 132.
* 9――Pierre Vidal, *Histoire de la corporation des tailleurs d'habits, pourpointeursc-haussetiers de la ville de Paris* (Paris, 1923), p. 50.
*10――この業種の歴史を述べたものの一つとして次を参照。"Délégations ouvrières à l'exposition universelle de Londres en 1862" (Paris, 1863), *Rapport des délégués tailleurs*, p. 6.
*11――George Rudé, "La Population ouvrière parisienne de 1789 à 1791," *Annales Historiques de la Révolution Française* (1967) 39: 15-33; Léon Cahen, "La Population parisienne au milieu du XVIIIe siècle," *La Revue de Paris* (1919) 16: 148-70; J. Kaplow, *The Names of Kings: The Parisian Laboring Poor in the Eighteenth Century* (New York: Basic Books, 1972); François Furet, "Pour une définition des classes inférieures à l'époque moderne," *Annales ESC* (1963) 18: 462, 466; Maurice Garden, *Lyon et les lyonnaises au XVIIIe siècle* (Paris: Les Belles Lettres, 1970); Olwen Hufton, "Women and the Family Economy in Eighteenth-Century France," *French Historical Studies* (1975) 9: 1-22; Michael Sonenscher, "Work and Wages in Paris in the Eighteenth Century," in M. Berg, P. Hudson, and M. Sonenscher, eds., *Manufacture in Town and Country Before the Factory* (Cambridge: Cambridge University Press, 1983), pp. 147-172; Michael Sonenscher, "Journeymen, the Courts and the French Trades, 1781-1791," *Past and Present* (1987) 114: 77-109.
*12――「下請け職人」の原語をここでは商工会議所の調査にならって appièceur と綴っている。ロベールの辞書では綴りは apièceur となっており，この語の名詞としての用法が最初に見られたのは1836年であると書かれている。
*13――Kaplow, *The Names of Kings*, p. 36; Cahen, "La Population parisienne," pp. 154-55.
*14――既製服の歴史については以下を参照。Le Vicomte Georges Avenel, *Le Mécanisme de la vie moderne* (Paris, 1896), pp. 31-32; *A Propos du centenaire de la belle jardinière* (Paris, 1924). ラ・ベル・ジャルディニエールの創始者，ピエール・パリソ Pierre Parisot が1848年7月11日，農商務大臣にたいして自社の経営について述べた記録として，Archives Nationales (AN) F12 2337-38 がある。業界の変化に

以下も参照。Louise Tilly, "Paths of Proletarianization: Organization of Production, Sexual Division of Labor, and Women's Collective Action," *Signs* (1981) 7: 400-17; Michelle Perrot, *Les Ouvriers en Grève: France 1871-1890* (Paris and The Hague: Mouton, 1974), pp. 318-30. フランスの女性労働者というテーマ全体にとって貴重な史料としては, Madeleine Guilbert, *Les Fonctions des femmes dans l'industrie* (Paris and The Hague: Mouton, 1966).

＊3——Georges Duveau, *La Vie ouvrière en France sous le Second Empire* (Paris: Gallimard, 1946), p. 211.

＊4——Christopher Johnson, "Economic Change and Artisan Discontent: The Tailors' History, 1800-1848," in Roger Price, ed., *Revolution and Reaction: 1848 and the Second French Republic* (London: Croom Helm, 1975), pp. 87-114; Christopher Johnson, "Patterns of Proletarianization: Parisian Tailors and Lodève Workers," in John Merriman, ed., *Consciousness and Class Experience in Nineteenth-Century Europe* (New York: Holmes and Meier, 1979), pp. 65-84; Christopher Johnson, *Utopian Communism in France: Cabet and the Icarian Movement* (Ithaca, N. Y.: Cornell University Press, 1974), pp. 156-57, 183, 200-01; J. P. Aguet, *Les Grèves sous la Monarchie de Juillet, 1830-1847* (Geneva: Droz, 1954); Direction du Travail, *Les Associations professionnelles ouvrières* (Paris, n. d.) 2: 601-67; Octave Festy, "Dix années de l'histoire corporative des ouvriers tailleurs d'habits (1830-1840)," *Revue d'Histoire des Doctrines Économiques et Sociales* (1912), pp. 166-99.

＊5——Remi Gossez, *Les Ouvriers de Paris: L'organisation, 1848-1851* (Paris: Société d'histoire de la Révolution de 1848, 1967), p. 172. Henriette Vanier, *La Mode et ses métiers: Frivolités et luttes des classes, 1830-1870* (Paris: Armand Colin, 1960), pp. 75-90, 107-24; Mäite Albistur and Daniel Armogathe, *Histoire du féminisme français*, Vol. II (Paris: Des Femmes, 1977), pp. 455-64; Claire Moses, "Saint-Simonian Men/Saint-Simonian Women: The Transformation of Feminist Thought in 1830s France," *Journal of Modern History* (1982) 2: 240-67; Lydia Elhadad, "Femmes prénommées: Les prolétaires saint-simoniennes rédactrices de 'La Femme libre,' 1832-1834," *Les Révoltes Logiques* (1977) 4: 63-88 and (1977) 5: 29-60; Laure Adler, *A l'aube du féminisme: Les premières journalistes* (*1830-1850*) (Paris: Payot, 1979); Susan Hellerstein, "Journalism as a Political Tool: The St-Simonian Working-Class Feminist Movement," Honors thesis (Brown University, 1981); Sebastien Charléty, *Essai sur l'histoire de St-Simonisme* (Paris: 1896). サン＝シモン派の女性たちの新聞には,

Bouchard and Sherry Simon, eds. and trans. (Ithaca, N. Y.: Cornell University Press, 1977), pp. 139-64.〔「ニーチェ・系譜学・歴史」伊藤晃訳『パイデイア』1972年春〕.

＊44——Sally Alexander, "Women, Class and Sexual Difference," *History Workshop* (1984) 17: 125-49.

＊45——「二重システム」分析については以下を参照。Jane Jenson, "Gender and Reproduction: Or, Babies and the State,"（未刊行原稿), 1985, p. 21; Heidi Hartmann, "Capitalism, Patriarchy, and Job Segregation by Sex," *Signs* (1976) 1: 137-70.

＊46——Jane Lewis, "The Debate on Sex and Class," *New Left Review* (1985) 149: 120.

＊47——Denise Riley, "Does a Sex Have History? 'Women' and Feminism," *New Formations* (1987) 1:35.

第Ⅲ部　歴史のなかのジェンダー

第5章　男にとっての労働, 女にとっての労働
——1848年のパリ衣料産業における労働と家族をめぐる政治

＊1——たとえば以下を参照。Bernard Moss, *The Origins of the French Labor Movement 1830-1914: The Socialism of Skilled Workers* (Berkeley: University of California Press, 1976); William H. Sewell, Jr., *Work and Revolution in France: The Language of Labor from the Old Regime to 1848* (New York: Cambridge University Press, 1980); Robert J. Bezucha, *The Lyon Uprising of 1834: Social and Political Conflict in a Nineteenth Century City* (Cambridge, Mass.: Harvard University Press, 1974); Joan W. Scott, *The Glassworkers of Carmaux: French Craftsmen and Political Action in a Nineteenth Century City* (Cambridge, Mass.: Harvard University Press, 1974); Charles Tilly and Lynn Lees, "Le Peuple de juin 1848," *Annales ESC* (1974) 29: 1061-91. フランスの研究としては次のようなものがある。Maurice Agulhon, *Une Ville ouvrière au temps du socialisme utopique: Toulon de 1815 à 1851* (Paris and The Hague: Mouton, 1970); Yves Lequin, *Les Ouvriers de la région lyonnaise (1848-1912)*, 2 vols. (Lyon: Presses Universitaires Lyon, 1977); Roland Trempe, *Les Mineurs de Carmaux 1848-1914*, 2 vols. (Paris: Les Éditions Ouvrières, 1971). 労働者の抗議運動の起源についてこれとは異なる見解をとるものとしては, Jacques Rancière, *La Nuit des prolétaires: Archives du rêve ouvrier* (Paris: Fayard, 1981).

＊2——女性史については次を参照。"Travaux de femmes, dans la France du XIXe siècle," special issue of *Le Mouvement Social* (1978) 5. また,

＊27——*Ibid.*, p. 382.

＊28——E. J. Hobsbawm, "Methodism and the Threat of Revolution," *History Today* (1957) 7: 124; Hobsbawm, *Primitive Rebels: Studies in Archaic Forms of Social Movements in the Nineteenth and Twentieth Centuries* (New York: Norton, 1959), pp. 106-07〔『素朴な反逆者たち 思想の社会史』水田洋訳，社会思想社，1989年〕; Barbara Taylor, *Eve and the New Jerusalem: Socialism and Feminism in the Nineteenth Century* (New York: Pantheon, 1983); Deborah M. Valenze, *Prophetic Sons and Daughters* (Princeton: Princeton University Press, 1985).

＊29——Thompson, *The Making*, pp. 730-31.

＊30——この種の分析における精神分析的アプローチについては，Neil Hertz, "Medusa's Head: Male Hysteria under Political Pressure," *Representations* (1983) 4: 27-54.

＊31——Thompson, *The Making*, p. 706.

＊32——"Interview," p. 10.〔邦訳 p. 65〕.

＊33——Thompson, *The Making*, p. 832.

＊34——E. P. Thompson, *William Morris: Romantic to Revolutionary* (New York: Pantheon, 1976), p. 695.

＊35——*Ibid.*, p. 721.

＊36——*Ibid.*, pp. 793, 803.

＊37——Henry Abelove, "Review Essay: *The Poverty of Theory* by E. P. Thompson," *History and Theory* (1982) 21: 232-42. 英国共産党における人生の一つのヴィジョンにかんして，次を参照。Raphael Samuel, "Staying Power: The Lost World of British Communism, Part II," *New Left Review* (1986) 156: 63-113.

＊38——Abelove, "Review Essay," pp. 138-39.

＊39——Thompson, "Outside the Whale," p. 152.〔邦訳 p. 153〕.

＊40——Abelove, "Review Essay," p. 138.

＊41——こうした研究は膨大な量にのぼるが，そのなかには私自身の次の著作も含まれる。Tilly and Scott, *Women, Work and Family* (New York: Holt, Rinehart and Winston, 1978; Methuen, 1987). また，本書第1章の注，とくに＊4も参照。

＊42——Barbara Taylor, "Socialist Feminism: Utopian or Scientific ?" in Raphael Samuel, ed., *People's History and Socialist Theory* (London: Routledge and Kegan Paul, 1981), p. 163. Taylor, *Eve and the New Jerusalem* も参照。

＊43——Michel Foucault, *The Archaeology of Knowledge* (New York: Harper and Row, 1972)〔『知の考古学』中村雄二郎訳，河出書房新社，1970年〕; Foucault, "Nietzsche, Genealogy, History," in *Language, Counter-Memory, Practice: Selected Essays and Interviews*, Donald F.

雄・太田耕人訳，平凡社，1989年．同，平凡社ライブラリー，2010年〕.

＊3——この問題については次を参照。Jacques Rancière, "The Myth of the Artisan: Critical Reflections on a Category of Social History," *International Labor and Working Class History* (1983) 24: 1-16.

＊4——Thompson, *The Making*, p. 210.

＊5——Thompson, "Outside the Whale," *Out of Apathy* (London: New Left Books, 1960), p. 152.〔「鯨の外に」E. P. トムスン編『新しい左翼——政治的無関心からの脱出』福田歓一・河合秀和・前田康博訳，岩波書店，1963年，p. 156〕.

＊6——Thompson, *The Making*, p. 9.

＊7——『形成』における経験の問題については次を参照。William H. Sewell, Jr., "How Classes Are Made: Critical Reflection on E. P. Thompson's Theory of Working-Class Formation," in Harvey J. Kaye and Keith McClelland, eds., *E. P. Thompson: Critical Debates* (Oxford: Oxford University Press, 1987). あわせて次も参照。Sande Cohen, *Historical Culture: On the Recoding of an Academic Discipline* (Berkeley: University of California Press, 1986), pp. 174-229.

＊8——"Interview with E. P. Thompson," in MARHO, *Visions of History* (New York: Pantheon, 1983), p. 7.〔E. P. トムスン／N. Z. デイヴィス／C. ギンスブルグ他『歴史家たち』近藤和彦・野村達朗編訳，名古屋大学出版会，1990年，p. 61〕.

＊9——*Ibid*.〔邦訳 pp. 61-62〕.

＊10——Thompson, "Outside the Whale," pp. 174-75.〔邦訳 p. 178〕.

＊11——Thompson, *The Making*, p. 11.

＊12——*Ibid*., p. 9.

＊13——*Ibid*., p. 11.

＊14——*Ibid*.

＊15——*Ibid*., pp. 18-19.

＊16——*Ibid*., p. 416.

＊17——*Ibid*.

＊18——*Ibid*., p. 417.

＊19——*Ibid*., p. 730.

＊20——Ivy Pinchbeck, *Women Workers and the Industrial Revolution* (London: Routledge and Kegan Paul, 1930).

＊21——Thompson, *The Making*, p. 415.

＊22——Thompson, "Outside the Whale," p. 173.〔邦訳 pp. 176-77〕.

＊23——*Ibid*.〔邦訳 p. 177〕.

＊24——Thompson, *The Making*, p. 10.

＊25——*Ibid*., p. 386.

＊26——*Ibid*., p. 787.

——すなわち，女性が専門職につくことや，女性史そのものにたいして好意的であるということと，反フェミニスト的である——すなわち，階級も含めた社会関係のなかで，それをつうじて生み出される権力の不平等という観点から女の従属を説明しようとする哲学的分析にたいして敵対的であることとは，互いに矛盾しない。フェミニズムに反対の声をあげているのが，女にたいして非常に同情的だと自称する人々である例は多い。彼らは要するに，フェミニスト的分析を考慮に入れることで自分たちがやっているような歴史を解釈し直さなければならなくなることが，いやなのである。

＊3——G. S. Jones, *Languages of Class: Studies in English Working Class History, 1832-1982* (Cambridge: Cambridge University Press, 1983).

＊4——シーウェルは，同時期のフランスの労働者のなかにも同じような論理が作用していたことを明らかにしている。William H. Sewell, Jr., *Work and Revolution in France: The Language of Labor from the Old Regime to 1848* (New York: Cambridge University Press, 1980).

＊5——政治理論家のペイトマンは，自由主義理論と友愛概念において重要なのはたんに男の資産所有だけでなく，女の身体にたいする男の（性的な）所有であったと主張している。Carole Pateman, *The Sexual Contract* (Stanford: Stanford University Press, 1988).

＊6——Barbara Taylor, *Eve and the New Jerusalem: Socialism and Feminism in the Nineteenth Century* (New York: Pantheon. 1983).

＊7——チャーティズムにおける女性については次を参照。Dorothy Thompson, "Women and Nineteenth-Century Radical Politics: A Lost Dimension," in Juliet Mitchell and Ann Oakley, eds., *The Rights and Wrongs of Women* (London: Pelican, 1976), pp. 112-38.

＊8——Sally Alexander, "Women, Class and Sexual Difference," *History Workshop* (1984) 17: 125-49.

＊9——Eileen Yeo, "Some Practices and Problems of Chartist Democracy," in J. Epstein and Dorothy Thompson, eds., *The Chartist Experience: Studies in Working-Class Radicalism and Culture, 1830-60* (London: Macmillan, 1982), pp. 345-80.

第4章　『イングランド労働者階級の形成』のなかの女たち

＊1——E. P. Thompson, *The Making of the English Working Class* (New York: Vintage, 1963), p. 12.〔『イングランド労働者階級の形成』市橋秀夫・芳賀健一訳，青弓社，2003年〕.

＊2——Fredric Jameson, *The Political Unconscious: Narrative as a Symbolic Act* (Ithaca, N. Y.: Cornell University Press, 1981), p. 19.〔『政治的無意識——社会的象徴行為としての物語』大橋洋一・木村茂

Steven Hause, *Women's Suffrage and Social Politics in the French Third Republic* (Princeton: Princeton University Press, 1984). 最近の出来事を取りあげた例として非常に興味深いのは, Maxine Molyneux, "Mobilization without Emancipation? Women's Interests, the State and Revolution in Nicaragua," *Feminist Studies* (1985) 11: 227-54.

*57——出産奨励政策については, Riley, *War in the Nursery* および Jenson, "Gender and Reproduction." 1920年代については, *Stratégies des Femmes* (Paris: Éditions Tierce, 1984) に所収の各論文を参照。

*58——新しい労働が女におよぼした影響については, 次のようにさまざまな解釈がある。Louise A. Tilly and Joan W. Scott, *Women, Work and Family* (New York: Holt, Rinehart and Winston, 1978; Methuen, 1987); Thomas Dublin, *Women at Work: The Transformation of Work and Community in Lowell, Massachusetts, 1826-1860* (New York: Columbia University Press, 1979); Edward Shorter, *The Making of the Modern Family* (New York: Basic Books, 1975)〔『近代家族の形成』田中俊宏他訳, 昭和堂, 1987年〕.

*59——たとえば, Margaret Rossiter, *Women Scientists in America: Struggles and Strategies to 1914* (Baltimore: Johns Hopkins University Press, 1982).

*60——Luce Irigaray, "Is the Subject of Science Sexed?" *Cultural Critique* (1985) 1: 73-88.

*61——Louis Crompton, *Byron and Greek Love: Homophobia in Nineteenth-Century England* (Berkeley: University of California Press, 1985). 次の研究もこの問題にふれている。Jeffrey Weeks, *Sex, Politics and Society: The Regulation of Sexuality Since 1800* (London: Leyman, 1981).

第Ⅱ部　ジェンダーと階級

第3章　言語・ジェンダー・労働者階級の歴史

*1——*Radical History Review* の特別号, "Language,Work and Ideology" (1986) 34: 3 の編者たちによる次のような序論を参照。「ラディカルとしてのわれわれは, 権力と不平等の言語, すなわちことばがどのように表現し, 支配と従属との構築を助けるかに関心をもっている」。このような「言語」と「ことば」の同一視こそまさしく避けねばならない問題であり, 本論全体をとおしてそれについて論じていきたい。また, *International Labor and Working Class History* (1987) 31: 24-29 に掲載の Chrisitine Stansell による本論文への批判も参照のこと。

*2——ここで重要な点として指摘しておきたいが, 女性に好意的である

20. ソヴィエトの法律については，次のなかにあげられた文書を参照。Rudolph Schlesinger, *Changing Attitudes in Soviet Russia: Documents and Readings*, Vol. I, *The Family in USSR* (London: Routledge and Kegan Paul, 1949), pp. 62-71, 251-54. ナチ政策については，Tim Mason, "Women in Nazi Germany," *History Workshop* (1976) 1: 74-113; Tim Mason, "Women in Germany, 1925-40: Family, Welfare and Work," *History Workshop* (1976) 2: 5-32.

＊52——Elizabeth Wilson, *Women and the Welfare State* (London: Tavistock, 1977); Jane Jenson, "Gender and Reproduction"; Jane Lewis, *The Politics of Motherhood: Child and Maternal Welfare in England, 1900-1939* (London: Croom Helm, 1980); Mary Lynn McDougall, "Protecting Infants: The French Campaign for Maternity Leaves, 1890s-1913," *French Historical Studies* (1983) 13: 79-105.

＊53——イギリスのユートピア主義者については，Barbara Taylor, *Eve and the New Jerusalem*: *Socialism and Feminism in the Nineteenth Century* (New York: Pantheon, 1983).

＊54——Louis Devance, "Femme, famille, travail et morale sexuelle dans l'idéologie de 1848," in *Mythes et représentatinos de la femme au XIXe siècle* (Paris: Champion, 1977); Jacques Rancière and Pierre Vauday, "En allant à l'expo: L'ouvrier, sa femme et les machines," *Les Révoltes Logiques* (1975) 1: 5-22.

＊55——Gayatri Chakravorty Spivak, "'Draupadi' by Mahasveta Devi," *Critical Inquiry* (1981) 8: 381-401〔「マハスウェータ・デヴィ作『ドラウパーディ』」『文化としての他者』前出，所収〕; Homi Bhabha, "Of Mimicry and Man: The Ambivalence of Colonial Discourse," *October* (1984) 28: 125-33; Karin Hausen, "The German Nation's Obligations to the Heroes' Widows of World War I," in Margaret R. Higonnet et al., *Behind the Lines: Gender and the Two World Wars* (New Haven: Yale University Press, 1987), pp. 126-40. また，次も参照。Ken Inglis, "The Representation of Gender on Australian War Memorials," *Daedalus* (1987) 16; 35-59.

＊56——フランス革命については，Levy et al., *Women in Revolutionary Paris*. アメリカ独立戦争については，Mary Beth Norton, *Liberty's Daughters: The Revolutionary Experience of American Women* (Boston: Little, Brown, 1980); Linda Kerber, *Women of the Republic* (Chapel Hill: University of North Carolina Press, 1980); Joan Hoff-Wilson, "The Illusion of Change: Women and the American Revolution," in Alfred Young, ed., *The American Revolution: Explorations in the History of American Radicalism* (DeKalb: Northern Illinois University Press, 1976), pp. 383-446. フランスの第三共和政については，

＊45――たとえば次を参照。T. J. Clark, *The Painting of Modern Life* (New York: Knopf, 1985).

＊46――この問題についての構造主義とポスト構造主義の理論家の相違は，差異のカテゴリーをどれほど開かれたもの，あるいは閉鎖的なものと見ているかという点にある。ポスト構造主義者は種々のカテゴリーやそれらのあいだの関係に普遍的な意味を固定しようとしないという点で，彼らのアプローチは私が提唱しているような類いの歴史分析につながると思われる。

＊47――Rachel Weil, "The Crown Has Fallen to the Distaff: Gender and Politics in the Age of Catherine de Medici," *Critical Matrix* (Princeton Working Papers in Women's Studies) (1985) I. また，次も参照。Louis Montrose, "Shaping Fantasies: Figurations of Gender and Power in Elizabethan Culture," *Representations* (1983) 1: 61-94; Lynn Hunt, "Hercules and the Radical Image in the French Revolution," *Representations* (1983) 1: 95-117.

＊48――Edmund Burke, *Reflections on the French Revolution* (1892; reprint ed., New York, 1909), pp. 208-09, 214.〔『フランス革命の省察』半澤孝麿訳，みすず書房，1974年〕．以下も参照。Jean Bodin, *Six Books of the Commonwealth* (1606; reprint ed., New York: Barnes and Noble, 1967); Robert Filmer, *Patriarchia and Other Political Works* (Oxford: B. Blackwell, 1949); John Locke, *Two Treatises of Government* (1690; reprint ed., Cambridge: Cambridge University Press, 1970). さらに以下も参照。Elizabeth Fox-Genovese, "Property and Patriarchy in Classical Bourgeois Political Theory," *Radical History Review* (1977) 4: 36-59; Mary Lyndon Shanley, "Marriage Contract and Social Contract in Seventeenth Century English Political Thought," *Western Political Quarterly* (1979) 3: 79-91.

＊49――イスラムにかんしてはバーナード・ルイスの教示に感謝したい。Michel Foucault, *Histoire de la Sexualité,* Vol. 2, *L'Usage des Plaisirs* (Paris: Gallimard, 1984)〔『性の歴史 II　快楽の活用』田村俶訳，新潮社，1986年〕．古代アテネの女性については次を参照。Marilyn Arthur, "'Liberated Woman': The Classical Era," in Renate Bridenthal and Claudia Koonz, eds., *Becoming Visible: Women in European History* (Boston: Houghton Mifflin, 1977), pp. 75-78.

＊50――Roderick Phillips, "Women and Family Breakdown in Eighteenth Century France: Rouen 1780-1800," *Social History* (1976) 2: 217より再引。

＊51――フランス革命については，Darlene Gay Levy, Harriet Branson Applewhite, and Mary Durham Johnson, eds., *Women in Revolutionary Paris, 1789-1795* (Urbana: University of Illinois Press, 1979), pp. 209-

Critique (1982) 27: 3-30; Kathryn Kish Sklar, *Catharine Beecher: A Study in American Domesticity* (New Haven: Yale University Press, 1973); Mary A. Hill, *Charlotte Perkins Gilman: The Making of a Radical Feminist, 1860-1896* (Philadelphia: Temple University Press, 1980); Jacqueline Dowd Hall, *Revolt Against Chivalry: Jesse Daniel Ames and the Women's Campaign Against Lynching* (New York: Columbia University Press, 1979).

＊39――Lou Ratté, "Gender Ambivalence in the Indian Nationalist Movement," 1983年春，ペンブローク・センター・セミナーでの報告（未刊行）; Mrinalina Sinha, "Manliness: A Victorian Ideal and the British Imperial Elite in India,"（未刊行原稿）Department of History, State University of New York, Stony Brook, 1984; Sinha, "The Age of Consent Act: The Ideal of Masculinity and Colonial Ideology in Late 19th Century Bengal," *Proceedings*, Eighth International Symposium on Asian Studies, 1986, pp. 1199-1214.

＊40――Pierre Bourdieu, *Le Sens Pratique* (Paris: Les Éditions de Minuit, 1980), pp. 246-47, 333-461，とくに p. 366.〔『実践感覚1』今村仁司・港道隆訳，みすず書房，1988年。『実践感覚2』今村仁司・塚原史・福井憲彦・港道隆訳，みすず書房，1990年〕.

＊41――Maurice Godelier, "The Origins of Male Domination," *New Left Review* (1981) 127: 17.

＊42――Gayatri Chakravorty Spivak, "Three Women's Texts and a Critique of Imperialism," *Critical Inquiry* (1985) 12: 243-46. また，Kate Millett, *Sexual Politics* (New York: Avon, 1969)〔『性の政治学』藤枝澪子・加地永都子・滝沢海南子・横山貞子訳，ドメス出版，1985年〕も参照。西洋哲学の主要なテクストにおいて女性への言及がどのように作用しているかを検討したものとして，Luce Irigaray, *Speculum of the Other Woman*, translated by Gillian C. Gill (Ithaca, N. Y.: Cornell University Press, 1985).

＊43――Natalie Zemon Davis, "Women on Top," in her *Society and Culture in Early Modern France* (Stanford: Stanford University Press, 1975), pp. 124-51.〔「支配する女」『愚者の王国　異端の都市』成瀬駒男・宮下志朗・高橋由美子訳，平凡社，1987年〕.

＊44――Caroline Walker Bynum, *Jesus as Mother: Studies in the Spirituality of the High Middle Ages* (Berkeley: University of California Press, 1982); Caroline Walker Bynum, "Fast, Feast, and Flesh: The Religious Significance of Food to Medieval Women," *Representations* (1985) 11: 1-25; Caroline Walker Bynum, "Introduction," *Religion and Gender: Essays on the Complexity of Symbols* (Boston: Beacon Press, 1987).

著者による次のすばらしい著書におさめられている。Denise Riley, *"Am I That Name?": Feminism and the Category of "Women" in History* (London: Macmillan, 1988).

＊29――Carol Gilligan, *In a Different Voice: Psychological Theory and Women's Development* (Cambridge, Mass.: Harvard University Press, 1982)〔『もうひとつの声』岩男寿美子監訳／生田久美子・並木美智子訳，川島書店，1986年〕.

＊30――ギリガンの著作にたいする有効な批判としては以下のものがある。J. Auerbach et al., "Commentary on Gilligan's *In a Different Voice,*" *Feminist Studies* (1985) 11: 149-62: "Women and Morality," a special issue of *Social Research* (1983) 50. 歴史家がギリガンを引用しようとする傾向についての私の意見は，未刊行の原稿や助成金への応募原稿を読んだ結果抱くようになったものだが，ここでそれらの研究の引用をおこなうことはフェアではないであろう。私はどのようにギリガンが参照されているか，5年以上にわたって注意を払ってきたが，その数は多く，しかもさらに増加しつつある。

＊31――*Feminist Studies* (1980) 6: 26-64.

＊32――デリダについて簡明にわかりやすく論じたものとして，次を参照。Jonathan Culler, *On Deconstruction: Theory and Criticism after Structuralism* (Ithaca, N. Y.: Cornell University Press, 1982)，とくにpp. 156-79〔『ディコンストラクション (II)』富山太佳夫・折島正司訳，岩波現代選書，1985年〕. また，以下も参照のこと。Jacques Derrida, *Of Grammatology*, translated by Gayatri Chakravorty Spivak (Baltimore: Johns Hopkins University Press, 1974)〔『根源の彼方に』前出〕; Jacques Derrida, *Spurs* (Chicago: University of Chicago Press, 1979). また，*Subjects/Objects* (Fall 1984) 掲載の1983年度ペンブローク・センター・セミナーの記録も参照のこと。

＊33――Clifford Geertz, "Blurred Genres," *American Scholar* (1980) 49: 165-79.

＊34――Michelle Zimbalist Rosaldo, "The Uses and Abuses of Anthropology: Reflections on Feminism and Cross-Cultural Understanding," *Signs* (1980) 5: 400.

＊35――Michel Foucault, *The History of Sexuality Vol. I, An Introduction* (New York: Vintage, 1980)〔『性の歴史Ｉ　知への意志』前出〕; Michel Foucault, *Power/Knowledge: Selected Interviews and Other Writings, 1972-1977* (New York: Pantheon, 1980).

＊36――この点にかんしては，Rubin, "The Traffic in Women,"p. 199を参照。

＊37――*Ibid.*, p. 189.

＊38――Biddy Martin, "Feminism, Criticism and Foucault," *New German*

き詰まりを乗り越えようとする試みとして，Coward, *Patriarchal Precedents* を参照。また，アメリカにおけるこの方向でのすぐれた著作としては，人類学者による次の文献を参照。Gayle Rubin, “The Traffic in Women: Notes on the Political Economy of Sex,” in Rayna R. Reiter, ed., *Towards an Anthropology of Women* (New York: Monthly Review Press, 1975), pp. 167-68.

*23——Nancy Chodorow, *The Reproduction of Mothering: Psychoanalysis and the Sociology of Gender* (Berkeley: University of California Press, 1978), p. 169〔『母親業の再生産』大塚光子・大内菅子訳，新曜社，1981年，p. 259〕.

*24——「これらジェンダーに関連する問題は，エディプス・コンプレックス期に影響を受けることはあろうが，その唯一の焦点ではないし，帰結でもないことを，私の説明は示している。これらの問題のとりきめは，より広範な対象関係と自我過程を背景として行なわれる。この広範な過程は，男女の心的構造の形成，男女の心的生活と関係様式に同等の影響力をもつ。それらは，同一化のさまざまな様式や異性対象への指向，また精神分析家が記述している，もっと不均衡なエディプス的問題を，説明してくれる。これらの帰結は，他のより伝統的なエディプス的帰結同様に，親業の不均衡な編成から生じるのであり，そこでは母親が主たる親の役割を果たし，父親は典型的には，非常に離れた存在であり，社会化への父親の投与はジェンダーのタイプ化と関係する領域でとくに行なわれる」。(Nancy Chodorow, *The Reproduction of Mothering*, p. 166〔邦訳，p. 254〕). ウィニコットやクラインの研究にならっているイギリスの対象関係論派とチョドロウのあいだには，解釈やアプローチの違いがあることに注意しておくのは重要である。チョドロウのアプローチの特徴を一言で言えば，より社会学的な，あるいは社会学にもとづいた理論ということになるだろうが，アメリカのフェミニストはもっぱらそのような眼鏡をとおして対象関係論を見てきたのである。社会政策におけるイギリスの対象関係論の歴史については次を参照。Denise Riley, *War in the Nursery* (London: Virago, 1984).

*25——Juliet Mitchell and Jacqueline Rose, eds., *Jacques Lacan and the Ecole Freudienne* (New York: Norton, 1983); Alexander, “Women, Class and Sexual Difference.”

*26——Teresa de Lauretis, *Alice Doesn't: Feminism, Semiotics, Cinema* (Bloomington: Indiana University Press, 1984), p. 159.

*27——Alexander, “Women, Class and Sexual Difference,” p. 135.

*28——E. M. Denise Riley, “Summary of Preamble to Interwar Feminist History Work.” (未刊行原稿。1985年5月，ペンブローク・センター・セミナーで発表。p. 11) この議論にさらに磨きをかけたものが，同じ

Europe (Boston: Beacon Press, 1974); Jane Humphries, "Working Class Family, Women's Liberation and Class Struggle: The Case of Nineteenth-Century British History," *Review of Radical Political Economics* (1977) 9: 25-41; Jane Humphries, "Class Struggle and the Persistence of the Working Class Family," *Cambridge Journal of Economics* (1971) 1: 241-58. *Review of Radical Political Economics* (1980) 12: 76-94に掲載された，ハンフリーズの研究をめぐる論争も参照のこと。

＊17——Kelly, "Doubled Vision of Feminist Theory," p. 61.

＊18——Ann Snitow, Chrisitine Stansell, and Sharon Thompson, eds., *Powers of Desire: The Politics of Sexuality* (New York: Monthly Review Press, 1983).

＊19——Ellen Ross and Rayna Rapp, "Sex and Society: A Research Note from Social History and Anthropology," in *Powers of Desire*, p. 53.

＊20——"Introduction," *Powers of Desire*, p. 12; Jessica Benjamin, "Master and Slave: The Fantasy of Erotic Domination," *Powers of Desire*, p. 297.

＊21——Johanna Brenner and Maria Ramas, "Rethinking Women's Oppression," *New Left Review* (1984) 144: 33-71; Michele Barrett, "Rethinking Women's Oppression: A Reply to Brenner and Ramas," *New Left Review* (1984) 146: 123-28; Angela Weir and Elizabeth Wilson, "The British Women's Movement," *New Left Review* (1984) 148: 74-103; Michele Barrett, "A Response to Weir and Wilson," *New Left Review* (1985) 150: 143-47; Jane Lewis, "The Debate on Sex and Class," *New Left Review* (1985) 149: 108-20. あわせて以下のものも参照。Hugh Armstrong and Pat Armstrong, "Beyond Sexless Class and Classless Sex: Towards Feminist Marxism," *Studies in Political Economy* (1983) 10: 7-44; Hugh Armstrong and Pat Armstrong, "Comments: More on Marxist Feminism," *Studies in Political Economy* (1984) 15: 179-84; Jane Jenson, "Gender and Reproduction: Or, Babies and the State"（未刊行原稿），June 1985, pp. 1-7.

＊22——初期の頃の理論的考察については，*Papers on Patriarchy: Conference, London 76* (London: n. p., 1976) を参照。この刊行物の存在を私に教え，自分の所有していた一冊を貸してくれただけでなく，意見も聞かせてくれたジェーン・カプランに感謝したい。精神分析派にかんしては，Sally Alexander, "Women, Class and Sexual Difference," *History Workshop* (1984) 17: 125-35 を参照。1986年のはじめにプリンストン大学でおこなわれたセミナーにおいてジュリエット・ミッチェルは，再びジェンダーの唯物論的分析の方が優位に立つと強調しはじめたようである。マルクス主義フェミニズムの理論的行

ちが身体について知っていることもまた文化的に生み出された知であるという事実を無視することだという彼女の議論には，私も賛成である。

＊8——フェミニストの分析についてこれとは異なる解釈をおこなっている例としては，Linda J. Nicholson, *Gender and History: The Limits of Social Theory in the Age of the Family* (New York: Columbia University Press, 1986).

＊9——Mary O'Brien, *The Politics of Reproduction* (London: Routledge and Kegan Paul, 1981), pp. 8-15, 46.

＊10——Shulamith Firestone, *The Dialectic of Sex* (New York: Bantam Books, 1970)〔『性の弁証法』林弘子訳，評論社，1985年〕.「苦い罠」という表現は，O'Brien, *Politics of Reproduction*, p. 8.

＊11——Catherine McKinnon, "Feminism, Marxism, Method, and the State: An Agenda for Theory." *Signs* (1982) 7: 515, 541.

＊12——*Ibid*., pp. 541, 543.

＊13——「家父長制」という用語のもつ強みと限界とを論じた興味深い討論として，次の文献におさめられた歴史家シーラ・ロウボタム，サリー・アレグザンダー，およびバーバラ・テイラーのやりとりを参照のこと。Raphael Samuel, ed., *People's History and Socialist Theory* (London: Routledge and Kegan Paul, 1981), pp. 363-73.

＊14——Friedrich Engels, *The Origin of the Family, Private Property, and the State* (1884; reprint ed., New York: International Publishers, 1972)〔『家族・私有財産・国家の起源』戸原四郎訳，岩波文庫，1965年〕.

＊15——Heidi Hartman, "Capitalism, Patriarchy, and Job Segregation by Sex," *Signs* (1976) 1: 168. また，同じ著者による次の文献も参照のこと。"The Unhappy Marriage of Marxism and Feminism: Towards a More Progressive Union," *Capital and Class* (1979) 8: 1-33〔「マルクス主義とフェミニズムとの不幸な結婚」L. サージェント編『マルクス主義とフェミニズムの不幸な結婚』所収，田中かず子訳，勁草書房，1991年〕; "The Family as the Locus of Gender, Class, and Political Struggle: The Example of Housework," *Signs* (1981) 6: 366-94.

＊16——マルクス主義フェミニズムについて論じたものとしては以下がある。Zillah Eisenstein, ed., *Capitalist Patriarchy and the Case for Socialist Feminism* (New York: Longman, 1981); A. Kuhn, "Structures of Patriarchy and Capital in the Family," in A. Kuhn and A. Wolpe, eds., *Feminism and Materialism: Women and Modes of Production* (London: Routledge and Kegan Paul, 1978)〔『マルクス主義フェミニズムの挑戦』上野千鶴子他訳，勁草書房，1984年〕; Rosalind Coward, *Patriarchal Precedents* (London: Routledge and Kegan Paul, 1983); Hilda Scott, *Does Socialism Liberate Women? Experiences from Eastern*

全に無視したりすることとは違う。前者の場合には歴史家は不平等の構築をこれから語るべき物語の一部であると見なしているのにたいし，後者の場合，そのような歴史家は不平等を「自然な」あるいは不可避な事実として受け入れ，実際上，不平等がいかに構築されたかという問題を歴史学の考察対象から除外してしまっているからである。

＊33——Teresa de Lauretis, *Feminist Studies/Critical Studies* (Bloomington: Indiana University Press, 1986), p. 14. あわせて次も参照。Biddy Martin and Chandra Talpade Moharnty, "Feminine Politics: What's Home Got to Do With It?" *ibid.*, pp. 191-212.

＊34——同様にもしも白人社会における黒人の地位について理解しようとするのであれば，人種が重要な分析のための道具となる。アメリカ社会においてはこれ以外にも，民族や階級によって差異をしるしづける方法もある。さまざまな特定集団（支配する側も従属する側も）を研究するための公分母は差異である。歴史における理論的問いとは，差異はどのようにして構築されてきたか，というものである。

＊35——Michel Foucault, *The History of Sexuality, Vol. I: An Introduction* (New York: Vintage, 1980), pp. 97-98〔『性の歴史 Ｉ　知への意志』渡辺守章訳，新潮社，1986年，pp. 125-26〕.

第２章　ジェンダー——歴史分析の有効なカテゴリーとして

＊１——*Oxford English Dictionary* (Oxford: Oxford University Press, 1961) 4.

＊２——E. Littré, *Dictionnaire de la langue française* (Paris, 1876).

＊３——Raymond Williams, *Keywords* (New York: Oxford University Press, 1976), p. 285〔『完訳キーワード辞典』椎名美智・武田ちあき他訳，平凡社，2002年．同，平凡社ライブラリー，2011年〕.

＊４——Natalie Zemon Davis, "Women's History in Transition: The European Case," *Feminist Studies* (1975-76) 3: 90.

＊５——Ann D. Gordon, Mari Jo Buhle, and Nancy Schrom Dye, "The Problem of Women's History," in Berenice Carroll, ed., *Liberating Women's History* (Urbana: University of Illinois Press), p. 89.

＊６——そのもっとも良質で明晰な例が，Joan Kelly, "The Doubled Vision of Feminist Theory," in *Women, History and Theory* (Chicago: University of Chicago Press, 1984), pp. 51-64, とくにp. 61である。

＊７——性差の社会的側面を強調したジェンダーの用法にたいする反対論としては，次を参照のこと。Moira Gatens, "A Critique of the Sex/Gender Distinction," in J. Allen and P. Patton, eds., *Beyond Marxism?* (Leichhardt, N. S. W.: Intervention Publications, 1985), pp. 143-60. セックスとジェンダーを区別することは，身体はジェンダーとは違って自律的で，かつ無色透明の決定性をもつと認めることであり，私た

(Chicago: University of Chicago Press, 1976); Valerie Kincaide Oppenheimer, *Female Labor Force Participation in the United States* (Berkeley: University of California Press, 1970); Scott and Tilly, *Women, Work and Family*; Jane Humphries, "Class Struggle and the Persistence of the Working Class Family," *Cambridge Journal of Economics* (1977) 1: 241-58; Jane Humphries, "Working Class Family, Women's Liberation and Class Struggle: The Case of Nineteenth-Century British History," *Review of Radical Political Economics* (1977) 9: 25-41; Louise A. Tilly, "Paths of Proletarianization: Organization of Production, Sexual Division of Labor and Women's Collective Action," *Signs* (1981-82) 7: 400-17; Ellen Ross, "Fierce Questions and Taunts: Married Life in Working-Class London, 1870-1914," *Feminist Studies* (1982) 8: 575-602; Jule Matthaei, *An Economic History of American Women* (New York: Schocken Books, 1982).

＊26——Joan Kelly-Gadol, "The Social Relations of the Sexes: Methodological Implications of Women's History," *Signs* (1975-76) 1: 816. また，同じ著者による次のものも参照。"The Doubled Vision of Feminist Theory: A Postscript to the 'Woman and Power' Conference," *Feminist Studies* (1979) 5: 216-27.

＊27——Natalie Zemon Davis, "'Women's History' in Transition: The European Case," *Feminist Studies* (1976) 3: 90.

＊28——Temma Kaplan, *Anarchists of Andalusia, 1868-1903* (Princeton: Princeton University Press, 1977).

＊29——Tim Mason, "Women in Nazi Germany," *History Workshop* (1976) 1: 74-113 and (1976) 2: 5-32.

＊30——Judith Walkowitz, *Prostitution and Victorian Society: Women, Class and the State* (Cambridge: Cambridge University Press, 1980).

＊31——Darlene Gay Levy and Harriet Applewhite, "Male Responses to the Political Activism of the Women of the People in Paris, 1789-93" (未発表論文)，および次における両者の討論。Levy, Applewhite, and Johnson, eds., *Women in Revolutionary Paris, 1789-1795*, pp. 143-220. Lynn Hunt, *Politics, Cultures and Class in the French Revolution* (Berkeley: University of California Press, 1984), pp. 94-117〔『フランス革命の政治文化』松浦義弘訳，平凡社，1989年〕. また，次も参照のこと。Maurice Agulhon, *Marianne au combat: L'imagerie et la symbolique républicaines de 1789 à 1880* (Paris: Flammarion, 1979)〔『フランス共和国の肖像——闘うマリアンヌ　1789〜1880』阿河雄二郎・加藤克夫他訳，ミネルヴァ書房，1989年〕.

＊32——社会が特定の集団にたいして与えている地位について述べることと，なんのコメントもぬきでその地位だけを提示したり，あるいは完

＊20——Bonnie Smith, *Ladies of the Leisure Class: The Bourgeoises of Northern France in the Nineteenth Century* (Princeton: Princeton University Press, 1981).

＊21——Carl Degler, *At Odds: Women and the Family in America from the Revolution to the Present* (New York: Oxford University Press, 1980).

＊22——Ann D. Gordon, Mari Jo Buhle, and Nancy Schrom Dye, "The Problem of Women's History," in Carroll, ed., *Liberating Women's History*, p. 89.

＊23——この問題にたいする興味深い取り組みの例として，Claudia Koonz, *Mothers in the Fatherland: Women, the Family and Nazi Politics* (New York: St. Martin's Press, 1987)〔『父の国の母たち』上下，姫岡とし子監訳・翻訳工房「とも」訳，時事通信社，1990年〕.

＊24——上記の＊5にあげた研究に加えて，以下のものを参照のこと。Tamara K. Hareven, "Family Time and Industrial Time: Family and Work in a Planned Corporation Town, 1900-1924," *Journal of Urban History* (1974-75) 1: 365-89; Karen O. Mason et al., "Women's Work and the Life Course in Essex Country, Mass., 1880," in Tamara K. Hareven, ed., *Trainsitions: The Family Life Course in Historical Perspective* (New York: Academic Press, 1978); Elizabeth H. Pleck, "A Mother's Wages: Income Earning among Married Italian and Black Women, 1896-1911," in Michael Gordon, ed., *The American Family in Social-Historical Perspective*, 2nd ed. (New York: St. Martin's Press, 1978), pp. 490-510; Elizabeth H. Pleck, "Two Worlds in One: Work and Family," *Journal of Social History* (1976-77) 10: 178-95; Carole Turbin, "And We Are Nothing but Women: Irish Working Women in Troy," in Carol R. Berkin and Mary Beth Norton, eds., *Women of America: A History* (Boston: Houghton Mifflin, 1979); "Immigrant Women and the City," special issue of *Journal of Urban History* (1977-78) 4; Dee Garrison, "The Tender Technicians: The Feminization of Public Librarianship, 1876-1905," in Hartman and Banner, eds., *Clio's Consciousness Raised*, pp. 158-78; Margery Davies, "Women's Place Is at the Typewriter: The Feminization of the Clerical Labor Force," *Radical America* (1974) 18: 1-28; Claudia Goldin, "Female Labor Force Participation: The Origin of Black and White Differences, 1870 and 1880." *Journal of Economic History* (1977) 37: 87-108; Linda Nochlin, "Why Have There Been No Great Women Artists?" in Thomas B. Hess and Elizabeth C. Baker, *Art and Sexual Politics* (New York: Collier Books, 1971).

＊25——以下を参照。Martha Blaxall and Barbara Reagan, eds., *Women and the Workplace: The Implications of Occupational Segregation*

Leavitt, *Brought to Bed: Childbearing in America, 1750-1950* (New York: Oxford University Press, 1986); Jacques Gélis, "La Formation des accoucheurs et des sage-femmes aux XVIIe et XVIIIe siècles," *Annales de démographie historique* (1977); "Médecins, médecine et société en France aux XVIIIe et XIXe siècles," special issue of *Annales ESC* (1977) 32; "La femme soignante," special issue of *Pénélope* (1981) 5. フランスにおける乳母の入り組んだ歴史については以下を参照。George D. Sussman, *Selling Mother's Milk: The Wet-Nursing Business in France, 1715-1914* (Urbana: University of Illinois Press, 1982); Fanny Faÿ-Sallois, *Les nourrices à Paris au XIXe me siècle* (Paris: Payot, 1980). 科学の専門化と女性科学者の地位については, Margaret Rossiter, *Women Scientists in America: Struggles and Strategies to 1914* (Baltimore: Johns Hopkins University Press, 1982). 性の平等をめぐる議論への女性科学者の貢献については, Rosalind Rosenberg, *Beyond Separate Spheres: Intellectual Roots of Modern Feminism* (New Haven: Yale University Press, 1982).

＊17——Carroll Smith-Rosenberg, "The Female World of Love and Ritual: Relations between Women in Nineteenth-Century America," *Signs* (1975-76) 1: 1-29〔「同性愛が認められていた十九世紀アメリカの女たち」前出『アメリカのおんなたち』所収〕.

＊18——Cott, *Bonds of Womanhood*; Nancy Cott, "Passionlessness: An Interpretation of Victorian Sexual Ideology, 1790-1850," *Signs* (1978-79) 4: 219-36; Linda Gordon, "Voluntary Motherhood: The Beginnings of Feminist Birth Control Ideas in the United States," in Hartman and Banner eds., *Clio's Consciousness Raised*, pp. 54-71; Linda K. Kerber, "Daughters of Columbia: Education Women for the Republic, 1787-1805," in S. Elkins and E. McKitrick, eds., *The Hofstadter Aegis: A Memorial* (New York: Knopf, 1974), pp. 36-59.

＊19——たとえば以下を参照。Anne Firor Scott, *The Southern Lady: From Pedestal to Politics, 1830-1930* (Chicago: University of Chicago Press, 1970); Jacqueline Dowd Hall, *Revolt Against Chivalry: Jessie Daniel Ames and the Women's Campaign Against Lynching* (New York: Columbia University Press, 1979); Mary P. Ryan, "The Power of Women's Networks: A Case Study of Female Moral Reform in Antebellum America," *Feminist Studies* (1979) 5: 66-85; Jill Conway, "Women Reformers and American Culture, 1870-1930," *Journal of Social History* (1971-72) 5: 164-77; Barbara Leslie Epstein, *The Politics of Domesticity: Women, Evangelism and Temperance in Nineteenth-Century America* (Middletown, Conn.: Wesleyan University Press, 1981).

1979). また，以下も参照のこと。Lee Holcombe, "Victorian Wives and Property: Reform of the Married Women's Property Law, 1857-82," in Vicinus, ed., *Widening Sphere*, pp. 3-28; Elizabeth Fox-Genovese, "Property and Patriarchy in Classical Bourgeois Political Theory," *Radical History Review* (1977) 4: 36-59; Susan Miller Okin, *Women in Western Political Thought* (Princeton: Princeton University Press, 1979); Linda Kerber, *Women of the Republic* (Chapel Hill: University of North Carolina Press, 1980); Mary Beth Norton, *Liberty's Daughters: The Revolutionary Experience of American Women 1750-1800* (Boston: Little, Brown, 1980).

＊15――Barbara Ehrenreich and Deidre English, *For Her Own Good: 150 Years of the Experts' Advice to Women* (Garden City, N. Y.: Anchor Books, 1978); Barbara Welter, "The Cult of True Womanhood, 1820-60," *American Quarterly* (1966) 18: 151-74〔「女は"女らしく"というモラルがつくられた」前出『アメリカのおんなたち』所収〕; Peter T. Cominos, "Innocent Femina Sensualis in Unconscious Conflict," in Vicinus, ed., *Suffer and Be Still*, pp. 155-72; Blanche Glassman Hersh, *The Slavery of Sex: Feminist Abolitionists is America* (Urbana: University of Illinois Press, 1978); William Leach, *True Love and Perfect Union: The Feminist Critique of Sex and Society* (New York: Basic Books, 1980). アメリカの学者のなかにはこれとは違った解釈をとる一派も現れている。彼らによれば，家庭性イデオロギーが受け入れられた結果，社会と家族内における女の地位は向上したという。＊17, 18, 19を参照のこと。

＊16――Catherin M. Scholten, "On the Importance of the Obstetrick Art: Changing Custums of Childbirth in America, 1760-1825," *William and Mary Quarterly* (1977) 34: 426-45; Mary Roth Walsh, *Doctors Wanted, No Women Need Apply: Sexual Barriers in the Medical Profession, 1835-1975* (New Haven: Yale University Press, 1977); James Mohr, *Abortion in America: The Origins and Evolution of National Policy* (New York: Oxford University Press, 1978); Frances E. Kobrin, "The American Midwife Controversy: A Crisis of Professionalization," *Bulletin of the History of Medicine* (1966) 40: 350-63; Judy Barrett Litoff, *American Midwives, 1860 to the Present* (Westport, Conn.: Greenwood Press, 1978); Jane B. Donegan, *Women and Men Midwives: Medicine, Morality and Misogyny in Early America* (Westport, Conn.: Greenwood Press, 1978); Barbara Ehrenreich and Deidre English, *Witches, Midwives and Nurses: A History of Women Healers* (Old Westbury, N. Y.: The Feminist Press, 1973)〔『魔女・産婆・看護婦』長瀬久子訳，法政大学出版局，1996年〕; Judith Walzer

William Monter, Joan W. Scott, and Kathryn K. Sklar, *Recent United States Scholarship on the History of Women* (Washington, D. C.: American Historical Association, 1980). 北米については，Jill Kerr Conway, *The Female Experience in Eighteenth and Nineteenth Century America* (Princeton: Princeton University Press, 1985). イギリスについては，Barbara Kanner, *The Women of England from Anglo-Saxon Times to the Present* (Hamden, Conn.: Archon Books, 1979). 上述の *Suffer and Be Still* および *Widening Sphere* 所収の Kanner の論文も参照のこと。フランスの研究状況について概観したものとしては，Karen M. Offen, "First Wave Feminism in France: New Work and Resources," *Women's Studies International Forum* (1982) 5: 685-89.

＊10——Jill Liddington and Jill Norris, *One Hand Tied Behind Us: The Rise of the Women's Suffrage Movement* (London: Virago, 1978).

＊11——Steven Hause (with Anne R. Kenney), *Women's Suffrage and Social Politics in the French Third Republic* (Princeton: Princeton University Press, 1984). アメリカのフェミニズム運動の一派の起源を広範な政治的，社会的背景のなかに求めたすぐれた研究としては，Sara Evans, *Personal Politics: The Roots of Women's Liberation in the Civil Rights Movement and the New Left* (New York: Vintage, 1979).

＊12——Joan Kelly-Gadol, "Did Women Have a Renaissance?" in Bridenthal and Koonz, eds., *Becoming Visible*, pp. 137-64.

＊13——この研究を要約したものとして，Joan W. Scott, "The Mechanization of Women's Work," *Scientific American* (1982) 267: 167-87. また，以下のものも参照。Lerner, "The Lady and the Mill Girl"; Susan J. Kleinberg, "Technology and Women's Work: The Lives of Working-Class Women in Pittsburgh, 1870-1900," *Labor History* (1976) 17: 58-72; Ruth Schwartz Cowan, "The 'Industrial Revolution' in the Home: Household Technology and Social Change in the Twentieth Century," *Technology and Culture* (1976) 17: 1-26; Joann Vanek, "Time Spent in Housework," *Scientific American* (1974) 231: 116-20; Susan Strasser, *Never Done: A History of American Housework* (New York: Pantheon, 1982).

＊14——Joan Hoff Wilson, "The Illusion of Change: Women and the American Revolution," in Alfred Young, ed., *The American Revolution: Explorations in the History of American Radicalism* (DeKalb: Northern Illinois University Press, 1976), pp. 383-446; Albie Sachs and Joan Hoff Wilson, *Sexism and the Law: A Study of Male Beliefs and Judicial Bias* (Oxford: Martin Robertson, 1978); Darlene Gay Levy, Harriet Branson Applewhite, and Mary Durham Johnson, *Women in Revolutionary Paris, 1789-1795* (Urbana: University of Illinois Press,

Press, 1977); Meredith Tax, *The Rising of the Women: Feminist Solidarity and Class Conflict, 1880-1912* (New York: Monthly Review Press, 1980). 政治運動内の女の文化については, Blanche Wiesen Cook, "Female Support Networks and Political Activism: Lillian Wald, Crystal Eastman, Emma Goldman," *Chrysalis* (1977) 3: 43-61; Estelle Freedman, *Their Sisters' Keepers: Women's Prison Reform in America, 1830-1930* (Ann Arbor: University of Michigan Press, 1981); Mary Ryan, "A Woman's Awakening: Evangelical Religion and the Families of Utica, New York, 1800-1840," *American Quarterly* (1978) 30: 602-33; Nancy Cott, *The Bonds of Womanhood: Women's Sphere in New England, 1780-1835* (New Haven: Yale University Press, 1977); Temma Kaplan, "Female Consciousness and Collective Action: The Case of Barcelona, 1910-1918," *Signs* (1981-82) 7: 545-66; Ellen DuBois et al., "Symposium: Politics and Culture in Women's History," *Feminist Studies* (1980) 6: 26-64.

＊7——幅広い総合的研究に挑戦した例もあるが, 結果は期待はずれである。たとえば, Richard Evans, "Modernization Theory and Women's History," *Archiv für Sozialgeschichte* (1980) 20: 492-514; Evans, "Women's History: The Limits of Reclamation," *Social History* (1980) 5: 273-81. テーマを限ったうえで研究の現状を解説する方がずっとうまくいっている。その例としては, Elizabeth Fox-Genovese, "Placing Women's History in History," *New Left Review* (1982) 133: 5-29; Barbara Sicherman, "Review Essay: American History," *Signs* (1975) 1: 461-86; Carolyn Longee, "Review Essay: Modern European History," *Signs* (1977) 2: 628-50. 広く多様な史料にあたってまとめられた総合的歴史研究の好例としては, Jane Lewis, *Women in England, 1870-1950: Sexual Divisions and Social Change* (Sussex: Wheatsheaf Books, 1984).

＊8——Sheila Rowbotham, *Hidden from History* (New York: Pantheon, 1974); Renate Bridenthal and Claudia Koonz, eds., *Becoming Visible: Women in European History* (Boston: Houghton Mifflin, 1977); Hartman and Banner, eds., *Clio's Consciousness Raised*; Berenice Carroll, ed., *Liberating Women's History* (Urbana: University of Illinois Press, 1976); Mitchell and Oakley, eds., *Rights and Wrongs of Women*. Martha Vicinus が編集した二冊のすばらしい論文集, *Suffer and Be Still* (Bloomington: Indiana University Press, 1972) および *A Widening Sphere* (Bloomington: Indiana University Press, 1977) には, 本の使命よりは主題について多くを語るようなタイトルがつけられているが, 序論にあたる論文では同様のテーマが取りあげられている。

＊9——幅広く文献を紹介したものとしては, Barbara Sicherman, E.

"Family Limitation, Sexual Control and Domestic Feminism in Victorian America," in M. Hartman and L. Banner, eds., *Clio's Consciousness Raised* (New York: Harper and Row, 1974), pp. 119-36. 女の性的自律性については以下を参照。Linda Gordon, *Woman's Body, Woman's Right: A Social History of Birth Control in America* (New York: Penguin Books, 1977); Patricia Knight, "Women and Abortion in Victorian and Edwardian England," *History Workshop* (1977) 4: 57-69; Angus McLaren, "Abortion in England, 1890-1914," *Victorian Studies* (1976-77) 20: 379-400; Angus McLaren, "Abortion in France: Women and the Regulation of Family Size, 1800-1914," *French Historical Studies* (1977-78) 10: 461-85. 生殖については, Renate Bridenthal, "The Dialectics of Production and Reproduction in History," *Radical America* (1976) 10: 3-11; Nancy Folbre, "Of Patriarchy Born: The Political Economy of Fertility Decline," *Feminist Studies* (1983) 9: 261-84.

＊6——「公の場における女」の歴史の例としては, Jane Abray, "Feminism in the French Revolution," *American Historical Review* (1975) 80: 43-62. また, Patricia Hollis, *Women in the Public* (London: Allen and Unwin, 1979) には貴重な史料が集められている。女性運動については以下のように多数の研究がある。Ellen DuBois, *Feminism and Suffrage: The Emergence of an Independent Women's Movement in America, 1848-69* (Ithaca, N. Y.: Cornell University Press, 1978); Andrew Rosen, *Rise Up Women! The Militant Campaign of the Women's Social and Political Union* (London: Routledge and Kegan Paul, 1974); Richard Evans, *The Feminist Movement in Germany, 1933-1934* (London: Sage Publications, 1976); Richard Stites, *The Women's Liberation Movement in Russia* (Princeton: Princeton University Press, 1978). 労働者階級の運動, 組合, 社会主義については以下を参照。Mari Jo Buhle, *Women and American Socialism, 1870-1920* (Urbana: University of Illinois Press, 1981); Dorothy Thompson, "Women and Nineteenth-Century Radical Politics: A Lost Dimension," in Mitchell and Oakley, eds., *Rights and Wrongs of Women*, pp. 112-38; Jean H. Quataert, *Reluctant Feminists in German Social Democracy, 1885-1917* (Princeton: Princeton University Press, 1979); Marilyn Boxer and Jean H. Quataert, *Socialist Women* (New York: Elsevier North-Holland, Inc., 1978); Charles Sowerine, *Sisters or Citizens? Women and Socialism in France since 1876* (Cambridge: Cambridge University Press, 1982); Alice Kessler-Harris, "Where Are the Organized Women Workers?" *Feminist Studies* (1975) 3: 92-110; Sheila Lewenhak, *Women and Trade Unions* (London: St. Martin's

(1979) 8: 174-82; Anna Davin, "Feminism and Labour History," in R. Samuel, ed., *People's History and Socialist Theory* (London: Routledge and Kegan Paul, 1981), pp. 176-81; Barbara Taylor, "'The Men Are as Bad as Their Masters...': Socialism, Feminism and Sexual Antagonism in the London Tailoring Trade in the Early 1830s," *Feminist Studies* (1979) 5: 7-40. フランスについては以下を参照。Madeleine Guilbert, *Les fonctions des femmes dans l'industrie* (Paris: Mouton & Co., 1966); "Travaux de femmes dans la France du XIXe siècle," special issue of *Le Mouvement Social* (1978) 105; Madeleine Guilbert et al., eds., *Travail et condition féminine: Bibliographie Commentée* (Paris: Éditions de la Courtille, 1977) はフランスについての完全で網羅的な史料である。

＊5——人口動態上の変化については以下を参照。Robert V. Wells, "Family History and Demographic Transition," *Journal of Social History* (1956) 9: 1-19; Daniel Scott Smith, "Parental Power and Marriage Patterns: An Analysis of Historical Trends in Hingham, Massachusetts," *Journal of Marriage and the Family* (1973) 35: 419-28〔「親の支配する結婚から愛情中心の結婚へ」カール・N. デグラー他『アメリカのおんなたち』所収, 立原宏要訳, 教育社, 1986年〕; James A. Banks, *Prosperity and Parenthood* (London: Routledge and Kegan Paul, 1954); James A. Banks and Olive Banks, *Feminism and Family Planning in Victorian England* (New York: Schocken Books, 1972)〔『ヴィクトリア時代の女性たち』河村貞枝訳, 創文社, 1980年〕; Edward Shorter, "Female Emancipation, Birth Control and Fertility in European History," *American Historical Review* (1973) 78: 605-40〔「女性解放と産児制限の社会史」松野安男訳,「産育と教育の社会史」編集委員会『産育と教育の社会史3　生活の時間・空間　学校の時間・空間』所収, 新評論, 1984年〕. イデオロギーについては以下を参照。Angus McLaren, "Contraception and the Working Classes: The Social Ideology of the English Birth Control Movement in Its Early Years," *Comparative Studies in Society and History* (1976) 18: 236-51; Angus McLaren, "Sex and Socialism: The Opposition of the French Left to Birth Control in the Nineteenth Century," *Journal of the History of Ideas* (1976) 37: 475-92; R. P. Neuman, "Working Class Birth Control in Wilhelmine Germany," *Comparative Studies in Society and History* (1978) 20: 408-28. 国家の役割を分析したものとして, Anna Davin, "Imperialism and Motherhood," *History Workshop* (1978) 5: 9-66. 当時の政治的言説におけるフェミニズムと生殖の関係を分析したものとしては, Atina Grossman, "Abortion and Economic Crisis: The 1931 Campaign Against #218 in Germany," *New German Critique* (1978) 14: 119-37.「家庭内」フェミニズムについては, Daniel Scott Smith,

Work (London: Penguin Books, 1980). 経済発展と女性労働の関係についての個別研究としては以下がある。Patricia Branca, *Women in Europe since 1750* (London: Croom Helm, 1978); Joan W. Scott and Louise A. Tilly, *Women, Work and Family* (New York: Holt, Rinehart and Winston, 1978; Methuen, 1987); Eric Richards, "Women in the British Economy since about 1700: An interpretation," *History* (1974) 59: 337-57; Neil McKendrick, "Home Demand and Economic Growth: A New View of the Role of Women and Children in the Industrial Revolution," in Neil McKendrick, ed., *Historical Perspectives: Studies in English Thought and Society in Honour of J. H. Plumb* (London: Europa, 1974); Ann Oakley, *Women's Work: The Housewife Past and Present* (New York: Pantheon, 1974)〔『主婦の誕生』岡島茅花訳, 三省堂, 1986年〕. アメリカの女性労働者については以下を参照。Gerda Lerner, "The Lady and the Mill Girl: Changes in the Status of Women in the Age of Jackson," in her *The Majority Finds Its Past* (New York: Oxford University Press, 1979); Barbara Mayer Wertheimer, *We Were There: The Story of Working Women in America* (New York: Pantheon, 1977); Alice Kessler-Harris, *Out to Work: A History of Wage-Earning Women in the United States* (New York: Oxford University Press, 1982); Milton Cantor and Bruce Laurie, eds., *Class, Sex and the Woman Worker* (Westport, Conn.: Greenwood Press, 1977 中の諸論文); Ruth Milkman, *Gender at Work* (Urbana: University of Illinois Press, 1987). 合州国の初期の織維工場については次を参照。Thomas Dublin, *Women at Work: The Transformation of Work and Community in Lowell, Massachusetts, 1826-1860* (New York: Columbia University Press, 1979). 家事使用人については以下を参照。David Katzman, *Seven Days a Week: Women and Domestic Service in Industrializing America* (New York: Oxford University Press, 1978); Theresa McBride, *The Domestic Revolution: The Modernization of Household Service in England and France, 1820-1920* (New York: Holmes and Meier, 1976); Leonore Davidoff, "Mastered for Life: Servant and Wife in Victorian and Edwardian England," *Journal of Social History* (1973-74) 7: 406-28. ホワイト・カラー労働者については, Lee Holcombe, *Victorian Ladies at Work: Middle-Class Working Women in England and Wales, 1850-1914* (Hamden, Conn.: Archon Books, 1973). イギリスについては以下を参照。Sally Alexander, "Women's Work in Nineteenth-Century London: A Study of the Years 1829-50," in Juliet Mitchell and Ann Oakley, eds., *The Rights and Wrongs of Women* (London: Pelican, 1976), pp. 59-111; Sally Alexander et al., "Labouring Women: A Reply to Eric Hobsbawm," *History Workshop*

1974)〔『根源の彼方に——グラマトロジーについて』上下，足立和浩訳，現代思潮社，1972年，1976年〕.

＊7——歴史が権威を確立していく過程については以下を参照。Michel de Certeau, "History: Science and Fiction," in *Heterologies: Discourse on the Other* (Minneapolis: University of Minnesota Press, 1986), pp. 199-221; Peter de Bolla, "Disfiguring History," *Diacritics* (1986) 16: 49-58.

＊8——たとえば以下を参照。de Lauretis, "Introduction," *Feminist Studies/Critical Studies*; Donna Haraway, "A Manifesto for Cyborgs: Science, Technology and Socialist, Feminism in the 1980's," *Socialist Review* (1985) 15: 65-107〔「サイボーグ宣言」小池真理訳『現代思想』1989年9月号〕; Martha Minow, "Learning to Live with the Dilemma of Difference: Bilingual Education and Special Education," *Law and Contemporary Problems* (1984) 48: 157-211; Barbara Johnson, "Apostrophe, Animation and Abortion," *Diacritics* (1986) 16: 29-47〔「頓呼法，生命化，妊娠中絶」『差異の世界』所収，大橋洋一・青山恵子・利根川真紀訳，紀伊國屋書店，1990年〕; Gayatri Chakravorty Spivak, *In Other Worlds: Essays in Cultural Politics* (New York: Methuen, 1987)〔『文化としての他者』鈴木聡・大野雅子・鵜飼信光・片岡信訳，紀伊國屋書店，1990年〕. また，次も参照のこと。Michael Ryan, *Marxism and Deconstruction: A Critical Articulation* (Baltimore: Johns Hopkins University Press, 1982)〔『デリダとマルクス』今村仁司・港道隆・中村秀一訳，勁草書房，1985年〕.

第Ⅰ部　フェミニズム歴史学に向けて

第1章　女性史について

＊1——Virginia Woolf, *A Room of One's Own* (1929; reprint ed., New York: Harcourt Brace Jovanovich, 1979), p. 68〔『自分ひとりの部屋』片山亜紀訳，平凡社ライブラリー，2015年〕.

＊2——アメリカの雑誌としては，*Signs, Feminist Studies, The Women's Studies Quarterly, Women and History* がある。フランスでは *Pénélope* が1985年以来，女性史研究の発表の場となっている。イギリスでは *Feminist Review* に歴史的研究が発表されている他，*History Workshop* も現在では社会史と女性史の雑誌となっている。*RFR/DRF*（*Resources for Feminist Research/Documentation sur la Recherche Féministe*）はカナダの雑誌である。

＊3——そのうち最大のものがバークシャー女性歴史家会議で，1987年6月に第7回会議が開催された。

＊4——概観としては，Alice Amsden, ed., *The Economics of Women and*

of 'Gender' in the Rome Statue of the International Criminal Court: A Step Forward or Back for International Criminal Justice?" *Harvard Human Rights Journal*, 18 Spring 2005, pp. 55-84; Rome Statute of the International Criminal Court, July 17, 1998. フランスの反ジェンダーについては，カトリック系組織である Association pour la Fondation de Service politique がバトラーへの授賞に抗議して配布した抗議文，"La Théoricienne du gender honoré par l'université Bordeaux 3," www.libertepolitique.com（2011年11月23日閲覧）を参照。また，次も参照。Mary Ann Case, "After Gender the Destruction of Man? The Vatican's Nightmare Vision of the 'Gender Agenda' for Law," *Pace Law Review*, 31:3 (2011), p. 805.

＊19——Mary Louise Roberts, *Civilization without Sexes: Reconstructing Gender in Postwar France, 1917-1927* (Chicago: University of Chicago Press, 1994).

序論

＊1——とくに Michel Foucault, *The Order of Things: An Archaeology of the Human Sciences* (New York: Vintage, 1973)〔『言葉と物』田村俶訳，新潮社，1974年〕．同じく以下も参照のこと。*Language, Counter-Memory, Practice* (Ithaca, N. Y.: Cornell University Press, 1977); *Discipline and Punish: The Birth of Prison* (New York: Vintage, 1979)〔『監獄の誕生』田村俶訳，新潮社，1977年〕; *Power/Knowledge: Selected Interviews and Other Writings, 1972-1977* (New York: Pantheon, 1980).

＊2——次の二論文は，文化的シンボルの柔軟性にかんする歴史家同士のやりとりとして興味深い。Roger Chartier, "Texts, Symbols and Frenchness," *Journal of Modern History* (1985) 57: 682-95; Robert Darnton, "The Symbolic Element in History," *Journal of Modern History* (1986) 58: 218-34.

＊3——Teresa de Lauretis, ed., *Feminist Studies/Critical Studies* (Bloomington: Indiana University Press, 1986), "Introduction," p. 8. 同じく以下も参照。*Technologies of Gender: Essays on Theory, Film and Fiction* (Bloomington: Indiana University Press, 1987).

＊4——Barbara Johnson, *The Critical Difference: Essays in the Contemporary Rhetoric of Reading* (Baltimore: Johns Hopkins University Press, 1980), p. 5〔『批評的差異——読むことの現代的修辞に関する試論集』土田知則訳，法政大学出版局，2016年〕．

＊5——*Ibid*., pp. 4-5.

＊6——Jacques Derrida, *Of Grammatology*, translated by Gayatri Chakravorty Spivak (Baltimore: Johns Hopkins University Press,

治的生活の構築におけるその用法や言明，実践，正当化，変容について，より幅広く考えることをどのように可能にしてくれるかの例でもある。

＊8——Adam Phillips, *Terror and Experts* (London: Faber and Faber, 1995), cited in Peter Coviello, "Intimacy and Affliction: DuBois, Race, and Psychoanalysis," *MLQ: Modern Language Quarterly* 64(1)(March 2003), p. 24.

＊9——Jean Laplanche, "Gender, Sex and the Sexual," in *Freud and the Sexual* (New York: International Psychoanalytic Books, 2011), pp. 159-202.

＊10——Alenka Zupančič, *Why Psychoanalysis? Three Interventions* (Copenhagen: NSU Press, 2013), p. 19.

＊11——より詳しい議論は，次を参照。Joan W. Scott, "Introduction: 'Flyers into the Unknown,'" in *The Fantasy of Feminist History* (Durham NC: Duke University Press, 2011).

＊12——Éliane Viennot, *La France, les femmes et le pouvoir. L'invention de la loi salique (Ve-XVIe siècle)*, t. I (Paris: Perrin, 2006); Viennot, *La France, les femmes et le pouvoir. Les résistance de la société (XVIIe-XVLLLe siècle)*, t.II (Paris: Perrin, 2008).

＊13——Claude Lefort, *Democracy and Political Theory*, trans. David Macey (Cambridge: Polity Press, 1988), p. 17.

＊14——Sigmund Freud, *Totem and Taboo*, vol. 13 in the *Standard Edition of the Complete Psychological Works of Sigmund Freud*, edited by James Strachey (London: Hogarth Press, 1995), p. 144〔『フロイト全集12：1912-1913年——トーテムとタブー』須藤訓任・門脇健次訳，岩波書店，2009年；『フロイト著作集３』西田越郎訳，人文書院，1969年〕.

＊15——Jacques Lacan, "The Signification of the Phallus," trans. Alan Sheridan, in Lacan, *Ecrits: A Selection* (London: Tavistock, 1977).〔「ファルスの意味作用」佐々木孝次訳，『エクリ３』，弘文堂，1981年〕次も参照。Bruce Fink, *The Lacanian Subject: Between Language and Jouissance* (Princeton: Princeton University Press, 1995), and Fink, *A Clinical Introduction to Lacanian Psychoanalysis: Theory and Technique* (Cambridge, Mass.: Harvard University Press, 1997).

＊16——Adam Shatz, "The Nightmare Begins," *London Review of Books Blog*, November 10, 2016, https://www.lrb.co.uk/blog/2016/11/10/adam-shatz/the-nightmare-bigins/

＊17——Joan W. Scott, comment on Shatz in *London Review of Books Blog*, *ibid*.

＊18——国際刑事裁判所については，Valerie Oosterveld, "The Definition

原注

30周年版への序文

＊1——Judith Butler, *Undoing Gender* (New York: Routledge, 2004). フランスにおける「ジェンダー理論」の一部を要約したものとしては, Lucie Delaporte, "Circulaires, manuels, livres: les ministères censurent le mot 'genre," Mediapart, February 6, 2014, http://www.mediapart.fr/print/383662. また, 次も参照。Fassin, Éric, *Dans le genre gênant. Politiques d'un concept*, in Isabelle Collet and Caroline Dayer, eds., *Former envers et contre le genre*, pp. 27-43 (Brussels: de Boeck, 2014). ヨーロッパにおける右派によるジェンダーの政治的利用については, Roman Kuhar and David Paternotte, eds., *Anti-Gender Campaigns in Europe: Mobilizing against Equality* (London: Rowman and Littlefield, 2017).

＊2——Joan W. Scott, "Gender Studies and Translation Studies: 'Entre Braguette,'" in Yves Gambier and Luc van Doorslaer, eds., *Border Crossings: Translation Studies and Other Disciplines* (Amsterdam: John Benjamin Publishing Company, 2016).

＊3——Denise Riley, *"Am I That Name?" Feminism and the Category of "Women" in History* (London: Macmillan, 1988).

＊4——Judith Butler, "Gender and Gender Trouble," in *Dictionary of Untranslatables: A Philosophical Lexicon*. Barbara Cassin, ed. (Princeton: Princeton University Press, 2014), p. 162.

＊5——Wendy Brown, "Power After Foucault," in *Oxford Handbook of Political Theory*, eds., John S. Dryzek, Bonnie Honig, and Anne Phillips (Oxford: Oxford University Press, 2008), http://www.oxfordhandbooks.com/view/10.1093/oxfordhb/9780199548439.001.0001/oxfordhb-9780199548439-e-3

＊6——Michel Foucault, *The History of Sexuality, Vol. I*, trans., Robert Hurley (New York: Vintage, 1980)〔『性の歴史Ⅰ　知への意志』渡辺守章訳, 新潮社, 1986年〕; Foucault, *The Order of Things: An Archaeology of the Human Sciences* (New York: Vintage, 1994).

＊7——本書のこの新版には, 私が1999年にアファーマティヴ・アクションについて書いた未発表の論文,「平等という難問」を収録した。その主旨は今日の論争にも依然として関連があるし, また, ジェンダーについて考えることが, 歴史における差異の問題について, 社会的, 政

ナ行

ハ行

タ行

サ行

カ行

索引

1．本索引は，原則として原著所載の索引にもとづき，邦訳本文より収録した。
2．当該の見出し語が用いられていない場合でも，内容上の言及があれば収録した。
3．見出し語を繰り返す場合には——を用いた。また，送り項目や参照すべき関連項目は → で示した。

[著者]
ジョーン・W. スコット（Joan Wallach Scott）
1941年、ニューヨークのブルックリンに生まれる。プリンストン高等研究所社会科学教授。専門はフランス史・ジェンダー史。著書に、『カルモーのガラス工』（H. B. アダムス賞受賞）、『パラドクスしか示せない』、『ヴェールの政治学』（邦訳、みすず書房）などがある。

[訳者]
荻野美穂（おぎの・みほ）
1945年生まれ。元大阪大学教授。専門は女性史・ジェンダー論。著書に、『生殖の政治学』（山川出版社）、『ジェンダー化される身体』（勁草書房）、『中絶論争とアメリカ社会』『「家族計画」への道』『女のからだ』（いずれも岩波書店）などがある。

平凡社ライブラリー 930
30周年版《しゅうねんばん》 ジェンダーと歴史学《れきしがく》

発行日…………2022年5月10日　初版第1刷

著者……………ジョーン・W. スコット
訳者……………荻野美穂
発行者…………下中美都
発行所…………株式会社平凡社
〒101-0051　東京都千代田区神田神保町3-29
電話　(03)3230-6579[編集]
(03)3230-6573[営業]

印刷・製本……株式会社東京印書館
ＤＴＰ…………大連拓思科技有限公司＋平凡社制作
装幀……………中垣信夫

ISBN978-4-582-76930-2

平凡社ホームページ https://www.heibonsha.co.jp/